ITINERARI TURISTICI PER VIVERE L'ITALIA

SICILIA

Consulta **www.888.it**
ed entra in **www.chidovequando.com**
l'indirizzo che ti consente di scaricare
gli aggiornamenti e gli approfondimenti
di questa guida utilizzando il servizio
KOBI

Punta Lunga, a Favignana. In provincia di Trapani

VIAGGIO ATTRAVERSO LE REGIONI ITALIANE

SICILIA

Diciottesimo volume del viaggio attraverso le regioni italiane

© 2002 Fininternet S.p.A. Riproduzione vietata sia su supporto cartaceo che digitale
Coordinamento Editoriale: Enzo Argante
ArtDirector: Bruno Acierno
Testi degli itinerari: Edi3 - Milano
Redazione: Daniele Colombo, Alberto Abenante, Massimo Sarti, Elvia Grazi
Iconografia: Francesca Bosetti
Grafica: Gabriele Rossi, Serena Marini, Lorenzo Burresi, Massimo Nicoli, Allyson Lucca, Enrico Cosco.
Sistemi Informativi: Fabio Mariano, Gianvittorio Arciello, Sergio e Paolo Cosentino
Carte e Mappe: Grafema S.r.l.
Stampa: Seregni Industrie Grafiche Spa Via Puecher 2, 20037 Paderno Dugnano (mi)
Fotografie: Archivio dell'editore
• fototeca E.N.I.T • Archivio Alinari
• ©fotografo/agenzia/Grazia Neri
• Prima Press • Pro Loco • Giuseppe Leone fotografo • APT Siracusa
L'Editore ringrazia: Musei, Chiese, Gallerie, Fotografi, e gli Autori che hanno contribuito alla realizzazione della guida, si scusa per le eventuali omissioni e nonostante sia stato fatto il possibile per rintracciare i titolari dei copyright è pronto a riconoscerne i diritti.
Le informazioni sono state aggiornate alla data della stampa. I numeri di telefono, gli orari, i prezzi ecc. sono suscettibili di variazioni.
L'editore declina ogni responsabilità derivante dall'uso della guida.
Per suggerimenti e segnalazioni:
guide@fininternet.com

STORIA

DA PAG. 6

GASTRONOMIA

DA PAG. 86

Il Tempio di Sege

ARTE E MONUMENTI DA PAG. 24	**NATURA E AMBIENTE** DA PAG. 42	**FOLCLORE E TRADIZIONI** DA PAG. 64
ITINERARI DA PAG. 106	**GUIDA DEI COMUNI** DA PAG. 244	**VEDI, MANGI E DORMI** DA PAG. 268

↳ 1 - PALERMO, MESSINA E LA SICILIA TIRRENICA DA PAG. 108

2 - LA COSTA SUD-ORIENTALE DA PAG. 144

3 - LA SICILIA OCCIDENTALE DA PAG. 172

4 - LA SICILIA MEDITERRANEA PAG. 192

5 - LA SICILIA DELL'ENTROTERRA DA PAG. 204

CARTOGRAFIA DELLA REGIONE E MAPPA DEL CAPOLUOGO DA PAG. 311

LE 8 SEZIONI DELLA GUIDA

■ **STORIA:** DAI PRIMI INSEDIAMENTI AI GIORNI NOSTRI.

■ **ARTE E MONUMENTI:** I GRANDI ARTISTI, I MONUMENTI E LE COLLEZIONI PIÙ RILEVANTI.

■ **NATURA E AMBIENTE:** PARCHI, RISERVE NATURALI, OASI, CON LA LORO FLORA E FAUNA.

■ **FOLCLORE E TRADIZIONI:** FESTE POPOLARI, SAGRE, EVENTI E LE BOTTEGHE ARTIGIANE.

■ **GASTRONOMIA:** PIATTI TIPICI, VINI, PRODOTTI LOCALI: DOVE GUSTARLI E COMPRARLI.

■ **ITINERARI:** DIVISI IN TRATTE DI CIRCA 100 KM CON CARTINE STRADALI E MAPPE URBANE DEI CENTRI PIÙ IMPORTANTI. RACCONTANO LA CULTURA, I PAESAGGI E SUGGERISCONO LE CURIOSITÀ DEL TERRITORIO.

■ **GUIDA DEI COMUNI:** TUTTI I COMUNI DI OGNI PROVINCIA; L'ORIGINE DEI LORO NOMI; LE FESTE PATRONALI.

■ **VEDI, MANGI E DORMI:** DOVE GUSTARE UN BUON PIATTO O TROVARE UN BUON ALBERGO. MUSEI GRANDI E PICCOLI E CANTINE DA NON PERDERE.

NELLA GUIDA DEI COMUNI SONO INDICATI TUTTI QUELLI DELLA REGIONE. QUELLI SEGNALATI SONO INDICATI CON IL NUMERO DELL'ITINERARIO.
I QUADRATINI COLORATI INDICANO L'ATTRATTIVA PREVALENTE DI OGNI COMUNE.

■ LOCALITÀ BALNEARE   ■ ARTE, MONUMENTI E ARCHEOLOGIA
■ PAESAGGI E NATURA   ■ TRADIZIONI GASTRONOMICHE

Sicilia

Storia

Storia

Autentico crogiolo di etnie
e popoli del Mediterraneo,
l'isola ha interpretato nei millenni
il ruolo di ponte tra le culture
d'Oriente e quelle dell'Occidente.

Un ponte tra Oriente e Occidente

I Greci la chiamavano Trinacria per i suoi tre capi: quello del Faro, presso Messina; Boeo o Lilibeo, presso Marsala (in provincia di Trapani); Capo Passero a sud-est. I Romani, invece, la soprannominavano "Triqueta" per la sua forma triangolare. Simboleggiata da una testa che si regge su tre gambe disposte a raggiera, abitata fin dalla prima apparizione dell'uomo, la Sicilia ha vissuto innumerevoli dominazioni che hanno lasciato profondi segni e contaminazioni nel suo tessuto culturale e sociale.

■ Le terre dei Siculi e dei Sicani

Le prime tracce di popolazione locale risalgono al Paleolitico: i **graffiti** nelle grotte di S. Teodoro, quelli di Levanzo, quelli di particolare pregio e raffinatezza dell'Addaura.
Il Neolitico, invece, è ben rappresentato dai reperti rinvenuti a Stentinello (Siracusa), a San Cono (Gela) e a Villafrati (Palermo).
Nell'**Età del bronzo**, 2000-700 a.C. (prima con la civiltà di Castelluccio, poi con quella di Thapsos) lo stile di vita divenne **stanziale** e accanto alla caccia si diffusero l'agricoltura e l'allevamento. Fecero la loro comparsa i **primi villaggi**, di forma ovale, circondati da fossati.
Il **culto dei morti** assunse notevole importanza nella vita sociale.
Vennero costruite le prime **tombe scavate nella roccia**, visibili nella necropoli di Monte Sant'Ippolito a Caltagirone. Altri luoghi di culto importanti sono a Palagonia, Ibla, Angio. Intorno al 1200 a.C. si affermarono nuovi stili di decorazione e lavorazione della ceramica. Anche le case, di legno e pietra, si avvicinarono allo stile di quelle presenti nell'Italia centrale. I primi insediamenti di una certa importanza, databili intorno all'anno 1000 a.C., furono quelli degli

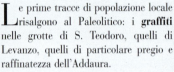

Altro bronzetto del VII sec. a.C. conservato nel museo archeologico di Palermo.

CRONOLOGIA

2,5 milioni a.C.-10500 a.C.
Paleolitico: primi insediamenti umani, graffiti di notevole pregio nelle grotte di San Teodoro

1200 a.C.
Decorazioni delle ceramiche con contaminazioni greche.

VIII sec. a.C.-II sec. a.C.
Approdano sull'isola Elimi, Sicani e Siculi.

735 a.C.
Inizia la colonizzazione greca

*Nella pagina accanto: antico stemma della Trinacria, la necropoli di Pantalica sito archeologico del XIII sec. a.C., quando questo centro era fra i più popolati della Sicilia.
Sotto: i graffiti della grotta del Genovese, a Levanzo. I più antichi risalgono a diecimila anni fa.*

Sotto: bronzetto del VII sec. a.C., proveniente da Castronovo.

Elimi, dei **Sicani** e dei **Siculi**, popolazioni che diedero anche il **nome all'isola**. Secondo lo storico Tucidide, ad approdare per primi sulle coste siciliane furono proprio i Sicani provenienti dalla penisola iberica. Gli Elimi, invece, appartenevano alla stirpe dei troiani sfuggiti agli achei, mentre i Siculi erano italici in fuga dal popolo campano degli Osci. Dell'età del ferro (IX-II sec. a.C.) rimangono tracce presso il Monte Finocchito (Noto). Ma nuovi colonizzatori, i Fenici, approdano presto nell'isola a Mozia (700 a.C.), Solunto e Panormo (Palermo). Si tratta comunque solo di scali commerciali.

■ La colonizzazione greca

Quando i **greci** scoprirono l'**importanza strategica** dell'isola ai fini della penetrazione commerciale nel Mediterraneo e per la ricerca dei metalli in Italia, decisero di colonizzarla (735 a.C.). Ogni colonia ebbe una città greca come madre-patria, il supporto logistico necessario allo sviluppo e un capo spedizione. Perfino un vero e proprio programma di insediamento.
Secondo Tucidide, la prima colonia greca venne fondata a Nasso dai calcidesi. In seguito, e nel giro di pochissimi anni, i megaresi fondarono Megara Iblea, i corinzi Siracusa (734 a.C.), i cretesi Gela e poi Catania. A sua volta Gela fondò Agrigento (582 a.C.) mentre Megara Iblea gettò le basi di Selinunte. La massiccia presenza di greci, ioni e dori nel tessuto siciliano lascerà un'**impronta culturale** indelebile, ancora oggi ben visibile nelle opere architettoniche, nella cultura classi-

In alto: reperti della civiltà greca, esposti nel museo archeologico di Agrigento, e i resti del villaggio preistorico di Punta Milazzese.

Sotto: vaso greco esposto al museo archeologico di Caltanisetta.

---

734 a.C.
I Corinzi fondano Siracusa

700 a.C.
Cultura di Stentinello, Siracusa.
Entra nell'uso comune la cremazione dei morti.

700 a.C.
I Fenici fondano alcuni scali commerciali.

VII secolo a.C.
I giochi olimpici diventano panellenici

STORIA

ca, negli usi e costumi. Già dal 500 a.C. si può parlare di **completa ellenizzazione** dell'area orientale della Sicilia. Il punto di **massimo sviluppo ellenico** lo si ebbe con la fondazione di Imera Selinunte (580 a.C.) da parte di Megara Iblea. Questo fu anche il periodo più fiorente per la Sicilia, che divenne sinonimo di benessere e potenza, tanto che Siracusa, la regina delle città come la chiamò Pindaro, superò la stessa Atene in ricchezza.

Sopra: scavi archeologici della colonia Greca di Megara Iblea.
Sotto: la Fonte Aretusa, a Siracusa. E' cantata da Pindaro e Virgilio.

■ L'epoca dei tiranni

Sopra: busto raffigurante Agatocle, il tiranno che dominò Siracusa alla fine del IV sec. a.C.

I coloni greci conservarono la propria lingua, le divinità, le usanze sepolcrali e la stessa conformazione urbanistica delle città di origine: sull'agorà, piazza principale, si affacciavano gli edifici governativi e i templi religiosi, circondati dai colonnati tipici delle città greche.

Sotto Gerone Re di Siracusa, che regnò fra la prima e la seconda guerra punica, dando splendore alla città.

I colonizzatori mantennero dovunque il potere su basi oligarchiche, con illustri famiglie a capo del sistema economico e politico, e impedendo di fatto alla popolazione locale di prendere parte alla vita pubblica della città. Accanto quindi alla grande prosperità si generò anche un diffuso malcontento nei siculi che crearono, dal punto di vista politico-sociale, una forte instabilità nelle colonie già minacciate dai conflitti con le popolazioni indigene e con i cartaginesi. Le colonie di Messina e Selinunte chiesero **aiuto a Cartagine**. Ma inutilmente: Amilcare, generale cartaginese, venne sconfitto nel 480 a.C. ad Imera da Gerone e con questa battaglia le velleità di Cartagine di conquistare l'isola vennero vanificate. In onore degli Dei e per

CRONOLOGIA

VI-V sec. a.C.
Le città siciliane sono al loro massimo splendore, ma con una grande instabilità politica

500 a.C.
Completa ellenizzazione dell'isola

480 a.C.
Amilcare, generale cartaginese, viene sconfitto ad Imera da Gerone.

467 a.C.
Gerone innalza un tempio in onore di Atena

Storia

Sopra: il teatro Greco di Siracusa, dove si svolgono importanti manifestazioni che ripresentano le tragedie greche.

ringraziarli del loro favore, Gerone fece erigere il tempio di **Atena a Siracusa**. Proprio questa precarietà è alla base della nascita della figura del **Tiranno**: la situazione di emergenza sociale consentì a Gerone (466 a.C.) di assumere il controllo totale della città di Siracusa e poi anche di Camarina e Megara Iblea. In una decina di anni Gerone divenne **l'uomo più potente del mondo greco**.

In seguito, però, la debolezza degli eredi di Gerone e il modo brutale di governare portarono le città a liberarsi dal giogo della tirannia.

Le esperienze del passato suggerirono ai greci di consentire l'ingresso della popolazione locale nella gestione della vita politica ed economica attraverso la partecipazione alle **assemblee cittadine**. Nonostante questa apertura, il malcontento della popolazione locale sfociò in **moti d'insurrezione** organizzati da Ducezio che guidò un esercito di siculi alla rivolta. L'iniziativa si concluse nel 451 a.C. con la sconfitta degli isolani ad opera dell'esercito greco.

Sotto: vaso greco esposto nel museo archeologico eoliano di Lipari.

---

466 a.C.
Gerone diviene il primo tiranno siciliano

415 a.C.
Atene dichiara guerra a Siracusa

410 a.C. e 406 a.C.
I Cartaginesi tentano di conquistare Siracusa

405 a.C.-367 a.C.
Dionisio il Vecchio diviene Tiranno di Siracusa

STORIA

Le colonne del tempio di Ercole, nella valle dei templi di Agrigento.

Sotto: moneta siracusana del periodo greco. A destra, in alto: Latonia dell'integliatela, di età greca, usata come sepolcro in epoca bizantina-cristiana.

A destra: l'orecchio di Dionisio a Siracusa

Atene, preoccupata per l'importanza assunta da Siracusa, **le dichiarò guerra** (415 a.C.). L'impresa, voluta da **Alcibiade** (450-404 a.C.), uomo politico e generale ateniese, portò alla totale **disfatta dell'esercito ateniese** e gettò le basi della progressiva decadenza della polis greca.

■ Dionisio, terrore di Siracusa

Anche i cartaginesi provarono a conquistare Siracusa. In due occasioni, nel 410 e nel 406, arrivarono molto vicini alle mura della città siciliana, ma in entrambi i casi **Annibale** non riuscì a conquistarla la città. Lo stato di **continua minaccia**, però, spianò la strada a Dionisio il Vecchio (432-367 a.C.), che divenne tiranno di Siracusa dal 405 al 367 con l'aiuto di una **milizia mercenaria**. Dionisio si rivelò un **abile stratega**: con una serie fortunata di campa-

---

CRONOLOGIA

398 a.C.-358 a.C.
Guerra contro Cartagine

344 a.C.
Corinto invia il suo generale Timoleonte per prendere il controllo della Sicilia

338 a.C.
Agatocle prende il posto di Timoleonte alla guida dell'isola

306 a.C.
Pace con i Cartaginesi

STORIA

gne militari assoggettò al suo potere quasi tutta l'isola.
Forte delle vittorie conseguite e della minaccia esterna continua, rese Siracusa la città meglio fortificata della Sicilia.
Una nuova guerra contro la principale antagonista, Cartagine, non si fece attendere: nel 398 le ostilità ripresero e si protassero per quasi 40 anni sino alla **definitiva sconfitta dei cartaginesi**. Definito monarca crudele ma illuminato, Dionisio fu artefice di una seconda età dell'oro nella Sicilia preromana.
M la lotta tra Dionisio II e suo zio Dione indebolì notevolmente la città, tanto che si temette un ritorno di Cartagine. Ma fu Corinto che approfittò della guerra civile inviando il generale Timoleonte in Sicilia. L'intervento riportò un **nuovo periodo di pace** fino al 338 a.C., anno del suo ritiro e della nuova esplosione di conflitti tra le varie fazioni siciliane, sedati da una seconda spedizione di Corinto guidata dal generale Agatocle a cui si deve il primo, e unico, tentativo di conquista al di fuori dell'isola: l'**invasione del nord Africa**. Richiamato in patria, stipulò la pace con i cartaginesi che lo resero di fatto padrone dell'intera isola (306 a.C.). Alla sua morte Siracusa sprofondò in un periodo di lotte intestine e di anarchia.

■ Il dominio di Roma

Ancora una volta furono i cartaginesi ad approfittare del caos, ma soprattutto la **potenza mediterranea emergente: Roma**. Il pretesto venne dato dalla guerra scoppiata tra Siracusa e Agrigento. I cartaginesi intervennero a favore di quest'ultima, arrivando quasi a espugnare Siracusa. Pirro, Re dell'Epiro (Grecia nordoccidentale), tentò di conquistare l'isola a discapito dei due contendenti ma venne fermato a Benevento

Sopra: a Gela, i bagni pubblici risalenti al periodo ellenistico.

Sotto: vaso greco conservato nel museo nazionale di Agrigento.
In basso: la statua del siracusano Archimede.

274 a.C.
Ierone II prende il controllo di Siracusa

264-146 a.C.
Guerre puniche.

227 a.C.
La Sicilia diviene la prima provincia romana

212 a.C.
Capitolazione di Siracusa di fronte al console Marco Claudio Marcello.

Sopra: mosaico della Villa romana del Casale a Piazza Armerina.

Sotto: i resti dell'anfiteatro romano di Catania.

dai Romani (275 a.C.). Un anno dopo vi riuscì un suo accolito, **Ierone II**, che prima strinse un accordo con i cartaginesi, poi, intuendo l'importanza che Roma avrebbe assunto nei tempi a venire, mutò posizione e si **alleò con l'esercito della Città Eterna**.
Saranno necessarie **tre guerre puniche** combattute dal 264 a.C. al 146 a.C. contro Cartagine per permettere a Roma di avere il **predominio sul Mediterraneo** occidentale e sulla Sicilia.
Nel 227 a.C. la Sicilia divenne la **prima provincia romana**, ma solo nel 212 Siracusa capitolò definitivamente di fronte al console Marco Claudio Marcello. Più tardi (nel 43 a.C.) il potere si con-

---

CRONOLOGIA

138 a.C. e 104 a.C.
Rivolte di schiavi in Sicilia

43 a.C.
I siciliani ottengono la cittadinanza romana

21 a.C.
Ottaviano Augusto suddivide l'isola in Coloniae

200 d.C.
Prime sepolture cristiane e primi martiri.

solidò con la concessione della piena cittadinanza romana agli isolani.
L'isola divenne, grazie alle sue terre fertili, il **granaio di Roma**, ma il patrimonio artistico venne depredato e si istituì un pesante sistema fiscale. L'autonomia locale venne mantenuta, ma di fatto le **assemblee** popolari **persero** gran parte dei loro poteri.

Roma diede anche un contributo importante allo sviluppo: con il riassetto delle strade, la **"Tabula Pentigeriana"**, che, creata inizialmente per spostare rapidamente le legioni, venne sfruttata anche per il commercio; con le riforme nella distribuzione delle terre e la nascita dei **latifundia**, immense estensioni di terreno, dove si impiantano **coltivazioni intensive**; autorizzando il traffico commerciale con le province francesi e spagnole. Anche se la disgregazione della civiltà ellenica e la conseguente immigrazione di un gran numero di schiavi nell'isola provocarono, alla fine del II sec. a.C., lo scoppio di rivolte soffocate nel sangue.

■ Il Cristianesimo

Il periodo di relativa prosperità finì nel 44 a.C. quando venne assassinato **Giulio Cesare**. La guerra civile che ne scaturì coinvolse anche l'isola. Sesto Pompeo, generale romano, **conquistò** le più importanti città della Sicilia orientale, preparando le spedizioni per la vicina Spagna e **bloccando** ogni approvvigionamento di **grano per Roma**. Sarà Ottaviano Augusto a sconfiggerlo e a imporre poi una pesantissima indennità alle città siciliane che gli avevano dato aiuto. Quindi riorganizza il potere nell'isola suddividendola in **Coloniae**. Anche il sistema di tassazione venne modificato: la decima sul raccolto è sostituita da un'imposta sulla proprietà. In seguito, la

Sopra: statua romana di Venere, conservata nel museo Paolo Orsi di Siracusa.

Sotto: i resti dell'anfiteatro romano di Siracusa.

Sotto: tomba a baldacchino nelle latomie di Palazzolo Acreide, nei pressi di Siracusa. Le tombe risalgono al periodo bizantino e cristiano.

313
Editto di Costantino sulla libertà di culto

590
Papa Gregorio Magno acquisisce territori in Sicilia

690
La Sicilia diviene di fatto provincia bizantina con capitale Siracusa.

827
Inizia la conquista araba

Storia

Sopra: il bastione saraceno che, a Marsala, testimonia i primi segni della dominazione araba, a fianco una scena che raffigura i combattimenti davanti alla chiesa "araba" di San Giovanni degli Eremiti a Palermo. Sotto: uno dei mulini a vento utilizzati nel trapanese per la macinazione del sale, secondo la tecnica iniziata dagli arabi.

perdita d'importanza degli approvvigionamenti di grano (sostituiti da quelli del nord Africa) e **l'ingrandimento dell'impero romano** relegarono sempre più l'isola a un ruolo periferico. Nel frattempo in Trinacria si diffonde il **cristianesimo**. Le cronache degli storici romani indicano nell'anno 200 d.C. la data delle prime sepolture cristiane nell'isola e segnalano i nomi dei primi martiri: San Marziano di Siracusa e Sant'Agata di Catania. Dopo l'editto di Costantino (313), che lasciò la **libertà di culto** per i cittadini dell'impero, il cristianesimo uscì dalla **clandestinità**.

■ Vandali e Bizantini

Le invasioni barbariche non risparmiarono la Sicilia. I primi a giungere furono i **Vandali**, nel 468, poi gli **Eruli** ed infine i **Goti**, con il Re Teodorico nel 491. Nel 535, per volere dell'imperatore bizantino Giustiniano, il generale Belisario **conquistò** l'isola per utilizzarla come base per la guerra contro i barbari in Italia. Nel 690 la Sicilia diventa di fatto **provincia bizantina** con capitale Siracusa. Il protettorato orientale durò ininterrottamente per quasi tre secoli e mezzo e fu caratterizzato da una

CRONOLOGIA

831
Gli Arabi occupano Palermo

878
Gli Arabi controllano Siracusa

902
Anche Taormina si arrende agli Arabi

X sec.
Prime piantagioni di ortaggi e frutta provenienti dal mondo arabo

Storia

dura **dittatura militare** ed una politica vessatoria nei confronti della popolazione locale. Nel 751 ci sarà il passaggio di consegne formale dalla **giurisdizione papale al patriarcato di Costantinopoli**. Le continue guerre dell'impero bizantino impoverirono l'economia dell'isola.

■ Splendore arabo

A partire dall'827, puntando sulla debolezza dell'isola, gli Arabi della dinastia degli Aghlabiti d'Africa avviano la conquista con lo sbarco a Marsala: Palermo cade nell'831; Siracusa nell'878; Taormina nel 902. Gli Arabi fanno della Sicilia il loro **epicentro commerciale** nel Mediterraneo, con Palermo centro di massima importanza a discapito del primato millenario di Siracusa. Palermo diventa la capitale della Sicilia musulmana, con gli emiri Kalbiti, e il crocevia di popolazioni e culture: Arabi, Berberi, Persiani, che si aggiungono a Greci, Longobardi, Ebrei, Slavi. La città, troppo piccola per le accresciute esigenze, venne ampliata con nuovi insediamenti urbani: la kalsa, nel 937, area fortificata fuori dalle antiche mura, sede dell'emiro; il quartiere popolare degli Schiavoni, abitato dagli schiavi; quello degli Ebrei.

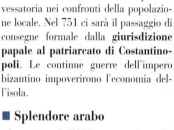

A fianco al centro: la chiesa della Trinità a Castelvetrano monumento Arabo-Normanno, più in basso: una pagina del Corano risalenta al X sec. conservata nella biblioteca nazionale di Palermo.

Sotto: anfore romane nel museo Eoliano di Lipari.

849-1038
Insurrezioni del popolo siciliano nel tentativo di scacciare gli invasori.

1059
Roberto il Guiscardo diviene duca delle Puglie e di Calabria

1061-1091
Ruggero I sconfigge gli arabi e prende il controllo della Sicilia

STORIA

Sopra: Ruggero d'Altavilla in una statua Lignea conservata nella Cattedrale di Mazzara del Vallo.
Sotto, a Paternò: il castello edificato da Ruggero il Normanno nel 1073.

■ Cultura e invenzioni

Il dominio arabo, anche se duro, avrà per l'isola degli **aspetti positivi**. L'isola conosce un grande sviluppo economico basato sull'**eliminazione dei latifondi**, sulla redistribuzione delle terre e sul commercio che vede la Sicilia in posizione centrale di un impero arabo ormai esteso dalla Spagna alla Siria.

Grandi innovazioni furono apportate in agricoltura, nella pesca, nella tessitura e manifattura della seta, nelle estrazioni minerarie.

Gli Arabi saranno i primi ad introdurre le arance, i limoni, la pesca, l'albicocca, gli asparagi, i carciofi, il carrubo, il pistacchio, le melanzane, il gelsomino usato per i profumi, la cannella, il garofano, il riso, lo zafferano e lo zenzero. Nell'edilizia contribuirono alla diffusione di **nuove tecniche** nella costruzione delle case; svilupparono l'irrigazione introducendo sistemi per **sollevare l'acqua dai pozzi** e irrigare i campi; costruirono i primi **mulini** per macinare il grano con la sola forza del vento. Non costrinsero la popolazione a **convertirsi all'islamismo** e in più, avendoli privati dei diritti politici, li **esentarono dal servizio militare**. D'altro canto ebrei e

Sopra: la tomba di Enrico VI nella Cattedrale di Palermo.

Sopra: un sigillo in oro coniato per Enrico VI, che vi appare.

CRONOLOGIA

1130-1154
Ruggiero II diviene Re di Sicilia

1191
Enrico di Svevia diviene imperatore del Sacro Romano Impero col nome di Enrico VI.

1195
Enrico VI riunisce sotto un'unica corona il Sacro Romano Impero e il Regno di Sicilia.

1266
Carlo I d'Angiò sottomette l'isola

STORIA

Sopra: l'incoronazione di Guglielmo II, Re di Sicilia, come appare in uno dei mosaici del Duomo di Monreale.

cristiani erano **soggetti a divieti** e limitazioni: portare un segno di riconoscimento e segnare le case; pagare un tributo supplementare; non suonare le campane o portare la croce in processione; non bere vino in pubblico ed alzarsi in piedi quando entrava un musulmano nella stanza. Tutte pratiche che pur non potendosi considerare una vera e propria persecuzione, crearono un continuo **clima di ostilità**. L'isola venne **divisa in distretti**, chiamati "val" e amministrati da un "valì": Val di Mazara (Sicilia occidentale), Val di Noto (Sicilia sud-orientale), Val Demone (zona di Messina).

■ Arrivano i Normanni

Lo spirito di indipendenza degli isolani e una base culturale estranea a quella araba impedirono comunque una vera integrazione e portarono a diverse insurrezioni. Ma sarà la crisi del governo centrale arabo, e le conseguenti lotte tra i vari emiri, a creare i presupposti per la riconquista cristiana ad opera dei Normanni. Il loro arrivo venne salutato dai siciliani come un gradito ritorno alla cultura paneuropea. Ruggero I il Normanno e il fratello Roberto il Guiscardo conquistarono l'isola tra il 1060 ed il 1091. Il Guiscardo assoggettò anche il Sud Italia e istituì nel 1059 il **ducato di Puglia e Calabria**, mentre Ruggero I

Sopra: la tomba di Federico II a Enna.

Sotto, a Palermo: il palazzo dei normanni o reale, che nel cinquecento fu la dimora dei vicere spagnoli: oggi è sede del parlamento regionale siciliano.

1282
I vespri siciliani: la più famosa rivolta del popolo siciliano contro l'invasore.

1302
Con la pace di Caltabellotta, Pietro d'Aragona diviene il nuovo re di Sicilia

1487
In Sicilia arriva il tribunale dell'Inquisizione

Sotto: un ritratto di Federico II di Svevia.

diede vita alla **Contea di Sicilia**. L'appoggio del papato ai Normanni fu totale, tanto da attribuire loro il titolo di **legati apostolici**.

Alla scomparsa di Ruggero, nel 1130, il figlio Ruggero II grazie alla mancanza di eredi da parte di Roberto il Guiscardo riunifica i possedimenti acquisendo il titolo di **Re di Sicilia e di Puglia**.

L'opera di riorganizzazione amministrativa di Ruggero II fu profonda e diede all'isola un solido potere centrale trasformandola nel **fulcro della potenza normanna** nel Mediterraneo.

■ Gli Svevi e la corte di Federico II

Qualche decennio più tardi le sorti dell'isola si legano a quelle del Sacro Romano Impero. Nel 1186 Enrico di Svevia sposa Costanza d'Altavilla, figlia di Ruggero II e ultima erede della dinastia reale normanna, che portava in dote il Regno di Sicilia. Alla morte del padre, Federico Barbarossa, Enrico di Svevia diviene imperatore del Sacro Romano Impero col nome di Enrico VI (1191) e, dopo aver sconfitto le resistenze dei nobili normanni, nel 1195 riunisce sotto un'unica corona l'impero e il Regno di Sicilia. Enrico VI lascia quindi in eredità nelle mani del figlio Federico II uno sterminato dominio, che si estende dalla Germania all'Italia del Sud e alle terre siciliane. Dopo i primi anni difficili, sotto Federico II (o Federico I come Re di Sicilia) l'isola conobbe un altro grande momento di potenza e di ricchezza culturale.

■ I Vespri Siciliani e gli Aragonesi

Alla morte di Federico II (1250) le lotte tra le potenti famiglie feudali per la successione permettono l'intervento di Carlo I d'Angiò che sottomette l'i-

CRONOLOGIA

1504
I regni di Aragona e Castiglia si riuniscono in un unico regno di Spagna

1510 e 1525
Insurrezioni popolari contro gli spagnoli

1647 e 1674
Due insurrezioni popolari contro il governo a Messina.

1693
Terremoto catastrofico nel sud della Sicilia

STORIA

sola nel 1266, instaura un regime di **occupazione militare**, inasprisce la pressione fiscale e sposta la capitale da Palermo a Napoli. La popolazione, esasperata da una situazione di povertà insostenibile, diede luogo alla più famosa **rivolta** nella storia dell'isola: i **Vespri Siciliani** (1282). La conseguenza sarà l'arrivo degli spagnoli e, con la pace di Caltabellotta (1302), l'assegnazione della Sicilia a **Pietro d'Aragona**. Nonostante l'avvicendamento tra l'aristocrazia feudale francese e quella spagnola, il **potere dei feudatari aumentò a dismisura**.

■ Il dominio spagnolo

A partire dal 1415, con lo spostamento a Napoli della capitale del Regno, la Sicilia non sarà più il luogo di residenza dei re, per diventare semplice centro amministrativo retto da **Viceré spagnoli**.
La pirateria sui mari ed il banditismo nell'entroterra divennero endemici, costringendo i contadini a lasciare le campagne per rifugiarsi in città. Quello che un tempo era considerato il granaio d'Europa divenne luogo di **carestie continue**. Anche le città erano **oppresse dai baroni** che imposero il controllo su ogni aspetto della vita cittadina, persino nella sfera religiosa. In mancanza di una borghesia mercantile vera e propria, la maggioranza dei proventi derivati dai traffici commerciali finì nelle casse di banchieri genovesi e spagnoli.

■ L'Inquisizione

Nel 1487, alla morte del re, la sottomissione alla Spagna divenne ancora più oppressiva con l'arrivo del **tribunale dell'Inquisizione**. L'intolleranza nei confronti delle minoranze non cristiane vanificò anche i fermenti culturali che da sempre avevano contraddistinto la Sicilia

A fianco da sinistra: la Torre Federiciana dell'Aquila, baluardo del Castello di Lombardia, ad Enna. Una carta miniata del breviario della regina Costanza, conservato nella Biblioteca Nazionale di Palermo. Più in basso: una scena dei Vespri Siciliani esposta nella Galleria d'Arte Moderna di Palermo;

Qui sotto: la corona della regina Costanza, è visibile nel tesoro della Cattedrale di Palermo.

1713
Trattati di Utrecht: l'isola passa ai Savoia

1720
I Savoia cedono l'isola agli austriaci

1735
Ritornano gli spagnoli con i Borbone

1860
Sbarco dei Mille a Marsala guidati da Giuseppe Garibaldi

STORIA

A destra: una caricatura di Giuseppe Garibaldi che sbarcando a Marsala, iniziòil processi di unificazione del Sud, al Regno del Piemonte. L'eroe dei due mondi, sconfisse i borbonici, nella battaglia di Calatafimi e conquistò Palermo.

e che ora, durante il rinascimento italiano, stavano imponendosi in tutta Europa. Nemmeno le due **insurrezioni del 1510 e del 1525** riuscirono a cambiare la situazione. L'aristocrazia era troppo divisa per sperare di opporsi alla neonata corona di Spagna (1504) e il popolo non aveva ideali sociali ben distinti da perseguire. La scoperta dell'America del 1492 e delle altre rotte oceaniche ridusse notevolmente l'importanza dell'isola nel commercio con il vecchio mondo. L'amministrazione pubblica divenne un sistema farraginoso, collusivo, dove per ottenere qualcosa era necessario ingraziarsi il **signore locale**. Per i viceré, d'altronde, era un vantaggio lasciare inalterata la situazione per **non turbare gli interessi dei potentati locali**.

Il periodo che ne seguì fu denso di eventi drammatici: le scorrerie dei pirati saraceni; i briganti all'interno; le due fallite insurrezioni popolari contro il governo del 1647 a Palermo e del 1674 a Messina; il tremendo terremoto del 1693 che colpì il sud dell'isola.

■ I Borboni

Nel 1713, **dopo la guerra di successione spagnola**, la Sicilia venne assegnata ai **Savoia**, che la cederanno agli **Asburgo**, in cambio della Sardegna, nel

Sotto: il Catello Ursino, a Catania: Nel XV sec. fu la residenza dei reali Aragonesi.

CRONOLOGIA

1861
La Sicilia viene unificata al Regno d'Italia

1894
Rivolta dei fasci siciliani di ispirazione socialista

1720. Gli spagnoli torneranno solo nel 1735, con i **Borbone**, e vi rimarranno fino all'**unità d'Italia** nel 1860. Durante il periodo di Francesco I e Ferdinando II i siciliani si avvicinarono alle **idee risorgimentali**. L'idea federalista diede luogo più volte a moti separatisti, come l'insurrezione del 1848 che portò a un governo autonomo siciliano, poi schiacciato dall'esercito borbonico.

Un'altra rivolta scoppiata nel 1860 fu l'occasione per aprire la strada alla spedizione dei Mille guidati da Giuseppe Garibaldi, con lo sbarco a Marsala (11 maggio). Si arrivò così alla scomparsa del regno borbonico e all'unificazione con il resto d'Italia, dopo il plebiscito dell'ottobre dello stesso anno.

■ I "fasci" e l'autonomia

L'unificazione, fermamente voluta da personaggi come il messinese Giuseppe La Farina e l'agrigentino Francesco Crispi, non portò miglioramenti economici per i siciliani, tanto che il malcontento sfociò di nuovo in moti d'insurrezione, di cui il più cruento fu quello del 1894 organizzato dai **fasci siciliani**, di ispirazione **socialista**. La Grande guerra, il fascismo e la Seconda guerra mondiale non fecero che aggravare i mali siciliani, che portarono a un'**emigrazione crescente** verso le Americhe e il Nord Europa. Dopo lo sbarco degli Alleati (luglio 1943) e la fine della guerra, l'**autonomia regionale** arriva con lo statuto del 1946. Durante gli anni della ricostruzione lo sviluppo economico viene affidato alle grandi industrie petrolifere, ma l'economia della regione resta arretrata e prevalentemente legata all'agricoltura. Si apre così la questione del Mezzogiorno, con i finanziamenti messi a disposizione dalla Cassa per il Mezzogiorno (1950) per il decollo economico e industriale dell'isola.

Sotto: Francesco Crispi, nato a Ribera (Ag). Dopo l'Unità d'Italia, fu più volte capo del governo.

Sopra: Rosolino Pilo, luogotenente di Garibaldi nel 1848.

Sopra: il patriota e storico Michele Amari: sua la storia dei Musulmani in Sicilia.

Sopra: Giuseppe La Farina, che animò il risorgimento siciliano assertore della politica di Cavour. Sotto: Antonio di Rudinì esponente della politica di destra, avversò Crispi.

1946
La Sicilia acquisisce lo status di regione autonoma a statuto speciale

1950
Istituzione della Cassa per il Mezzogiorno.

Sicilia

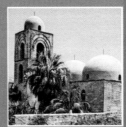

ARTE e M

Arte e Monumenti

Aree archeologiche greche e romane, le testimonianze della cultura araba, il gotico, il neoclassicismo. L'isola conserva tesori inestimabili attraverso i quali racconta, da protagonista, millenni di storia di molteplici popoli e culture del Mediterraneo.

Dai teatri greci a Caravaggio

Dal Monte San Pellegrino alle isole Egadi. Dal Tempio di Siracusa alla chiesa di San Cataldo ad Agrigento. Da Archimede a Guttuso e Pirandello. Il tempo ha intrecciato molteplici culture in una terra dagli scenari estremi, il resto lo hanno fatto gli uomini: fenici, cartaginesi, romani, arabi, spagnoli hanno reso quest'isola un autentico laboratorio culturale, unico ed entusiasmante, al centro del Mediterraneo.

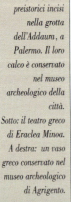

Sopra: graffiti preistorici incisi nella grotta dell'Addaura, a Palermo. Il loro calco è conservato nel museo archeologico della città.
Sotto: il teatro greco di Eraclea Minoa. A destra: un vaso greco conservato nel museo archeologico di Agrigento.

■ Il Paleolitico e la protoarte

Le **pitture rupestri** sono le prime forme protoartistiche rinvenute in Sicilia. Disegni elementari risalenti al Paleolitico raffigurano scene di vita quotidiana trasposte sull'unico supporto allora disponibile: la roccia.

I più famosi graffiti paleolitici della regione si trovano nelle isole Egadi, presso la Grotta del genovese (10000 a.C.) e sul Monte Pellegrino a Palermo, dove vengono raffigurati guerrieri a caccia.

Presso i musei di Siracusa, Palermo e Lipari sono custoditi, inoltre, reperti archeologici impreziositi con **fregi artistici** come armi, vasi, monili e pietre lavorate, appartenenti al periodo del rame e successivamente del bronzo.

I popoli che abitarono la regione nelle epoche più remote, i Sicani, i Siculi e gli Elimi, avevano una loro **identità culturale**, seppur con espressioni artistiche minime, almeno fino all'arrivo delle popolazioni fenicie e greche.

Le prime **contaminazioni artistiche** a opera dei Fenici e rielaborate dai Sicani sono state rinvenute a Sant'Angelo Muxaro (Agrigento) e Polizzello (Caltanissetta).

Anche gli Elimi, dopo i primi contatti culturali con i Greci, diedero vita ad opere architettoniche singolari come testimonia il tempio presso il monte Bàrbaro (V sec. a.C.) a Segesta.

Sarà soprattutto la religione a ispirare opere straordinarie come la **maschera di terracotta** del VI sec. a.C., utilizzata per riti sacri, o i sarcofaghi di Pizzo Cannita a Palermo. Uno dei luoghi sacri me-

*A finaco: portagioie greco: si trova nel museo archeologico di Caltanissetta.
Sotto: un "sostegno" del tempio di Giove Olimpico, conservato nel museo archeologico di Agrigento.*

glio conservati, dedicato al Dio Baal Hammon, principale divinità fenicia, è il Tophet di Mozia (Trapani).

■ La colonizzazione greca

Con la **dominazione greca**, la Sicilia intraprese un percorso che le permetterà di arricchire la propria produzione artistica con opere di assoluto rilievo.
I Greci iniziarono la loro colonizzazione culturale nel VI sec. a.C. con la costruzione di templi in onore degli Dei Olimpici a Siracusa, Megara Iblea, Gela, Lentini. Rivestiti di preziose terrecotte policrome, erano ornati di lastre quadrate a rilievo (metope) poste sul fregio dei templi.
Ma è con l'arrivo della dinastia dei tiranni di Siracusa che l'architettura monumentale greca **raggiunge il suo apogeo**. Tra le testimonianze più importanti: il tempio d'Agrigento in onore di Zeus e Giunone, le mura di Selinunte, gli insediamenti di Segesta e Hymera.
Dello stesso periodo sono i teatri di Siracusa (considerato uno dei più vasti del mondo greco), della stessa Segesta e di Catania.
Altri notevoli esempi d'architettura greca sono: il castello d'Eurialo a Siracusa e i bagni pubblici di Gela.

*Sotto: collana visibile nel museo archeologico di Siracusa.
A destra: un particolare del Teatro Greco di Taormina.*

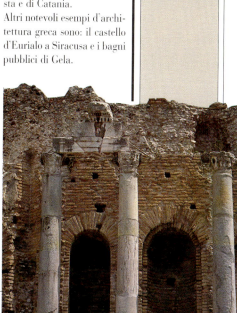

Patrimonio Artistico e Monumentale

Sopra: il tempio di Castore e Polluce nella Valle dei Templi di Agrigento. Nella stessa valle: il tempio della concordia (sotto). In alto a destra: il Tempio di Selinunte, maestosa presenza nell'acropoli della città.

L'Olympièion d'Agrigento, ancora, è senza eguali in tutto il mondo ellenico: gli immensi telamoni, statue di figure maschili, dette anche atlanti, che sostengono le cornici, raggiunsero dimensioni imponenti.

Risalgono infine al III sec. a.C. il teatro di Taormina, Tindari e l'ara di Ierone II di fronte al teatro di Siracusa.

L'architettura, quasi sempre **d'ispirazione dorica**, evidenziò una marcata vivacità nelle decorazioni. Altro particolare non trascurabile fu il tipo di materiale utilizzato: il tufo, pietra calcarea dal colore "caldo" che conferì ai monumenti tonalità del tutto peculiari.

Il tempio, spesso eretto su costruzioni preesistenti, è composto da un colonnato (il peristilio) che poggia su un basamento (lo stilobate), gradinato; le colonne, infine, sono sormontate da capitelli sui quali poggia l'architrave.

L'edificio, di pianta rettangolare, rispetta, nella maggioranza dei casi, il rapporto di uno a due tra la larghezza e l'altezza.

Altra caratteristica comune era la cella (nàos), con la statua della divinità all'interno, di fronte a un piccolo atrio con altare, posta all'interno del colonnato.

Oltre all'architettura, anche la scultura culminò in opere di grande ispirazione artistica, come le **Metope dei templi di Selinunte**, considerate il più **alto esempio d'espressione plastica** dell'isola.

Anche le altre forme d'arte furono chiaramente **d'ispirazione greca**.

Centri d'interesse archeologico relativi a questo periodo sono: Megara Iblea, Nasso, con i resti del tempio d'Afrodite; Gela con gli scavi dell'a-

PATRIMONIO ARTISTICO E MONUMENTALE

cropoli: Eraclea Minoa, con il teatro; Imera, con i santuari arcaici e il tempio detto della Vittoria; Adrano, con le mura del IV sec. a.C. e i resti di un'antica città indigena; Akrai, con un teatro in ottime condizioni e il cosiddetto Bouleutérion; il teatro di Tindari; i monumenti di Morgantina.

Nel IV sec. a.C. nascono anche piccole **fabbriche locali di vasi** con metodologie di produzione prese a prestito dai Greci. Tra le varie produzioni spicca la **ceramica di Centurie**, caratterizzata da una sovrapposizione di colori su fondo chiaro e le immagini di divinità per offerte votive nei santuari.

■ Il dominio di Roma

A differenza del periodo greco, nel quale i maestri siciliani riuscirono a rielaborare in qualche misura i suggerimenti artistici ellenici, il periodo romano non fu contraddistinto da una evoluzione dell'arte siciliana, ma dall'introduzione di novità di tipo tecnico, come l'uso del mattone e del calcestruzzo.

In sovrapposizione alla colonizzazione romana continuò, invece, l'influsso dell'arte ellenistica, testimoniata dall'Ariete di Siracusa (III secolo), dagli Zeus di Tindari e Soluto, dal sarcofago di Fedra e dalla Venere Landolina.

I Romani realizzarono profondi interventi di **ristrutturazione e ampliamento** dei teatri siciliani. Costruirono il **Ginnasio a Siracusa** e il grandioso propileo, chiamato comunemente basilica, a Tindari; gli anfiteatri di Siracusa e Catania; l'acquedotto Cornelio a Termini Imerese; le terme di Catania. L'arte del mosaico fa la sua comparsa proprio in questo periodo, con la costruzione delle ville dei ricchi proprietari dei Latifundia (immense estensioni di terreno che Roma concedette a notabili del posto). L'esempio più apprezzato è la **villa di Piazza Armerina** (300 a.C.).

■ L'architettura sacra del cristianesimo

Le prime costruzioni destinate al culto cristiano, **le catacombe**, risalgono al IV secolo.
Solo dopo l'editto di Costan-

*Sopra: grondaia a testa leonina. Proviene dal Tempio della Vittoria di Imera, si trova nel museo archeologico di Palermo.
Sotto anfiteatro romano nella valle dei templi di Agrigento.*

Sotto il tempio di Ercole, nella valle dei templi agrigentina.

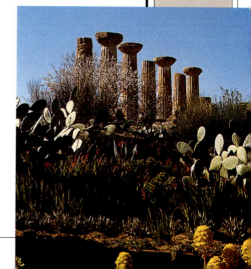

tino (313 d.C.), che sancì la **libertà di culto**, si costruirono le prime chiese sulle strutture già esistenti, come i vecchi templi pagani. A partire dal V sec. d.C. fanno la loro comparsa le prime chiese e basiliche con **pianta originale**. Lo schema di costruzione non seguirà canoni fissi, ma, segno di un grande fervore artistico, si diversificherà per ciascun edificio. Tra le innumerevoli testimonianze presenti: la cripta di San Marziano e la più antica cattedrale di Siracusa, per l'allora inedita planimetria.

■ L'arte bizantina

Con la conquista dell'isola da parte dell'Imperatore Giustiniano, nel 535, inizia l'età bizantina, **un periodo non ricco** di particolari spunti artistici.
Le produzioni più degne di nota sono quelle architettoniche, con le basiliche di Contrada Vigna a Mare Santa Croce Camerina (Ragusa) e quella di S. Domenica a Castiglione (Catania). Le opere seguono modalità di progettazione e costruzione uguali in tutto l'impero senza particolari interventi.

■ Le influenze arabe

Con la caduta di Palermo nell'831 e di Siracusa nell'878 sotto la dominazione araba, la Sicilia si trovò

di colpo proiettata verso nuove dimensioni culturali. Gli arabi erano popolazioni con un **alto grado di cultura**.
Nei due secoli di dominazione, la Sicilia acquisirà un'impronta **arabesca** che resterà indelebile, assimilando forme artistiche, architettoniche e decorative spiccatamente orientali. La **libertà di culto religioso** assicurata dai dominatori, fra l'altro, permetterà ai siciliani di sfruttare le tecniche architettoniche arabe per edificare chiese cristiane. Un esempio tra tutti sono la chiesa di San Cataldo a Palermo, costruzione a pianta cubica sormontata da tre alte cupole rosse e la Chiesa di San Giovanni degli eremiti, dove cinque cupole rosse spiccano in mezzo ad un giardino ricco di piante esotiche. E ancora: il castello di Zisa, a Palermo, che ricorda le **atmosfere di Le Mille e una notte**. L'architettura araba influenzerà anche la vita quotidiana: ne è un esempio il lavatoio di Cefalù, con le sue arcate in stile arabesco.

■ Ritorno alla cultura occidentale

Con l'arrivo dei Normanni nell'XI sec. si assiste al ritorno degli stili culturali europei, con la sintesi dei motivi stilistici arabi, latino-

monastici e bizantini.
La **fusione degli stili architettonici** è graduale. Spesso si tratta di semplici **aggiunte** di elementi decorativi su **precedenti opere arabe**: a Palermo nel Duomo, nella chiesa della Magione, nel campanile della Martorana, nelle chiese intitolate a San Giovanni, in quelle degli eremiti e dei lebbrosi; a Messina nella chiesa dell'Annunziata dei Catalani, a San Nicolò Regale a Mazara del Vallo; nella SS. Trinità di Delia a Castelvetrano. Esempio di sincretismo architettonico è il duomo di Cefalù (1131-66), voluto da Ruggero II. La pianta esterna, con due torri in facciata, è di ispirazione nordica ma la copertura decorativa utilizza le classiche tecniche arabe, mentre l'interno si ispira alla tradizione basilicale bizantina. Lo stile normanno s'imporrà di lì a poco, come testimonia il Chiostro di San Bartolomeo, a Lipari. Altri monumenti da segnalare del sec. XII sono le chiese del Vespro e della Magione, a Palermo, la chiesa dei SS. Pietro e Paolo a Forza d'Agrò, il duomo di Agrigento, la parrocchiale di Caltabellotta. La **fusione** degli stili arabo, normanno e bizantino vivrà nei mosaici la sua massima espressione. I più antichi sono quelli della Martorana, immediatamente successive le magnifiche decorazioni musive della Cappella Palatina, composte da oro, agate, lapislazzuli e altre pietre semipreziose. La **ricchezza cromatica** e il tema religioso che tesse la trama iconografica li hanno resi estremamente raffinati e suggestivi.

*Sopra: il monastero di Giummare a Sciacca (XII sec.). Nella pagina accanto, dall'alto: mosaici pavimentali della villa romana a Marsala.
Mosaici della villa romana del Casale a Piazza Armerina.
La "quadriglia del sole" e "la metopa", provengono da Selinunte (VI sec.) si trovano nel museo archeologico di Palermo. Per ultima un'altra Metopa.*

Nella pagina accanto: due mosaici bizantini della chiesa della Martorana, a Palermo.

San Giovanni degli Eremiti a Palermo.

Sopra, da sinistra: il Cristo del mosaico principale del Duomo di Monreale; uno splendido mosaico della Cappalla Palatina, nel Palazzo dei Normanni, di Palermo; nella foto a fianco. Sotto: il Duomo di Monreale un capolavoro dello stile Normanno; accanto una parte del chistro del convento Benedettino, annesso al Duomo di Monreale.

■ Monasteri, abbazie, architettura romanica

In questo periodo si assiste anche alla grande diffusione di **abbazie e monasteri** creati su modelli architettonici puramente romanici.

I benedettini, in larga misura, eressero chiostri e conventi su impianti ispirati all'abbazia francese di Cluny, già diffusi nel Sud Italia. Di ispirazione cassinese sono, invece, le piante del Duomo di Messina e Monreale.

Anche la scultura subisce profonde influenze, come testimoniano i telamoni che sorreggono il sarcofago di Ruggero II.

■ Federico II e la scuola siciliana

Concluso il periodo normanno con l'ultimo Altavilla Guglielmo III, gli Hohenstaufen presero il controllo dell'isola.

Enrico VI prima, ma soprattutto il figlio Federico II poi riporteranno la Sicilia al centro della cultura nel mediterraneo. Al punto che, a causa dei continui spostamenti, la corte di Federico II venne definita un "crocevia culturale itinerante". Presso di lui trovarono protezione anche illustri scienziati dell'epoca.

Dal punto di vista artistico confluirono diverse tradizioni: quella araba, filosofico-letteraria, la bizantina, la la-

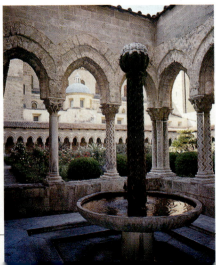

Patrimonio Artistico e Monumentale

tina, l'eredità dei poeti tedeschi (i Minnesänger), la normanna in lingua d'oïl e infine i trovatori, poeti provenzali, autori di canti amorosi. Comparvero le prime poesie e canti in volgare italiano appartenenti alla famosa **scuola siciliana**. I maggiori esponenti di questo gruppo furono Jacopo da Lentini, probabile inventore del celeberrimo **sonetto**, Cielo d'Alcamo, Stefano Protonotaro (l'unico di cui si abbia un testo completo originale in siciliano), Rinaldo d'Aquino, Giacomino Pugliese e Guido delle Colonne.
Grande impulso venne dato anche all'architettura delle fortezze e dei castelli (Siracusa, Augusta e Catania) che rivelarono ancora forti influssi arabi.

■ Il periodo chiaramontano

Nel 1266, con la morte a Benevento dell'ultimo discendente di Federico II, Manfredi, si conclude uno dei periodi culturali più felici dell'isola. Da questo momento la Sicilia vivrà una sorta di marginalizzazione culturale che andrà sempre crescendo. L'avvento dei casati angioino prima e aragonese poi portò un notevole sviluppo delle sole opere architettoniche, in special modo quelle relative ai **palazzi baronali** cittadini e ai castelli.
Questo periodo, denominato anche **chiaramontano** (dal nome della famiglia dei Chiaramonte, che ne furono i principali mecenati), vide la presenza in Sicilia di maestri provenienti dalla Toscana, dal Lazio e dalla Campania. Appartengono a questa fase artistica la Croce del Maestro di Castelfiorentino, della seconda metà del XIII sec., di ispirazione tosco-pisana, gli affreschi della scuola di pittura napo-

Sopra: il Normanno Duomo di Agrigento. Sotto: un particolare del "Palazzo dello Steri" a Palermo, costruito nel 1307, simbolo della potenza dei Chiaramonte.

A sinistra: la basilica di Santa Maria a Randazzo, edificio svevo in pietra lavica. Sotto: portale dell'ex monastero benedettino di San Nicolò l'Arena.

Sopra: il medievale castello Nisseno di Falconara.
Sotto: il trecentesco castello a Palma di Montechiaro.

Sotto: i resti del castello medievale di Sciacca.
In alto, a destra: il portale della chiesa Matrice ad Erice.

letana del priorato di S. Andrea a Piazza Armerina, l'opera dei toscani Turino Vanni, con la sua Madonna in Trono (1390), e dello scultore Nico Pisano, con la Madonna di Trapani.

■ Lo stile gotico: durazzesco e catalano

Successivo al periodo chiaramontano, il **gotico** siciliano (XV sec.) sarà la corrente artistica che più a lungo resisterà alle influenze artistiche esterne successive.
Lo stile si divise in due correnti: il **durazzesco** e il **catalano**. Il primo, con i caratteristici **archi depressi**, ebbe una diffusione limitata nell'area orientale dell'isola.
Il catalano si diffuse invece soprattutto a Palermo, con il duomo e il palazzo Chiaramonte (1307), con i palazzi di Ragusa e Modica, il convento di S. Spirito a Caltanissetta, la chiesa dell'Annunziata a Trapani e quella di S. Giorgio ad Agrigento, palazzo Corvaia a Taormina, e palazzo Bellomo a Siracusa. Da segnalare le opere di Matteo Carnelivari, considerato il massimo architetto del secolo (S. Maria della Catena e palazzo Aiutamicristo a Palermo).

■ Il Rinascimento

Nel corso del Quattrocento e con lo sviluppo del Rinascimento, gli influssi innovativi in ogni forma d'arte giunsero anche in Sicilia. Nel campo della scultura le figure preminenti sono i Gagini e il Laurana.
I primi crearono una scuola artistica che durerà a lungo in Sicilia, in particolare il capostipite, Domenico, formatosi alla scuola del **Brunelleschi**, imprimerà le linee guida che il figlio Antonello continuerà per tutto il 500.
Tra le loro opere si ricordano S. Maria di Portosalvo a Palermo, l'interno della chiesa di Trescagli, San Giorgio dei genovesi e la Madonna dei Miracoli a Palermo, la Madonna di Siracusa e infine la Maddalena di Alcamo. Il Laurana, in particolare, prese spunto dalla tradizione artistica **borgognona**. Sue sono La

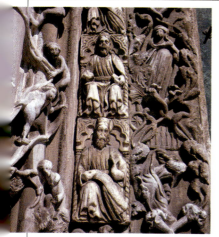

Nel campo delle arti figurative, la figura preminente è sicuramente quella di **Antonello da Messina**. Tra le sue opere **rimaste in Sicilia**: la Vergine Annunziata (1476 ca., Galleria Nazionale, Palazzo Abatellis, Palermo), il Polittico di San Gregorio (1473, Museo di Messina), il ritratto del museo Mandralisca a Cefalù.

Tra gli altri artisti siciliani dell'epoca da segnalare anche Antonino Giuffrè, Quartararo, Tommaso De Vigilia e Marco Costanzo.

Madonna custodita nel museo nazionale di Messina, il busto d'Eleonora d'Aragona, la cappella Mastrantonio in San Francesco a Palermo.

Con il sopraggiungere del **manierismo toscano**, verso la metà del XVI sec. termina definitivamente anche il carattere prettamente isolano dell'arte siciliana.

Artisti come Montorsoli, Calamech e Camillo Camilliani, Michelangelo del Vignola, l'Ammanati **agganciano definitivamente l'architettura siciliana** alle correnti **continentali**. Nelle chiese, in particolare, s'impone l'opera del Vignola: a Palermo presso Santa Cita, Santa Caterina, San Martino delle scale, mentre per le opere esterne particolarmente importanti sono le fontane di Orione e Nettuno a Messina di G. A. Montorsoli.

Nella pittura è il momento del manierismo di Cesare da Sesto, Polidoro da Caravaggio e Vincenzo da Pavia, Mario da Laureto, Vincenzo degli Azani e Simeone da Wobeck (manierismo fiammingo).

■ Seicento e Settecento

Il passaggio del **Caravaggio** segnò la conclusione del manierismo.

Pittore di altissimo livello, durante il suo soggiorno siciliano alternò momenti di pessimismo esistenziale tradotti poi nei capolavori lasciati a Siracusa (Seppellimento di S. Lucia, 1608) e a Messina (Resurrezione di Lazzaro, 1609), a periodi di tranquillità in cui eseguì le Natività di Messina e Palermo. Altra figura di gran-

A sinistra: decorazioni della facciata del Duomo di Messina. Dall'alto: la scala del quattrocentesco Palazzo Bellomo, a Siracusa. Un'opera di Antonello da Messina, esposte nel museo Mandralisca a Cefalù. Sotto: il cinquecentesco palazzo steripinto a Sciacca.

Dall'alto in ordine: il cinquecentesco Duomo di Enna; la chiesa di San Nicolò a Catania e quella di San Benedetto, entrambe risalenti

alla fine del '500. A destra, in alto: il Duomo di Catania pregevole opera dell'architetto Vaccarini; e a destra: un vetro dipinto della scuola dei "pincisanti" palermitani.

de influenza sugli artisti siciliani sarà il pittore fiammingo **Antonie van Dyck** (Madonna del Rosario a Palermo, 1628) che sarà rilevante nel percorso artistico di **Pietro Novelli** di Monreale.

Per quanto riguarda la scultura, il Seicento e il Settecento non presentano grandi figure, a eccezione dei **Serpotta**, famiglia di artisti specializzata nella **decorazione a stucco**. Tra questi, Giacomo Serpotta (Palermo 1656-1732) è considerato il maggiore scultore siciliano tra il XVII e il XVIII secolo. Tra le sue opere si segnalano la Madonna dell'Istria a Monreale, la decorazione degli altari della Madonna del Carmine e del Crocifisso nella chiesa del Carmine Maggiore a Palermo (1683-84), la straordinaria serie di decorazioni a stucco presso l'Oratorio del Santissimo Rosario in Santa Zita a Palermo (1685-1718 ca.), l'oratorio di San Lorenzo (1699-1707), di San Domenico (1714-1717), di Santa Caterina all'Olivella (1722-1726) e di Sant'Agostino.

Ben diverso, invece, è il discorso relativo all'architettura che, subito dopo il Rinascimento, vivrà di continue **sovrapposizioni di stili**.

L'isola divenne un immenso **laboratorio artistico**, specie dopo il terremoto del 1693, con arditi tentativi di **ripianificazione urbanistica**, specie nella parte orientale dell'isola, maggiormente colpita dalla catastrofe naturale. Il barocco siciliano trova terreno fertile per le sue più **avanzate sperimentazioni**: il Duomo di Caltanissetta, la fontana di Leonforte, il Duomo di San Tommaso a Marsala, la Chiesa di San Giorgio a Modica, Palazzo Villadorata a Noto, la facciata del duomo di Siracusa.

Si distinguono in questo pe-

riodo importanti architetti come Guarino Guarini a Messina, Giacomo Amato a Palermo e Giovanni Battista Vaccarini, cui si deve la ricostruzione della maggior parte dei monumenti a Catania. Sue opere sono anche il collegio Cutelli e la chiesa di S. Agata, borrominiana. Degne di menzione, poi, le attività siracusane di Giovanni Vermexio e Andrea Palma e, a Messina, di Filippo Juvarra. Quest'ultimo in particolare **porterà il suo stile barocco** siciliano, raffinato e d'ispirazione classica, presso la **corte dei Savoia**. Importante, infine, il complesso di **ville barocche** costruite a Bagheria commissionate dalla nobiltà palermitana a partire dal sec. XVII. Da segnalare villa Butera, la più antica (1658), e le ville Valguarnera e Palagonia (XVIII sec.).

■ Il neoclassicismo e il Novecento

L'inizio del XIX sec. è segnato dal nuovo stile neoclassico, corrente artistica caratterizzata dal **recupero** delle forme geometricamente lineari dell'arte greca e romana, che coinvolse le arti figurative, decorative e architettoniche, per **reazione agli stili ridondanti** ed eccessivamente elaborati del Barocco prima e del Rococò poi.
Sarà l'architetto Marvuglia a catalizzare in Sicilia l'attenzione sul nuovo stile. Gli sono attribuiti l'Oratorio dell'Olivella, il nuovo monastero di San Martino alle Scale e l'Orto botanico (in collaborazione con il francese Dufourny) a Palermo, e infine la villa Belmonte ad Acquasanta.
Di rilievo, all'inizio del XIX

Sopra, dall'alto: un particolare della Chiesa dell'Annunziata, a Palazzolo Acreide. La facciata della chiesa

dell'Immacolata a Caltagirone e lo splendido Barocco della chiesa di San Domenico a Noto; oggi restaurata dopo i danni subiti per il terremoto del 1990.

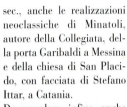

sec., anche le realizzazioni neoclassiche di Minatoli, autore della Collegiata, della porta Garibaldi a Messina e della chiesa di San Placido, con facciata di Stefano Ittar, a Catania.

Da segnalare, infine, anche il capuano Giuseppe Damiani, che **rivisiterà lo stile pompeiano in chiave neoclassica** per il Teatro Politeama Garibaldi, e Giovan Battista Filippo Basile che, nel 1897, progettò il teatro Massimo a Palermo, ispirandosi allo **stile corinzio contaminato con elementi romanici**. Il figlio, Ernesto Basile, si distinse per creazioni di una certa originalità in stile liberty.

La sua opera più rinomata rimane villa Igea a Palermo. Nella scultura, i principali esponenti neoclassici furono Valerio Villareale, Benedetto Civiletti e Antonio Ugo.

In campo musicale fu Vincenzo Bellini (Catania 1801 - Puteaux, Parigi 1835) ad affermarsi come uno dei maggiori esponenti del melodramma italiano.

Anche in altri campi la Sici-

In questa pagina, dall'alto: la chiesa madre barocca di Zafferana Etnea; la chiesa madre di Granmmichele (CT) e la seicentesca chiesa del Carmine ad Enna. Qui sotto: il barocco di Piazza Vigliena a Palermo.

PATRIMONIO ARTISTICO E MONUMENTALE

In questa pagina, dall'alto: il Duomo barocco di Piazza Armerina (Enna); quello di Acireale e quello di Noto che rappresenta una delle opere più alte del barocco siciliano. sopra, la suggestiva chiesa madre di Palma di Montechiaro

lia ha offerto, nell'ultimo secolo, esempi di **straordinaria levatura**.
Basti ricordare nella pittura **Renato Guttuso** (Bagheria, Palermo 1912 - Roma 1987), Francesco Lojacono, Francesco Messina, Emilio Greco e, ai giorni nostri, Piero Guccione e Bruno Caruso.
In letteratura vanno ricordati, tra gli altri, **Luigi Pirandello e Salvatore Quasimodo**, entrambi premi Nobel, Giovanni Verga, Luigi Capuana, Mario Rapisardi, Leonardo Sciascia, Gesualdo Bufalino.

Terra di Grandi Artisti

Queste pagine sono dedicate a grandi artisti che si sono espressi "raccontando" la loro terra. Dalla Sicilia essi hanno tratto ispirazioni letterarie, musicali e pittoriche che hanno regalato all'umanità opere indimenticabili. Sopra "la vucciria" di Renato Guttuso (foto a sinistra) a destra Leonardo Sciacia uno dei grandi autori del secolo.

Terra di Grandi Artisti

Bellini

Verga

Capuana

Pirandello

Vittorini

Brancati

Lanza Tomasi

Quasimodo

In questa pagina, dall'alto affiancati: Vincenzo Bellini, Giovanni Verga, lo strittore verista Luigi Capuana, il premio Nobel Luigi Pirandello, lo scrittore siracusano Elio Vittorini e il pachinese Vitaliano Brancati, autore del "don Giovanni in Sicilia". In fine: Giuseppe Lanza Tomasi, autore del "Gattopardo" e il premio Nobel per la poesia Salvatore Quasimodo. Sotto uno scorcio di modica città natale del magistrale poeta siciliano.

NATURA
Sicilia

Natura e Ambiente

1. Parco dei Nebrodi
2. Montagna delle Felci e dei Porri
3. Panarea
4. Filicudi
5. Alicudi
6. Vulcano
7. Stromboli
8. Parco delle Madonie
9. Riserva Naturale di Ustica
10. Riserva Integrale Grotta Conza
11. Riserva Integrale Grotta di Entella
12. Riserva Grotta di Carburangeli
13. Isola delle Femmine
14. Riserva Naturale dello Zingaro
15. La Grotta di Santa Ninfa
16. Le Saline di Trapani e Paceco
17. Isole dello Stagnone
18. Bosco d'Alcamo
19. Riserva Naturale del Monte Conca
20. Riserva Naturale Biviere di Gela
21. Riserva Integrale Lago Sfondato
22. Riserva Speciale Lago di Pergusa
23. Riserva Naturale dell'Isola di Lampedusa
24. Macalube di Aragona
25. Oasi Lipu di Gorgo di Montallegro
26. Oasi di Siculiana
27. Foce del fiume Platani
28. Oasi Faunistica di Vendicari
29. Riserva Pino d'Aleppo
30. Fiume Ciane e Saline di Siracusa
31. Cava d'Ispica
32. Riserva Cavagrande del Cassibile
33. Macchia Forestale del Fiume Irminio
34. Oasi del Simeto
35. Riserva Marina isole dei Ciclopi
36. Riserva Fiumefreddo
37. Parco dell'Etna

Parca dei Nebrodi

Istituito il 4 agosto 1993, il Parco dei Nebrodi, esteso sul territorio di 21 Comuni e tre Province (**Catania**, **Messina** ed **Enna**), è suddiviso in diverse zone in funzione dell'altitudine, della temperatura e delle abbondanti precipitazioni piovose e nevose. Il piano mediterraneo (dal livello del mare fino a 600-800 metri) è caratterizzato dalla macchia mediterranea sempreverde con euforbia, mirto, lentisco, ginestra, corbezzolo, sughera, leccio. Superati gli 800 metri di quota e fino ai 1.200-1.400 metri si passa al piano supra-mediterraneo con le sue querce caducifoglie. Molte le specie presenti, come la roverella e la rovere. Diffuso è pure il cerro, dominante nelle aree più fresche. Oltre i 1.200-1.400 metri, nel piano montano-mediterraneo, si trovano le faggete, formazioni boschive che coprono tutto il crinale dei Nebrodi per più di 10 mila ettari e caratterizzano ambienti di grande valore naturalistico e paesaggistico. Tra le specie del sottobosco si incontrano l'agrifoglio, il pungitopo, il biancospino, la daphne, il tasso. Un tempo regno dei cerbiatti, i Nebrodi sono ancora la parte della Sicilia più ricca di fauna. Il parco ospita numerosi piccoli mammiferi (l'istrice, la martora, il gatto selvatico), rettili e anfibi (la testuggine, il discoglosso, la rana verde) e circa 150 specie di uccelli.

- **Superficie:** 85.687 ettari.
- **Altezza:** da poche decine di metri a 1.847 metri s.l.m.
- **Gestione:** Ente Parco dei Nebrodi.
- **Sede:** via Ruggero Orlando 126, 98072 Caronia (Me), tel. 0921/333211 - fax 0921/333230 - e-mail: parconebrodi@legacy.it

ISTRICE

Un roditore strettamente vegetariano che si nutre di radici, frutta e cortecce tenere di cui va in cerca prevalentemente di notte; di giorno preferisce starsene nascosto nelle tane profonde dove vive in piccoli gruppi. Usa gli aculei come arma di difesa contro i predatori: quando viene aggredito li rivolge contro l'avversario emettendo un particolare suono minaccioso.

FOLAGA

Discreta tuffatrice, è in grado di resistere sott'acqua anche per mezzo minuto, "remando" con le ali.
Si nutre soprattutto di vegetali acquatici, ma anche di lumache, insetti, larve e piccoli crostacei. Durante la stagione invernale forma grossi branchi, spesso con le anatre con cui condivide l'habitat. Se snidata, scappa "camminando" sull'acqua per un buon tratto prima di prendere il volo.

Natura e Ambiente

Salina, Montagna delle Felci

La Riserva Naturale Orientata della Montagna delle Felci e Monte dei Porri interessa i due rilievi, antichissimi crateri vulcanici, dell'**Isola di Salina**, la seconda per estensione dell'arcipelago delle **Eolie** (Comuni di **Leni**, **Malfa** e **S. Maria Salina**), e si estende dalle pendici dei coni sino alle vette. Gran parte del territorio dell'isola è compresa nella riserva, a eccezione di una fascia collinare all'altezza di **Valdichiesa**. È piacevole il variare della vegetazione nella riserva, con il succedersi di diverse fasce altitudinali sino ai quasi mille metri di **Monte Fossa delle Felci**, dove si incontra un castagneto e la distesa di piante che dà il nome alla montagna. Estese le zone coperte dalla macchia mediterranea, con grandi esemplari di corbezzolo e di ginestra che caratterizzano il paesaggio. Sul versante di **Monte dei Porri** va segnalata la nidificazione, nella zona di Pollara, dei falchi della regina, provenienti dal Madagascar, che in estate si ritrovano in gran numero in questa isola. L'itinerario più conosciuto è quello che, risalendo dal santuario di **Val di Chiesa**, consente in circa un'ora e mezzo di raggiungere la vetta di Monte delle Felci, dal quale si gode un panorama verso Lipari e le altre isole dell'arcipelago. È possibile ridiscendere, passando da **Serro Favaloro**, a **Santa Maria Salina**.

- **Superficie:** 1.521 ettari.
- **Altezza:** fino a 962 s.l.m.
- **Gestione:** è affidata alla Provincia di Messina.
- **Sede:** ci si può rivolgere all'ente gestore, tel./fax 090/7761403, o all'APT di Lipari, tel. 090/9880095.
- **Periodo migliore:** tutto l'anno.

ROSMARINO

Alto da qualche decina di centimetri a un paio di metri, ha foglie piccole, rigide e aromatiche. I fiori sono di solito azzurri, raramente violetti o bianchi e con il loro nettare le api preparano un miele pregiato. Fiorisce in vari momenti dell'anno a seconda della varietà e del clima locale: di solito da marzo a ottobre, ma non sono infrequenti nelle isole fioriture invernali. Dal rosmarino si ottengono un olio essenziale ed estratti per la profumeria e la farmacia.

GATTO SELVATICO

Più grande di un normale gatto domestico (80-90 centimetri più 35 di coda), con il manto tigrato con colorazione di base grigia o giallastra. Il pelo è lungo e folto; la coda, più corta di quella del gatto domestico, è grossa e con il pelo molto fitto, ad anelli neri. Vive nei boschi fitti ed estesi di collina e di montagna e si nutre soprattutto di piccoli roditori.

Panarea

Forma, con Basiluzzo, con i grandi scogli Spinazzola, Lisca Bianca, Dattilo, Bottaro, Lisca Nera e con gli scogli minori Panarelli e Formiche, un piccolo arcipelago distante una quindicina di chilometri a nord-est di Lipari e Salina. Sorge su una piattaforma profonda in media 50 metri sotto il livello marino e contornata da profondità di oltre 500 metri; tanto che si ritiene che sia quanto rimane di un antichissimo vulcano, sprofondato e demolito dalle forze endogene e del mare. Il gruppo è formato da rocce e tufi vulcanici e ha manifestazioni vulcaniche secondarie con fumarole e sorgenti termali.
Per informazioni tel. 0909880095

Filicudi

A forma ovale, con un'appendice a sud-est nella penisoletta del Capo Graziano. È separata da Salina e da Alicudi da profondità marine di quasi mille metri. L'isola ha tre cime, Fossa Felci, Montagnola e l'altopiano detto Torrione. *Info tel. 0909880095*

Alicudi

È la più occidentale e, con i suoi 5.2 kmq di superficie, una delle più piccole isole dell'arcipelago. Sorge da una profondità di circa mille metri con una forma di cono e tronco al vertice, dove doveva esserci il cratere.
Per informazioni tel. 0909880095

Vulcano

L'isola ha tre crateri: uno con le cime dei monti Saraceno e Aria; un altro con Vulcano o Fossa Grande; il terzo, Vulcanello, sorto dal mare nel 186 a.C. e rimasto separato come isola per secoli, fino a congiungersi con Vulcano nel 1550 tramite l'accumulo di ceneri.
Per informazioni tel. 0909880095

Lipari

Isola maggiore delle Eolie, è la più interessante per i vulcanologi. L'ultima eruzione che qui si verificò viene datata all'incirca nel 700 d.C. Si consigliano escursioni all'osservatorio geofisico di M. Guardia, alla Forgia Vecchia, da cui ci gode di un ottimo panorama e alle Rocche Rosse. *Info tel. 0909880095*

Stromboli

Stromboli vanta un primato: è l'unico fra i vulcani al mondo che ha mantenuto uno stato di attività permanente per 2.500 anni. Ha una forma conica con due cime gemelle e resti dell'antico cratere principale. La cima più alta è quella del Vàncori. Ancora oggi lava, lapilli incandescenti scivolano lungo il pendio, detto "Sciara del Fuoco", e precipitano in mare. La vegetazione, molto povera, comprende il citiso delle Eolie e la granata rupicola. La fauna è scarsa e si può incontrare solo qualche coniglio selvatico, mentre tra gli uccelli si notano gabbiani, corvi imperiali e passeri solitari. *Per informazioni tel. 0909880095*

Parco delle Madonie

Ai limiti orientali della **Provincia di Palermo**, il parco si estende sul territorio di 15 Comuni del comprensorio montuoso delle **Madonie**, dove si trovano le più antiche rocce di Sicilia, formatesi durante il Triassico, e dove sono presenti oltre la metà delle specie vegetali siciliane. L'area si differenzia in tre zone omogenee: la fascia costiera e il versante settentrionale, protetti da venti africani, in cui si trovano i boschi più fitti, gli uliveti secolari, le sughereti, i castagneti, i frassini da manna, i querceti a roverella e nuclei di agrifogli giganti a **Piano Pomo**. La zona centrale del massiccio montuoso è coperta di lecci alle quote più basse e da faggi nelle zone sommitali. Il versante meridionale del massiccio è, infine, un susseguirsi di dorsi collinari coltivati. La fauna delle Madonie annovera molte specie, fra cui la martora, la volpe, il gatto selvatico e l'istrice. Fra gli uccelli l'aquila del Bonelli. Sono presenti inoltre una trentina di specie di invertebrati. Si consiglia l'escursione al **Vallone Madonna degli Angeli**, che ospita, fra i 1.400 e i 1.650 metri, esemplari di abeti dei Nebrodi, rimasuglio delle foreste che coprivano la Sicilia. Un sentiero è stato realizzato per raggiungere gli agrifogli giganti di Piano Pomo da Piano Sempria, sul versante di Castelbuono. Da segnalare il sentiero Gorgonero, attrezzato per il passaggio di portatori di handicap.

- **Superficie:** 39.676 ettari.
- **Altezza:** sfiora i 2 mila metri s.l.m.
- **Gestione:** Ente Parco delle Madonie.
- **Sede:** corso Paolo Agliata 16, 90027 Petralia Sottana (Pa), tel. 0921/684011 - fax 0921/680478.
- **Periodo migliore:** tutto l'anno.

CORVO IMPERIALE

Raggiunge i 70 centimetri di lunghezza, con apertura alare fino a 1 metro e 40. Intelligente (ha una notevole capacità di imitare i suoni). Se non ha soddisfatto il suo appetito diventa predatore di uova, di uccellini che coglie al volo, di lepri e conigli. Segue le aquile cibandosi non solo dei loro resti, ma anche strappandogli dei brandelli di prede.

CONIGLIO SELVATICO

Il progenitore di tutti i conigli domestici, è un roditore simile alla lepre, ma di forme meno snelle e di dimensioni minori (cm 45 di lunghezza per un peso di 1-2 chili). Il pelo è bruno-giallastro. Vive in colonie, anche molto numerose, e scava lunghissime tane con numerose uscite. È piuttosto difficile da incontrare, soprattutto perché ha abitudini crepuscolari o notturne.

Riserva Naturale dell'isola di Ustica

La Riserva Naturale Orientata Marina e Terrestre dell'**isola di Ustica**, situata a circa 32 miglia da **Palermo**, ha una superficie di 9 kmq, è rinomata per le acque e l'ecosistema marino ed è la parte emergente del **Monte Anchise**, un vulcano spento. Di interesse lembi di macchia mediterranea, di flora rupestre e di vegetazione in ambienti salini. Poche sono le specie animali, poiché la fauna risente dell'isolamento. È tuttavia possibile osservare il toporagno di Sicilia e alcuni pipistrelli. L'avifauna è numerosa: da rilevare le beccacce, i tordi botocci e il chiurlottello, considerato una fra le specie a rischio d'estinzione. Le acque sono pulite e creano un universo di madrepore, coralli, ventagli di gorgonie, spugne, anemoni, spirografi, stelle e ricci di mare. E poi polpi e murene, saraghi e castagnole, donzelle e occhiate, sarpe e bavose, scorfani e corvine, cernie e barracuda, sempre più diffusi con l'aumento della temperatura del Mediterraneo. A **Punta Spalmatore** cresce la rosa di mare, una delicatissima trina bianca di calcare costituita da minuscoli celenterati.

- **Superficie:** 4.280 ettari (riserva marina); 204,3 ettari (riserva terrestre).
- **Altezza:** sul livello del mare.
- **Gestione:** Riserva Marina di Ustica, Comune di Ustica tel. 0918449456
- **Periodo migliore:** tutto l'anno.

MARTORA

Vive fino a oltre i 2 mila metri di quota; è agilissima ad arrampicarsi sugli alberi e a saltare da un ramo all'altro, compiendo vere e proprie acrobazie. Ha un'alimentazione molto varia: oltre che di piccoli mammiferi si nutre di uccelli, uova, insetti e anfibi, ma anche di frutta e bacche. Molto simile alla faina, trascorre gran parte del suo tempo sugli alberi, sia per cacciare che per riprodursi; di solito infatti la sua tana è nelle cavità dei tronchi.

GHEPPIO

Predilige come habitat paludi, prati e campi dalla collina alla montagna, ma non sono rari i casi di nidificazione in piena città. Nidifica in pareti rocciose e anche tra i muri di vecchi casolari abbandonati. Si nutre soprattutto di piccoli mammiferi, ma anche di lucertole e insetti che caccia con la tecnica dello "spirito santo", librandosi in cielo immobile e gettandosi all'improvviso sulla preda.

Riserva Integrale Grotta Conza

Formata da un unico grande ambiente che misura circa 90 metri di lunghezza, la grotta Conza, a nord di Palermo, alle pendici della dorsale formata da Monte Gallo, Pizzo Manolfo e Monte Raffo Rosso, si apre con uno spettacolare antro di forma semiellittica, ai piedi di una parete verticale circondata da una lussureggiante vegetazione. Abbondanti sono flora e fauna, sia invertebrata che vertebrata (volpi, istrici, allocchi, pipistrelli). Il paesaggio che circonda la grotta comprende colture tradizionali e vegetazione rupestre spontanea caratterizzata dalla presenza del cappero, del timo, del garofano di montagna e del cavolo selvatico.

Per informazioni tel. 091322689

Riserva Integrale Grotta di Entella

La grotta di Entella, a pochi chilometri da Poggioreale, formata da almeno quattro livelli di gallerie per uno sviluppo di un chilometro, si apre alla base della parete ovest del rilievo gessoso di Rocca di Entella. Nella parete che borda la Rocca nidificano uccelli rapaci come la poiana, il gheppio, il falco pellegrino; le pendici, coperte da una vegetazione a macchia, ospitano conigli, volpi e istrici.

Per informazioni tel. 0918465770

Riserva Grotta di Carburangeli

La parte più suggestiva della riserva, situata nella piana di Carini, è rappresentata dalla ricca quantità di concrezioni calcaree che, nella cavità, si sono create in seguito al lento stillicidio dell'acqua. Stalattiti e stalagmiti rivestono le pareti della grotta dando vita a scenari di fascino. Lo studio di una colonia di pipistrelli nella grotta è una delle principali finalità di gestione della riserva.

Per informazioni tel. 0918669797

Isola delle Femmine

La Riserva Naturale Orientata di Isola delle Femmine, data in gestione alla Lipu, è costituita dall'omonima isola e da una fascia di mare, nel versante settentrionale, a circa 800 metri dalla costa del litorale occidentale di Palermo. Il patrimonio floreale conta più di 140 specie. La formazione a gariga con arbusti di lentisco e barbosa occupa la parte centrale dell'isola.
Le fioriture di iris, romulea e ginestrino caratterizzano la steppa mediterranea.

Per informazioni tel. 0918669797

SUGHERA

È una quercia originaria dell'Europa meridionale. Ha foglie sempreverdi e coriacee. Arriva anche a una ventina di metri di altezza e può avere un diametro di un metro e mezzo. Può vivere qualche secolo, e richiede molto calore, luce e umidità atmosferica. Viene coltivata per la produzione di sughero: la sua scorza spugnosa e spessa circa 5 cm, può essere rimossa ogni 6-12 anni.

AGRIFOGLIO

*Alto fino a 20 metri, ha una chioma stretta e conica e corteccia verde da giovane che diventa poi liscia e grigia. I frutti, le note bacche rosse, sono molto appetiti dagli uccelli, per i quali costituiscono una fonte importantissima di cibo invernale.
Il legno dell'agrifoglio, duro e pesante, viene usato per lavori fini di artigianato; un infuso delle foglie, secondo la tradizione popolare, serve per combattere le coliche.*

Riserva Naturale dello Zingaro

Il territorio della **Riserva dello Zingaro**, la prima ad essere istituita in Sicilia e probabilmente la più conosciuta, comprende 7 chilometri di incantevole costa rocciosa sino a quasi mille metri di altitudine. Il sentiero più conosciuto, accessibile sia da **Scopello** sia da **S. Vito lo Capo**, è quello che segue la costa, consentendo di raggiungere le calette incastonate fra le ripide scogliere: la traversata della riserva richiede circa due ore e mezzo. Situata all'estremità occidentale della costa tirrenica siciliana, presenta una spiccata diversità di ambienti. Fondamentale è il clima generale, definito da una temperatura media annua di 19 gradi. Oltre a specie comuni della zona mediterranea, ospita specie di rilevante interesse. Le rupi litoranee e quelle delle alture interne ospitano limonio, perpetuino, garofanino, fiordaliso di Sicilia, finocchiella, cavolo selvatico, erba perla, vilucchio turco e il rarissimo limonio di Todaro.

Diffusa è la gariga a palma nana. Oltre agli animali più rari, come l'aquila del Bonomelli e la coturnice di Sicilia, si incontrano anche il passero solitario, il corvo imperiale, il saltimpalo, il falco pellegrino, il gheppio, la poiana. Ma anche volpi, istrici, conigli selvatici, donnole. Il mare è ricco di alghe, anemoni di mare, rose di mare, spugne, madrepore e corallo rosso.

- **Superficie:** 1.600 ettari.
- **Altezza:** da 0 a 913 metri s.l.m.
- **Gestione:** Azienda Foreste Demaniali della Regione Siciliana.
- **Sede:** per informazioni, tel. 800116616 - fax 0924/35752.
- **Periodo migliore:** in primavera, quando le coste sono in fiore, e in estate.

DONNOLA

Cacciatrice prevalentemente notturna, cattura soprattutto piccoli roditori, non disdegnando uccelli di piccola taglia e perfino insetti. Si può osservare il suo incedere sinuoso e agile anche nei pressi delle case di campagna e dei centri rurali, dove non dà tregua ai topolini delle case e agli altri roditori. La numerosa cucciolata, dopo un breve e intenso periodo di addestramento, viene allontanata dalla madre.

FALCO DI PALUDE

L'ambiente di questo rapace è il canneto che trova sia nelle acque dolci, come intorno agli stagni o alle paludi, sia in quelle salmastre, come nei delta dei fiumi e nelle lagune costiere, purché sia abbastanza grande. Qui trova le sue prede, soprattutto uccelli acquatici, come anatre e folaghe, pernici e gabbiani, ma anche mammiferi (topi o conigli).

La Grotta di Santa Ninfa

La Riserva Naturale Integrale Grotta di Santa Ninfa si trova in **provincia di Trapani**, all'interno di un altopiano gessoso che, costituisce un'area di interesse geomorfologico unica in Italia. La continuità dell'altopiano è frequentemente interrotta da faglie, che ne provocano lo smembramento in diversi blocchi. Il paesaggio è vario per la presenza di doline (depressioni chiuse di forma semicircolare), inghiottitoi, risorgive e da microforme carsiche denominate karren, costituite da scanalature su superfici rocciose esposte all'erosione. Nel comprensorio di Santa Ninfa sino ad oggi sono note circa 40 cavità, delle quali 22 sono state esplorate. L'ingresso della Grotta di Santa Ninfa è alle pendici dell'altopiano gessoso e l'intero complesso sotterraneo ha un andamento orizzontale; la cavità presenta due sistemi di gallerie sovrapposte, uno superiore fossile, con la presenza di concrezioni di calcite e gesso, e uno inferiore, caratterizzato dallo scorrimento dell'acqua. In superficie l'area si estende nella zona della **Valle cieca del Biviere**, una depressione carsica con un inghiottitoio in cui scompare il corso d'acqua superficiale che alimenta la grotta. La vegetazione è ricca di olmi, pioppi, allori, salici, presenti lungo il corso d'acqua del Biviere. La fauna annovera specie come l'istrice, la ghiandaia marina e il gruccione.

- **Superficie:** 150 ettari nell'area esterna e 1.350 metri nel complesso sotterraneo.
- **Gestione:** Legambiente.
- **Sede:** Ufficio della Riserva, via Sant'Anna 101, Santa Ninfa (Tp), tel. 0924/62376 - fax 0924/62360 - e-mail: ninfagro@centrocomp.it

VOLPE

Animale abitudinario, vive in grandi tane articolate e profonde che possono passare di generazione in generazione. Verso maggio nascono quattro-sei volpacchiotti; durante le prime quattro settimane è il maschio che si occupa di portare il cibo alla femmina e ai piccoli. È proprio in questo periodo che le volpi, spinte dalla fame propria e dei piccoli, si avventurano vicino alle abitazioni dell'uomo rubando galline, conigli e perfino oche.

FENICOTTERO

Ha abitudini gregarie: le colonie sono formate da individui adulti e da giovani, che si distinguono facilmente perché il loro piumaggio non ha il tipico colore rosa. Gli adulti sono di color bianco-rosa con le remiganti nere; i maschi sono leggermente più alti e più pesanti delle femmine.
Nella stagione degli amori il fenicottero costruisce un nido di fango e alghe all'interno del quale depone un unico uovo.

Le Saline di Trapani e Paceco

La Riserva Naturale Orientata Saline di Trapani e Paceco, che si estende per 950 ettari dal porto di Trapani fino all'abitato della frazione di Salina Grande, è costituita da un complesso di vasche artificiali posizionate vicino al mare che, attraverso un gioco di livelli, canali e passaggi d'acqua, determinano, mediante l'evaporazione, la cristallizzazione del sale, permettendone l'estrazione. Le saline sono un importantissimo luogo di sosta per migliaia di uccelli durante la migrazione sia autunnale che primaverile: sono oltre 170 infatti le specie finora censite, molte svernanti (fenicotteri, spatole, aironi bianchi maggiori, garzette, falchi di palude, limicoli) e altre nidificanti (avocette, cavalieri d'Italia, fraticelli, fratini, volpoche, calandrelle). Fra le specie vegetali presenti si segnalano il limonio e la calendula marittima. Gli itinerari all'interno dell'area variano in base al periodo e alle condizioni meteorologiche e i tempi di percorrenza oscillano da mezz'ora a diverse ore. I periodi migliori per l'osservazione della fauna sono quelli che vanno da febbraio a maggio e da settembre a novembre. Da giugno a settembre si può anche assistere all'attività dei salicultori, che in questo periodo operano la raccolta del sale con metodi tradizionali. Nella cornice delle saline si possono osservare anche gli splendidi mulini a vento (di tipo arabo, con sei pale in legno, e americano, con 24 pale in lamierino zincato); oppure i bagli di salina, edifici risalenti al XVI secolo, adibiti un tempo a deposito degli attrezzi o come dormitorio per gli operai impegnati in salina.

Per informazioni tel. 0923867700

Isole dello Stagnone

La Riserva Naturale Orientata Isola dello Stagnone, situata nel comune di Marsala, in provincia di Trapani, comprende una vasta laguna, una delle zone umide più importanti dell'Europa meridionale, e le isole: Isola Grande, Mozia, S. Maia e La Scuola. I bassi e caldi fondali dello Stagnone ospitano una ricca vegetazione acquatica, con la presenza di alghe verdi e praterie di posidonia che forma dei cuscini fluttuanti, noti alla gente del luogo come "trisce". Le favorevoli condizioni ambientali fanno sì che molti pesci, molluschi e crostacei popolino questo specchio d'acqua: orate, spigole, saraghi, triglie e occhiate. Nelle isole, ricche di paludi, saline, giuncheti, macchie sempreverdi, vivono invece numerosi uccelli, tra cui diverse varietà di anatidi: germani, alzavole, moriglioni, codoni e fischioni.

Per informazioni tel. 092735080

Bosco d'Alcamo

L'area protetta, situata sul Monte Bonifato, tra 340 e 825 metri d'altitudine, è costituita da un bosco di conifere, specie sui versanti nord e nord-ovest, a un fitto sottobosco di latifoglie composto da lecci e roverelle. L'estensione è di oltre 313 ettari, in gestione alla Provincia di Trapani. La copertura vegetale offre rifugio e cibo a numerose specie di animali. È abbastanza frequente scorgere la volpe, la donnola, il coniglio, il riccio, l'istrice, il topo quercino, e ancora più facile incontrare uccelli, presenti nella riserva con più di 30 specie. Si segnalano soprattutto rapaci diurni (gheppio e poiana), notturni (barbagianni, assiolo, civetta, allocco) e uccelli migratori (upupa, cuculo, allodola, quaglia).

Per informazioni tel. 0924514387

NATURA E AMBIENTE

Riserva Naturale del Monte Conca

La Riserva Naturale **Monte Conca** è suddivisa in due zone di massima tutela, costituite da due grotte denominate **Inghiottitoio** e **Risorgenza di Monte Conca** e da una zona preriserva. Le rocce nell'area sono costituite dal gesso, dal calcare e dalle argille, e si sono depositate per evaporazione dell'acqua marina tra 5 e 7 milioni di anni fa. L'acqua, con una rapida azione di scioglimento del gesso, ha creato grotte nel sottosuolo e ha dato luogo alla formazione di doline e valli cieche. Queste morfologie, sia superficiali sia sotterranee, determinano un paesaggio carsico di eccezionale interesse. L'Inghiottitoio di Monte Conca è una grotta con un regime idrico molto variabile nel corso dell'anno: è totalmente in secca d'estate, mentre d'inverno è percorso da grandi quantitativi d'acqua che possono superare i mille litri al secondo. La grotta, visitabile nella parte iniziale, ha uno sviluppo di circa 525 metri e una profondità di 108 metri. La Risorgenza di Monte Conca, il cui ingresso è ubicato in un'ansa del **Fiume Gallo d'Oro**, è una cavità attraversata da un corso d'acqua anche nella stagione secca e su due livelli sovrapposti. Numerose altre cavità, che testimoniano antichi livelli di scorrimento idrico, s'individuano in tutta l'area. Qui vivono volpi, gatti e conigli selvatici, lepri, istrici, ricci.

- **Superficie:** 245 ettari.
- **Altezza:** sino a 438 metri s.l.m.
- **Gestione:** Club Alpino Italiano Sicilia.
- **Sede:** Riserva Naturale Integrale Monte Conca, via Pietro Nenni 4, 93010 Milena (Cl), tel./fax 0934/933254.
- **Periodo migliore:** primavera e autunno.

MARTIN PESCATORE

Un cattivo corridore, e anche un goffo arrampicatore: la sua unica arma è la pazienza con cui attende la preda. Il nome gli viene infatti dalla particolare tecnica con cui si procura il cibo, restando a lungo in agguato sui rami sopra a un corso d'acqua finché non si tuffa a pescare un pesciolino con il becco robusto, simile a una corta spada. Spesso si ferma in volo sopra la superficie dell'acqua in una posa caratteristica detta dello "spirito santo".

UPUPA

È un uccello migratore, presente in Italia solo durante il periodo estivo in cui nidifica, inconfondibile per il piumaggio di color rosa scuro, con le ali e la coda colorate da vistose bande bianche e nere. È facile individuare la sua presenza grazie al richiamo che le ha dato il nome. Ha un volo lento e ondulato, detto a farfalla, durante il quale sono ben visibili le bande bianche e nere delle ali.

Riserva Naturale Biviere di Gela

La Riserva Naturale Orientata Biviere di Gela, affidata in gestione alla Lipu, è situata fra la città di Gela (CI) e la foce del fiume Dirillo. Ha un'estensione di 331 ettari comprendenti il Lago di Biviere e una fascia perimetrale caratterizzata da una zona umida e da alcune dune costiere. Per la posizione geografica e per le condizioni climatiche, la riserva è una delle più importanti aree per la sosta e lo svernamento degli uccelli acquatici. Il lago offre rifugio soprattutto ad anatre come il moriglione, il fischione, la canapiglia, il codone, il germano reale e il mestolone. Numerosi anche i limicoli. In primavera arrivano dall'Africa aironi cenerini, garzette e sgarze ciuffetto. Si possono inoltre osservare specie più rare come il tarabuso, il mignattaio, la moretta tabaccata, le sterne. Nel canneto nidificano le cannaiole, i pendolini, le folaghe, le gallinelle d'acqua, i tuffetti. In estate è possibile incontrare la rara pernice di mare. Il Lago di Biviere è caratterizzato da acque aperte, fondali bassi con vegetazioni sommerse, folti canneti inframmezzati da giunchi e tife, boschetti di tamerice e prati umidi. La vegetazione lacustre è composta da piante come lo scirpo e dalla cannuccia di palude. In primavera nei prati e nelle zone incolte fioriscono colorate e multiformi orchidee, timo e rosmarino, mentre le zone dunose sono il regno della ginestra bianca e del fiordaliso delle spiagge. Intorno al lago trovano spazio vitale volpi, conigli selvatici, donnole, rettili e anfibi. Numerosi anche gli insetti, come coleotteri e libellule.

Per informazioni tel. 0933926051

Riserva Integrale Lago Sfondato

Il lago, di origine carsica e posto alle pendici del Monte Pertichino, in provincia di Caltanissetta ha una superficie di circa 3.400 metri quadrati con un perimetro di 220 metri e una profondità massima di 13,50 metri. L'interesse naturalistico del Lago Sfondato non si limita agli aspetti geologici. Per quanto riguarda la vegetazione, accanto agli aspetti tipicamente lacustri rappresentati da una fascia di canneto, è da sottolineare la presenza diffusa di orchidee e di specie erbacee e arbustive tipiche degli affioramenti gessosi. La fauna è quella tipica delle aree rurali (coniglio, volpe, lepre) e delle zone umide (rana verde, biscia dal collare, usignolo di fiume). Numerose le specie di farfalle.

Per informazioni tel. 0934564038

Riserva Speciale Lago di Pergusa

Il Lago di Pergusa, nei pressi di Enna, è legato ai racconti mitologici del rapimento di Proserpina. Le attrattive di interesse naturalistico sono rappresentate dalla presenza della tipica flora e fauna degli ambienti lacustri, sopravvissute nonostante vistosi fenomeni di degrado. Nelle aree dominate dai canneti e dai giunchi tipici della vegetazione ripariale è possibile osservare le presenza di diverse famiglie di anatre. Fra gli altri uccelli si segnalano la civetta, l'assiolo, l'allocco, il barbagianni, la tortora, il merlo, la sterpazzola di Sardegna. Fra i mammiferi si incontrano volpi, ricci, lepri, conigli selvatici, donnole. I rettili e gli anfibi sono presenti con rane verdi, raganelle, rospi, lucertole, ramarri e testuggini d'acqua.

Per informazioni tel. 0935521242

Riserva Naturale di Lampedusa

La Riserva, che si estende lungo un tratto della costa meridionale dell'isola, è stata istituita nel 1996 dall'Assessorato Territorio e Ambiente della **Regione Sicilia** ed è finalizzata alla conservazione di un sito d'interesse comunitario per la presenza di specie animali e vegetali e habitat rari a rischio di scomparsa. Il paesaggio è caratterizzato da profonde incisioni a rias che solcano il pianoro. Allo sbocco dei valloni si trovano le spiagge dell'**Isola dei Conigli**, di **Cala Pulcino**, di **Cala Galera**. Vario il profilo costiero: a ovest imponenti falesie, modellate dall'azione dei venti e del moto ondoso. A oriente, la costa declina gradualmente verso il mare e assume forme frastagliate, rientranti in insenature e cale. La vegetazione prevalente nell'isola è la gariga-steppa, costituita da asfodeli, asteracee e distese di scilla marittima. Nei valloni sopravvivono alcune specie della macchia mediterranea, come il ginepro fenicio, il carrubo e rari oleastri. Importanti alcune specie vegetali rare, che testimoniano antichi collegamenti con l'Africa. Anche la fauna ha un'impronta nordafricana. Di interesse sono il colubro lacertino e il colubro dal cappuccio. Sulle falesie nidificano il falco della regina, il falco pellegrino, il marangone dal ciuffo e il gabbiano reale. La **spiaggia dei conigli** è l'unico sito in Italia dove la tartaruga marina depone regolarmente le uova.

- **Superficie:** 320 ettari.
- **Altezza:** sul livello del mare.
- **Gestione:** Legambiente.
- **Sede:** Ufficio della Riserva, via V. Emanuele 27, 92010 Lampedusa (Ag), tel. 0922/971611 - fax 0922/971812.
- **Periodo migliore:** tutto l'anno.

MARANGONE DAL CIUFFO

Più piccolo del cormorano propriamente detto, il marangone dal ciuffo si riconosce soprattutto per la sua colorazione verde-nera uniforme, priva del bianco sulle guance e sul mento e della macchia bianca ai "calzoni" e, all'epoca delle cove, per la corta cresta alzata sul capo a cui deve il suo nome. I marangoni sono uccelli sociali. Insieme sostano sulle rocce al sole, insieme spesso individuano e cacciano il pesce.

OCA SELVATICA

Oggi è quasi scomparsa, anche se il divieto di caccia ha contribuito, naturalmente, a farne aumentare le presenze. È l'unica specie di oca nidificante in Italia, nelle regioni dell'estremo Nord, dove le ampie paludi offrono ancora spazi per la cova, l'alimentazione e la cura delle numerose covate. Misura sino a 84 cm; ha zampe rosa e becco arancione, con piumaggio grigio-bruno.

Macalube di Aragona

La Riserva Naturale Integrale **Macalube di Aragona**, a 15 km a nord di **Agrigento**, è caratterizzata da forme dolci, costituite da depositi argillosi e solcate da una fitta rete di valloni, percorsi da acque derivanti da precipitazioni stagionali. La riserva è nata per tutelare un raro fenomeno geologico, definito vulcanesimo sedimentario, che si manifesta in presenza di gas sottoposto a pressione e in relazione ad argille non consolidate. I gas delle Macalube, costituiti essenzialmente da metano, sfuggono dal sottosuolo per effetto della pressione trascinando con sé sedimenti argillosi e acqua che, deposti in superficie, danno luogo a coni di fango. Dalla loro sommità, attraverso un cratere, fuoriesce il gas. Per la povertà del suolo e l'aridità del clima, la vegetazione è costituita da piante erbacee. In autunno le alture si ricoprono di un prato verde che in primavera veste le colline con un tappeto di fiori selvatici. Spicca la **collina dei Vulcanelli**, che si presenta come una landa brulla e bianco-grigia dalla quale si eleva una serie di vulcanelli di fango, alti intorno al metro. L'esistenza di piccoli stagni favorisce la riproduzione degli anfibi e un'abbondante popolazione di rettili. La riserva è, inoltre, sito privilegiato per alcune specie rapaci (falco di palude, gheppio) e zona di sosta per gli uccelli durante i periodi di migrazione.

- **Superficie:** oltre 240 ettari.
- **Altezza:** 200 metri s.l.m.
- **Gestione:** Legambiente.
- **Sede:** Uffici della Riserva, via Salvatore La Rosa 53, 92021 Aragona (Ag), tel. e fax 0922/699210 e-mail macalube@oasi.net
- **Periodo migliore:** tutto l'anno.

FALCO PELLEGRINO

Cattura le sue prede in volo, piombando loro addosso con una velocissima picchiata (anche a più di 300 km/h) e uccidendole con i forti artigli o con un colpo del robusto becco. Le femmine sono più grandi dei maschi. Nidifica in ambienti rocciosi, dal livello del mare fino a 2 mila metri, deponendo le uova in anfratti tra le rocce.

GABBIANO CORSO

Si differenzia dagli altri gabbiani per la "raffinatezza" che ha nel cibarsi: disdegna infatti i rifiuti per dedicarsi allo zooplancton e ai piccoli pesci. La sua scarsa adattabilità alimentare è la ragione che fa di questo uccello la specie più rara tra i gabbiani. Si riconosce per il modo di volare, sempre a pelo d'acqua. Sul terreno cammina con facilità e si tuffa nuotando egregiamente.

Oasi Lipu di Gorgo Montallegro

Il lago artificiale Gorgo di Montallegro, vasto circa 50 ettari e oggetto della proposta di conduzione da parte della Lipu, è sorto per soddisfare le esigenze dei terreni agricoli circostanti. Nonostante le ridotte dimensioni e la bassa profondità dell'acqua, esso riveste un interesse per la presenza di numerosi contingenti di uccelli acquatici, tra cui il tuffetto, la folaga, la gallinella d'acqua, la cannaiola, l'usignolo di fiume. La vicinanza dal mare e dalla valle del fiume Platani, la posizione in una delle più importanti vie migratorie della Sicilia ne fanno una stazione di sosta, nidificazione e svernamento per centinaia di specie di uccelli. Gorgo è l'unico lago della fascia costiera della Provincia di Agrigento. La vegetazione è costituita da canna palustre, tamerice e da un boschetto di eucalipti.
Per informazioni tel. 0922847079

Oasi di Siculiana

Vasta circa 8 ettari e mezzo, l'Oasi Wwf di Siculiana, acquistata dall'Associazione per bloccare una possibile speculazione, rientra nell'area di Torre Salsa e comprende un tratto di spiaggia fra i più belli e conservati della Sicilia, con flora tipica delle rocce gessose, tra cui il raro giglio di mare, che è anche il simbolo dell'oasi. Per quanto riguarda la fauna, spicca la presenza dell'istrice.
Per informazioni tel. 0922818220

Foce del fiume Platani

La Riserva Naturale Orientata Foce del Fiume Platani, vasta 207 ettari, si estende sulla costa meridionale della Sicilia, tra Agrigento e Sciacca, nei Comuni di Ribera e Cattolica Eraclea, in provincia di Agrigento. La si raggiunge con la superstrada Agrigento-Sciacca, svoltando in direzione di Eraclea Minoa e proseguendo sino al parcheggio dell'area. Da qui si segue una pista sul bordo delle strapiombanti falesie di Capo Bianco e quindi un sentierino che scende verso la foce del fiume.
L'area protegge il tratto finale del Platani che forma un'ampia ansa a breve distanza dal mare e poi la lunga spiaggia di Borgo Bonsignore, racchiusa all'interno da un cordone di dune. La riserva tutela un ambiente litoraneo ancora integro.
Per informazioni tel. 0922593451

ROSMARINO

Alto fino a un paio di metri, ha foglie piccole, rigide, aromatiche. I fiori sono di solito azzurri, più raramente violetti o bianchi e con il loro nettare le api preparano un miele pregiato. Fiorisce in vari momenti dell'anno a seconda della varietà e del clima locale: di solito da marzo a ottobre, ma non sono infrequenti soprattutto nelle isole fioriture invernali. Dal rosmarino si ottengono un olio essenziale ed estratti per la profumeria e la farmacia.

TAMERICE

La tamerice è diffusa in tutta l'Italia mediterranea, dal livello del mare fino ai 700 metri; se coltivata, anche fino ai 1.100 metri. La si trova in particolare sulle spiagge marine e in zona litorale anche sui greti dei fiumi. Il nome tamerice deriverebbe dall'ebraico "tamaris", scopa: infatti i suoi rami, raccolti e stretti assieme, sono da sempre usati al posto della saggina.

Oasi Faunistica di Vendicari

L'importanza dei pantani di Vendicari, ubicati nella **Provincia di Siracusa**, fra gli ambienti umidi maggiormente rappresentativi d'Italia e protetti da una riserva naturale orientata, è legata soprattutto alla presenza di una nutrita avifauna che vi sosta nel corso delle migrazioni. Sono oltre 200 le specie di uccelli della riserva. Ogni periodo dell'anno ha i suoi ospiti: i mesi autunnali sono i migliori per osservare i grandi trampolieri. Negli stagni sono quasi sempre presenti gruppi di aironi cenerini, spatole, garzette, cicogne e fenicotteri. Nelle acque basse si muovono gruppi di piccoli trampolieri come gambecchi, fratini, piovanelli, pettegole, pantane. Da novembre a marzo, grazie all'aumento del livello dell'acqua, gli stagni ospitano anatre e folaghe. Molto frequenti in inverno i gabbiani comuni, corallini e zafferani, ma non manca qualche cormorano nero. Fra gli uccelli acquatici che si fermano a nidificare a Vendicari c'è il cavaliere d'Italia. Ma la riserva ospita anche anfibi, rettili e mammiferi. Poiché tutta la **fascia costiera di Vendicari** è un alternarsi di tratti rocciosi e tratti sabbiosi, la vegetazione presenta piante rupicole (finocchio di mare, cicoria spinosa, limonio siracusano, timo, palma nana, mandragora, orchidee, lentisco, oleastro, fillirea, mirto) e piante amanti della sabbia (graminacee, ginepro coccolone).

- **Superficie:** 1.512 ettari, di cui 567 di riserva e il resto di pre-riserva.
- **Altezza:** pochi metri sul livello del mare.
- **Gestione:** Azienda Foreste Demaniali della Regione Siciliana.
- **Sede:** Ispettorato Dipartimentale delle Foreste, via San Giovanni alle Catacombe 7, 96100 Siracusa, tel. 0931/468879.

1. Pantano Piccolo
2. Pantano Grande
3. Pantano Roveto o di Vendicari
4. Pantano Sichilli
5. Pantano Scirbia

FOLAGA

Discreta tuffatrice, è in grado di resistere sott'acqua anche per mezzo minuto, "remando" con le ali. Si nutre soprattutto di vegetali acquatici, ma anche di lumache, insetti, larve e piccoli crostacei. Durante la stagione invernale forma grossi branchi, spesso con le anatre con cui condivide l'habitat. Se snidata, scappa "camminando" sull'acqua per un buon tratto prima di prendere il volo.

AIRONE CENERINO

Un grande uccello di palude: gli adulti, che raggiungono il metro di altezza, hanno il dorso color cenere e il collo biancastro striato di nero. Ha volo maestoso, con battiti d'ala lenti e profondi, zampe distese dietro il corpo, testa e collo incassati tra le spalle. Il becco, è adatto a trafiggere in un colpo solo i pesci, gli anfibi e i rettili di cui abitualmente si nutre.

Riserva Pino d'Aleppo

La **Riserva Naturale Orientata Pino d'Aleppo** si trova a 20 chilometri da **Ragusa**, a ridosso dell'abitato di **Vittoria**, lungo la vallata del **fiume Ippari**. La principale attrattiva è rappresentata da un bosco di pini d'Aleppo, con esemplari che superano i 10 metri d'altezza, residuo dell'antica foresta che ricopriva l'intera vallata del fiume Ippari e le colline circostanti e nota in passato come "Saltus Camarinensis": l'istituzione della riserva è finalizzata alla sua conservazione. Attorno al bosco si sviluppa una fascia a macchia mediterranea con quercia spinosa, teucrio, lentisco, olivastro, ramno, lillatro, leccio e ginepro coccolone, che spesso raggiunge dimensioni arboree. Il sottobosco è invece costituito da una macchia bassa di rosmarino, timo, asparago pungente, erica multiflora, camedrio, tè siciliano, vari cisti, caprifoglio e robbia selvatica. Tra le orchidee si segnalano la serapide maggiore e l'ofride di Bertoloni. Ricca la fauna presente, in particolare gli uccelli: l'aquila minore, la poiana, il falco, l'allocco, l'occhiocotto. Si segnalano anche migratori: cavalieri d'Italia, aironi cenerini, garzette. Numerosi anche gli animali dell'ambiente boschivo: tortora, allocco, upupa, colombaccio, ghiandaia, pettirosso, cardellino, merlo e verzellino.

- **Superficie:** 3.021,44 ettari.
- **Altezza:** da 30 a 160 metri s.l.m.
- **Gestione:** Provincia Regionale di Ragusa - Assessorato Territorio e Ambiente - Ufficio Gestione Riserve Naturali.
- **Sede:** via G. Di Vittorio 175, 97100 Ragusa, tel. 0932/675525 - 675526 - 675521.

CIVETTA

Un uccello tendenzialmente sedentario, legato agli ambienti modificati dall'uomo: i campi, i parchi, i boschi di pianura e i vecchi centri abitati lo ospitano tutto l'anno. Vive e nidifica nelle cavità dei tronchi, nelle fessure di muri, nelle nicchie di fabbricati e apprezza anche le cassette-nido. Caccia, solitamente di sera o di notte, insetti (soprattutto coleotteri) e topi campagnoli.

POIANA

Assomiglia un po' a un'aquila reale, ma la coda è larga e arrotondata. Sa sfruttare molto bene le correnti ascensionali: volteggia per lungo tempo molto in alto, ad ali immobili e coda aperta. Quando non è in volo sta appollaiata in agguato scrutando l'ambiente alla ricerca di topi, arvicole, vipere, talpe e anche rane.
È una grande predatrice: può arrivare a divorare ben 15 topi in un giorno.

Fiume Ciane e Saline di Siracusa

Lungo complessivamente 8 chilometri e conosciuto sin dall'antichità, quando venne scelto come luogo di culto per la dea Persefone, è rinomato per la presenza di piante di papiro, che qui hanno trovato un habitat ideale. Arricchiscono la vegetazione lungo le rive del fiume il sedano d'acqua, la lisca lacustre, il crescione, la cannuccia di palude, il poligono seghettato, il giaggiolo acquatico. Nelle anse, dove l'acqua ristagna, sono presenti zigoli, carici, garofanini minori, mentre nei punti più alti si incontrano grandi esemplari di pioppo e salice. Le vicine saline, ormai abbandonate, offrono un prezioso luogo di sosta e nidificazione per numerose specie di volatili. Il fiume, che scorre in una riserva situata appena fuori dell'abitato di Siracusa in direzione di Avola, nel tratto compreso fra la città e Capo Murro di Porco, ha una portata d'acqua abbastanza regolare in tutte le stagioni dell'anno e può essere quindi facilmente visitato in barca, anche partendo dal porto di Siracusa.
Per informazioni 0931790151

Cava d'Ispica

La Cava d'Ispica è una delle più importanti incisioni (dette localmente "cave") praticate dai corsi d'acqua nell'altopiano calcareo degli Iblei, alcune delle quali utilizzate sin dall'epoca preistorica. Pochi altri luoghi in Sicilia riescono a mostrare una presenza umana mediata da una cornice naturale così ben armonizzata con le numerose testimonianze storiche di ogni epoca e stile. La Cava d'Ispica è facilmente visitabile con guide reperibili sul posto.
Per informazioni 0932771667

Riserva Cavagrande del Cassibile

La riserva si estende per 2.696 ettari in provincia di Siracusa e comprende uno dei grandi canyon scavati dai corsi d'acqua nel Tavolato Ibleo. La zona offre già dall'alto uno spettacolare colpo d'occhio. In fondo alla cava l'umidità, perennemente garantita dal fiume Cassibile, che nel suo scorrere forma numerose pozze d'acqua trasparente, offre possibilità di sopravvivenza a rare specie sia animali che vegetali. La cava ospita il platano orientale, che qui vanta esemplari secolari, mentre il bosco che si sviluppa lungo il fiume è costituito da salici, pioppi e oleandri che contrastano con il resto della vegetazione costituita dalla macchia sempreverde (terebinto, lentisco, euforbia). Nei laghetti, formati dal fiume e sorvolati dall'ormai rarissima aquila del Bonomelli, sono presenti trote macrostigma, granchi e anguille.
Per informazioni 093167450

Macchia Forestale del Fiume Irminio

Situata in provincia di Ragusa, tra Marina di Ragusa e Playa Grande, si estende per 134 ettari e presenta un litorale dunoso con vegetazioni tipiche, ormai scomparse dal resto della Sicilia, caratterizzate da lentisco e ginepro coccolone. Presso la foce de fiume Irminio è presente una fascia di vegetazione dominata da pioppi e salici, mentre tamerici, canne e giunchi si spingono fino alla battigia. La fauna è costituita da volatili legati all'ambiente acquatico, presenti tutto l'anno, come gallinelle d'acqua, folaghe, martin pescatore, o migratori, come aironi cenerini, garzette, tarabusini, germani reali, mestoloni, marzaiole, falchi pellegrini. Numerosi gli insetti, tra cui molte libellule e i rettili. Tra i mammiferi vanno segnalati volpi e conigli.
Per informazioni 0932675526

Oasi del Simeto

La Riserva Naturale Oasi del Simeto è situata alla foce del fiume omonimo, nel Comune di Catania, ed è importante per la sosta e la nidificazione dell'avifauna. L'area comprende il Lago Gornalunga e le Salatelle. Due gli itinerari possibili. Il primo percorso inizia dall'argine sinistro del fiume e prosegue verso nord. Il secondo itinerario, invece, ha inizio dall'argine destro del Simeto, prosegue fino ad arrivare al boschetto di pini ed eucalipti e raggiunge il Lago Gornalunga. Le sponde del lago sono ricoperte da una vegetazione di cannucce di palude e di salicornieti: durante l'inverno è luogo di svernamento per migliaia di uccelli.
Per informazioni 0957308887

Riserva Marina dei Ciclopi

La Riserva Marina delle Isole dei Ciclopi si estende per 35 ettari nel Comune di Aci Castello e comprende il piccolo arcipelago dei Ciclopi e la piattaforma continentale basaltica. La leggenda vuole che si tratti dei massi scagliati da Polifemo contro la nave di Ulisse. La più grande e la più interessante delle isole è Lachea. La flora sommersa delle Isole dei Ciclopi comprende ben 300 specie di alghe: sono inoltre molto estese le praterie di posidonia. Straordinariamente ricca anche la fauna, in particolare quella invertebrata, ancora oggetto di studio. La riserva si raggiunge da Acitrezza con barche o traghetti.
Per informazioni 0957306051

Riserva Fiumefreddo

Situata nei pressi della foce del fiume omonimo, la Riserva Naturale Orientata Fiume Fiumefreddo si estende per circa 80 ettari e riveste grande importanza per la flora acquatica con la presenza del ranuncolo d'acqua, di cui rappresenta l'unica stazione di rilevamento per tutto il Centro-Sud Italia. Lungo l'argine del fiume si evidenzia la presenza di vegetazione mediterranea. Nei pressi di una delle sorgenti, nel punto dove l'acqua sgorga in numerose polle chiamate quadrature, resiste una preziosa formazione di papiro. Le quadrature ospitano una rigogliosa vegetazione palustre con cannucce, carici e giunchi. Lungo il corso del fiume si incontrano specie di piante acquatiche dai fusti e foglie galleggianti in superficie o sommersi.
Per informazioni 095642631

BETULLA

La si incontra fra i prati e nelle radure, spesso associata a pini, faggi, abeti rossi e anche castagni; è molto elegante con i suoi numerosi rami bianchi e leggeri su cui contrasta il verde delle foglie che in autunno, prima di cadere, prendono un bel colore giallo dorato. Il diametro del tronco può arrivare ai 70 centimetri e i rami sono sottili, penduli nelle betulle adulte.

PINO LARICIO

È un albero molto alto e dalla chioma stretta che può formare foreste densissime. Queste facevano un tempo parte di quella che i Romani chiamarono la "silva brutia" calabra, ricordata tra gli altri da Plinio e da Virgilio, nell'antichità una delle più importanti fonti di legname per la costruzione di grandi edifici e navi di tutta Italia. Il legno del pino laricio, rossastro, duro e resinoso, è stato sempre molto ricercato.

Sopra il fuoco dell'Etna

Si dice che gli astronauti americani, di ritorno dalla Luna, abbiano raccontato di aver visto dallo spazio il fumo dell'Etna e di come questo arrivasse fino al Nilo. È probabilmente questo il motivo per cui gli egiziani chiamano "Catanese" il vento che spira da quella direzione. L'Etna è anche un territorio in perenne trasformazione. L'uomo si confronta con la natura: Utilizza la pietra lavica, per costruire case, macine, strade e perfino sculture; tramandando un genio volitivo, imprevedibile come il vulcano.

- **Superficie:** 58 mila ettari.
- **Altezza:** fino a 3.342 metri s.l.m.
- **Gestione:** Ente Parco dell'Etna.
- **Sede:** Nicolosi (Ct), tel. 095/914588 fax 095/914738.
- **Periodo migliore:** primavera inoltrata e fine estate.

Nel regno del Cirneco

Qui vivono alcune delle specie animali più rare della Sicilia. È il dominio del Cirneco, un cane che vive lì da oltre 3.000 anni, una razza "primitiva" dall'incredibile somiglianza con le raffigurazioni dell'antico Egitto, la cui selezione è stata fatta dalla natura. Il Parco dell'Etna comprende 20 comuni, una superficie di 58.000 ettari e un totale di circa 200.000 abitanti. La flora è particolare e non manca di richiamare botanici da tutto il mondo. Dopo, la fascia della "zona desertica" è costituita da un lichene che tinge di grigio la roccia e, man mano che ci si allontana dalla bocca del vulcano, si incontrano zolle di festuca mediterranea e di poa dell'Etna.

La Grotta del Gelo

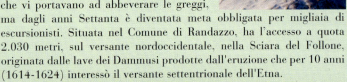

È la cavità vulcanica più conosciuta. Un particolare fenomeno da oltre trecento anni crea formazioni di ghiaccio al suo interno. Fino a pochi decenni fa, era conosciuta quasi esclusivamente dai pastori che vi portavano ad abbeverare le greggi, ma dagli anni Settanta è diventata meta obbligata per migliaia di escursionisti. Situata nel Comune di Randazzo, ha l'accesso a quota 2.030 metri, sul versante nordoccidentale, nella Sciara del Follone, originata dalle lave dei Dammusi prodotte dall'eruzione che per 10 anni (1614-1624) interessò il versante settentrionale dell'Etna.

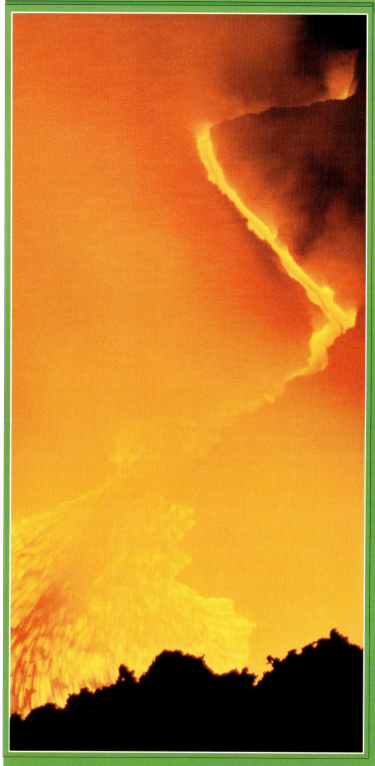

Sicilia

FOLCLORE

Folclore Costumi e Tradizioni

Dai Fenici agli Arabi,
un intreccio di culture e civiltà
che tramandano tradizioni
affascinanti e misteriose.

Teatralità e devozione

Il patrimonio folcloristico siciliano ha molti genitori. Influenze greche e fenicie, romane e arabe, normanne e spagnole: popoli e civiltà che hanno tramandato un repertorio infinito di usi e abitudini. Tutto unito alla cultura autoctona che ha sviluppato, nel tempo, una ben definita fisionomia. Spettacolari processioni, giganteschi simulacri, storiche e antiche confraternite perpetuano lo splendore e le suggestioni di riti e miti ancora tutti da scoprire.

■ Carnevali Siciliani: feste di popolo e fantasia

Le prime notizie del Carnevale siciliano risalgono al XVII secolo. Palermo festeggiava la fine del "carnem levare", cioè del divieto ecclesiastico di consumare carne durante il periodo quaresimale, con le strade piene di addobbi, costumi e maschere. Con il passare del tempo, la manifestazione assunse un carattere sempre più sfarzoso fino, però, a perdere le originarie caratteristiche. Se volessimo cercare oggi i significati arcaici delle manifestazioni legate al Carnevale, dovremmo visitare tre centri siciliani (Sciacca, Acireale, Mezzojuso), dove la festa più trasgressiva dell'anno ha mantenuto i caratteri autentici e dove la modernità, pur attecchindo, non ha snaturato i segni primordiali e l'antico spirito della ricorrenza.

Il viaggio potrebbe cominciare da Sciacca, in provincia di Agrigento, dove si tiene una delle manifestazioni più famose della regione: il suo Carnevale è paragonato ai più famosi eventi carnevaleschi del Nord-Italia. La sfarzosità dei travestimenti e l'allestimento di imponenti carri allegorici richiamano la tradizione risalente al 1800, quando il Carnevale era anche il momento per concedersi peccati di gola. L'innovazione tecnologica ha poi reso i carri allegorici ancora più interessanti anche da un punto di vista artistico: il coinvolgimento, nella loro realizzazione, di architetti, scultori e artigiani della ceramica (Sciacca è uno dei maggiori centri di produzione dell'intera Sicilia) ha fatto diventare il Carnevale uno spettacolo davvero sorprendente.

La manifestazione inizia il giovedì grasso, quando l'amministra-

GENNAIO

6. Bordonaro di Messina (Ag)
Festa del pagghiaru
Info, 090674271.

6. Piana Albanesi (Pa)
Epifania
Info, 0918571787

20. Acireale (Ct)
Festa di S. Sebastiano
Info, 095607170.

zione comunale consegna le chiavi della città alla maschera locale "Peppe Nnappa". I giorni che seguono sono segnati dalla sfilata dei carri, dai balli tipici della regione e dai canti della tradizione (spesso veri e propri sonetti in rima con allusioni e doppi sensi, sberleffi contro i potenti). Infine, la sera del martedì grasso i festeggiamenti si concludono con il rogo del carro di Peppe Nnappa. Anche le origini del Carnevale di Acireale (provincia di Catania) sono molto antiche. Pare che risalgano al XVII secolo e in concomitanza con i festeggiamenti in onore di San Sebastiano. La manifestazione nasce in pieno dominio aragonese ed era caratterizzata da giochi e mascherate. Una delle particolarità era la sfilata dei carri nobiliari: i maggiorenti del paese, sfilando, lanciavano cibo e dolci al popolo. Dell'antico modo di festeggiare è rimasta in auge ancora oggi la sfilata dei giganteschi carri allegorici, costruiti in cartapesta. I gruppi folcloristici locali accompagnano la manifestazione.

Infine, bisogna recarsi a Mezzojuso, in provincia di Palermo, per assistere ad una strana pantomima denominata "Mastro di Campo". L'usanza di Mezzojuso risale probabilmente al 1600. Una persona con una maschera rossa cerca di conquistare la regina che si trova dentro il suo castello. Secondo alcuni storici, l'evento rievocherebbe il gesto di Bernardo Cabrera che nel 1412 scalò palazzo Steri per conquistare Bianca di Navarra.
La manifestazione prevede il coinvolgimento di circa 60 figuranti con costumi dell'epoca. Alla festa tradizionale si sono aggiunti nel tempo altri personaggi: come Garibaldi, per esempio, che con i suoi uomini interviene ingaggiando una battaglia con le guardie saracene. L'evento si conclude lietamente, come ogni favola che si rispetti: il Mastro di Campo conquisterà la sua amata.
Aast di Agrigento, tel. 092220391; Aast di Catania, tel. 095.373072; Apt di Palermo, tel. 091583847.

In queste pagine: quattro momenti del carnevale di Sciacca, fra i più tradizionali della Sicilia.

FEBBRAIO
1° settimana.
Naro (Ag)
Primavera narese
Info. 0922.956256.

Periodo di Carnevale.
Chiaramonte Gulfi (Rg)
Sagra della salsiccia
Info. 0932.922393.

3° domenica.
Caltagirone (Ct)
Mercatino dell'antiquariato "A truvatura"
Info. 093357071.

FOLCLORE COSTUME E TRADIZIONI

Sopra: pani votivi di Salemi. Sotto intrecci di foglie di palma per le devozioni della domenica delle palme.

■ Tra storia e religione

È da sempre stretto il rapporto tra il sentimento religioso, fortissimo nei siciliani, e le tradizioni popolari, i costumi, gli usi della regione. Tanto stretto che la maggior parte degli eventi legati alle consuetudini che provengono dal passato altro non sono che rievocazioni legate a figure religiose. E sontuosi sono ancora oggi i festeggiamenti in onore dei santi patroni delle città: basterebbe citare il festino (u fistinu) in onore di Santa Rosalia a Palermo o le celebrazioni che Catania dedica a Sant'Agata, o ancora, le manifestazioni della Pasqua a Caltanissetta e a Enna. Non mancano le feste "laiche" (come i festeggiamenti del Mandorlo in fiore ad Agrigento), ma il tratto distintivo del folclore siciliano resta l'attaccamento viscerale alle sacre rappresentazioni, un retaggio del passato e delle numerose dominazioni succedutesi nel tempo (le spettacolari processioni con le "vare", macchine processionali con gruppi sculturei, sono senz'altro di origine spagnola).

■ Palermo, "U Fistinu" di Santa Rosalia

Santa Rosalia (Rosalia Sinibaldi, nata nel 1130 da una ricca e nobile famiglia normanna) è la Patrona di Palermo. Morì giovanissima in maniera misteriosa (molti sono ancora i lati oscuri sulla sua scomparsa), probabilmente nei pressi di una grotta dove oggi sorge il Santuario dedicatole, sul Monte Pellegrino, meta del pellegrinaggio dei fedeli nei primi giorni del mese di settembre. Correva il 1624 e Palermo era stretta dentro una morsa di peste

U' fistinu di Palermo: processione in onore della patrona Santa Rosalia.

nera che ne aveva sterminato la cittadinanza e fiaccato il morale dei superstiti. Secondo la leggenda Santa Rosalia apparve in sogno a una malata di peste e poi a un cacciatore indicando il luogo dove si potevano trovare i propri resti. Il Doria, cardinale del tempo, insieme ai maggiorenti della città si recò sul monte Pellegrino: qui furono ritrovate le ossa della Santa e riportate in città con una solenne processione. Dopo poco tempo Palermo rinacque a nuova vita e la peste debellata. Da allora, il capoluogo dedica a Santa Rosalia grandiosi festeggiamenti che si protraggono per una settimana a luglio. Il fine dell'imponente corteo religioso è quello di proseguire nei secoli il rituale di liberazione dai mali che affliggono l'umanità, così come al passaggio delle ossa di Santa Rosalia guarivano i malati di Palermo. La manifestazione tocca la punta di maggiore interesse religioso, artistico e spettacolare il 15 luglio, giorno in cui muove la solenne processione. Sopra una macchina di enormi dimensioni (che richiama la forma di una nave) è posto il simulacro della Santa insieme al coro e ai suonatori.

Secondo la leggenda anticamente il carro era trainato da elefanti. La tradizione parla anche della presenza dei cantastorie ciechi: "i canti degli orbi" erano narrazioni cantate della vita della Santa. Un tempo era possibile anche ammirare corse di cavalli berberi.

Il percorso che la processione segue è quello storico che va dalla Cattedrale di Palermo al Foro Italico, percorrendo Corso Vittorio Emanuele. Il colpo d'occhio della processione è davvero incredibile: aprono il corteo l'arcivescovo e il sindaco, mentre centinaia di migliaia sono i partecipanti che riempiono ogni centimetro delle strade interessate al passaggio della vara. Intorno al simulacro, e per tutta la durata della manifestazione, sono previsti anche spettacoli allegorici.

Comune di Palermo, tel. 0917401111; Apt di Palermo, tel. 091583847

In alto: due "pupi di zucchero" dolci antropomorfi che, a Palermo, si regalano ai bambini in occasione della ricorrenza dei morti, il 2 novembre. Sotto: tradizionali "pani pasquali" con uova.

MARZO

2ª domenica e sabato antecedente.
Palermo in soffitta, antiquariato e usato
Info. 091583847.

19. Salemi (Tp)
Festa di San Giuseppe
Info. 0924982248.

25. Ficarra (Me)
Festa dell'Annunziata
Info. 0941582604

APRILE

Penultimo fine settimana.
Niscemi (Cl)
Sagra del carciofo
Info. 0933881111.

4ª domenica.
Trapani
Mercanti per caso
Info. 0923545511.

4ª domenica.
Agrigento
Antiquari in soffitta
Info. 092220391.

MAGGIO

3-6. Licata (Ag)
Festa di Sant'Angelo
Info. 0922771357.

4° domenica.
Casteltermini (Ag)
Festa della Santa Croce
Info. 0922912452.

Ultime 2 domeniche.
Troina (En)
Festa di San Silvestro
Info. 0935657811.

■ Catania, la festa di Sant'Agata

Sant'Agata riprodotta sulla sponda di un carretto catanese.

Secondo i catanesi, i festeggiamenti in onore di Sant'Agata possono essere paragonati ai grandi eventi religiosi che si svolgono in alcune parti del mondo. Gli esempi più importanti sono la Settimana Santa di Siviglia o le grandiose manifestazioni legate al Corpus Domini di Cuzco in Perù. Il 3, il 4 e il 5 febbraio Catania si ferma per rendere uno straordinario omaggio alla Patrona. Quando la sontuosa processione giunge in piazza Stesicoro è palpabile l'emozione e la devozione degli abitanti della città, si può toccare con mano il senso di appartenenza ad una tradizione che si ripete, uguale a se stessa, da cinque secoli. Proprio tra le mura che circondano quella piazza Sant'Agata subì il martirio, e qui, dopo sofferenze indicibili, morì. La manifestazione è attesa con trepidazione, preparata con attenzione nei più piccoli particolari. La giornata del 3 febbraio si divide in tre distinti momenti: la processione del mezzogiorno, per l'offerta della Cera, partecipata dalle autorità della città e con protagoniste le undici candelore (enormi fercoli barocchi che un tempo erano usati come candelabri per illuminare il corteo religioso), in rappresentanza delle corporazioni cittadine. Curiose anche le due carrozze del Senato di Catania: due berline del 1700 che ospitano il sindaco e gli assessori della città, così come un tempo trasportavano i rappresentanti del Senato.

Alla modernità, la manifestazione concede il pomeriggio dello stesso 3 febbraio: va in scena un trofeo podistico di cross mondiale, una gara che attraversa il centro storico e le vie più importanti della città. Infine, nella piazza del Duomo, a partire dalle prime luci della sera, i fuochi artificiali illuminano la notte catanese preparando la processione del giorno successivo.

Il 4 di febbraio la città si sveglia di buon mattino. Alle 7 parte la seconda processione (detta del giro esterno). È questo corteo religioso che passa attraverso piazza Stesicoro, cuore del centro di Catania, nei

pressi dei luoghi che videro le sofferenze della Santa (Sant'Agata respinse le pretese amorose di Quinziano e per questo fu torturata e uccisa). La processione del 4 febbraio passa davanti alla Chiesa della Madonna del Carmine, che si pensa fosse il primo sepolcro della Santa. Ma si passa anche da Sant'Agata alla Fornace e dal Santuario di Sant'Agata al Carcere. Nella fornace la Santa subì il supplizio del fuoco e nel Carcere venne tenuta rinchiusa. Il sacro corteo si conclude a tarda notte, con ritorno alla Cattedrale da dove era partito. Ma è il 5 febbraio il giorno più atteso di tutta la manifestazione, il giorno in cui la processione compie il "giro interno" e la Santa è trasportata sulla vara, un fercolo argenteo, cha parte dal Duomo per attraversare le vie cittadine del barocco: tradizione religiosa e arte si mescolano, dando vita ad un percorso ricco di suggestioni intime e visive. Il pesante fercolo impegna un nutrito gruppo di fedeli nel trasporto. Si distinguono tra tutti i "cittadini" che indossano un costume bianco votivo detto "u saccu". In mano recano un fazzoletto che agitano al grido di "cittadini, viva Sant'Agata". La vara passa per via Etnea per giungere all'incrocio dei quattro canti. Comincia la salita di San Giuliano: qui la processione accentua la sua spettacolarità, la salita è ripidissima. Alla gara di resistenza delle candelore risponde la corsa sfrenata che i "cittadini" imprimono alla vara. Se la corsa andrà bene, buona sarà anche l'annata agricola. La stanchezza di tutti prende il sopravvento: la venerazione di Sant'Agata costa fatica ma ancora qualcuno, tornando a casa, grida: "cittadini, viva Sant'Agata".
Comune di Catania, tel. 095.7421111; Aast di Catania, tel. 095.373072

Sopra: processione del diavolo a Prizzi. Sotto: due momenti della festa di Sant'Agata patrona di Catania.

GIUGNO

2° fine settimana. San Giovanni Gemini (Ag)
Festa di Gesù Nazareno
Info, 0922903262.

3° fine settimana. Ravanusa (Ag)
Festa di Sant'Antonio e San Vito
Info, 0922881511.

24. Alcara li Fusi (Me)
Festa de' muzzuni
Info, 0941793010.

Fine mese (primi di luglio). Palazzolo Acreide (Sr)
Festa patronale di San Paolo
Info, 0931881800.

LUGLIO

Prima quindicina.
Taormina (Me)
Taormina FilmFest
Info, 094221142.

24-25. Caltagirone (Ct)
Festa di San Giacomo
Info, 093353809.

Tutto il mese.
Agrigento
Festa di San Calogero
Info, 092220446.

Sotto: la valle dei templi di Agrigento con i mandorli in fiore, sullo sfondo il tempio di Castore e Polluce.

■ Agrigento, la Sagra del mandorlo in fiore

Alle origini c'è una leggenda. Naturalmente una storia d'amore. Si racconta che una principessa greca, Filide, attendesse con trepidazione il ritorno dalla guerra di Troia dell'amato Acamante, figlio di Teseo. Sulla spiaggia di Agrigento la principessa consumava i giorni nell'attesa, ma il giovane cuore non resse alla disperazione. Acamante tornò in Sicilia poco dopo la morte di Filide. Della sua attesa non restava che una pianta di mandorlo: Acamante, preso dallo sconforto, abbracciò l'albero, la pianta si coprì di fiori, candidi e profumatissimi.

La bellezza di questa storia colpì la fantasia del Conte Alfonso Gaetani: incantato dalla Valle dei Templi, nella stagione della fioritura dei mandorli, promosse la Sagra che all'origine si svolgeva a Naro (correva l'anno 1934). La manifestazione, spostata ad Agrigento per dare uno slancio maggiore alla commercializzazione dei prodotti locali, si svolgeva e si svolge ancora durante i primi dieci giorni di febbraio: numerosa e allegra era la partecipazione con sfilate di carretti siciliani, esibizione di gruppi folcloristici, manifestazioni gastronomiche. Dalla metà degli anni Cinquanta la sagra si arricchì con la partecipazione di gruppi folcloristici europei e poi sudamericani: nasce il festival internazionale del folclore. A pochi passi dal Tempio della Concordia, nello scenario naturale e storico della Valle dei Templi, la sagra, legata al culto della primavera, mostra in tutto il suo splendore la bellezza, la tradizione e i valori dell'accoglienza di una civiltà millenaria.

Comune di Agrigento, tel. 0922590111; Aast di Agrigento, tel. 092220391

Enna, i riti della Settimana Santa

Tra le tante eredità che la dominazione spagnola ha lasciato in Sicilia, hanno un ruolo predominante quelle legate alla religione. Chi volesse riscoprire le antiche atmosfere e le suggestioni di una spiritualità che si mostra e dispiega nelle strade, dovrà visitare Enna durante lo svolgimento dei festeggiamenti della Settimana Santa. In questa occasione (e a partire dal XV-XVI secolo), i riti legati alla rievocazione della Passione di Cristo, della sua Morte e Resurrezione rappresentano in modo evidente quale sia il legame dei siciliani con la

religione. Protagoniste di questa manifestazione sono le confraternite della città (la più antica risale al 1261). Rappresentano le arti e i mestieri di Enna e furono autorizzate, appunto sotto la dominazione spagnola, a istituirsi come confraternite religiose. I rituali ai quali i fedeli (e da alcuni anni anche i turisti) possono partecipare e assistere sono diversi. Dalla Domenica delle Palme al Mercoledì Santo, le confraternite, secondo un ordine prestabilito e orari precisi, si recano al Duomo per l'ora di adorazione dell'Eucaristia. Da questo rito deriva anche il nome dialettale della confraternita, detta appunto "Ura". Il primo importante appuntamento delle celebrazioni pasquali è il Venerdì Santo, quando in processione sono trasportati il corpo di Cristo e la statua dell'Addolorata.
I due simulacri sono posti sopra altrettanti pesanti "vare" e muovono seguendo un rigoroso ordine di sfilata. Ad aprire il corteo religioso è la compagnia della Passione: porta i cosiddetti "Misteri", cioè i 24 simboli del martirio di Cristo (tra cui la croce, i chiodi, i 30 denari di Giuda). Avvolta da un irreale silenzio, la processione tocca le strade e le piazze più importanti di Enna fino a raggiungere il

---

AGOSTO

27-28. Cerami (En)
Festa di San Sebastiano
Info, 0935931109.

29-31. Gagliano Castelferrato (En)
Festa di San Cataldo
Info, 0935694130.

Ultima domenica.
Noto (Sr)
Festa di San Corrado
Info, 0931576064.

Ultime 2 domeniche.
Mazara del Vallo (Tp)
Festa di San Vito
Info, 0923941727.

Due momenti della processione del Venerdì Santo, a Caltanissetta.

In alto: la Processione dei Misteri, celebra la Pasqua ad Enna. Nella pagina a fianco due foto della Processione dei Giganti a Messina.

SETTEMBRE

1. Naso (Me)
Festa di San Cono
Info, 0941960036.

8. Mistretta (Me)
I giganti
Info, 0921382053.

Ultima settimana. San Vito lo Capo (Tp)
Cous Cous Fest
Info, 0923972464.

Duomo, da dove era partita. Spettacolare il colpo d'occhio dei costumi multicolori che indossano i rappresentanti delle confraternite, tutti rigorosamente incappucciati. La Domenica di Pasqua si assiste alla cerimonia detta della "Paci". È l'incontro tra la Madonna e Cristo Risorto: quando in piazza Duomo i simulacri si trovano l'uno di fronte all'altro alla Madonna viene levato il velo nero che la ricopre. La Domenica in Albis, infine, la processione della "Spartenza": le statue che ora si trovano nel Duomo fanno ritorno presso le loro chiese. Sia la "Paci" che la "Spartenza" rimandano ad un avvenimento storico risalente al 1500. Alcuni nobili ribelli furono sconfitti e costretti ad allontanarsi dalla città con l'obbligo di non rientrarvi. Solo durante la tregua che vigeva per la settimana di Pasqua erano autorizzati a tornare in città. *Comune di Enna, tel. 093540111; Aast di Enna, tel. 093526119*

■ Messina, festa dell'Assunta e processione dei Giganti

Gusto della tradizione e gigantismo simbolico rituale. Sono questi i due elementi della festa Madonna dell'Assunta.
La tradizione religiosa della città peloritana sembra avere una data certa di inizio: il 42 dopo Cristo. In quell'anno, infatti, una delegazione di abitanti di Messina con a capo San Paolo si reca a Nazareth, per porgere omaggio a Maria, madre di Gesù. Il gesto fu ricambiato dalla Madonna che ai messinesi scrisse una lettera benedicendo la città. Chi arriva a Messina attraversando lo stretto incontrerà nei pressi del porto una statua della Madonna a cui piedi si trova scritto: Vos et ipsam civitatem benedicimus (Benediciamo voi e la vostra città). Da allora la

Folclore Costume e Tradizioni

Madonna della Lettera è diventata la patrona della città che ogni anno, il 3 giugno, le dedica grandi festeggiamenti.

Insieme alla festa dedicata alla Madonna della Lettera, Messina celebra l'Assunzione con un appuntamento insieme profano e religioso, diviso in due giorni di manifestazione. Il 14 di agosto è il giorno in cui sfilano i Giganti. Due enormi statue di legno e cartapesta, trainata da gruppi di portatori, rappresentano i simulacri di Mata e Grifone (conosciuti anche come Cam e Rea, un moro proveniente dal lontano e una donna del luogo). I due personaggi hanno, allo stesso tempo, un'origine leggendaria e una storica. La leggenda narra di un moro che nel 965 sbarcò in Sicilia per saccheggiare le città. Ma sulla sua strada incontrò Marta (in dialetto Mata) di cui si innamorò perdutamente. La giovane, rapita, cedette al matrimonio solo quando il moro cambiò religione e prese il nome di Grifone: insieme, poi, fondarono Messina.

La versione degli storici rimanda alla presenza a Messina di Riccardo Cuor di Leone di ritorno dalle Crociate. Il sovrano fece

costruire una fortezza per impedire che le coste della Sicilia fossero attaccate dai greci. Il castello venne chiamato Matagriffone (Mata dal latino maetare, cioè uccidere, e griffoni che era l'antico nome medievale dei greci). Quale che ne sia l'origine, la processione dei Giganti è una delle attrattive della città di Messina, che bissa il giorno seguente (15 agosto) con la processione della Vara dell'Assunta: una costruzione piramidale che rappresenta la morte della Vergine. La processione è resa ancora più affascinante dall'orologio del Duomo che a mezzogiorno (e a mezzanotte) scandisce le ore con movimenti meccanici: un gallo canta, un leone ruggisce, due donne battono le ore. *Comune di Messina, tel. 0907721; Aapit di Messina, tel. 09067427l*

Ottobre

1° fine settimana. San Cono (Ct)
Sagra del fico d'India
Info, 0933970100.

Tutte le domeniche del mese. Zafferana Etnea (Ct)
Ottobrata, festa d'autunno
Info, 0957082825.

1° domenica. Montedoro (Cl)
Festa della Madonna Santissima del Rosario
Info, 0954934404.

1° settimana. Canicatti (Ag)
Sagra dell'uva e delle tradizioni popolari
Info, 0922833528.

4° domenica. Montagnareale (Me)
Sagra della castagna
Info, 0941315017.

Folclore Costume e Tradizioni

Sopra i carretti siciliani che animano la festa di Sant'Alfio a Trecastagni.

Novembre

2° domenica.
Ragalna (Ct)
Sagra della salsiccia,
caliceddi e vino
Info, 095620371.

2° domenica.
Mascalucia (Ct)
Fiera antiquaria
dell'Etna
Info, 0957278272.

Ultimo fine settimana.
Pedara (Ct)
Sagra del fungo
Info, 0957028111.

30. Milo (Ct)
Festa di Sant'Andrea
Apostolo
Info, 095955423.

■ Trecastagni, Festa di Sant'Alfio e dei fratelli martiri Filadelfo e Cirino e processione dei "Nuri"

Pare che fosse uso, presso le giovani donne che dovevano sposarsi, mettere nel contratto di matrimonio una clausola precisa: il marito avrebbe dovuto fare il sacrificio di portare sua moglie alla festa di Sant'Alfio di Trecastagni. La celebrazione risale a tempi antichissimi (la prima data che si menziona è il 1593) e non è dedicata solo a Sant'Alfio. A lui si aggiungono anche i fratelli martiri Filadelfo e Cirino, uccisi a Lentini il 10 maggio 253.

Il toponimo di Trecastagni deriva proprio dai tre Santi (tres casti agni). Il luogo di svolgimento della manifestazione religiosa è il Santuario di Sant'Alfio Il fedeli si recano presso il Santuario con un grosso cero (proporzionale alle possibilità economiche dei devoti), a piedi scalzi e con addosso solo mutandoni e camicie bianche. Così vestiti sono detti "Nuri", cioè nudi. Nel Santuario troveranno già i simulacri dei tre Santi che sono stati portati qui con una solenne processione l'8 di maggio. Insieme ai Nuri, la festa di Sant'Alfio è caratterizzata dalla presenza dei celebri carretti siciliani che addobbati a festa e coloratissimi raggiungono il Santuario. Ogni carretto trasporta una piccola orchestra con gli strumenti della tradizione folcloristica e contadina locale. La manifestazione prede il via la mattina presto del 10 maggio con la Svelata dei Santi, per concludersi la sera tardi, quando si muove la tradizionale "calata de mbriachi", il ritorno a casa dei fedeli che hanno celebrato il santo con generose bevute dell'ottimo vino locale. Segno della partecipazione alla festa sarà un cresta di aglio che è simbolo, secondo la tradizione contadina, di buona salute.

Comune di Trecastagni, tel. 095.7928539; Aast di Catania, tel. 095.373072

FOLCLORE COSTUME E TRADIZIONI

■ Palazzolo Acreide, festa di San Sebastiano

Sopra: matrice di carta per decorare i carretti siciliani.

Le origini del culto di San Sebastiano nella provincia di Siracusa e a Palazzolo Acreide sono precedenti al 1414, anno in cui una statua del Santo, pare con poteri miracolosi, approdò a Melilli. Nella piccola città siracusana di Palazzolo, è accertato il culto verso San Sebastiano nella Cappella (antichissima) a lui dedicata nella chiesa dell'Annunziata, risalente al XV secolo. Sono due gli appuntamenti che Palazzolo dedica a San Sebastiano. Uno, canonico, a gennaio, e l'altro, ricco di folclore, nel mese di agosto, in una cornice straordinaria di pubblico e partecipazione. La manifestazione moderna ricalca quasi per intero la tradizione, ormai secolare. Il momento più importante della festa è fissato alle 13 del 10 agosto. In quel giorno e in quell'ora è stabilita la "sciuta" del Santo. Un simulacro e le reliquie del Santo si muovono dalla Basilica di San Sebastiano (patrimonio dell'umanità): parte lo sparo dei mortaretti e il caratteristico lancio dei "'nsareddi" (strisce di carta colorata lunghe circa due metri). Prende il via la processione che è seguita dalle donne a piedi scalzi; al Santo vengono offerti i piccoli nudi (i bambini, denudati, vengono accostati alla statua di San Sebastiano). La festa dura dieci giorni e si conclude con una processione notturna in cui viene portata in corteo la "varicedda", da poco restaurata. Al termine, la statua del Santo viene "velata" fino all'anno successivo.

Comune di Palazzolo Acreide, tel. 0931871111;
Aapit di Siracusa, tel. 0931461477

Sopra e sotto: la festa di San Sebastiano a Palazzolo Acreide.

Dicembre

4. Tremestieri Etneo (Ct)
Festa di Santa Barbara
Info. 0957419111.

1° e 2° domenica.
Licodia Eubea (Ct)
Sagra del patacò
Info. 0933801275.

13. Siracusa
Festa di Santa Lucia
Info. 0931464255.

16-24.
Ravanusa (Ag)
Novena di Natale
Info. 0922881511.

26.
Aci Bonaccorsi (Ct)
Festa di Santo Stefano
Info. 0957899349.

*Sopra: immagine popolare di Santa Lucia.
Sotto: Santa Rosalia entrambe sono pitture popolari su vetro dell'ottocento.*

■ Siracusa, la festa di Santa Lucia

Nelle stampe d'epoca, Santa Lucia appare con un piatto in mano sul quale sono appoggiati due occhi. Secondo la tradizione religiosa, ripresa anche dagli studi di Giuseppe Pitrè, la patrona di Siracusa "serba sani gli occhi dei suoi devoti". La Santa, nata nella città siciliana e di origine nobile, rinunciò al matrimonio per farsi suora. Ogni anno gli abitanti di Siracusa, il 13 dicembre, trasportano un simulacro sul quale è posta la statua della Patrona (capolavoro dell'oreficeria siciliana del XVI secolo, opera di Pietro Rizzo) dalla chiesa Madre alla Basilica del Sepolcro. Qui la statua resta per una settimana. Durante questo periodo è uso a Siracusa preparare pani votivi a forma di occhi, chiamati "uccioli", e mangiare la "cuccìa" (un dolce preparato con grano cotto condito con la ricotta, con il miele o con il vino cotto).

La fama della Santa ha raggiunto anche i paesi nordici: Lucia è, infatti, anche la patrona della Svezia. In onore della Santa, ogni anno viene eletta una miss che nei giorni delle celebrazioni siracusane raggiunge la città. Nella vicina località di Fontane Bianche, la miss si lancia nel mare freddo di dicembre: la manifestazione è seguita con curiosità dai siracusani, che uniscono alla rigida tradizione religiosa un tocco di divertente paganesimo.

Comune di Siracusa, tel. 0931412841; Aapit di Siracusa, tel. 0931461477

■ Ragusa, la festa di San Giorgio e San Giovanni

Le processioni che Ragusa dedica ai suoi Santi Protettori sono due, poiché due sono le sedi amministrative della città. Per Ragusa Ibla il patrono è San Giorgio, per Ragusa Superiore è San Giovanni. Le manifestazioni religiose s'inseriscono, a pieno titolo, nella tradizione regionale. La processione in onore di San Giorgio si caratterizza, oltre che per il simulacro del Santo raffigurato a cavallo, anche per la Cassa Sacra, una sorta di vara contenente le reliquie dei Santi. Il simulacro, poiché non è molto pesante, durante il corteo religioso viene fatto roteare in aria e ripreso al volo dai portatori, che così simulano una sorta di danza. Anche a Ragusa Superiore, la Cassa Sacra è protagonista, in un crescendo di partecipazione e religiosità. A Ragusa Superiore, per San Giovanni, si muove una processione: qui i fedeli recano grandi torce accese o ceri di enormi dimensioni.
Comune di Ragusa, tel. 0932676111; Apt di Ragusa, tel. 0932221511

Sopra: la Processione dei Misteri a Trapani. Sotto: pittura su vetro di scuola trapanese.

■ Trapani, la processione dei Misteri

L'appuntamento con la tradizione religiosa di Trapani è fissato per il Venerdì e il Sabato Santo. Sono i giorni in cui si svolge la processione dei Misteri, venti gruppi scultorei che raffigurano alcune scene della Passione di Cristo. Ogni gruppo scultoreo rappresenta un'associazione di mestiere, ed è trasportato da sedici devoti. I portatori, un tempo, erano reclutati pres-

so i lavoratori del porto: oggi questa tradizione si è persa e il gruppo di coloro che trasporteranno i Misteri è scelto tra i semplici fedeli. La processione del venerdì si ripete il sabato: i Misteri sono trasportati nella Chiesa del Santissimo Purgatorio da dove erano stati prelevati il giorno prima; questo corteo religioso è caratterizzato dal dondolio delle macchine processuali che si alzano e si abbassano seguendo il ritmo della musica.
Comune di Trapani, tel. 0923590111; Apt di Trapani, tel. 0923545511

■ Petralia Sottana, ballo della Cordella

La manifestazione conosciuta come "ballo della cordella sull'Aia", che si tiene a Petralia Sottana la prima domenica dopo il Ferragosto, è legata ai riti agresti dedicati a Cerere, dea dell'agricoltura e dell'abbondanza. A Petralia Sottana l'appuntamento era solito svolgersi in una data precisa: nel giorno della "Spartenza di l'urtima Aria", cioé alla fine della trebbiatura. La cordella era legata alla fine dell'annata agraria e in segno di ringraziamento per il raccolto (il rito era anche propiziatorio per il nuovo anno). La manifestazione oggi è legata ai festeggiamenti in onore della Madonna dell'Alto. La festa rievoca anche il tradizionale sposalizio contadino. Un corteo nuziale attraversa le vie del paese per recarsi in chiesa e nei pressi di una vicina pineta, dove ha inizio il ballo della cordella. Il Bastoniere recita alcuni versi in onore della Madonna e dà il via al ballo. La danza viene eseguita da dodici coppie che intrecciano lunghe cordelle colorate intorno ad un palo a ritmo di musica. Dalla tessitura delle cordelle nascono distinte figure che rievocano i quattro momenti della produzione del pane e dell'incedere delle stagioni.
Comune di Petralia Sottana, tel. 0921684311; Apt di Palermo, tel. 091583847

In queste pagine: il Ballo della Cordella.

FOLCLORE COSTUME E TRADIZIONI

Artigianato

L'artigianato siciliano

La straordinaria ricchezza del patrimonio siciliano – ceramiche, terrecotte, lavori d'intreccio, "pupi", pitture su vetro, intarsi in legno e madreperla – può essere riassunta nell'immagine del carretto siciliano, umile mezzo di trasporto che si sublima in una rete di significati alla cui produzione concorre l'abilità di più artigiani: dal carradore al pittore, dallo scultore al fabbro. Ogni provincia della Sicilia vanta una propria tradizione artigianale. La provincia di Agrigento è legata alla ceramica che trova i suoi centri più importanti a Burgio e Sciacca. Qui la produzione ha assunto connotati raffinati e aggraziati e oggi si possono ammirare grandi piatti con accuratissimi disegni, cesti di frutta, maioliche con soggetti a carattere religioso o profano. A Caltanissetta, e in provincia, si trovano ancora campi e botteghe dove echeggiano i suoni delle fatiche del "viddanu", il contadino, del "firraru", il fabbro, del "mastru d'ascia", il carpentiere. Nella provincia di Catania, invece, è da notare la città di Caltagirone dove da tempo è rifiorita la millenaria arte dei vasai. I ceramisti di Caltagirone, dove si trova anche un interessante museo della ceramica locale, ricoprono le lavorazioni con un denso strato di smalto bianco sul quale spicca l'azzurro nelle varie tonalità e sfumature mentre una trama spesso impiegata nei decori è quella detta "a reticella" con cui vengono decorati boccali di uso quotidiano. A Sperlinga (Enna) s'intrecciano fili di ogni ordine e genere.

LA BOTTEGA

Salvatore e Carlo Napoli (Cesti per la tavola in legno di castagno)
Indirizzo: via Rosario Messina 105, contrada Aci Platani, Acireale (Ct), tel. 095802428.

Orario: da lunedì a venerdì, dalle 7 alle 19. Il sabato

dalle 7 alle 13. Domenica chiuso

Aci Platani è una piccola contrada di Acireale. Qui, da ottant'anni c'è il laboratorio dei fratelli Napoli, che, seguendo la tradizione di famiglia, realizzano cesti, cestini e panieri con il legno di castagno. I rami vengono bolliti e sterilizzati, poi tagliati in strisce di varie dimensioni e successivamente intrecciati tra loro. La forma e il decoro rendono tutti diversi i pezzi realizzati. Basta un cordoncino colorato, un nastro che attraversa le pareti del cesto per trasformarlo in oggetto prezioso, quasi un ricamo da mettere a tavola. Nel periodo natalizio vanno a ruba i cesti per i panettoni, un modo diverso di presentare un dolce assai comune in questo periodo. Il laboratorio vanta, anche, una lunga tradizione nell'arte dell'intreccio e nella fabbricazione di cesti, usati da sempre per trasportare le arance che si producono negli agrumeti vicini. Il loro segreto? Una grande passione. È il solo mezzo per conservare una parte della grande cultura artigiana di Sicilia.

■ Un intreccio miracoloso

Da quelli della rafia, per la produzione di cesti e cestini, ai lavori a uncinetto per la realizzazione di coperte ricamate a rilievo. A Santo Stefano di Camastra l'argilla, si estrae ancora dalle cave locali ed è lavorata sul posto. Una tradizione preziosa che risale al XVIII secolo. Palermo invece è la provincia dei carretti, i più sgargianti e famosi, grazie soprattutto alla scuola di Bagheria, uno dei maggiori centri isolani di un'arte che riunisce decorazione scultorea e pittorica. E i "pupi", i più valorosi cavalieri della "chanson de geste", insuperati protagonisti dell'arte siciliana e del teatro popolare: testa e struttura in legno con ricche armature decorate a sbalzo in ottone e rame. A Modica (Ragusa), le

mani abilissime di esperti lavoranti intrecciano cesti e panieri di vimini mentre in tutta la provincia è diffuso il ricamo nella forma del tipico sfilato siciliano. La raffinata carta inventata dagli antichi Egizi, il papiro, è protagonista, da secoli, dell'arte manifatturiera di Siracusa. L'arte della tessitura si afferma nella provincia di Trapani, e in particolare a Erice, coi tradizionali e rustici tappeti detti ericini, o "frazzate", fatti solitamente ritessendo pezze ritagliate di stoffa e ridotte a lunghi filamenti.

In queste pagine: ceramiche di Caltagirone, ricami delle Madonie e la decorazione di un carretto di scuola catanese.

LA BOTTEGA

Edoardo Fratantoni (Ceramica di Santo Stefano di Camastra)
Superstrada 113, Santo Stefano di Camastra (Me), tel. 0921331385.
Orario: tutti i giorni, anche domenica, dalle 9 alle 13 e dalle 14.30 alle 18.30.

Edoardo Fratantoni ha fondato la sua bottega di ceramica negli anni cinquanta del secolo scorso. A

Santo Stefano di Camastra, in un angolo di questa cittadina, dove il tempo sembra immobile e lo scorrere dei giorni pare essersi cristallizzato. Se gli domandate: "Quando ha imparato?", vi risponderà con candore: "Sono nato imparato". Già a tre anni, dopo essere andato con la madre alla stazione, non appena tornato a casa si mise a costruire un treno con l'argilla. L'evoluzione, di fogge e materiali, non gli interessa, lui ama la sua arte. Nella sua bottega lavorano solo due apprendisti e si usa ancora il tornio a pedale. Edoardo, ormai anziano, ha ceduto il posto alla figlia Nunziatina, che continua sulle orme del padre a realizzare splendide opere d'arte assai apprezzate. Corredi da tavola, brocche, zuppiere, piatti da portata, alzate e bottiglie. Ma anche statuine e lumiere, un repertorio interamente decorato a mano con i colori tradizionali: il giallo limone, il verde rame, il celeste. Fiori, agrumi e scene dell'epopea saracena insieme al volto della Matrangela, l'angelo madre. Il merito e il vanto di Edoardo non è solo quello di essere un eccellente artista della ceramica ma di incarnare la tradizione più vera e di aver trasmesso la sua maestria alla figlia per impedire la scomparsa di un'arte antica e popolare.

La magica storia dei Pupi

"Tirati fellone...!". Non è difficile riconoscere da queste due parole, che solitamente precedono un immancabile duello, l'inizio di un dialogo tra due Pupi Siciliani che ripropongono l'eterna sfida di Orlando. Protagonisti di un mondo fatto di spirito epico, eroico e cavalleresco, questi personaggi hanno affascinato per secoli spettatori ricchi e poveri, serata dopo serata, con cicli che duravano anche anni. Come con il "Vantamento dei paladini" e come il "Consiglio di Agramante". Un mondo fantastico e ancora magico, grazie all'impegno dei pochi pupari che lo tengono in vita.

"Bambinelli" di Legno

Il termine pupo deriva dal latino "pupus", che significa "bambinello", ma circa l'origine storica non ci sono certezze. Una tesi avvicina la tradizione di queste marionette al teatro epico popolare della Spagna di Don Chisciotte, che per un certo periodo ebbe un grande successo a Roma e a Napoli. La Sicilia è stata come una patria d'elezione per quest'arte popolare che nell'isola raggiunse il suo massimo sviluppo nella seconda metà dell'800, rimanendo sostanzialmente immutata fino agli anni 50.

Si recita a soggetto

Le storie che vedono protagonisti questi personaggi sono tutte epico-cavalleresche, le più rappresentate sono ispirate al ciclo carolingio. Storie che non cambiano, eppure sempre diverse: l'improvvisazione arricchisce ogni volta di nuovi elementi trame che il pubblico conosce già e che si ripetono da secoli. L'oprante – come viene chiamato il burattinaio – costruisce la rappresentazione secondo regole precise. Regole che gli sono state tramandate oralmente e con l'esperienza da un parente puparo, o da un maestro che lo ha preso con sé, per poi passargli il testimone.

Due scuole: Palermo e Catania

In Sicilia ci sono ancora diverse famiglie di pupari – due le tradizioni, la palermitana e la catanese - a dare anima alle marionette: i Puglisi di Sortino, i Vaccaro-Mauceri di Siracusa, soprattutto i Cuticchio di Palermo, esperti anche nell'arte del cuntastorie. Mimmo Cuticchio, in particolare, ha integrato l'educazione improntata al rispetto della tradizione con nuovi elementi.

Pesa anche 30 chili

Alto sino a un metro e trenta, pesante anche una trentina di chili, il Pupo è vestito con armature scintillanti e abiti preziosi confezionati da abili artigiani. Tramite un'asta che controlla una delle mani della marionetta, l'oprante riesce a fargli fare azioni precise: estrarre e riporre la spada nel fodero, abbracciare una dama....

A sinistra: scena e palcoscenico dell'opera dei pupi siciliani nel teatro dei fratelli Cuticchio a Palermo.

GASTRO Sicilia

GASTRONOMIA

Profumata, speziata, naturalmente barocca. Dalla costa greca a quella araba, la colorata cucina siciliana è un trionfo di sapori, miscelati con una fantasia unica al mondo.

Colori, sapori, cultura

Una regione che ha subito così tante dominazioni non può che avere una tradizione gastronomica eclettica, sorprendente. La cucina siciliana nasce così: come permanente riedizione di un sapere gastronomico, sapientemente rimodellato grazie ai contributi apportati da ogni nuova civiltà. Ai Greci si deve allora la coltivazione dell'ulivo e la "cultura" del pane; ai Romani la passione per la focaccia; ai Bizantini il vezzo dei formaggi piccanti; agli Arabi la coltivazione degli agrumi e l'uso delle spezie; agli Svevi la passione per il baccalà; agli Aragonesi l'abilità pasticcera e agli Spagnoli l'introduzione di prodotti "americani" come pomodoro e cacao. Un mix culturale straordinario per un'arte culinaria unica.

■ Mille invenzioni

L'ibrida gastronomia siciliana trova nella pasta un autentico punto di riferimento. Cucinata in mille modi, assurge a piatto tradizionale nel classico abbinamento con le sarde o con la mollica (l'intingolo è un mix di alici, olio e pane grattugiato). L'influenza del mare è preponderante nei secondi piatti. Tonno, acciughe, sardine e pesce spada sono protagonisti di diverse ricette popolari, dove concorrono anche i profumi di olive e capperi, come nel pesce spada "a ghiotta", tipico della costa messinese.

In queste pagine: i cannoli e la granita

La mitica cassata siciliana, dolce di origine araba.

La cucina siciliana non cessa di sorprendere anche per la creazione di fantasiosi contorni. È il caso dell'insalata d'arancia, dove il rosso agrume, condito con olio e sottilmente affettato, si dimostra un insolito e delicato accompagnamento. Per quanto riguarda la carne, viene preferito il

Sopra: Arancini di riso.

coniglio o il capretto, spesso cucinato alla griglia o a spezzatino. Impareggiabile la pasticceria: ogni angolo dell'Isola sfoggia in pratica favolose specialità. Dai gelati alla granita, dai cannoli alla celebre cassata, d'origine araba, l'arte dolciaria, per fantasia e gusto, non ha eguali in Italia. La tradizionale vocazione agricola della regione porta numerosi prodotti ortofrutticoli nell'ambito della tutela dei prodotti tipici. Questo vale soprattutto per i fichi d'India, le melanzane e le arance rosse. Non bisogna poi dimenticare la storica coltivazione della vite e dell'ulivo: attività che dona pregiati oli e raffinati vini. Terra di climi contrastanti, la Sicilia eccelle allo stesso modo per la perizia dei suoi pescatori, quanto per la grande esperienza di chi trasforma il latte di razze ancora autoctone in formaggi di singolare pregio. Impossibile non citare il Pecorino siciliano o il Ragusano, entrambi prodotti Dop. Gustosissimi infine i prodotti sott'olio, le conserve e le confetture. L'elenco delle specialità è numeroso: citiamo, ad esempio, la deliziosa crema di capperi, l'irresistibile ficazza di tonno, l'uva passita di Pantelleria e la squisita marmellata di cocomero.

■ Le dolcezze di Palermo

La ricca e variegata cucina palermitana riassume in modo sfarzoso tutta la tradizione gastronomica della Sicilia, riservando un posto privilegiato a quella dolciaria. In ogni particolare emerge il carattere fantasioso e originale dei piatti. I buongustai non avranno che da scegliere tra maccheroni e spaghetti, cucinati in svariati modi, gustose carni d'agnello o castrato e, come in tutte le città di mare, tra molte qualità di pesce (soprattutto sarde, tonno e acciughe). Tipicamente palermitana è l'eccellenza delle rosticcerie, dove si possono gustare gli arancini di riso (rivisitazione

Fichi d'India.

Dolci di marzapane.

di un'usanza araba) o l'esotico "pane ca' meusa" (frattaglie di vitello). Ma è nella pasticceria che la città ha fondato la propria fama, dando vita a dolci e leccornìe che sono divenuti sinonimo di Sicilia nel mondo. E se la cassata e i cannoli si trovano qui come in tutta l'isola, sono tipicamente locali il Gelo di Melone, una singolare gelatina preparata in occasione della festa di Santa Rosalia, le Sfingi di San Giuseppe e i Frutti della Martorana, la dolce e colorata pasta di mandorle che porta il nome del monastero in cui venne per la prima volta modellata. Tra i prodotti tipici, domina la celebre arancia rossa di Sicilia, mentre l'antica tradizione olivicola vede riconosciuto il proprio prestigio in un olio dalle caratteristiche inconfondibili, l'extravergine d'oliva Val di Mazara Dop. Ottime, infine, le conserve a base di ortaggi: melanzane, carciofi e pomodori.

■ Agrigento, pesce spada e caponata

La provincia agrigentina, protesa sul Mar Mediterraneo, vanta una nobile cucina di pesce, preparato nei modi più fantasiosi. Le acque territoriali sono particolarmente ricche di pesce spada, che viene conservato per affumicatura ed esportato in tutta Europa, ma anche di tonni, acciughe e sogliole. Anche la carne è apprezzata, come nel caso del "farsumagro" (fetta di vitello magro, ricoperta con uova

RICETTE

Pasta con le sarde (Pasta cu li sardi)
Ingredienti per 4 persone: 320 g di bucatini, 200 g di sarde, 150 g di finocchietti selvatici, 30 g di uva passa, 30 g di pinoli, 2 cucchiai di olio d'oliva, 2 filetti d'acciuga sotto sale, 1 cipolla, 1 bustina di zafferano, sale, pepe.

Mondate i finocchietti e cuoceteli per 10 minuti in acqua bollente salata, quindi scolateli, strizzateli e metteteli da parte. Tenete da parte anche l'acqua di cottura, che utilizzerete per cuocere la pasta. Pulite le sarde privandole delle interiora, squamatele, togliete la testa, lavatele e asciugatele. Affettate la cipolla e fatela soffriggere a fiamma medio-bassa per 3-4 minuti in una casseruola con l'olio. Quindi diminuite l'intensità della fiamma e stemperatevi i filetti di acciuga dissalati. Aggiungete i finocchietti sminuzzati, l'uva passa lavata, fatta rinvenire nell'acqua per 15 minuti e strizzata, i pinoli e lo zafferano; salate, pepate e lasciate cuocere per 10 minuti; 2 minuti prima di spegnere la fiamma unite le sarde. Nel frattempo cuocete i bucatini nell'acqua di cottura dei finocchietti, scolateli al dente e terminate di cuocerli nel tegame con le sarde. Fate riposare qualche minuto e servite.

DOVE GUSTARLE

Ristorante "Ai Normanni"
Piazza Vittoria, 25 - Palermo
Tel. 0916517251, fax. 0916376545
Prenotazione: sì. Chiusura: domenica sera e lunedì. Prezzo medio: 30 euro.
Un elegante ristorante, ubicato all'interno di quelle che una volta erano le stalle di Palazzo Reale. La pasta con le sarde richiede l'abbinamento con il Corvo Bianco Duca di Salaparuta.

Caponata di verdure.

Pasta con filetti di sarde.

PRODOTTI TIPICI

Pesce spada affumicato

La pesca del pesce spada, insieme a quella del tonno, costituisce una delle attività principali nei territori delle coste siciliane. Pur venendo il pesce spada solitamente consumato fresco, oggi sta prendendo sempre più piede l'uso di conservarlo affumicandolo. Il pesce, una volta pulito, sfilettato, lasciato sotto sale per alcune ore, viene lavato e affumicato. I francesi e gli inglesi ne sono ghiotti e ne importano grandi quantità.

Pasqualino Famularo
Via Roma, 80
92010 Lampedusa (Ag)
Tel. 0922970457-971484

Chiusura: domenica (solo in inverno).
Sono ormai tre i punti vendita di questa storica azienda (ha più di sessant'anni) conosciutissima a livello nazionale. Numerose le golosità di pesce: dallo spada affumicato alla bottarga, dai filetti di sgombro alla spigola sott'olio. Da provare la "bomba afrodisiaca". Ingredienti top secret.

---

sode affettate, formaggio, salsiccia sbriciolata e aromi), un piatto regionale, gradito ad Agrigento quanto la caponata (un antipasto di verdure soffritte e arricchite con olive, acciughe e capperi). La vasta distesa di uliveti, che caratterizza il territorio, consente inoltre la produzione dell'ottimo olio extravergine della Val di Mazara Dop (ricavato, per lo più, dalla varietà Nocellara del Belice). Nobile e rinomata è l'industria dolciaria, dove gioca un ruolo essenziale la pasta di mandorle. In prima fila troviamo gli immancabili cannoli, seguiti dalle deliziose scorze d'arancia candite e dai prelibati mostaccioli. Se un tempo l'economia agricola provinciale era fondata esclusivamente sulla coltivazione del grano, oggi primeggia la viticoltura. Un'uva da tavola di qualità eccellente, l'uva di Canicattì, ha meritato la tutela dal marchio Igp (Indicazione geografica protetta). Semplicemente deliziose, infine, le conserve, tra cui spiccano i polipetti marinati e la mostarda di fichi d'India.

■ Caltanissetta regina dei legumi

Da sempre l'agricoltura ha rappresentato la principale risorsa di questa terra dal duplice paesaggio (a nord i rilievi dell'entroterra, a sud le sinuosità delle colline che timidamente raggiungono il mare). La cucina della provincia di Caltanissetta, pur rispecchiando la tradizione gastronomica del resto della Sicilia, si caratterizza allora per il forte legame

Incarto per le arance.

Fave di Caltanisetta.

col mondo agricolo. Di primissima qualità sono le fave, i fagioli e le lenticchie, serbatoio importante per la stessa regione. Tra le specialità della tradizione, sono da ricordare i "cavatiddi", gnocchetti di grano saraceno, e il pollo al forno con il caciocavallo. Un'elaborata cucina marinara caratterizza invece la zona costiera di Gela. Il territorio nisseno è ideale per la coltivazione della vite, che garantisce vini di ottima qualità come i famosi Regaleali di Vallelunga Pratameno. Ma il paesaggio collinare si caratterizza anche per altre coltivazioni: agrumi, nocciole, fichi d'India e melanzane, in primis. Le mandorle sono invece le indiscusse protagoniste di una ricca pasticceria. Quest'ultima mantiene alto il nome della provincia, basandosi su antiche ricette che sanno unire originalmente ingredienti differenti per ricavarne veri e propri miracoli di sapore. Impossibile dimenticare, infine, che Caltanissetta è nota per l'amaro dei Fratelli Averna, prodotto dal lontano 1868.

■ Catania, profumo di zagare

La gastronomia catanese è tra le più importanti dell'Isola, seconda solo a quella, inimitabile, di Palermo. Il fertile territorio vulcanico dell'area etnea fa dell'agricoltura il vero cavallo di battaglia. Un inconfondibile profumo di zagara comunica l'immediato ingresso al regno incontrastato degli agrumi: limoni, mandarini e arance. Famose quelle di Biancavilla, Randazzo e Giarre che, oltre a essere utilizzate in

RICETTE

Minestra di ceci

Ingredienti per 4 persone: 400 g di ceci secchi, 2 cucchiai di olio d'oliva, 1 cipolla, 3 pomodori, rosmarino, 1 presa di peperoncino, sale, pepe di fresca macinatura.

Mondate i ceci, lavateli e metteteli a bagno in abbondante acqua per 12 ore. Scolateli e versateli in una pentola; copriteli d'acqua e fateli lessare a fiamma moderata per circa 2 ore e 30 minuti, o sin quando saranno teneri. Nel frattempo tritate la cipolla e fatela soffriggere a fiamma medio-bassa per 3-4 minuti in una casseruola con l'olio; unite i pomodori sbucciati, privati dei semi e tagliati a pezzetti, qualche foglia di rosmarino tagliata finemente col coltello e il peperoncino. Salate, pepate e fate cuocere per qualche minuto. Quando i ceci saranno cotti unitevi la salsa preparata, lasciate insaporire ancora per qualche minuto e servite.

DOVE GUSTARLE

Ristorante La Pirrera
Via Venezia, 30
93019 - Sommatino (CL)
Tel. 0922872082
Prenotazione: gradita.
Parcheggio: agevole.
Chiusura: lunedì.
Prezzo medio: 20 euro.
Ristorante dall'ambiente affascinante. L'interno vuole suggerire lo scenario di una miniera di zolfo. Con la minestra di ceci, si consiglia il Nozze d'Oro Regaleali.

Scorzette di arance candite, agrigentine.

Minestra di ceci del nisseno.

PRODOTTI TIPICI

Pistacchio di Bronte

In epoca antica i Romani introdussero la coltivazione del pistacchio dal vicino Oriente in Sicilia: gli Arabi, nell'Alto Medioevo, incrementarono questa produzione, tanto che, oggi, l'Isola esporta circa un milione e mezzo di quintali di pistacchi all'anno. Le coltivazioni più estese si trovano a Bronte, in provincia di Catania, dove il terreno lavico ha costituito un ottimo habitat per la crescita di questo alberello. Il pistacchio è un seme rivestito di una pellicola brunastra e ha un guscio duro e rossiccio. È ricco di zuccheri e di grassi e ha un sapore aromatico. È utilizzato in cucina per insaporire intingoli e ripieni, in pasticceria e nella norcineria. Trova largo impiego anche nella produzione di gelati, sia artigianali che industriali. Ogni anno, nel mese di agosto, a Bronte, il pistacchio è protagonista di una pittoresca sagra.

Antonio Cadullo
Via Regina Margherita 132
Bronte (Ct)
Tel. 0957722372

Antonio Cadullo è tra i pochi in Italia rimasti a coltivare il delicato pistacchio. Meriterebbe per questo una medaglia. Momentaneamente si accontenta del "presidio" Slow Food.

In questa pagina; le "cuddure pasquali" e la "pasta alla norma", famosa ricetta catanese in onore del maestro Bellini.
Nella pagina a fianco: coniglio in agrodolce e un pesce spada.

pasticceria, danno vita a preparazioni originali, come l'insalata di "sanguinelle", condita con prezzemolo e pepe nero. Tra le migliori coltivazioni sono da segnalare le succulente melanzane, le ciliegie di Macchia, le noci di Belpasso, e il pistacchio di Bronte, nota anche per la produzione di nocciole e pinoli. Senza dimenticare i fichi, le mandorle e le olive, dalle quali si spremono oli di assoluto pregio, il "Monte Etna" e il "Monti Iblei", tutelati da marchio Dop. Primi piatti tradizionali sono i maccheroncini alla Norma, omaggio a una celebre opera del compositore catanese Vincenzo Bellini. Ottimo anche il risotto nero con ricotta fresca e salsa di peperoncino e le zuppe di pesce. Tra i secondi, eccellente è il Falsomagro e i fantasiosi piatti a base di pesce, come i "muccuni" (particolari vongole). Discreti i formaggi (pecorino e caciocavallo su tutti). Assolutamente sontuosa la pasticceria: ossa di morto, mostaccioli, ravioli di Carnevale (ripieni di ricotta), "cuddura" di Pasqua (sofisticati dolci con le uova). E il consueto contorno di prelibatezze come il dolcissimo latte di mandorla e inimitabili gelati e granite. Infine la mostarda, squisitezza prodotta ancora artigianalmente.

■ Enna, sapori di montagna

Incastonata tra Nebrodi e Madonie, sorge a quasi mille metri d'altezza Enna, centro di una provincia legata a una tradizione montana e pastorale. Una terra all'apparenza aspra e

impervia che, grazie alla tenacia e alla volontà dell'uomo, è stata trasformata nel corso dei secoli in una riserva di cereali, un vero e proprio "granaio d'Italia". Dai pascoli provengono carni di prima qualità oltre ad alimentare una consolidata e florida industria casearia che trova i suoi vanti nel pecorino, nella classica ricotta e soprattutto nel "Piacintinu", un particolare formaggio di pecora aromatizzato con pepe nero e zafferano. Specialità dell'Ennese sono le frittate con le verdure e le focacce. Imperdibile quella preparata nel capoluogo, farcita con il salame e fiori di sambuco. I prodotti ortofrutticoli vedono in primo piano le melanzane e le arance, mentre alcune zone si caratterizzano per ampie distese di uliveti, mandorli e campi di grano. Chiude il panorama gastronomico, come per tutte le province siciliane, la caratteristica tradizione pasticcera, imperniata sull'utilizzo della dolciastra polpa dei fichi d'India e sulla produzione di svariati tipi di torrone.

■ Messina e il pesce spada

Diviso fra mare e monti, il territorio messinese riflette questo dualismo anche nella gastronomia. Signore incontrastato della cucina costiera è il pesce spada. Cucinato "a ghiotta" (con olive e capperi) o alla griglia col salmoriglio ha dato giusta fama ai cuochi locali. Molto apprezzato anche lo stoccafisso, mentre la consueta abilità conserviera esprime il meglio di sé nella

RICETTE

Coniglio in agrodolce (Coniglio a stimpirata)

Ingredienti per 4 persone: 1 coniglio da circa 1.2 kg, 80 g di olive verdi snocciolate, 50 g di farina, 30 g di pinoli, 30 g di uvetta, 2 bicchieri di vino rosso, 1/2 bicchiere di aceto, 5 cucchiai di olio d'oliva, 2 cucchiai di strutto, 1 cucchiaino di zucchero, 2 cipolle, 2-3 foglie d'alloro, 1 rametto di rosmarino, sale, pepe nero.

Pulite il coniglio, lavatelo, asciugatelo e tagliatelo a pezzi. Versate in una casseruola l'olio e il vino, unite 1 cipolla affettata, l'alloro, il rosmarino, 3-4 grani di pepe nero, salate e fate bollire per 2 minuti; togliete la marinata dal fuoco e fatela raffreddare. Immergetevi i pezzi di coniglio e lasciatelo insaporire per 4 ore. Sgocciolate i pezzi di carne, asciugateli e infarinateli. Tritate l'altra cipolla e fatela soffriggere a fiamma medio-bassa per 3-4 minuti in una casseruola con lo strutto. Unitevi i pezzi di coniglio, regolate di sale, cospargete di pepe appena macinato, bagnate con la marinata filtrata e continuate la cottura. Dopo circa 1 ora e 30 minuti versate sul coniglio lo zucchero che avrete sciolto in una piccola casseruola con l'aceto, aggiungete i pinoli, l'uvetta fatta rinvenire in acqua tiepida e strizzata e le olive tagliate a metà. Alzate la fiamma e quando l'aceto sarà evaporato togliete dal fuoco. Lasciate riposare per qualche minuto.

DOVE GUSTARLE

Ristorante Tre Archi
Via C. Battisti, 13 - Centuripe (En)
Tel. 093574393
Prenotazione: gradita.
Chiusura: lunedì.
Prezzo medio: 15 euro.
Elegante ristorante a conduzione familiare.

GASTRONOMIA

In questa pagina: il salame di Sant'Angelo di Brolo, le "lasagne cacate" piatto di natale della tradizione modicana. Al centro i "buccellati" dolci natalizi ripieni di frutta secca; in diverse forme, appartengono alla tradizione di tutta la Sicilia.

preparazione delle interiora di tonno in salamoia. Per quanto riguarda la carne, tipica dell'entroterra, tradizionale è l'agnello alla messinese e la predilezione per salsicce e castrato. Ma una vera specialità è il saporito salame di Sant'Angelo di Brolo, la cui produzione è documentata in tempi antichissimi, e oggi giustamente tutelato dalla Dop. Tra i primi piatti è da provare la minestra di fave (il

"maccu"); varia è poi l'offerta dei contorni: dominano melanzane, peperoni, broccoli e cavolfiori. A completare la nobile vocazione agricola concorre la raccolta di olive, mandorle e nocciole. Forte di una tradizione consolidata in tutta la Sicilia, la sorprendente arte pasticcera porta in tavola delizie regionali come i cannoli e i Buccellati (dolcetti con ripieno di frutta secca). Specialità messinese è il Riso nero (una torta fatta con riso, cioccolato, mandorle e vaniglia) e la Pignolata, un dolce natalizio formato

PRODOTTI TIPICI

Salame di Sant'Angelo di Brolo

Grazie alla sua ubicazione in territorio collinare (314 metri sul livello del mare), il comune di Sant'Angelo di Brolo può confezionare uno dei pochi salumi siciliani esistenti. Il clima troppo caldo dell'Isola, infatti, generalmente non permette una buona stagionatura. La lavorazione di questo insaccato risalirebbe all'epoca della colonizzazione dei Normanni (XI secolo): grazie a loro venne reintrodotto in Sicilia l'uso della carne di maiale, abolito durante la precedente dominazione araba per motivi religiosi. Il confezionamento prevede l'utilizzo delle parti più nobili del maiale (lombata, spalla, filetto, collo, lonza, pancettone e coppa). La carne viene tagliata a "punta di coltello", cioè a grana grossa, insaporita con sale e pepe nero, insaccata in budello naturale, quindi lasciata stagionare in locali aerati per 1-3 mesi, a seconda della pezzatura (da 0,3 a 1,5 kg). Il Salame di Sant'Angelo riporta il marchio del consorzio Tutela Salame Sant'Angelo

Consorzio Tutela Salame Sant'Angelo
Piazza Vittorio Emanuele 19
Sant'Angelo di Brolo (Me)
Tel. 0941534194
www.salamesangelo.com

Il consorzio che riunisce le sette aziende produttrici del gustoso insaccato. Lo spaccio si trova in uno stabile contiguo alla sede. Acquisti anche via Internet.

da "pigne" di pasta glassata al cedro e al cioccolato.

■ I formaggi di Ragusa

Il territorio ragusano si presenta come un'eccezionale varietà di paesaggi (chilometri di costa, altopiani, profonde valli), affascinante sfondo di una culla di sapori che spaziano dal dolce al salato. Protagonisti della tavola sono piatti dal sapore rustico, come le

*Sopra: crostacei della costa ionica.
In basso il "bianco mangiare" dolce a base di pasta di mandorle vanto della gastronomia ragusana; con aroma di cannella, si serve su foglie di limone.*

"lasagne cacate" (piatto natalizio con ragù e ricotta), la Pasta a picchi pacchiu (spaghetti al pomodoro con aglio, peperoncino piccante e basilico), la pasta con mollica e acciughe e il classico "maccu" di fave. Non mancano originali preparazioni a base di pesce, come l'impanata di palombo al forno (con sedano, olive, pomodori e capperi) e i gamberoni grigliati, insaporiti in una marinata d'olio, aglio, pepe, prezzemolo e salvia. Nell'entroterra sono ottimi i finocchi di Modica e le lenticchie di Chiaramonte Gulfi, mentre

R I C E T T E

Pasta a picchi pacchiu
Ingredienti per 4 persone: 500 g di pomodori maturi, 320 g di spaghetti, 40 g di caciocavallo grattugiato, 5 cucchiai di olio di oliva, 2 spicchi d'aglio, 2-3 foglie di basilico, 1 presa di peperoncino rosso piccante, sale.

Sbollentate i pomodori per 30 secondi in acqua, sbucciateli, tagliateli a metà, eliminate i semi, tagliuzzateli e metteteli in un'insalatiera; unite l'aglio tagliato a fettine, il peperoncino, il basilico, l'olio e il sale, quindi mescolate, coprite il recipiente e lasciate riposare la salsa per circa 3 ore. Cuocete gli spaghetti in abbondante acqua salata e scolateli al dente; versateli, come vuole la tradizione, in un largo piatto di ceramica, conditeli con la salsa preparata, cospargeteli con il caciocavallo e servite.
Ristorante Mediterraneo

D O V E   G U S T A R L E

Via Roma, 191
97100 - Ragusa
Tel. 0932651403, fax 0932651403
Prenotazione: gradita.
Parcheggio: agevole.
Chiusura: no.
Prezzo medio: 30 euro.
Elegante ristorante, dal taglio moderno, localizzato proprio sopra al Museo Archeologico di Ragusa. Ottima vista sulla città. Con la Pasta a picchi pacchiu si consiglia il Cerasuolo di Vittoria.

GASTRONOMIA

PRODOTTI TIPICI

Crema di mandorle di Noto

Il turista che si reca a Noto può visitare i resti archeologici della greca Eloro, la necropoli sicula di Noto antica, l'oratorio bizantino e le chiese di S. Corrado e S. Maria della Scala. Splendidi sono gli spettacoli offerti dalla natura: il mare e le riserve di Cava Grande e Vendicari, in primis. Ma Noto è famosa anche per un prodotto gastronomico, la crema di mandorle. Le mandorle crude vengono tritate finemente e unite a zucchero e acqua. L'impasto, cremoso e spalmabile, ha un sapore estremamente delicato e privo di aromi che coprano il profumo della mandorla. Numerose sono le ricette che prevedono l'utilizzo di questa crema, dalle torte, alle bavaresi, alle mousse. Diluita in acqua fredda diventa una bevanda rinfrescante da consumare d'estate.

Caffè Sicilia
Corso Vittorio Emanuele 125
96017 Noto (Sr)
Tel. 0931835013, fax 0931839781
Chiusura: lunedì.
A due passi dalla splendida cattedrale di Noto, lo storico caffè Italia (esiste dal 1892) delizia i clienti con l'impareggiabile crema di mandorle. Fatta artigianalmente, senza conservanti, si gusta spalmata o diluita in acqua come latte di mandorla.

In questa pagina: il latte di mandorla, sotto: pasta fritta alla siracusana guarnita con arance affettate, e i "mazzarisi" tipico dolce al pistacchio.

nell'area di Comiso si concentra una florida produzione di uva e mandorle. L'offerta dei prodotti tipici trova i propri campioni nel Ragusano, un formaggio tutelato dal marchio Dop, e nella Salsiccia di Chiaramonte Gulfi. Di altrettanto rilievo la tradizione dell'olivicoltura e della viticoltura, che qui competono degnamente con quelle del resto dell'Isola con due eccelsi "frutti": il Cerasuolo di Vittoria e l'olio extravergine d'oliva Monti Iblei. La provincia, infine, non teme rivali in quanto a dolci. Oltre alla nota cioccolata di Modica, di derivazione spagnola, Ragusa onora la pregiata tradizione pasticcera regionale con il Biancomangiare, l'inconfondibile dolce a base di mandorle servito su foglie di limone.

■ Siracusa, mitiche golosità

Affacciata sul mare ma adagiata su una fertile pianura, la provincia di Siracusa sfrutta la privilegiata posizione geografica per portare in tavola materie prime di eccezionale qualità. Celebre è la produzione di agrumi (deliziose le marmellate!) ma altrettanto indiscusso è il pregio degli ortaggi, che arricchiscono di profumi e colori non solo sapidi piatti unici come la caponata, ma anche primi piatti dagli accostamenti inaspettati quali i vermicelli, che sposano il forte sapore delle acciughe con quello altrettanto prepotente dei capperi e delle melanzane. Indiscusso protagonista della tradizione gastronomica provinciale è comunque il pesce, che spazia dai saporitissimi ricci gustati al naturale alla

GASTRONOMIA

famosa zuppa, dalla pasta con le vongole ai prelibati gamberi alla griglia. L'offerta dei prodotti tipici raggiunge punte di eccellenza con la celebre arancia rossa di Sicilia che qui trova una delle principali terre d'elezione (le arance tarocco di Lentini) e del pomodoro di Pachino, il cosiddetto ciliegino. Ma sono molte le risorse naturali favorite dall'esuberante clima. A cominciare dalle mandorle, che trovano ghiotti risvolti nei confetti di Avola e nella crema di Noto (sempre eccelsa la tradizione pasticcera). Senza dimenticare la grande tradizione vinicola e olivicola, con i celebri Moscati e il prezioso olio extravergine d'oliva dei Monti Iblei in prima fila.

■ Trapani, nel regno del tonno

Il porto di Trapani è da sempre il fulcro di un'antichissima attività pescherecciache di questa provincia sancisce la fama, oltre che la ricchezza. Da provare le gustose e polpose aragoste, le sarde e i crostacei. Ma il vero e proprio trofeo dei pescatori locali è costituito dal tonno. Le tonnare, sono il simbolo dell'economia marinara.
Attività che poi fa da perno all'importante industria conserviera nelle forme più disparate, come nel lattume. Apprezzata, anche se meno celebrata, è la cucina "di terra". Tutelati come Igp sono i capperi di Pantelleria, che crescono spontanei lungo i terreni aridi dell'Isola per diventare complici della decisa sapidità di ricette che hanno fatto la storia della gastronomia regionale. Tipico del Trapanese, caso unico in tutta l'isola, è il cuscusu, di chiara derivazione tunisina, che, al posto di carne e verdure, viene condito con un particolare intingolo preparato con pesce fresco. La fantasiosa tradizione dolciaria, infine, offre specialità imperdibili come i mazaresi al pistacchio e l'anguria candita.

RICETTE

Tonno alla marinara
Ingredienti per 4 persone: 4 fette di tonno da 170 g l'una, 400 g di pomodori da sugo, 50 g di olive snocciolate, 1 cucchiaio di pangrattato, 1 cucchiaio di capperi, 4-5 foglie di basilico, olio d'oliva, sale, pepe di fresca macinatura.

Spezzettate i pomodori e tritate le olive e il basilico. Ungete con 3 cucchiai di olio una pirofila e disponetevi il tonno. Cospargetevi il pangrattato, il basilico, le olive e i pomodori; salate, pepate, aggiungete i capperi e condite col restante olio. Cuocete il tonno in forno a 160 °C per 40 minuti e portatelo in tavola senza toglierlo dalla pirofila.

DOVE GUSTARLE

Ristorante Sicilia in Bocca
Via Savoia, 24
91010 - San Vito lo Capo (Tp)
Tel. 0923972622, fax 0923972622
Prenotazione: gradita.
Chiusura: martedì.
Prezzo medio: 30 euro.
Ristorante del centro che propone una cucina da gustare anche in veranda (200 posti). Specialità di pesce (da provare anche il Cuscusu). Con il tonno alla marinara si consiglia l'abbinamento con l'Etna Rosato.

A fianco, la pesca del tonno; in basso: fette di tonno alla marinara.

Rinascimento siciliano

Valorizzare il patrimonio vinicolo, che è parte integrante della propria storia. Questo il proposito di una regione in ascesa a livello enologico. La Sicilia, terra del Marsala e dei tanti Moscati, ha voglia di avanguardia, di vini di qualità che possano competere con i più titolati toscani e piemontesi. Alcune aziende sono ormai realtà affermate (ad esempio la Planeta, a Sambuca di Sicilia), altre lo saranno. E all'orizzonte s'intravede la prospettiva della grande Doc Sicilia, che darebbe più visibilità al mercato internazionale.

In Cantina

Moscato Passito di Pantelleria

Furono forse i Fenici a importare nella zona di Trapani lo Zibibbo, l'uva dalla quale nasce questo bianco dotato di almeno 14 gradi. Il colore è giallo oro carico tendente all'ambra; il profumo ampio e intenso; il sapore dolce, fruttato con sentori di confettura d'albicocca, vaniglia e spezie. Può invecchiare fino a cinque anni e oltre. Si serve, stappando la bottiglia al momento di mescerlo, come vino da meditazione o con piccola pasticceria. Viene inoltre prodotto il tipo liquoroso, supportato da 21,5 gradi alcolici e con capacità di invecchiare fino a dieci anni e oltre. Con 23,9 gradi alcolici e affinamento obbligatorio di un anno presso il produttore, porta la qualifica di "Extra". Si serve intorno agli 8°.

Salvatore Murana
Contrada Khamma 276
91017 Pantelleria (Tp)
Email vinimurana@libero.it
www.salvatoremurana.com
Non è prevista la vendita diretta.
La versione Martingana (l'altra è la Khamma) è il più grande Passito di Pantelleria. Eccezionale l'annata '98, che ha meritato i Tre Bicchieri del Gambero Rosso. Moscato Passito di Pantelleria Martingana '99, circa 45 euro.

■ Il Sudovest, Marsala, Zibibbo e grandi bianchi

Un quadrilatero di terra, che ha come vertici i comuni di Santa Margherita di Belice, Sambuca di Sicilia, Menfi e Sciacca: qui si produce il grande vino della provincia agrigentina. A Sambuca, in territorio collinare, i vitigni siciliani tradizionali (Ansonica, Catarratto, Nero d'Avola e Mascalese) vengono affiancati ai francesi Chardonnay e Cabernet Sauvignon, in connubi originali. Salendo verso Santa Margherita, ritroviamo protagonisti i classici Ansonica, Grecanico e Catarratto per i bianchi, mentre tra i rossi, oltre al Nero d'Avola, scopriamo trapiantato in terra di Sicilia un "curioso" Sangiovese vinificato in purezza. Le altre Doc sono quelle costiere (comuni di Sciacca e Menfi). Di spicco il Menfi Bonera, un rosso dall'uvaggio composto che dà vita a un piacevole "nettare". La provincia di Trapani rappresenta uno dei vertici assoluti del panorama vinicolo italiano.

Facile pensare al Marsala, la cui "scoperta", si deve a un inglese, John Woodhouse, che nella seconda metà del Settecento ebbe l'idea di lavorare i vini siciliani con sistemi simili a quelli utilizzati da spagnoli e portoghesi per i loro liquori. Ai primi dell'Ottocento Vincenzo Florio fondò in città un grande stabilimento che nel giro di pochi anni assorbì la totalità della produzione del vino, dando vita a un vero e proprio monopolio. Al pari del Marsala, di dolcezza assoluta sono anche il Moscato e il Moscato Passito che si producono sull'isola di Pantelleria, nelle vigne dello Zibibbo. Chiudono la produzione le Doc Delia Nivolelli e, soprattutto, Alcamo: tremila ettari di vigneti tra le province di Trapani e Palermo che (da uve Catarratto) danno vita a un bianco delicato e fresco, ottimo compagno della cucina di pesce siciliana. Per trovare il grande vino della provincia di Palermo bisogna recarsi nel suo entroterra. I vini della Contea di Sclafani nascono in una zona rinomata per le sorgenti termali. La Doc si distingue per l'utilizzo di uve non solo siciliane ma anche "straniere": Chardonnay, Sauvignon, Cabernet Sauvignon e Merlot. A sud del capoluogo, oltrepassando il territorio di Corleone,

IN CANTINA

Duca Enrico

Maestoso esempio delle potenzialità del Nero d'Avola, uva autoctona di Sicilia e che meriterebbe ben altra rinomanza e diffusione. Il Duca Enrico è un vino che coniuga potenza ed eleganza, impatto e lunghezza. Viene affinato un anno in botti di rovere, un altro anno in barrique e almeno sei mesi in bottiglia. Presso l'acquirente è vino di lunghissima vita. Ha colore rosso rubino scuro e profondo tendente all'amaranto brillante. Profumo intenso e avvolgente, complesso e ampio, con percezione di frutta rossa,  spezie, tabacco. Il sapore è asciutto, di grande struttura, armonico con tannini rotondi, elevata persistenza. Si abbina a piatti di carne della grande cucina, arrosti, piatti tartufati, formaggi stagionati. Si serve intorno ai 20°. Nella foto: il Principe Giuseppe Alliata, fondatore della casa vinicola.

Casa Vinicola Duca di Salaparuta
Via Nazionale, Ss 113
90014 Casteldaccia (Pa)
Tel. 091945201
Email vinicorvo@vinicorvo.it
Prevista la vendita diretta.
L'azienda viene fondata nel lontano 1824 da Giuseppe Alliata, Principe di Villafranca e Duca di Salaparuta. Nel tempo ha saputo mantenere un carattere aristocratico e anticonformista. Assorbita dall'Illva di Saronno (produttrice del noto amaretto), vive oggi una nuova splendida fase della propria storia.
Duca Enrico '97, 40 euro.

Antica cantina di Marsala.

incontriamo l'altra Doc palermitana, Contessa Entellina, che in un'oasi di appena 44 ettari attorno all'omonimo paesino dà vita a bianchi originali frutto dell'incontro dell'Ansonica con lo Chardonnay o con il Müller Thurgau, oltre a Chardonnay, Sauvignon e Grecanico vinificati in purezza.

■ Moscato e Malvasia, vini da dessert

La vite, pianta che quasi per necessità deve "soffrire", dà i migliori frutti vivendo in luoghi a prima vista improduttivi. Ecco spiegato il motivo del dolce sapore della ambrata Malvasia delle Lipari (qui l'uva sopravvive alla "tortura" del sole, della siccità e del secco vento). Ma il vino messinese non è solo la Malvasia. Il territorio che si estende ai piedi dei Peloritani è interamente votato alla produzione del Faro, vino rosso che prende il nome proprio dal faro di Capo Peloro, affacciato sullo Stretto di Messina. All'Etna è invece "consacrato" il vino prodotto in provincia di Catania, codificato nell'unica Doc catanese, riconosciuta nel lontano 1968. Al Bianco, ottenuto da uve Carricante e Catarratto Bianco, si affiancano il Rosso e il Rosato, "spremuti" da uve Nerello Mascalese e Nerello Mantellato. A questi vini si aggiunge una limitata produzione del ragusano Cerasuolo di Vittoria, prodotto ai confini meridionali della provincia. Siracusa è terra di Moscato. Un vino "per collezionisti", sempre più difficile da reperire, se non è quello prodotto nel capoluogo. E un dolcissimo Moscato si produce anche a Rosolini, Avola e Noto, cittadina dalla quale la Doc prende il nome. Il vino è un concentrato di eleganza, sposo ideale della raffinata pasticceria locale. L'estremo sud è invece zona di rossi e rosati, riuniti nella Doc Eloro, che ha il suo epicentro nel territorio di Pachino e Portopalo di Capo Passero. I vitigni predominanti sono il Nero d'Avola e il Frappato ragusano.

R I C E T T E

Moscato di Siracusa

Questo bianco è l'antichissimo Pollyn, chiamato così nell'età classica perché pare che a importare i vigneti nell'intero comune di Siracusa sia stato Pollio, antico re di Biblina. È supportato da almeno 16,5 gradi alcolici. Ha colore giallo oro ambrato; profumo ampio, aromatico, fruttato e floreale; gusto dolce, intenso, persistente, robusto. Dotato di grandi capacità di invecchiamento (può raggiungere il decennio di vita e oltre), si abbina, stappandolo al momento del servizio, con macedonie di frutta, pasticceria e dolci al cucchiaio. Si consiglia anche come vino da meditazione. Si serve a 12°.

**Antonino Pupillo
Contrada Targia
96100 Siracusa
Tel. 0931494029**

Prevista la vendita diretta.
L'azienda di Antonino Pupillo è l'unica a produrre il Moscato di Siracusa, un vino quasi scomparso che oggi viene riproposto anche sui mercati internazionali.
Moscato di Siracusa Pollio, 13,50 euro

■ Sulla strada del Cerasuolo

Ai piedi dei Monti Iblei si estendono territori di varia natura. Da questi suoli compositi nasce il Cerasuolo di Vittoria, un vino da primato: fu il primo rosso siciliano a ottenere, nel 1973, la Denominazione di origine controllata e il primo vino attorno al quale, nel 1904, si costituì in Sicilia una Cantina sociale. Il Cerasuolo, che annuncia il suo colore nel nome (rosso rubino, come una ciliegia matura, la "cirasa" siciliana), nasce dall'incontro di due fra le migliori uve siciliane, il Frappato e il Calabrese (così è chiamato il Nero d'Avola nel Ragusano): il primo ha toni gentili, soavi, l'altro invece è forte e robusto. La provincia di Caltanissetta partecipa in modo indiretto alla produzione vinicola siciliana, non annoverando nessun vino Doc prodotto interamente nel proprio territorio. Da segnalare la straordinaria esperienza della casa vinicola Tasca d'Almerita, emblema provinciale della difesa dei vitigni autoctoni. Suo cavallo di battaglia è il Nozze d'Oro Regaleali, un Bianco derivato da uve Inzolia e Varietà Tasca, quest'ultima direttamente selezionata in azienda. Ancora tutta da scoprire, la provincia di Enna. Dal punto di vista vinicolo non vanta alcuna produzione a Denominazione di origine controllata. Annovera invece limitate produzioni raccolte nell'Indicazione geografica tipica "Sicilia".

I Marsala, i Moscati ed i Passiti sono prelibati vini da dessert; ottenuti da uve di alta gradazione, sono invecchiati in botti di rovere. A fianco dolci di marzapane e "minne" (seni) di vergine.

RICETTE

Cerasuolo di Vittoria

Prodotto in diversi comuni in provincia di Ragusa e in alcune aree in provincia di Catania e Caltanissetta, il Cerasuolo di Vittoria a dispetto del nome non è un vinello rosato e beverino ma un vino importante, ricco di personalità. Ha un grado minimo di 13° e viene affinato (talvolta in legno) per un periodo di 9-15 mesi. Presso l'acquirente può invecchiare per 2-3 anni. Il colore è cerasuolo intenso, talvolta rubino chiaro. Il profumo è largo, fruttato da giovane, ma con l'età si fa bouquet pieno con sentore di melagrana. Il sapore è asciutto, pieno, caldo e vellutato. Viene abbinato a carni in umido e arrosti. Maturo, si unisce a cibi piccanti e dal gusto forte. Va servito intorno ai 16°.

Vitivinicola Avide
Corso Italia 131
97100 Ragusa
Tel. 0932967456
Email avide@avide.it

Quella di Giovanni Demostene è da alcuni anni una delle aziende vinicole più promettenti dell'area sudorientale siciliana. Cerasuolo sempre perfetto, specialmente la versione barrique.
Cerasuolo di Vittoria Barocco '98, 16 euro.

DIZIONARIO GASTRONOMICO

A

Accia: *sedano.*
Acciuca: *acciuga.*
Acitu: *aceto.*
Addauru: *alloro.*
Agghiu: *aglio.*
Agruduci: *agrodolce.*
A lu denti: *al dente.*
Amidu: *amido.*
Ammartucati: *pestate.*
Anciovi: *acciughe.*
A pizzudda: *a pezzettini.*
Aragusta: *aragosta.*
Arianu: *origano.*
Arrifriddari: *raffreddare.*
Arrustuti: *arrostiti.*

B

Basilicò: *basilico.*
Bròcculi: *broccoli.*
Brucioli: *braciole.*
Bruciuluni: *carne ripiena e avvolta a braciola.*
Bucali: *boccale.*

C

Caciucavallu: *caciocavallo.*
Caliari: *abbrustolire.*
Cannedda: *cannella.*
Cannolu: *rubinetto o tipico dolce siciliano.*
Capuliata: *tritata.*
Carcocciuli: *carciofi.*
Castratu: *agnellone castrato.*
Cavulu: *cavolo.*
Cazzarola: *tegame, casseruola.*
Cazzilli: *supplì di patate.*
Cefalu: *cefalo.*
Chiappara: *capperi.*
Chiovu di garofanu: *chiodo di garofano.*
Ciauru: *odore.*
Ciascu: *fiasco.*
Cicireddi: *di ciciri.*
Ciciri: *ceci.*
Cimaroli: *cime.*
Cinniri: *cenere.*
Cipudduzzi: *cipolline.*
Ciriveddu: *cervello.*
Citrulidda: *sdim. piccoli cetrioli– cetriolini.*
Ciuffiteddu: *ciuffo.*
Còciri: *cuocere.*
Consa: *condimento.*
Cucchiara: *cucchiaio.*
Cucitedda: *polline.*
Cucuzza: *zucchina.*
Cucuzza baffa: *zucchina gialla.*
Cuda: *coda.*
Cunigghiu: *coniglio.*
Cunsari: *condire.*
Cuppineddu: *piccolo mestolo.*
Cuppinu: *mestolo.*
Cusciottu: *cosciotto.*
Cutugnata: *conserva o confettura di cotogne.*
Cuvecchiu: *coperchio.*

D

D'arrera: *di nuovo.*
Dintra: *dentro.*

F

Fadali: *grembiale.*
Fasoli: *fagioli.*
Favi: *fave.*
Ficurinnia: *fico d'India.*
Fidduliari: *affettare.*
Finucchieddi: *finocchietti.*
Focu: *fuoco.*
Fogghi: *foglie.*
Friiri: *friggere.*
Frischi: *freschi.*
Frittedda: *frittella.*
Funci: *funghi.*
Furchetta: *forchetta.*
Furma: *stampo.*

G

Grattatu: *grattugiato.*
Grigghia: *griglia.*

I

Inchiri: *riempire.*
Intingulu: *intingolo.*

J

Jdito: *dito.*
Jta: *dita.*
Junciri: *aggiungere.*

L

Lasagnaturi: *matterello.*
Lasagneddi: *lasagne piccole e strette.*
Lignu: *legno.*

M

Maccarruni: *maccheroni.*
Maidda: *cassa di legno su quattro piedi nella quale si impasta il pane.*
Majunisi: *maionese.*
Manciari: *mangiare.*
Manzu: *manzo.*
Milinciani: *melanzane.*
Ministruni: *minestrone.*
'Mpassuliri: *appassire.*
'Mpastari: *amalgamare.*
'Mprignati: *ripieni.*
Muddica: *mollica.*
Muluni: *cocomero.*
Murtaru: *mortaio.*

N

'Ndivia: *indivia.*
'Nfarcitu: *farcito.*

DIZIONARIO GASTRONOMICO

'Nfarinare: infarinare.
'Nsaporito: insaporito.
'Nzalatera: insalatiera.

O

Ogghiu: olio.
Oliare: ungere con olio.
Olivi: olive.
Ovu: uovo.

P

Padedda: padella.
Palicu: stuzzicadenti.
Palittedda: palettina.
Pampinedda: fogliolina.
Pampini: foglie.
Pani: pane.
Panza: pancia.
Passula: uva passa.
Patati: patate.
Peddi: pelle.
Picurinu: pecorino.
Pidicudda: gambi.
Pignata: pentola.
Pignola: pinoli.
Pilati: pelati.
Piperoncinu: peperoncino.
Pipi: pepe.
Pipirunata: peperoni.
Pisci: pesce.
Pisidduzzi: pisellini.
Pistata: schiacciata.
Pistu: pesto.
Pitrusinu: prezzemolo.
Pizzicu: pizzico.
Primusali: primosale.
Pugnu: pugno.
Pullu: pollo.
Pulpa: polpa.
Pulpetti: polpette.
Pulpiteddi: polpettine.
Pumadamuri: pomodori.

Q

Quagghiari: addensare.

R

Ramuzzu: rametto.
Ranfi: tentacoli.
Resca: lisca.
Rimuddari: ammollare.
Risu: riso.
Rivutari: rigirare, rivoltare.
Rosamarinu: rosmarino.
Rosoliu: rosolio: sorta di liquore dolce.
Russu: rosso.

S

Sali: sale.
Sarduzzi: sardine.
Sarvari: conservare.
Sasizza: salsiccia.
Sbrizza: goccia.
Sbrizziari: spolverizzare.
Sciddicari: scivolare.

Sciugghiutu: sciolto.
Sciusciari: soffiare.
Scogghiu: scoglio.
Scorci: bucce.
Sculari: scolare.
Sfogghia: sfoglia.
Sicchi: secche, secchi.
Simenza: semi.
Siminari: seminare, cospargere.
Simmula: semola.
Sminuzzati: spezzettati.
Spadda: spalla.
Sparaci: asparagi.
Sparpagghiari: cospargere.
Spicchiari: aprire, dividere a spicchi.
Spiddati: spellati, privati della pelle.
Spiti: spiedini.
Squagghiari: squagliare.
Squartari: dividere a quarti.
Stinnicchiari: stendere.
Stipati: ripieni.
Stizza: poco.
Sucu: succo.
Suffriti: soffriggere.
Suppa: zuppa.
Svapurari: evaporare.

T

Tagghiari: tagliare.
Tagghiarina: strisciolina.
Tastari: assaggiare.
Tazzi: tazze.
Testuzza: testina.
Tianu: tegame.
Tigghia: teglia.
Tincuni: cernia.
Travagghiari: lavorare.
Trigghia: triglia.
Tunnu: tonno.

U

Untari: ungere.
Ura: ora.

V

Vacanti: vuoto.
Vagnari: bagnare.
Vampa: fuoco, fiamma.
Vanigghia: vaniglia.
Vinu: vino.
Virsari: versare.
Vudeddu: budello.
Vugghienti: bollente.
Vigghiutu: bollito.
Vutari: girare.

Z

Zafferanu: zafferano.
Zuccaru: zucchero.

Sicilia

ITINE

Sicilia

Archeologia greco-romana, città medievali, barocche, arabe. Mare incontaminato e isole selvagge. Ecco la regina del Mediterraneo.

I cinque itinerari consigliati:
1 - Palermo, Messina e la Sicilia Tirrenica da pag. 108
2 - La Costa sud orientale da pag. 144
3 - La Sicilia occidentale da pag. 172
4 - La Sicilia Mediterranea da pag. 192
5 - La Sicilia dell'Entroterra da pag. 204

I tesori del Mediterraneo

Da Palermo per abbracciare il tratto di costa che si affaccia sul Mar Tirreno. A est si segue la Statale 113 addentrandosi nell'area costiera orientale, ricca di spunti paesaggistici e testimonianze archeologiche. Il percorso attraversa la campagna palermitana per toccare il castello di Caccamo, visitare Cefalù, doppiare Capo d'Orlando e infine raggiungere il golfo di Messina. Poi nel cuore del Mediterraneo, alla volta di Ustica e dell'arcipelago delle Eolie.

> **U FISTINU DI SANTA ROSALIA A PALERMO**
> Vie e piazze della città,
> tel. 0917401111.
> Periodo: luglio
> *Una settimana di festeggiamenti onora Santa Rosalia, la "Santuzza" che liberò Palermo dalla peste. Un sontuoso carro, trainato da quattro buoi, trasporta l'orchestra e il coro.*

Sopra: la Fontana Pretoria.
Sotto: i suggestivi affreschi della Cappella Palatina e Palazzo Reale in una cartolina d'epoca.

■ Palermo, la capitale

Distesa in un'ampia insenatura, delimitata a nord da Monte Pellegrino e a sud da capo Zafferano, **Palermo**, per storia,

cultura e bellezze naturalistiche, è una delle più affascinanti mete turistiche italiane.
Fondata nel VII secolo a.C. dai Fenici, che non a caso la chiamarono **Ziz**, **cioè fiore**, dai Romani agli Arabi, ha conosciuto dominatori che hanno lasciato profondi segni architettonici e culturali.
Duramente segnata dai bombardamenti della seconda guerra mondiale e dal terremoto del 1968, Palermo oggi è un vasto sistema urbano che si snoda lungo la costa: una grande città che ha avuto e ha il ruolo di capitale.

■ Palazzo Reale e la Kalsa

L'abitato di Palermo ruota attorno a due arterie principali: **corso**

ITINERARIO 1 - PALERMO

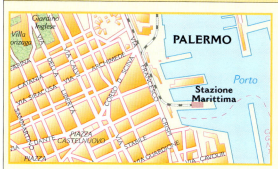

IL PERCORSO SUGGERITO

La visita si concentra nei quartieri formati dall'incrocio di via Maqueda e corso Vittorio Emanuele. I confini sono il Teatro Massimo (a nord), la stazione (a sud), il Palazzo dei Normanni (a ovest) e la chiesa di Santa Maria della Catena (a est).

Vittorio Emanuele, l'antico **Càssaro**, che congiunge il Palazzo dei Normanni al porto, e **via Maqueda**. Dal loro intersecarsi nasce piazza Vigliena, nota come **Quattro Canti** od Ottangolo. Antico salotto della Palermo bene, la piazza divide in modo scenografico i quattro mandamenti (o quartieri) della città.

In direzione sud-ovest si trova il **mandamento Palazzo Reale**, l'antico nucleo cittadino. Partendo da **Porta Nuova** e prendendo corso Vittorio Emanuele si incontra subito il **Palazzo dei Normanni**. Costruito dagli Arabi, il primitivo castello si trasformò in splendida reggia proprio sotto i dominatori normanni. Al primo piano si trova la **cappella Palatina**, fatta edificare nel 1132 da Ruggero II. Strutturata su tre navate absidate, è interamente decorata da **mosaici su fondo oro** (le strutture portanti sono state seriamente danneggiate dal terremoto del settembre 2002).

A sud della reggia sorge la **Chiesa di San Giovanni degli Eremiti**, con le sue **cupole rosse**. Spostandosi su via dei Cappuccini si raggiunge l'omonimo convento, nelle cui catacombe si conservano oltre 7.000 mummie. Dal 1599 al 1881, i notabili di Palermo affidarono ai monaci del Convento il compito di custodire i defunti. I corpi mummificati, per lo più con

Sopra: la chiesa di San Giovanni degli Eremiti.
Sotto: la Cattedrale e il portale della Cappella Palatina gioiello dell'arte normanna.

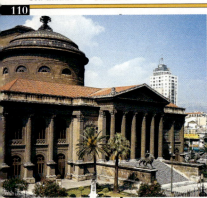

Il Teatro Massimo:

La Chiesa dei Lebbrosi:

Il palazzo delle Poste e il Politeama Garibaldi.

il metodo del disseccamento, venivano collocati nei sotterranei del Convento e ancor oggi sono esposti al pubblico con gli abiti originali. Riprendendo il corso, sulla sinistra, si apre la piazza della **Cattedrale**. Eretta nel XII secolo in stile siculo-normanno e più volte rimaneggiata, la chiesa presenta un magnifico **portico gotico-catalano** del '400. Superando i Quattro Canti, si arriva a **piazza Pretoria** con l'immensa fontana di Camilliani, un tempo chiamata **"fontana della vergogna"** (a causa delle sue statue nude). Dietro il Municipio, si apre **piazza Bellini** con le chiese **Martorana** e **San Cataldo**, splendidi edifici risalenti al XII secolo.

Oltre **Porta dei Greci** si entra nella **Kalsa**, il mandamento di sud-est. L'antica cittadella fortificata sede dell'emiro, oggi quartiere popolare, conserva tutto il suo fascino orientale. Prendendo **via Alloro**, si arriva a **Palazzo Abatellis**. Costruito alla fine del '400 nel caratteristico stile gotico-catalano, è sede della **Galleria regionale della Sicilia**, collezione molto qualificata di opere d'arte. Qualche isolato più in là, in via Abramo Lincoln 2, merita senz'altro una visita l'**Orto botanico**, uno dei più importanti giardini d'Europa. In alcuni edifici adiacenti c'è poi l'**Erbario mediterraneo**, che ospita collezioni e laboratori scientifici di specie botaniche provenienti da Spagna, Israele, Cipro e Marocco. Ritornando su corso Vittorio Emanuele si procede verso la Cala per entrare in **piazza Marina**. Un tempo "piazza delle esecuzioni", oggi, grazie al suggestivo giardino esotico e al bel **palazzo dei Chiaramonte**, è uno degli angoli più romantici della città.

■ La Loggia e i Domenicani

Situata a nord-est, tra il Porto Vecchio e via Maqueda, si trova la Loggia, ospita l'ordine religioso dei **Domenicani**. In piazza San Domenico, infatti, si trovano la seicentesca chiesa omonima e l'**Oratorio del Rosario di San Domenico**, di Giacomo Serpotta, vero gioiello di decorazione a stucco.

Posto a nord-ovest dei Quattro Canti, **il Capo**, un tempo residenza della popolazione islamica, mantiene l'aspetto originale, grazie al pittoresco intrico di viuzze, cortili e vicoli ciechi. Caratterizzato da una spiccata anima commerciale, il quartiere più che per i monumenti (degna di nota, tra gli altri, è la **Chiesa di Sant'Agostino** con la splendida decorazione a stucchi di Giacomo Serpotta), si fa ammirare per il vivacissimo mercato.

■ Dalla Vucciria al Teatro dei Pupi

Coloratissimi e affollati, i **mercati di Palermo** rappresentano l'anima della città. Il più famoso è la **Vucciria** (dal francese "boucherie", macelleria), cui Renato Guttuso dedicò un celebre dipinto. Mercato di generi alimentari, si tiene nel mandamento della Loggia, in via Càssari-Argenteria e dintorni. Altrettanto caratteristico, tra piazza Peranni e corso Amedeo, il classico **mercato delle Pulci** con i suoi oggetti di piccolo antiquariato. Da queste parti la contrattazione è d'obbligo!

Di sapore tipicamente orientale, quello del **Capo** si snoda nell'omonimo quartiere. Lungo via Carini e via Beati Paoli, si trova la "sezione alimentare", mentre tra via S. Agostino e via Bandiera si incontra la "sezione abbigliamento". Per i più modaioli, invece, si consiglia una visita a **via Principe di Belmonte**, un susseguirsi di deliziosi Café e negozi griffati.

In via Bara all'Olivella, infine, sorge il Teatro di Mimmo Cuticchio, dove si può visitare il laboratorio in cui sono raccolti numerosi esemplari di pupi. Splendidi testimoni di un'antichissima tradizione isolana, i pupi regalano uno **spettacolo di colori e costumi** fuori dal comune.

■ Il Parco della Favorita e il museo Pitrè

Nella zona nord della città, adagiato ai piedi del monte Pellegrino, il Parco della Favorita. Vero e proprio polmone verde di Palermo con i suoi 400 ettari di estensione, nasce come riserva di caccia e giardino personale per soddisfare la passione botanica di Ferdinando I di Borbone. All'interno si trovano la Fontana di Ercole e la Palazzina Cinese, già dimora del re. Nei locali destinati originariamente alla servitù è stato allestito il Museo Etnografico Pitrè. Carretti e carrozze, abiti e strumenti di lavoro e per la casa, pupi ed ex-voto compongono il mosaico di uno dei musei etnografici più importanti d'Europa.

A centro pagina: venditore di lumache della Vucciria.
In alto: le catacombe dei Cappuccini e la preparazione del pane con la milza.
Sotto: il Parco della Favorita, una cucina siciliana ricostruita al Museo Pitrè e la chiesa della Catena.

ITINERARIO 1 - PALERMO

Sopra: banco di legumi alla Vucciria.

Sopra: antica insegna di un venditore di fichidindia.

Sopra e sotto: banchi di frutta e verdura al mercato del Capo a Porta Carini.

Sopra: il mercatino di Palazzo Reale e sotto quello di Sant'Agostino.

Ustica, l'isola antica è un parco marino

Piccola isola del Mediterraneo posta a circa 52 km a nord di capo Gallo, facilmente raggiungibile in traghetto da Palermo, **Ustica** affonda le sue radici in un lontano passato. Affiorata in un periodo addirittura precedente a quello che vide nascere l'arcipelago delle Eolie (pleistocene), questo lembo di terra non è altro che la **parte emersa di un grande vulcano sottomarino spento**.
Originariamente abitata dai Fenici e dai Romani, Ustica divenne in seguito dominio saraceno. Nel XVIII secolo vi si stabilirono i Borboni che popolarono la zona con famiglie provenienti da Lipari. Attraversata da una **dorsale montagnosa** che trova il suo punto più alto nei 240 metri del **monte Guardia dei Turchi**, l'isola è tutto un susseguirsi di coste frastagliate che celano **suggestive grotte e incantevoli insenature**. Il caratteristico **colore scuro** conferito al terreno dalla lava, da cui il toponimo latino "ustum", cioè bruciato, crea suggestivi contrasti con il mare cristallino. Vero paradiso per tutti gli appassionati di sport subacquei, la zona nel **1987 è stata dichiarata riserva marina** e oggi ospita il **primo parco marino della Sicilia**.

Tra murales e trompe-l'oeil

Ustica si può facilmente visitare in motorino o con uno dei numerosi pulmini che ogni giorno percorrono il periplo dell'isola. Il paese, addossato alla collina tufacea della Falco-

Ustica: sopra, Cala Sidoti nella Riserva Integrale e sotto, una suggestiva veduta della costa.

RISTORANTE MAMMA LIA A USTICA (PA)
Via San Giacomo 1, tel. 0918449594.
Prenotazione: gradita.
Costo medio del pranzo: 30 euro.
Piatto: linguine con uova di tonno.
Aperto da aprile a ottobre (in agosto solo per la cena).
Il ristorante è in stile marinaro, la cucina a base di pesce.

Itinerario 1 - Ustica

IL PERCORSO SUGGERITO

Ustica dista 36 miglia da Palermo. Partenza dal capoluogo siciliano (anche da Trapani o Favignana) con navi-traghetto. Ci vogliono circa 2 ore e 30 (80 minuti in aliscafo) per raggiungere l'isola

RASSEGNA INTERNAZIONALE DELLE ATTIVITÀ SUBACQUEE A USITCA (PA)
Periodo: giugno e luglio.
tel. 091583847
Nel 2002 la manifestazione ha festeggiato la 43° edizione. Comprende una serie di manifestazioni (mostre, attività) diverse ogni anno, alla scoperta dei fondali di Ustica.

nara, si sviluppa attorno al caratteristico porto.
Per arrivare al centro dell'abitato basta percorrere le **suggestive scalinate ornate da ibiscus**. Tutto il tragitto è caratterizzato dalle pittoresche case del luogo, trasformate in singolari **"tele"** da numerosi artisti che qui si sono cimentati con **colorati murales, classiche nature morte ed eleganti trompe-l'oeil**.
Uscendo dalla piazza centrale si prende, sulla destra, un sentiero a gradoni che porta su fino a **Capo Falconiera**, dove si trovano i resti dell'antica fortezza borbonica posta a difesa di Cala Santa Maria, unico approdo all'isola e oggi sede del porto. Dal Capo si gode una splendida vista sull'interno dell'isola.
Tutto il paese è dominato dalla **Torre di Santa Maria**, sede del **Museo Archeologico** dove sono custoditi svariati reperti provenienti sia da Capo Falconiera che dal **villaggio preistorico situato presso i Faraglioni**. Quest'ultimo, visitabile recandosi in località Colombaia, risale all'età del bronzo e presenta numerose analogie con il villaggio preistorico rinvenuto a Panarea. Le caratteristiche capanne si sviluppano attorno a

*Sotto, vaso preistorico rinvenuto a Ustica.
A fianco: uno scorcio del porto di Ustica.*

una strada principale, seguendo un non comune, per l'epoca, piano urbanistico. Ma Ustica non è solo reperti archeologici. Lo spettacolo migliore di tutta l'isola è offerto dalle splendide coste. Per chi non volesse avventurarsi in barca, si segnalano **Cala Sidoti**, **Punta dello Spalmatore e il Faro**, incantevoli spiagge facilmente raggiungibili anche da terra.

Vivamente consigliata è l'escursione che da Torre Santa Maria porta alla **Grotta delle barche**, dove l'ambiente è ideale per i subacquei. Qui pinne, maschera e boccaglio aprono la porta d'accesso al paradiso!

■ La Grotta Segreta

La posizione di Ustica, in mezzo alla corrente proveniente dall'Atlantico, rende le acque particolarmente pulite e praticamente immuni da inquinamento. Queste favorevoli condizioni naturali contribuiscono al proliferare di una **rigogliosa vita sottomarina**. Saraghi, castagnole, occhiate, cefali, **coloratissime spugne**, cernie: ecco alcuni degli abitanti di questi luoghi. A profondità maggiori si possono trovare anche aragoste, gamberetti (nelle grotte), coralli e, se si ha fortuna, tonni, **tartarughe** e barracuda. La nutritissima flora presenta anche vaste distese di **posidonia oceanica**, o "polmone del Mediterraneo" per la sua capacità di scambiare ossigeno con l'acqua.

Ustica, meta obbligata per le escursioni subacquee. Sotto, pescatori nel porto.

■ Cala Sidoti

La spiaggia di Cala Sidoti è compresa nella zona protetta di una Riserva integrale. E' possibile farsi accompagnare da una guida, informazioni presso il centro di accoglienza della riserva ubicato nella piazza principale del paese.

Cala Sidoti - Ustica (Pa)
Tel. 0918449456

RISTORANTE DA UMBERTO A USTICA (PA)

Piazza della Vitttoria 7
tel. 0918446542.
Prenotazione: non necessaria.
Costo medio del pranzo: 20-25 euro.
Piatto tipico: spaghetti al pesto usticese.
Aperto da Pasqua a settembre.
Nel periodo estivo si può mangiare sulla terrazza che guarda sul mare: ottimo pesce, naturalmente, da abbinare con i vini locali.

**AZIENDA
AGRICOLA
NICOLA LONGO**
Contrada Tramontana,
Ustica (Pa)
tel. 0918449543.
*Probabilmente quella
del signor Nicola è
l'azienda agricola più
vecchia di Ustica.
Solo qui è prodotta
una particolare specie
di lenticchia e il vino
del vitigno albanella.*

Dal 1987 tutte queste acque sono diventate **riserva marina**. Oggi la zona è divisa in tre settori: la **zona A di riserva integrale** si sviluppa da Cala Sidoti a Caletta e fino a 350 metri dalla costa. Qui è ammessa la balneazione, ma è vietato sia accostarsi con le barche sia pescare. Vivamente consigliata è la visita guidata, in immersione, alla **Grotta Segreta o Grotta Rosata**. Per chi non gradisce l'attività subacquea la riserva organizza anche **itinerari di seawatching**.

La **zona B di riserva generale** circonda tutta la zona A per 3 miglia dalla costa. Vi è consentita la balneazione, la fotografia subacquea e la pesca con lenza e traino o, con autorizzazione del comune, professionale. Al largo del faro di Punta Gavazzi gli appassionati della immersioni potranno seguire il suggestivo **itinerario archeologico** (tra i 9 e i 17 metri di profondità) per ammirare le numerose **anfore di epoca romana**. L'ultimo settore, **zona C di riserva parziale**, occupa il restante tratto di mare ed è regolato dalle vigenti leggi nazionali.

Cala Sidoti.

DA BAGHERIA ☐ TERMINI IMERESE ☐ CACCAMO ☐ SCIARA ☐ IMERA ☐ A CEFALÙ

■ Le ville barocche

Lasciamo il capoluogo siciliano, ma non la costa e, dall'altra parte della Conca, incontriamo la vicina **Bagheria**. Adagiata sul pendio della collina e circondata da agrumeti e vigneti si presenta con quello che rimane delle torri rustiche del '400, erette a protezione della città. Di fronte ci sono il mare e le alture del **monte Catalfano**. Nella sua area sorgono alcune tra le più belle **ville barocche**, sedi di villeggiature del patriziato dell'epoca. **Don Giuseppe Branciforte, principe di Butera** apre per primo la strada, quando nel 1658 mette a coltura la campagna circostante ed erige Villa Butera. Oggi, Palazzo Butera offre una facciata costruita nel 1769, quando Salvatore Branciforte decise di ristrutturare la vecchia residenza. In quell'occasione furono predisposte le assi direttrici del futuro sviluppo dell'agglomerato. Infatti, venne aperto un lungo asse che dalla villa corre al mare e un altro perpendicolare che incrocia il primo e che inizia dalla Chiesa Madre. Furono in molti a seguire l'esempio del principe Branciforte e nel giro di un secolo le campagne circostanti si popolarono delle dimore estive della nobiltà palermitana. **La Villa Palagonia** del principe Francesco Gravina è la più conosciuta, sia per le statue mostruose (dai draghi ai rospi, ne sono rimaste 62 delle originarie 600), sia per l'ampia e articolata scalinata a tenaglia.
Iniziata nel 1715, la sua magnificenza viene descritta da diversi artisti dell'epoca.
In posizione stupenda, all'interno di un parco riparato da terrazze e balaustre, appare la sontuosa **Villa Valguarnera** eretta nel 1721 su progetto di Tommaso Maria Napoli. E poi **Villa Spedalotto**, **Palazzo Villarosa** e **Villa Cattolica,** oggi sede della civica Galleria d'Arte moderna e contemporanea, nata nel 1973, in seguito alla donazione da parte di Renato Guttuso (nativo del luogo) di una collezione di sue opere. Con i dipinti

---

TRATTORIA DON CICCIO A BAGHERIA (PA)
Via del Cavaliere 87, tel. 091932442.
Piatto tipico: sarde con broccoli arriminati.
Chiusura: mercoledì e domenica.
Una trattoria storica, che ha aperto i battenti oltre 50 anni fa.

Bagheria. In basso a sinistra, Villa Trabia. Sotto, l'ingresso di villa Palagonia e in alto, i "mostri" che ornano i portali delle case di corte.

DA BAGHERIA ☐ TERMINI IMERESE ☐ CACCAMO ☐ SCIARA ☐ IMERA ☐ A CEFALÙ

IL PERCORSO SUGGERITO

Itinerario lungo la statale 113 costiera, da Bagheria, a est di Palermo, fino a Cefalù. Breve deviazione interna, all'altezza di Termini Imerese, passando per Caccamo e Sciara.

di Guttuso si trovano opere di Ernesto Treccani e Carlo Levi, Mirko Basaldella, Mario Schifano. Nei locali di Villa Cattolica ha sede anche il Museo del carretto siciliano.

■ Le fortificazioni normanne

Salendo alle rovine puniche di Solunto è possibile ammirare Bagheria dall'alto e notare come l'abitato urbano abbia soffocato le ville e i giardini che le circondano. Se invece si prosegue lungo il litorale si arriva a **Termini Imerese,** località balneare e turistica, a ridosso del monte Calogero e a metà strada tra Palermo e Cefalù. Importante centro industriale, Termini Imerese è sede di un notevole museo civico (archeologico, storico artistico, naturalistico). La città è nota anche per il suo Carnevale, tra i più antichi d'Italia. Dalla cittadina di Termini, una breve deviazione conduce alla più interna **Caccamo**, che, cresciuta su livelli diversi, domina eretta a strapiombo sulla vallata dalle mura merlate del **Castello normanno**. Si accede all'interno della fortezza attraverso una scalinata che conduce al cortile, di lì si arriva alla suggestiva Sala della congiura. Ogni anno, nell'ampia piazza Duomo, Caccamo celebra la caratteristica festa

ANTIQUARIUM DI IMERA A TERMINI IMERESE (PA)
Superstrada 113, tel. 0918140128.
Orari: aperto 9-19 da lunedì a sabato, 9-13 domenica.
Ingresso: 2 euro intero.
L'Antiquarium si trova nell'area archeologica di Himera. Sono esposti reperti provenienti da quest'area e da altre zone vicine.

Itinerario 1 - Palermo, Messina e la Sicilia tirrenica
Da Bagheria ☐ Termini Imerese ☐ Caccamo ☐ Sciara ☐ Imera ☐ A Cefalù

Nella pagina a fianco, i tipici tetti di Caccamo. In questa pagina vedute di Cefalù: in alto, l'abside del Duomo e un tramonto sul porticciolo; a fianco un scorcio e sotto, il lungomare.

RISTORANTE OSTARIA DEL DUOMO A CEFALÙ (PA)
Via Seminario 5, tel. 0921421838.
Prenotazione: non necessaria.
Parcheggio: no.
Costo medio del pranzo: 20-30 euro.
Chiusura: lunedì.
A due passi dalla Cattedrale di Cefalù, si trova questo ristorante rustico e tradizionale.

ITINERARIO 1 - PALERMO, MESSINA E LA SICILIA TIRRENICA
DA BAGHERIA ☐ TERMINI IMERESE ☐ CACCAMO ☐ SCIARA ☐ IMERA ☐ A CEFALÙ

dell'investitura della castellana.
Non lontane si può visitare la **Chiesa Madre**, dedicata a San Giorgio: ai lati dell'edificio si ergono rispettivamente l'Oratorio della Compagnia del Sacramento e la Chiesa delle Anime Sante del Purgatorio, entrambe costruzioni di fattura barocca. Da vedere anche la Chiesa dell'Annunziata e quella dedicata a San Benedetto della Badia. Da Caccamo sono possibili numerose escursioni nella campagna circostante.

■ Sciara, Imera e il Tempio della Vittoria

Continuando a viaggiare attorno alle pendici dell'altura si giunge al borgo di **Sciara,** posto a duecento metri sul livello del mare. Centro agricolo, fondato nel XVII secolo da Filippo Notarbartolo che lo amministrò come principato, Sciara si ricorda soprattutto per il suo impianto a scacchiera regolare e per la **Chiesa Madre** intitolata a Sant'Anna. Tornando sulla costa si arriva all'attuale centro balneare di **(H)Imera**. Posta all'interno di una più vasta area archeologica, Imera viene ricordata per le sue antiche origini e per aver ospitato il poeta greco Tisia. Nella piana si trovano i resti di un tempio dorico, il **Tempio della Vittoria**.

■ Cefalù, la cattedrale e la rocca

Si riparte: sulla sinistra si ha il mare, e continuando per un breve tratto si arriva a Cefalù.
Divisa in due dal lungo **Corso Ruggero**, la cittadina si distingue per la parte arroccata tra vicoli e gradinate e la parte estesa sul litorale.
Da vedere la **Cattedrale**, voluta da Ruggero II, il Museo della Mandralisca che conserva il famoso Ritratto d'ignoto di Antonello da Messina, e a piazzetta Crispi il **Bastione di Marchiafava**, da dove si gode un'ottima vista della costiera e che accompagna al lavatoio medievale di via Vittorio Emanuele. Alla Rocca (la greca Kephaloìdion) si arriva dopo un'ora di cammino: ma ne vale la pena sia per il bellissimo panorama, sia per le testimonianze degli antichi insediamenti, fra cui il Tempio di Diana risalente al IX secolo a.C.

Dall'alto: la scalinata di Termini Imerese in un'antica stampa; Cefalù: un particolare del mosaico del Duomo e le rovine del tempio fenicio dedicato alla dea Diana

■ Hotel over 60
Questo grazioso hotel di Cefalù offre agli over 60 uno sconto del 10% (accompagnatore compreso), valido tutto l'anno.
Hotel Santa Lucia e Le Sabbie D'Oro
Strada Statale 113, Contrada Santa Lucia
Cefalù (Pa)
Tel. 0921421565

Le ceramiche di Santo Stefano di Camastra

Santo Stefano di Camastra, famosa per le ceramiche, è una città d'arte. Sorge alle pendici della catena montuosa dei Nebrodi a due passi dal Parco regionale e deve la sua attuale urbanistica, che si rifà ai giardini reali settecenteschi, al Duca

di Camastra che nel 1683 ottenne dal Viceré di Sicilia la licenza di riedificazione dopo che il terremoto lo aveva completamente distrutto. Una piccola chiesa, un antico cimitero, un viale di orgogliose palme sono i frammenti di una storia antica. Una città museo ricca di opere del passato e del presente, architettoniche, pittoriche, scultoree.

Acquedolci, piccolo centro della fascia costiera tirrenica, adagiato ai piedi dei **Monti Nebrodi**, si incontra lasciando Santo Stefano e proseguendo verso Est tra gli agrumeti e il mare.

Il centro originario si chiamava San Fratello, ma venne completamente distrutto dal terremoto del 1922. Ricostruito attorno all'abitato della frazione di Acquedolci, ne prese il nome. Nome probabilmente derivato dal torrente Favara che la bagna e le cui acque anticamente erano rese dolciastre dalla lavorazione della canna da zucchero diffusa in Sicilia dagli Arabi. La città ha una notevole importanza archeologica grazie alla presenza della **Grotta di San Teodoro** dalla ricchissima fauna fossile e con un giacimento del paleolitico superiore. La grotta, scoperta più di cento anni or sono, è situata a due chilometri dall'attuale centro abitato, ed è opera di un particolare fenomeno carsico.

MUSEO DELLE CERAMICHE A S. STEFANO DI CAMASTRA (ME)
Palazzo Trabia,
tel. 0921331110
Orari: 9-13 e 16-20 (estate); 9-13 e 15-19 (inverno).
Ingresso: 3,10 euro.
Tra gli altri oggetti, comprende una raccolta di antiche mattonelle maiolicate, prodotte a Santo Stefano dal XVII sec. ad oggi.

Santo Stefano di Camastra. A lato, le antiche fornaci per la cottura della ceramica e sotto, una brocca decorata nello stile tipico della località.

Itinerario 1 - Palermo, Messina e la Sicilia tirrenica
Da S. Stefano Camastra ☐ Acquedolci ☐ S. Agata di Militello ☐ a Capo d'Orlando

IL PERCORSO SUGGERITO

Tratto tutto costiero lungo la statale 113. Partenza da Santo Stefano di Camastra, a est di Cefalù. Si arriva a Capo d'Orlando, toccando Acquedolci, Sant'Agata di Militello e Torrenova.

■ Sant'Agata di Militello e il Museo antropologico

Tra le foci dell'Inganno e del Rosmarino, **Sant'Agata di Militello** è il punto di partenza ideale per un'escursione verso le isole Eolie. Dopo Santo Stefano si raggiunge seguendo verso est la costa. La città è inserita in una cornice di agrumeti e uliveti che sono segno di una agricoltura fiorente. Ma anche il centro di Sant'Agata merita una visita. In piazza Crispi la **Chiesa del Carmelo** del XVII secolo. Poco distante troneggia il **Castello** dei principi di Trabia e Lanza di Scalea.
Il possente edificio dalle severe linee architettoniche sorge su una altura rocciosa. Sul lungomare è possibile trovare il **Museo antropologico** dedicato a vita e lavoro pastorale e contadino. Da Sant'Agata partono escursioni per i paesi dei Nebrodi, all'interno del Parco regionale. Oppure si prosegue verso la vicina **Torrenova**. I primi insediamenti umani a Torrenova sembrerebbero risalire al periodo neolitico. I reperti di ossidia-

In questa pagina, i tipici uliveti intorno a Sant'Agata di Militello. Nella pagina a fianco, i caratteristici scogli di Capo d'Orlando chiamati Ciappazze.

■ Capo D'Orlando

Alla sommità di una collina il santuario, circondato da una muraglia che lo fa assomigliare a un castello. Questo è il paesaggio che appare a chi entra dal mare nel porticciolo di Capo d'Orlando. La profondità della banchina va da mezzo a due metri ed è possibile fare rifornimento idrico. Per informazioni tel. 0941912862

AGRITURISMO MILIO A CAPO D'ORLANDO (ME)
Località San Gregorio
tel. 0941955008.
L'agriturismo si trova vicinissimo alla famosa spiaggia di San Gregorio.
L'azienda offre la degustazione gratuita dei prodotti.

DA S. STEFANO CAMASTRA ☐ ACQUEDOLCI ☐ S. AGATA DI MILITELLO ☐ A CAPO D'ORLANDO

na, ritrovati all'interno e nei pressi della grotta, provano gli avvenuti contatti con le popolazioni eoliane. In età greco-romana il territorio appartenne ai d'Alunzio ed era importante scalo portuale. Da segnalare il castello Pietra di Roma, chiamato Fondaco, eretto per proteggere le coste dai pirati, e che divenne dimora dei Filangeri, nobili del luogo. Passeggiando per il centro si incontra **Piazza Autonomia**, la più significativa realizzazione architettonica contemporanea: sopraelevata, si affaccia sulla rotonda che ospita singolari **fontane bronzee** con simboli dello Zodiaco. In via Nazionale è possibile visitare la **Chiesa dell'Addolorata** eretta forse sulla più antica Chiesetta del Rosario, in forme neoclassiche. Al suo interno, una tela settecentesca con la Madonna del Rosario, riccamente incorniciata.

■ Tra le "Ciappazze" di Capo d'Orlando

Quello di Capo d'Orlando è uno dei litorali più belli: incantevoli la spiaggia di ponente, antistante il lungomare, e la **spiaggia di San Gregorio** che orla la costa di levante, dalla punta del Capo fino al Porto.
Oltre, dopo un breve tratto di costa rocciosa e un gruppo di caratteristici scogli detti le **Ciappazze**, si estende la spiaggia di Testa di Monaco. Capo d'Orlando, l'antica Agatirno, è un importante centro agricolo e commerciale. All'estrema punta del promontorio, con un dislivello di circa cento metri si ergono, suggestivi, **il Santuario di Santissima Maria** eretto nel 1598 e, poco distante, i ruderi del medievale **Castello di Orlando**, raggiungibili grazie a una scalinata di oltre un centinaio di gradini. Capo d'Orlando oggi vive un perfetto equilibrio tra passato e presente, privilegiando le attività culturali e turistiche. A pochissimi chilometri dalla cittadina è attivo il Centro culturale Fondazione Famiglia Piccolo con sede nella Villa omonima in località Calanovella, una casa museo voluta dal poeta siciliano.

MUSEO "FAMIGLIA PICCOLO" DI CALANOVELLA A CAPO D'ORLANDO (ME)
Strada Statale 113 km 109
tel. 0941957029
Orari: 9-12 e 17-19.30 dal 22 giugno al 22 settembre, 9-12 e 16-18.30 il resto dell'anno.
Ingresso: 3,00 euro intero
Pregiata raccolta di oggetti d'arte, dipinti, armi antiche, libri e stampe. Da segnalare alcuni vasi e piatti cinesi (XVII e XVIII sec.), nonché una serie di lettere autografe di Giuseppe Tomasi di Lampedusa.

■ *Di fronte alle Isole Eolie*
Alcune villette, inserite magistralmente in un oliveto a due passi dal mare, accolgono gli ospiti. L'azienda utilizza un'antica macina a pietra e coltiva con metodi biologici ortaggi, olivi e agrumi.
Fattoria Milio
Contrada San Gregorio 69,
Capo d'Orlando (Me) - Tel. 0941955008

DA BROLO ☐ *GIOIOSA MAREA* ☐ *PATTI* ☐ *TINDARI* ☐ *TERME VIGLIATORE*

■ Brolo, castello con vista sul Tirreno

Il viaggio da Capo d'Orlando a Villafranca Tirrena percorre la costa nord-orientale della Sicilia, lungo la provincia di Messina. La prima tappa coincide con **Brolo**, borgo di antica fondazione che è sorto e si è sviluppato intorno a un castello del 1200, eretto a difesa del tratto costiero fra Capo d'Orlando e Capo Calavà. Brolo ha vissuto un periodo di grande splendore fino al '600, quando le piene dei torrenti hanno coperto l'abitato e il porto, snodo dei traffici da e per i centri dei Nèbrodi. Oltre al castello, protetto da una cinta muraria fortificata, il monumento principale del paese è la **chiesa dell'Annunziata** (1784), che conserva anche diversi pezzi di artigianato locale del '500. Prima di Capo Calavà si incontra **Gioiosa Marea**, fondata nel XVIII secolo dagli abitanti che scesero verso il mare lasciando Gioiosa Guardia (i cui ruderi sono ancora visibili nell'entroterra sul monte di Gioiosa). Nell'abitato si trova la **chiesa di Santa Maria delle Grazie**, che conserva diverse tele di Olivio Sozzi e una statua in marmo raffigurante la Madonna attribuibile alla scuola gaginesca.

Proseguendo in direzione di Milazzo si incontra **Patti**, nell'immediato entroterra ai margini di una piana di ulivi. Da non perdere la visita alla settecentesca **Cattedrale**, sorta sulle fondamenta di una chiesa di epoca normanna costruita da Ruggero II per accogliere le spoglie della madre Adelasia: il sarcofago della regina è il rifacimento cinquecentesco dell'originale del 1118. Sul lato nord della città si trova la **porta San Michele**, l'unica rimasta delle mura aragonesi, e la chiesetta di San Michele.

Scendendo verso Patti Marina, nei pressi dell'autostrada, si possono visitare i resti di una **Villa romana** di età tardo imperiale, che si estende su una superficie di 20 mila metri quadrati. Il complesso è stato scoperto nel 1976 durante i lavori per la costruzione dell'autostrada Messina–Palermo e comprende un ampio peristilio sul quale si affacciano i vari ambienti, fra cui una grande sala triabsidata con un mosaico a motivi geometrici e naturalistici.

AGRITURISMO SANTA MARGHERITA A GIOIOSA MAREA (ME)

Contrada Santa Margherita 72, tel. 094139703.
Tra il Parco dei Nèbrodi e il mare delle isole Eolie, questo agriturismo offre escursioni, guida ai lavori agricoli e corsi di ceramica.

In alto: il Castello dei Principi di Lanza a Brolo e pescatori nel golfo di Patti. A fianco: le rovine greco-romane di Tindari.

☐ *Barcellona Pozzo di Gotto* ☐ *Milazzo* ☐ *Spadafora* ☐ a Villafranca Tirrena

IL PERCORSO SUGGERITO

La costa messinese, lungo la Ss 113, nell'estremo levante siciliano. Partenza da Brolo. Si toccano Gioiosa Marea, Patti, Tindari, Terme Vigliatore, Barcellona Pozzo di Gotto, Milazzo, Spadafora e Villafranca Tirrena.

■ A Tindari per la Madonna Nera

Un altro gioiello della costa tirrenica è **Tindari**, noto centro archeologico che sorge sulle rovine dell'antica Tyndaris, una delle ultime colonie greche siciliane, fondata da Siracusa nel 396 a.C.: florida anche in epoca romana, divenne diocesi nei primi secoli del cristianesimo e fu distrutta dagli aArabi nel IX secolo. Si possono visitare i resti delle mura (lungo le quali si notano diverse torri e la porta principale), il **Teatro Greco** del III secolo a.C., la **Basilica** (che conserva solo il piano inferiore dei tre originari) e il Museo con il materiale rinvenuto durante gli scavi nella città antica. Tyndaris presentava una struttura urbana regolare: tre lunghe strade rettilinee (i decumani) si incrociavano con strade minori (i carmini) per formare isolati (insulae) di identiche dimensioni, disposti su terrazze digradanti verso il mare. Nei luoghi dell'antica acropoli merita una visita anche il **Santuario della Madonna di Tindari**, meta di numerosi pellegrinaggi dalla Sicilia e dalla Calabria, in cui è custodita la nota "Madonna Nera" di stile bizantino.
Lasciata Tindari, e la splendida vista sulla costa siciliana e sulle isole Eolie, la tappa successiva è **Terme Vigliatore**, centro prevalentemente agricolo il cui nome deriva dal vicino fiume Vigliatore e dalla presenza in zona degli stabilimenti termali. Il motivo di maggiore interesse, nella frazione di San Biagio, è offerto da una **villa romana del I secolo d.C.** (scoperta soltanto a metà del secolo scorso) che conserva una bella pavimentazione a mosaico.
Proseguendo verso Milazzo si incontra **Barcellona Pozzo di**

FESTA DELLA MADONNA NERA DI TINDARI A PATTI (ME)
Località Tindari, Santuario della Madonna di Tindari tel. 0941246111.
Periodo: settembre.
Dal tardo pomeriggio della vigilia della festa, fedeli, curiosi e visitatori si recano al Santuario della Madonna Nera. In attesa dei solenni festeggiamenti del giorno dopo, il sagrato della chiesa è illuminato da migliaia di fiaccole.

Sotto: il santuario della Madonna di Tindari a Patti.

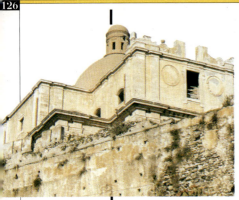

Sopra: il Duomo vecchio a Milazzo e la piazza del Duomo di Barcellona Pozzo di Gotto.
Nella pagina a fianco, Mialzzo: la banchina Luigi Rizzo e uno scorcio del Castello.

Gotto, nata dalla fusione dell'antico sito urbano di Pozzo di Gotto con la città di Barcellona. Nella recente **chiesa Madre** (1936), dedicata a San Sebastiano, sono conservate opere d'arte importanti, fra cui una seicentesca tela con la Vergine e San Francesco e una tavola del '400 raffigurante San Basilio. Gli altri edifici sacri sono la Chiesa dell'Assunta, la Chiesa dell'Immacolata e la chiesa dei Basiliani con un tondo marmoreo di Antonello Gagini.

■ Milazzo e il castello di Federico II

Milazzo si trova all'inizio di una sottile penisola che per sette chilometri dalla costa si spinge nel Mare Tirreno: le sue origini risalgono al 716 a.C., quando fu edificata da parte di coloni greci con il nome di Mylai. Le tre "anime" dell'attuale struttura urbana fanno riferimento al XVI secolo e sono la città murata (nella parte alta), il borgo e la città bassa. Nella prima troviamo il **castello di Federico II di Svevia** del XIII secolo, che conserva al centro il torrione normanno, il **Duomo vecchio** di stile barocco (eretto nel 1608) e i resti del **Palazzo dei Giurati** del XV secolo. Nel borgo di Milazzo i monumenti principali sono la **chiesa della Madonna del Rosario**, fondata dai Domenicani, e la **chiesa di San Francesco di Paola** del 1626, che sorge sull'area di un convento fondato dallo stesso santo un paio di secoli prima.

La parte più moderna di Milazzo si affaccia sul mare e ospita il **Duomo Nuovo** (con notevoli tavole di Antonello de Saliba e Antonio Giuffré) e la **chiesa di San Giacomo Apostolo**, dove

RISTORANTE PICCOLO CASALE A MILAZZO (ME)
Via d'Amico 12, tel. 0909224479.
Prenotazione: gradita.
Parcheggio: no.
Costo medio del pranzo: 38 euro.
Piatto tipico: tonno alla mentuccia.
Chiusura: lunedì.
Dopo cena potrete chiedere di visitare la cantina del ristorante che vanta quasi mille etichette. Non prima di avere assaggiato lo spezzatino di cernia e come dolce la gelatina di arance.

■ A un passo dal mare

Un piccolo campeggio aperto da maggio a metà ottobre. Le strutture sono semplici ma ben organizzate. Il mare è a un passo. Adatto a brevi soggiorni e come base per visitare gli interessanti dintorni.
Salicà
località Marchesana contrada Salicà
98050 - Terme Vigliatore, tel. 0909749301

si trova il seicentesco altare maggiore del Duomo Vecchio. Proseguendo lungo la costa s'incontra quindi Spadafora, un piccolo centro le cui origini risalgono all'epoca medievale: nel 1459 l'originario casale venne acquistato da Federico Spadafora, rappresentante di una nobile famiglia locale che controllò il feudo fino a quando, nel 1737, Gualtiero (Guttero) Spadafora fondò il borgo che prese il suo nome. Merita una visita il Palazzo Baronale, eretto sull'antica spiaggia di Venetico tra la fine del Cinquecento e gli inizi del Seicento su progetto di Camillo Camilliani per difendere il paese dalle incursioni provenienti dal mare. L'ultima tappa del viaggio porta a **Villafranca Tirrena**, a breve distanza da Messina. Meritano l'attenzione del visitatore il **castello baronale**, costruito alla fine del XVI secolo da Stefano Cottone, il signore del feudo, e la **chiesa Madre dedicata a San Nicolò**. Nei dintorni, nel piccolo paese di Calvaruso, interessante e meta di pellegrinaggi è il Santuario di Gesù Ecce Homo.

MUSEO ENOLOGICO "GRASSO" A MILAZZO (ME)
Via Albero 5
tel. 09092311.
Orari: 8-13 e 15.30-19.30 dal lunedì al venerdì, 8-13 il sabato. Chiuso la domenica.
Esposizione di attrezzi agricoli ed enologici d'epoca. Un museo che testimonia l'importanza della famiglia Grasso nella tradizione vitivinicola di questa terra.

RISTORANTE BONTEMPO A CAPO D'ORLANDO (ME)
Località Fiumara di Naso km 10
tel. 0941961188.
Prenotazione: gradita.
Parcheggio: agevole.
Costo medio del pranzo: 35 euro.
Chiusura: lunedì.
I sapori del territorio, continuamente reinventati dal 1962, da quando, cioè, il locale è gestito dai Bontempo.

Messina, tra Scilla e Cariddi

Solo 5 km separano **Messina** dal continente e, precisamente, da Reggio Calabria, sua storica rivale. La città, stretta tra la costa e i monti Peloritani, si affaccia con il suo bel **porto naturale a forma di falce** su uno dei tratti più burrascosi e miste-

Messina: la statua della Madonna che domina il porto e sotto, il lido Mortelle.

riosi del Mar Mediterraneo. Qui Omero collocò **Scilla e Cariddi**, i due terribili mostri posti all'ingresso dello stretto.
Fondata dai Greci nel 730 a.C., Messina, grazie alla sua strategica posizione, si pone da sempre come ideale punto d'incontro tra fiorenti attività commerciali e svariate culture. Qui, nel 1430, trovò i natali **Antonello da Messina**, uno dei più grandi pittori dell'epoca.
La storia della città è **fortemente segnata dai numerosi terremoti** che più volte hanno devastato l'abitato. Il periodo più buio nel 1908, quando Messina venne distrutta al 90% e più di 60.000 persone persero la vita. La ricostruzione ci ha regalato la città come si può ammirare oggi, caratterizzata da **ampi viali** e da **edifici relativamente bassi**. Dell'antico splendore rimangono pochissime testimonianze, perlopiù inglobate nelle nuove costruzioni o conservate nel **Museo Regionale**.

RISTORANTE CASA SAVOIA A MESSINA
Via XXVII Luglio 36/38,
tel. 0902934865.
Prenotazione: gradita.
Parcheggio: no.
Costo medio del pranzo: 25 euro.
Piatto tipico: insalata di gamberi e arance.
Chiusura: domenica sera.
Il ristorante deve il nome ai cimeli che conserva del Regio Teatro Savoia. Tra decori e ritratti, da assaggiare i piatti con il pesce fresco di giornata dello Stretto.

IL PERCORSO SUGGERITO

La visita della città si concentra sull'area affacciata sul porto. Vertice a sud, piazza della Repubblica, di fronte alla stazione; punto di riferimento a nord è invece piazza dell'Unità d'Italia.

■ Da Antonello da Messina a Caravaggio

Uscendo da **piazza dell'Unità d'Italia**, caratterizzata dalla splendida **fontana del Nettuno** (1557), si prende **viale della Liberazione**. Qui, vicino a una bella aiuola cui fanno da cornice sculture provenienti da edifici andati distrutti, ha sede il **Museo Regionale** che propone un percorso storico-culturale davvero suggestivo. Nelle prime sale sono esposti numerosi dipinti e bassorilievi.

La quarta sala presenta il **Polittico di San Gregorio** (1473), opera di Antonello da Messina, in cui sono facilmente riconoscibili le influenze fiamminghe, così importanti nell'evoluzione artistica del pittore. Proseguendo la visita si arriva nella sala dedicata al messinese **Girolamo Alibrandi**, ma il vero piatto forte di tutta l'esposizione sono le due mirabili tele di Caravaggio, "La Resurrezione di Lazzaro" e "L'Adorazione dei pastori". Di grande interesse anche le numerose **opere scultoree**, tra cui spiccano **"Scilla"** dell'artista e architetto fiorentino Montorsoli (l'opera fa parte dell'originario gruppo della fontana del Nettuno), la trecentesca "Madonna degli Storpi" realizzata da Goro di Gregorio e un bassorilievo marmoreo di Domenico Gagini. Il percorso termina nelle sale del primo piano dove si ammirano **splendidi mobili intarsiati** e maioliche di ottima fattura.

MUSEO "CULTURA E MUSICA POPOLARE DEI PELORITANI" A MESSINA

Villaggio Gesso, tel. 0907721.
Orari: domenica 10-12.30 e 16.30-19.30. In settimana apre su prenotazione.
Ingresso: gratuito
Il museo conserva una suggestiva collezione di strumenti popolari siciliani e oggetti d'uso pastorale dei Peloritani.

L'Adorazione dei Pastori di Caravaggio nel Museo Nazionale e la statua di San Giovanni Battista, attribuita ad Antonello Gagini, conservata nel Duomo.

Itinerario 1 - Messina

■ Dal porto al centro della città

Per chi arriva dal mare il primo impatto con la città è a dir poco incantevole, grazie alla caratteristica forma a falce dell'abitato e alla suggestiva visione del **Forte di San Salvatore**, situato sulla penisola di San Raineri a protezione del porto.

Nel 1934 i resti di queste fortificazioni cinquecentesche si arricchirono di mistero. Qui venne infatti posta una stele, in ricordo di una **leggendaria lettera che la Madonna** avrebbe scritto ai messinesi provati dall'ennesima catastrofe naturale.

Dal porto si prende **via Garibaldi**, senza dubbio l'arteria più importante di Messina. Suo proseguimento naturale è **viale San Martino**. Le due strade formano il brulicante centro commerciale della città. Lungo il percorso si incontrano piazza dell'Unità d'Italia, con i palazzi della Prefettura e la vicina villa Mazzini, il teatro Vittorio Emanuele e la piccola **piazza dei Catalani**. Qui si affaccia la **Chiesa della SS. Annunziata dei Catalani**, risalente al XII secolo. Più volte ristrutturata, si sviluppa su una pianta semplice ma di grande eleganza. L'**abside presenta una interessante mescolanza di stili**, dalle arcate romaniche agli arabeggianti motivi geometrici in pietra policroma, alla cupola con tamburo di chiara fattura bizantina.

Non molto distante si trova **piazza del Duomo**, con la **bella cattedrale di origine normanna**. Ricostruita due volte, dopo il terremoto del 1908 e in seguito al bombardamento del 1943, seguendo lo stile originale, presenta i classici tre portoni, tra cui quello centrale riproposto con gli antichi elementi. L'interno, tripartito da colonne sormontate da archi a ogiva, custodisce il

---

FESTA PATRONALE DELLA MADONNA DELLA LETTERA A MESSINA

Processione per il centro cittadino, tel. 0907721.
Periodo: 3 giugno.
Il momento culminante della festa in onore della Madonna della Lettera è la processione pomeridiana che si snoda per le vie della città, portando in processione un'urna d'oro (detta Varetta) che contiene i sacri capelli di Maria. Secondo la leggenda, infatti, la Vergine avrebbe legato con una ciocca dei suoi capelli la lettera inviata ai messinesi attraverso alcuni rappresentanti della città e San Paolo.

ITINERARIO 1 - MESSINA

Tesoro del Duomo, ricca collezione di arredi e paramenti sacri.
Sulla sinistra della chiesa si erge un bel campanile cuspidato (alto circa 60 metri), ulteriormente arricchito dal **grande orologio astronomico** (tra i maggiori al mondo) costruito a Strasburgo nel 1933.
Per chi visita Messina nel periodo estivo, infine, assolutamente da non perdere la **spettacolare Cavalcata dei Giganti**, che si tiene il 13 e il 14 agosto. Il giorno successivo, invece, si celebra la festa dell'Assunta, con la **celeberrima Grande Vara**, carro trionfale addobbato con figure mobili di cartapesta.

RISTORANTE LA MACINA A MESSINA
Via Consolare Pompea Ganzirri 225, tel. 090391890.
Prenotazione: gradita.
Costo medio del pranzo: 20-25 euro.
Piatto tipico: maccheroncini alla norma.
Chiusura: lunedì.
Il ristorante si trova all'interno di un edificio del Settecento che un tempo ospitava una macina per la spremitura delle olive. Un ambiente curato e una ricca carta dei vini caratterizzano il locale.

Messina: nella pagina a fianco la Chiesa dei Catalani e in basso, la Chiesa dell'Annunziata. In questa pagina un particolare della Torre dell'Orologio e la Fontana di Orione.

CANTINE COLOSI A MESSINA
Via Militare tel. 09053852.
I vini prodotti dalla cantina sono: Malvasia delle Lipari Naturale, Salina Bianco, Salina Rosso, tutti appartenenti alla tradizione locale.

Isole Eolie, le sette perle vulcaniche

Ciascuna delle sette isole dell'arcipelago delle Eolie ha una propria specificità. In comune hanno l'origine vulcanica, il fatto di non essere state abitate con continuità nel tempo, e la sensazione che danno di lontananza dal resto del mondo. In tutte ci sono testimonianze storiche di migliaia di anni. Due, Stromboli e Vulcano, sono vulcani attivi.
Si raggiungono da Milazzo, mediante aliscafi o traghetti.

Lipari e il Museo Eoliano

E' l'isola più grande (circa 38 kmq) delle Eolie. La sua storia è concentrata tutta sul monte Chirica, intorno al **Castello**, una fortificazione costruita dai Normanni intorno alla metà del 1500 per difenderla dalle incursioni del pirata Barbarossa. Le informazioni su Lipari ci portano però molto più lontano nel tempo. Pare che debba il nome al suo primo sovrano, il re greco Liparo, che si insediò nell'isola nel 580 a.C. Si ha notizia di una successiva dominazione

*Sopra, un vecchio mulino a Stromboli.
A lato, pescatori delle Lipari in una foto d'epoca e sotto, una tipica caletta delle isole Eolie.*

AGRITURISMO TIVOLI A LIPARI (ME)
Località Quattropani, via Quartara 17, tel. 0909886031.
Appena giunti a Lipari, bisogna recarsi dietro monte Sant'Angelo: l'agriturismo Tivoli si trova da queste parti. Ottima la cucina del ristorante (da assaggiare il coniglio in agrodolce). Interessanti, invece, le escursioni proposte intorno all'isola.

Da Lipari ☐ *Salina* ☐ *Vulcano* ☐ *Panarea* ☐ *Stromboli* ☐ *Filicudi* ☐ **A Alicudi**

IL PERCORSO SUGGERITO

Giro delle Eolie. Partenza da Milazzo, con navi-traghetto o aliscafi (da Messina solo aliscafi). Meglio arrivare a Lipari (un'ora circa). Da qui, si raggiungono facilmente le altre isole.

romana, a partire dal 252 a.C. E' di epoca normanna anche la **Cattedrale di San Bartolomeo** che, distrutta dai pirati, fu ricostruita alla fine del XV secolo e rimaneggiata più volte; ha la facciata in stile barocco. Si salvò il **Chiostro**, che, infatti, mantiene l'aspetto originario. Per molto tempo un'attività importante degli isolani fu la produzione della pietra pomice, che veniva commercializzata attraverso le navi che attraccavano al porto di Acquacalda.

Oggi si approda a Sottomonastero con il traghetto e a Marina Corta con l'aliscafo.

Il **Castello** è sede del **Museo Eoliano** uno dei più ricchi e interessanti della Sicilia, che raccoglie reperti di Lipari e delle altre Eolie dall'epoca preistorica a quella classica. Un padiglione è dedicato all'archeologia subacquea e uno alla vulcanologia.

Il mezzo più adatto per muoversi sull'isola è la bicicletta, in alternativa al motorino.

■ Salina, base degli uccelli migratori

Per dimensione è la seconda isola delle Eolie. L'ambiente è quasi incontaminato, la vegetazione ricca. E'una delle stazioni di transito degli uccelli migratori, in particolare vi nidificano i falchi della regina. La parte più alta di Salina, il Monte **Fossa delle Felci** (962 m), è, infatti, una riserva naturale.
I paesi dell'isola sono collegati tra loro da una efficiente linea di

OSTERIA PORTO BELLO A SANTA MARIA SALINA (ME)
Via Bianchi 1,
tel. 0909843125.
Prenotazione: gradita.
Costo medio del pranzo: 25-30 euro.
Piatto tipico: spaghetti al fuoco.
Chiusura: mercoledì.
Ottima cucina della tradizionale e servizio cordiale offerto in un classico pergolato eoliano.

In basso, una veduta panoramica di Salina.

minibus.

Il Santuario della Madonna del Terzito è luogo di pellegrinaggio. Il prodotto artigianale più apprezzato è la Malvasia.

■ Vulcano e i suoi crateri

E' dal suo che hanno preso il nome tutti i vulcani del mondo. La passeggiata ai crateri dell'isola inizia da Porto di Levante. Il primo che incontriamo è inattivo, dalla parte opposta c'è il Vulcanello, un promontorio creato da un'eruzione circa 2000 anni fa. Al centro, il **Gran Cratere della Fossa**, ancora attivo. L'ultima eruzione risale al 1890. Il **Piano delle Fumarole**, in cima al Gran Cratere, vicino alla bocca, vale una camminata.
Le sorgenti termali permettono di fare fanghi e bagni termali tutto l'anno, le più famose sono quelle di **Porto di Levante**.

■ Panarea, l'isola primogenita

E' la più piccola delle Eolie, e quella di formazione più antica. Circondata da scogli e faraglioni forma un suo piccolo arcipelago. Nella frazione di **Capo Milazzase** sono stati rinvenuti i resti di un villaggio neolitico da dove si scende alla cala di Junco dalle pareti laviche a prismi.

■ A Stromboli per assistere alle eruzioni vulcaniche

E' una delle isole più visitate. Il suo vulcano, perennemente in attività, offre lo spettacolo delle eruzioni laviche. La passeggiata più frequente è quella verso il cratere. Lungo la strada si incontra l'**osservatorio vulcanologico**, che con il cratere è in continuo collegamento diretto. Si consiglia di farsi accompagnare sempre da una guida.
E' possibile assistere alle eruzioni anche dal mare, la sera, su imbarcazioni che portano a largo di **Sciara del fuoco**.
A nord-est dell'isola c'è un monolito detto **Strombolicchio** (alto quasi 50 metri), prodotto da eruzioni avvenute intorno al XVIII secolo. In cima c'è un faro, cui si accede attraverso una scala in parte scavata nella roccia. Due i centri abitati: Stromboli a nord, Ginostra a sud. L'isola è oggi riserva naturale.

Essicazione di pomodori a Filicudi. Sotto, sci nautico a Stromboli.

Sotto: lo scoglio vulcanico dello Strombolicchio

■ Filicudi, le spiagge e la solitudine

Sull'isola sono stati ritrovati i resti di un insediamento che risale almeno al 1500 a.C. Utensili tipici dei Micenei ci riportano, invece, al 1100 a.C. Un giro in barca farà ammirare le bellissime spiagge di ghiaia e la **Canna**, il faraglione così chiamato per la sua forma allungata e sottile. Il fascino di Filicudi è nella sua atmosfera lontana nel tempo, nell'assenza della folla e di una vera organizzazione turistica, nelle lunghe silenziose passeggiate, oltre che nei profumi della macchia mediterranea che copre i crateri vulcanici che formano l'isola.

■ Alicudi, un tuffo nel passato

E' l'isola più occidentale ed ha una superficie di 5.2 kmq. A differenza delle altre rimase spopolata per tutto il medioevo. Il primo insediamento di cui si ha notizia è quello degli spagnoli. E' meta di un turismo che preferisce fare a meno di ciò che è considerato comfort. Non ci sono strade, si cammina solo a piedi lungo le mulattiere e su e giù per le scale. Si dorme ospitati nelle case degli isolani.

In alto, Vulcano, il ciglio del Grande Cratere e un panorama di Panarea. Sotto, il porticciolo di Alicudi.

RISTORANTE VILLA LA ROSA A FILICUDI (ME)
Via Rosa 24
tel. 0909889965.
Prenotazione: gradita.
Costo medio del pranzo: 25 euro.
Piatto tipico: lasagne al tonno e finocchietto.
Chiusura: novembre.
Una moderna villa ospita questo ristorante che offre tra le specialità, la mousse di fichi alla panna.

DA MONREALE ☐ *BORGETTO* ☐ *PARTINICO* ☐ **A ALCAMO**

■ Da San Martino delle Scale a Monreale

Da Palermo ci si può muovere facilmente nell'interno verso le colline, e raggiungere **San Martino delle Scale**. Situata nel mezzo di una vasta pineta, è la base per arrivare alla vicina Abbazia benedettina, fondata forse da San Gregorio Magno, nel VI secolo. La vasta costruzione poggia su di un pianoro che domina la valle e si articola in cortili e chiostri. Distrutta in parte dagli Arabi, riedificata nel 1356, è completata nel 1770 da Venanzio Marvuglia. Da sempre importante centro di cultura, l'Abbazia è ora abitata dai Benedettini e ospita sezioni dell'Accademia delle Belle Arti. Da ricordare il Chiostro di San Benedetto e la cinquecentesca Chiesa a una navata con un prezioso coro in legno intagliato, sempre del '500. Non lontano è possibile raggiungere il più importante centro turistico della

zona di Palermo. Si tratta di **Monreale**, che sorge su uno sperone a trecento metri di altitudine, dominando la Valle dell'Oreto e la Conca d'oro. Nell'arrivare si rimane colpiti dall'imponenza del Duomo, capolavoro di architettura del periodo normanno, con contaminazioni arabe, bizantine e romaniche. All'interno tre navate divise da antichi colonnati, il pavimento a dischi di porfido e granito e, soprattutto, le pareti ricoperte da mosaici a fondo d'oro. Realizzati a partire dalla fine del XII secolo da artigiani locali e maestri veneziani, ricoprono interamente le pareti delle navate, il santuario e le absidi e raccontano l'Antico e il Nuovo Testamento.
Uscendo dal Duomo si accede al chiostro quadrato dell'antico

In alto, San Martino delle Scale, bassorilievi di un portale laterale dell'Abbazia. Sopra e a centro pagina mosaici e veduta del Duomo di Monreale.

CIVICA GALLERIA D'ARTE "G. SCIORTINO" A MONREALE (PA)
Piazza Guglielmo II, tel. 0916564311.
Orari: 9-13 e 15-18.
Ingresso: gratuito
Espone tra gli altri autori: Guttuso, Pirandello, De Chirico, De Pisis.

■ *In acqua con i bimbi*
Se viaggiate con i vostri bimbi regalate loro una giornata in questo parco acquatico. Potranno arrampicarsi sul grande pallone acquatico e divertirsi sugli scivoli. Per i più piccoli ci sono due zone lagunari.
Acquapark Monreale
Via Pezzingoli 172 - Monreale (Pa)
Tel. 0916460246

Itinerario 1 - Palermo, Messina e la Sicilia tirrenica
Da Monreale □ Borgetto □ Partinico □ a Alcamo

IL PERCORSO SUGGERITO

Viaggio a sud-ovest di Palermo. Si segue la Ss 186 fino a Partinico, passando per San Martino delle Scale, Monreale e Borgetto. Quindi s'imbocca la Ss 113 per Alcamo, in provincia di Trapani.

convento benedettino con le sue 228 colonne, all'adiacente palazzo (un tempo reggia normanna) e al palazzo Arcivescovile. Da visitare il Belvedere, giardino con vista su Palermo, e l'annessa Civica Galleria d'Arte Moderna.

■ Dal Santuario di Romitello fino a Partinico

Proseguendo verso la costa, in direzione di Alcamo, si incontra **Borgetto**, una piccola contrada già centro feudale controllato dal **Monastero benedettino di Santa Maria delle Ciambre**, dove a San Giuseppe si festeggia con dolci tipici e buon vino. Dal centro cittadino, fiancheggiando le rovine del Monastero delle Ciambre è possibile salire, attraverso una strada tortuosa a quota 718 metri, sul Monte Crocefia, dove sorge il **Santuario della Madonna del Romitello**, con vista panoramica dal vicino paese di Montelepre alla zona archeologica di Segesta fin sul Golfo di Castellammare.

Proseguendo dalla parte opposta a Palermo, verso sud si arriva a **Partinico**. La cittadina è cresciuta su un territorio molto fertile che ha dato vita a una delle più grandi aree vitivinicole regionali (da Alcamo a Castellammare). Il borgo vivrà un periodo di splendore come **Parthenicum**, dopo la conquista della Sicilia da parte dei Romani. Le sue origini si fanno risalire al VII secolo a.C. quando viene fondata tra i quartieri di Sant'Annuzza e quello di Spine Sante. Alcuni reperti rinvenuti dal Gruppo Studi e Ricerche cittadino sono raccolti presso l'Antiquarium comunale.

Da visitare: in piazza Duomo la **Chiesa di San Giuseppe**; la

In alto, particolare della piazza Duomo a Carini; sotto, Partinico in una cartolina d'epoca.

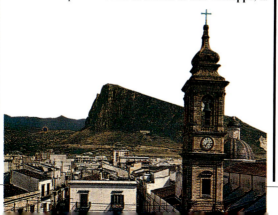

CANTINA CUSUMANO A PARTINICO (PA)
Contrada San Carlo, tel. 0918903456.
Produce: Angimbé Bianco Sicilia, Benuara Rosso Sicilia, Noà Rosso Sicilia, Sagana Rosso Sicilia.

ANTICO FRANTOIO VALLONE
Contrada Fico, via Tasso 140, Alcamo (Tp)
tel. 092425087.
Il frantoio vanta una storia ultracentenaria essendo stato fondato nel 1870 dal barone Felice Pastore. La famiglia Vallone produce olio ormai da quattro generazioni: fiore all'occhiello l'extravergine "Angelicum", dal sapore corposo e aromatico.

CANTINA FIUMEFREDDO
Contrada Coda di Volpe, Alcamo (Tp)
tel. 092424547.
Il clima è ideale, arido con temperature elevate, mitigato dalla brezza marina e con un terreno calcareo. Qui nasce il Bianco di Alcamo, uno dei migliori vini della zona. La cantina Fiumefreddo lo produce insieme ad altri, tra cui il Bonifatum Rosso e il Coda di Volpe Bianco.

particolare **Cantina Borbonica** fatta costruire da Ferdinando II; la **Torre Albachiara**; il Castello di Ramo; la Chiesa Madre (1552) e la Chiesa di San Leonardo (1634). Interessante anche il **Santuario della Madonna del Ponte**, dove in onore alla Madonna vengono raccolti gli ex-voto (per grazia ricevuta) offerti da oltre 150 anni: tavolette, alcune del 1852, dipinte a mano che raccontano desideri e ansie. Si prosegue ancora a Sud e si arriva ad Alcamo.

■ Alcamo, città d'arte e del gustoso Bianco

Si colloca nel cuore di un'ampia e rigogliosa valle coltivata a vigneti dai quali nasce il Bianco d'Alcamo, rinomato vino secco. Il nome del centro deriva dall'arabo Manzil al Qamah e fin dalle origini il borgo ha sfruttato la sua posizione strategica per i commerci con Palermo, Trapani e Castellammare. Alcamo si alza su un impianto urbano trecentesco con il **Castello dei**

Conti di Modica a sud, Piazza del Mercato a nord, il **Convento dei francescani** a est e la **Chiesa Madre** a ovest. Vero centro vitale della città rimane però la piazza dedicata al nativo

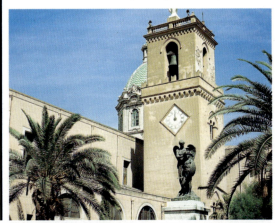

DA MONREALE ☐ *BORGETTO* ☐ *PARTINICO* ☐ **A ALCAMO**

poeta Ciullo d'Alcamo, autore del XIII secolo noto per aver scritto uno dei primi componimenti poetici in lingua italiana. In origine, la piazza dalla pianta allungata era il seicentesco Piano Maggiore. Il Castello dei Modica, edificato nel XIV secolo, ha una pianta romboidale, la facciata di gusto gotico è rivolta al cortile. La leggenda racconta che nel 1535 al castello venne ospitato l'imperatore Carlo V.

Da visitare le tante e ricche chiese di Alcamo: citiamo solo la **Chiesa Madre**, fondata nel '300 e ricostruita dopo il 1600, e la **Chiesa del Sant'Angelo Custode**. Ma la visita della città non può esaurirsi senza un'escursione alla **Riserva del Bosco d'Alcamo**, sul Monte Bonifato, dove nella parte più alta si trovano i resti del trecentesco **Castello dei Ventimiglia**.

Sotto: vendemmia nelle campagne di Alcamo, dove si produce il famoso Bianco. Nella pagina a fianco: ad Alcamo, la chiesa Madre e il Castello dei Conti di Modica.

Da Partanna-Mondello ☐ Isola delle Femmine ☐ Cinesi ☐ Terrasini

**RISTORANTE
BYE BYE BLUES
A PALERMO
LOCALITÀ
PARTANNA A
MONDELLO (PA)**
Via del Garofalo 23,
tel. 0916841415.
Prenotazione: gradita.
Parcheggio: agevole.
Costo medio del
pranzo: 25 euro.
Piatto tipico: gnocchi
di patate al ragù
bianco.
Chiusura: martedì.
*Buona cucina e
discreta carta dei
vini.*

■ Mondello, il salotto in riva al mare

Da Palermo si raggiunge in breve **Mondello**. Nota per la **Rappresentazione sacra** che ogni anno, tra le stradine del piccolo borgo marino, ricostruisce, in forma teatrale, il processo e la Passione di Cristo. Mondello, distesa lungo l'arco di una pittoresca baia, tra il monte Pellegrino e il monte Gallo, è un importante centro balneare che, nell'ultimo decennio, ha conosciuto uno straordinario sviluppo urbano. Il clima partico-

larmente temperato anche nella stagione invernale ne fa una frequentatissima meta di soggiorno. A nord della baia si trova un borgo di pescatori, dominato dalle rocciose e impervie pendici del monte Gallo, dal quale si stacca una lingua di roccia protesa sul mare su cui sorge Torre Mondello. Sempre sul lungomare spiccano una torre saracena e i resti di un antico castello. Il secolo scorso Francesco Lanza principe di Scalea bonifica le paludi della zona, luoghi malsani soffocati dalla malaria, realizzando il cosiddetto **Antico Stabilimento** tranviario, progettato nel 1910 dall'ingegnere Rodolfo Stualker. Lo Stabilimento aveva lo scopo, proprio grazie alle linee tranviarie, di

*In questa pagina,
Mondello: stabilimento
balneare in una cartolina d'epoca e una veduta
dal monte Pellegrino.*

☐ *Trappeto* ☐ *Balestrate* ☐ *Alcamo Marina* ■ **A Castellammare del Golfo**

IL PERCORSO SUGGERITO

Il tratto costiero a ovest di Palermo. Si parte da Partanna-Mondello, poco sotto Capo Gallo. Si segue la Ss 113 fino a Terrasini; si continua lungo la Ss 187, raggiungendo Castellammare del Golfo, in provincia di Trapani.

valorizzare la città. Ultimata la bonifica, Mondello cambia volto e vive il suo massimo splendore negli anni Venti con caratteristiche decisamente elitarie, ridotte nel tempo dall'espansione edilizia nei terreni circostanti. Il **Golfo di Mondello** ha permesso lo sviluppo a raggiera del centro abitato. Consigliata la passeggiata a **Monte Pellegrino** e alla Real Tenuta della Favorita, che insieme formano la **Riserva Naturale Regionale di Monte Pellegrino**. Definita da Goethe "il più bel promontorio del mondo", la montagna deve il suo nome alla **presenza del falco pellegrino**. Sul Monte, non mancano le testimonianze di insediamenti appartenenti all'era arcaica. Particolari le incisioni parietali all'interno della **Grotta dell'Addaura**. Non lontana **Isola delle Femmine**, piccolo centro sul mare immerso negli agrumi e negli ulivi, basa la sua economia sulla pesca e sul turismo. Da vedere la **Chiesa Madre** dedicata a Maria SS. delle Grazie.

Sopra: un caratteristico scorcio di Mondello.

■ Da Cinisi a Castellammare del Golfo

Si prosegue per **Cinisi**, centro agricolo a 75 metri sul mare. Fondata nel 1263 è appartenuta a Matteo Pipitone, i cui eredi la cedettero come baronia al Monastero dei Benedettini di San Martino delle Scale. Vi dimorò a lungo, esercitandovi la professione di medico, l'abate **Giovanni Meli**, illustre poeta dialettale siciliano. Da vedere la **Chiesa del Sacramento**, la Chiesa Madre dedicata a Santa Fara e la Chiesa delle Anime Sante. Proseguendo sulla costa si raggiunge il centro di **Terrasini**, tipica cittadina marinara, nota per la bellezza della costa frastagliata, con un'invidiabile posizione anche per la sua vicinanza al capoluogo e all'aeroporto. L'antico nome di Terrasini

PASTICCERIA PALAZZOLO A CINISI (PA)
Superstrada 113, via Nazionale 123
tel. 0918665265.
Quando si dice la tradizione: quella della famiglia Palazzolo nel ramo gelatiero è antica di quasi ottant'anni. Il gelato migliore della zona, dunque, può essere degustato qui: la particolare attenzione per le materie prime è sinonimo di qualità.

Da Partanna-Mondello ☐ *Isola delle Femmine* ☐ *Cinisi* ☐ *Terrasini*

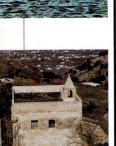

*In alto: la Grotta Perciata a Terrasini.
In basso: il Santuario della Madonna del Furi a Cinisi e un particolare del Calvario di Balestrate, tipica architettura sacra.*

Festa de' li schietti a Terrasini (PA)
Centro storico,
tel. 0918681640
Periodo: sabato santo e domenica di Pasqua.
Gli "schietti", i celibi del paese, si misurano in una gara che consiste nell'alzare al cielo con un braccio solo un albero d'arancio del peso di circa 50 chili.

era Favarotta, dall'arabo Fawar, e cioè sorgente. L'attuale deriva forse dal latino Terrae sinus. Il primo centro abitato venne costruito in epoca musulmana e ampliato sotto il dominio dei Normanni. Durante il Medioevo il piccolo borgo feudale sarà acquisito dal Monastero di San Martino di Monreale. Vicinissimo al golfo di Castellammare si trova **Trappeto**, piccolo centro sul mare noto soprattutto per i suoi vini pregiati e per la lavorazione dell'olio che risale al XVII secolo. E' possibile visitare la **Chiesa Madre** dedicata alla SS. Annunziata.
Tappa successiva un altro centro agricolo, **Balestrate**, località marittima sul golfo di Castellammare.

■ Sul mare dei tonni

Il primo borgo nasce nei pressi della tonnara attorno al '600. Nel paese si trovano le chiese dedicate a Sant'Anna e all'Addo-

☐ *Trappeto* ☐ *Balestrate* ☐ *Alcamo Marina* ☐ **a Castellammare del Golfo**

lorata. La zona conserva resti risalenti al VI, V secolo a.C., alcune tombe arabe e i ruderi del **Castello di Calatubo** arroccato su di una rupe. Si prosegue passando per **Alcamo Marina**, dove si può ammirare la bella spiaggia sabbiosa, e si raggiunge a **Castellammare del Golfo**, su un pendio proprio a metà della baia. La città digrada dolcemente verso il mare sino alla penisoletta dove sorge il Castello, tra due magnifiche spiagge dalle sabbie dorate. Ed è proprio il Castello che dà il nome definitivo alla città, Castello a mare, soppiantando il precedente Al Madarig, Le scale, di lingua araba. Oggi Castellammare è un importante centro com-

merciale; nel suo porto si svolgono notevoli scambi commerciali. Una vista molto suggestiva della città si può ammirare dal belvedere, percorrendo la statale che conduce all'antico borgo di Scopello, l'antica Cetaria, con una tonnara, risalente al XIII sec., attiva fino a pochi anni fa.

In alto il castello di Castellammare del Golfo e a centro pagina, i faraglioni di Scopello.

Ristorante Torre Bennistra a Castellammare del Golfo (TP)
Località Scopello km 10 tel. 0924541128. Costo medio del pranzo: 25 euro. Piatto tipico: pasta alle sarde e finocchi. *Ristorante che propone cucina tradizionale e vini locali di Trapani.*

■ *Con Fido in hotel*

I nostri amici a quattro zampe sono ben accetti, purché muniti di libretto sanitario, e possono contare su un grande spazio recintato.

Agriturismo Marmora
Contrada Marmora 22 - Tel. 092439254
Località Scopello
Castellammare del Golfo (Tp)

ITINERARIO 2 - LA COSTA SUDORIENTALE
DA NIZZA DI SICILIA □ ROCCALUMERA □ FURCI SICULO □ SANTA TERESA DI RIVA

AZIENDA AGRICOLA ROCCA ALUMERA
Via Umberto I 203, Roccalumera (Me)
tel. 0942744121.
L'azienda produce frutta biologica e con questa prepara ottime marmellate e confetture. Le specialità sono quelle di fragola, limone e arancia amara e chinotto. I prodotti sono venduti in tutto il mondo ma si possono acquistare anche direttamente in azienda.

Dall'Etna alla Magna Grecia

L'itinerario muove da Messina per attraversare la costa ionica fino a Ragusa. Lungo un litorale scoglioso e ricoperto di agrumeti si raggiunge il Golfo di Catania, dominato dall'Etna. A pochi chilometri, Siracusa, con il parco archeologico della Magna Grecia. Più a sud, il golfo di Noto, punteggiato da spiagge di sabbia finissima e piccoli borghi di pescatori e la Riserva naturale di Vendicari: oasi di pace per gli uccelli migratori.

■ Il litorale ionico e Taormina

Scendendo verso sud si segue la costa ionica a picco sul mare, costellata da caratteristiche località balneari, come **Nizza di Sicilia,** centro che nasce attorno al **Castello** nella seconda metà del 1600, con la famiglia dei Rocca e Marchese, principi di Alcontres. Continuando l'itinerario si arriva alla

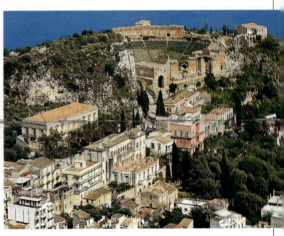

Taormina: a lato una veduta panoramica e sotto, una delle porte del teatro greco.

cittadina di **Roccalumera**, nota per la quattrocentesca **Torre merlata di Sollima**. La Torre Saracena risale al XII secolo e si conserva in ottime condizioni. Nella vicina frazione Allume sono tuttora visibili le particolari grotte scavate nel costone collinare per estrarre l'allume che ha dato il nome al centro. Nelle vicinanze si può visitare la **Chiesa della Madonna del Rosario**, esempio di Barocco siciliano. In cima alla collina si possono ancora vedere i ruderi della Chiesa di S. Michele. Ma Roccalumera è anche il paese dove Salvatore Quasimodo visse e lavorò per buona parte della sua vita. Le principali attività del posto sono la pesca del tonno e delle costardelle e la coltivazione del "verdello" (un

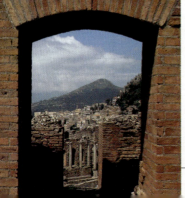

ITINERARIO 2 - LA COSTA SUDORIENTALE

☐ *TAORMINA* ☐ *GIARDINI NAXOS* ☐ *GIARRE* ☐ *ACIREALE* ☐ *ACI TREZZA* ☐ a *ACI CASTELLO*

IL PERCORSO SUGGERITO

Da Messina a Catania lungo la statale costiera orientale 114. Partenza da Nizza di Sicilia e arrivo ad Aci Castello, nella Riviera dei Ciclopi.

particolare tipo di limone), tanto che ogni anno in agosto si svolge la Sagra del Verdello, durante la quale vengono offerti dolci, granite e gelati preparati con il succo del frutto.

■ Una storia elitaria e il turismo internazionale

Si prosegue attraversando altre località marine come **Furci Siculo** e **Santa Teresa di Riva** a due passi da **Taormina**, tappa obbligata sul percorso verso Catania. L'attuale Taormi-

Sotto: una veduta dell'Isola Bella. Oltre ad essere una perla del paesaggio, l'isola conserva alcune specie rarissime, infatti è una riserva naturale affidata al WWF.

na, vera perla turistica dell'isola, sorge su un terrazzo del crinale del **Monte Tauro**, alto sullo Ionio. Abitata dai Siculi, ospita in seguito i coloni greci di Naxos. Più tardi nel 212 a.C.

TAORMINA FILMFEST

Centro storico, tel. 094221142. Periodo: giugno. Uno dei più importanti festival cinematografici d'Italia. Appuntamento con mostre, convegni, incontri, premi, uomini e donne del cinema.

■ *Un casolare dell'800*

Immaginate un antico casolare circondato da alberi di limoni, mandarini e arance coltivati biologicamente. Il tutto stando a solo 6 Km dal mare. La cucina ha il sapore della tradizione siciliana.

Azienda Codavolpe
Località Trepunti, strada 87
Giarre (Ct) - Tel. 095939802

Itinerario 2 - La Costa Sudorientale
Da Nizza di Sicilia ☐ Roccalumera ☐ Furci Siculo ☐ Santa Teresa di Riva

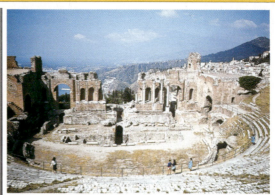

*In questa pagina, in alto: il giardino del mitico Hotel S. Domenico; il teatro greco e tipiche figure dell'artigianato di Taormina.
Sotto: la costa di Giarre e Riposto.*

Museo Archeologico di Naxos

Via Lungomare Schisò, tel. 094251001
Orari: dalle 9 fino ad un'ora prima del tramonto.
Ingresso: 2,00 euro.
Vicino all'area archeologica della città di Naxos, fondata nel 734 a.C., questo museo raccoglie reperti risalenti anche all'VIII secolo a.C..

la città diviene dominio dei Romani col nome di Tauromenium. La posizione strategica di Taormina è intuita anche dai Saraceni che la espugnano nel 902. In tempi recenti Taormina diventa meta di un turismo elitario. La passeggiata parte dal Teatro greco adagiato sul declivio, sullo sfondo il cratere dell'Etna. Di periodo ellenistico, ha la cavea divisa in nove cunei di 28 gradini ciascuno ed è sede di importanti manifestazioni culturali tra cui il noto festival cinematografico.

Al centro si arriva lungo corso Umberto I passando davanti a ciò che rimane del sistema di raccolta di acqua in cisterne che prende il nome latino di Naumachie. Dall'altro lato si scorge **Palazzo Corvaja** che domina in piazza Vittorio Emanuele II. Costituito da una parte centrale del periodo arabo e da una facciata rimaneggiata nel XIV secolo, è sede del **Museo delle arti figurative popolari della Sicilia** e raccoglie i prodotti di artigianato come pupi, presepi, carretti, costumi. Intorno, il centro storico che si snoda in un groviglio di viuzze, archi, cortiletti e scalinate che s'inerpicano tra le abitazioni.

■ Dal mare di Naxos a Giarre

Poco distante, solo qualche chilometro, si arriva a **Giardini Naxos**, accogliente baia con un mare splendido, sede di manifestazioni artistiche a carattere internazionale. Posta sotto Taormina, la cittadina è zona archeologica rilevante grazie al

ITINERARIO 2 - LA COSTA SUDORIENTALE
☐ *Taormina* ☐ *Giardini Naxos* ☐ *Giarre* ☐ *Acireale* ☐ *Aci Trezza* ☐ **a Aci Castello**

fascino delle rovine dell'antica Naxos. Il viaggio prosegue fino a Giarre, centro marino circondato da limoneti e aranceti che scendono fino al mare. Il borgo di **Giarre** poggia su una terrazza lavica, dove un tempo si sviluppò l'antica città greca di Kallipolis, ed è famoso anche per l'artigianato del ferro battuto, del legno lavorato e della terracotta. Continuando a percorrere il litorale verso meridione si approda in una zona ricca d'acqua e di bellezze naturali.

■ Terre d'acqua tra i Faraglioni dei Ciclopi

Si tratta di **Acireale**, già stazione termale romana, che stupisce per la magnificenza dei suoi monumenti e palazzi. Da visitare la piazza del Duomo, punto d'incontro cittadino, con il barocco **Palazzo Comunale**, la **Chiesa di San Domenico**, risalente al XVIII secolo. Acireale è indiscussa regina del Carnevale. Poco distante **Aci Trezza**, resa famosa dal fatto che il romanziere Giovanni Verga vi ambienta la tragica vicenda de I Malavoglia, ma anche per il piccolo porto che apre alle **isole dei Ciclopi** e più a sud ai faraglioni che il mito vuole lanciati da Polifemo contro il fuggitivo Ulisse.
La più grande, l'**isola Lachea**, è sede della Stazione di studi biofisici del mare. Poco più a sud si incontra il borgo di **Aci Castello**, dominato da una rupe a strapiombo sul mare per tre lati. Al di sopra si erge il **Castello** di pietra lavica che dona il nome al paese. Di epoca bizantina, controllato dagli Arabi per circa due secoli, sarà poi espugnato da Federico II d'Aragona. Attualmente alcuni locali del castello ospitano il **Museo Civico** che conserva reperti archeologici marini. In piazza la **Chiesa Madre**, anch'essa costruita in scura pietra lavica.

In questa pagina, dall'alto: i faraglioni di Acitrezza, la rocca di Aci Castello e la barocca Basilica di San Pietro e Paolo, ad Acireale.

CASA MUSEO "GIOVANNI VERGA"
Via Sant'Anna 8, Catania
tel. 0957150598.
Orari: 9-14 da martedì a domenica.
Ingresso: 2,00 euro
Qui l'autore dei "Malavoglia" trascorse gli ultimi vent'anni della sua esistenza. Interessante la biblioteca con oltre 2600 volumi.

In questa pagina, in alto: l'elefante in pietra lavica, simbolo di Catania e il Duomo della città. In basso: Il Castello Ursino costruzione del 1200, a pianta quadrata; al fianco il cortile interno del castello.

■ Catania, la città dell'Etna

Catania nasce come colonia greca nel 729 a.C., di lì in poi la sua storia non è altro che un susseguirsi di dominazioni. Prima i siracusani (V secolo), poi i romani (263 a.C.), quindi i bizantini, gli arabi e i normanni. Ma Catania è soprattutto la città dell'**Etna**, a soli 28 chilometri dal suo cratere centrale. Il vulcano ha sempre condizionato, secolo dopo secolo, la vita e i costumi del luogo. La fertilità del terreno circostante, ricco di materiali vulcanici, ha favorito l'insediamento dei popoli, mentre le continue eruzioni hanno più volte portato distruzione. E' una città di grande valore architettonico, nonostante la disordinata espansione edilizia.

■ Piazza del Duomo, cuore barocco della città

Il periodo più triste della storia di Catania è racchiuso tra due date, il 1669 e il 1693, quando prima un'eruzione distrusse il territorio circostante e poi un terremoto devastò la città. Il Settecento fu il secolo della ricostruzione e **Giovan Battista Vaccarini** (1702-1768) il suo geniale artefice. **Piazza del Duomo** è senza dubbio il capolavoro dell'architetto. Immersa nella splendida cornice barocca creata dagli edifici che la delimitano, la piazza, punto di confluenza delle principali arterie cittadine (via Garibaldi, via Vittorio Emanuele e via Etnea), ruota attorno alla famosissima **Fontana dell'Elefante**.

ITINERARIO 2 - CATANIA

IL PERCORSO SUGGERITO

L'area di maggiore interesse della città è tutta compresa nel quadrilatero che ha come vertici il castello Ursino (a sud), l'Anfiteatro (a nord), il monastero di San Nicolò a ovest e il teatro Bellini a est.

Ideata dal Vaccarini nel 1735, la costruzione si ispira a un'opera analoga del Bernini situata nella piazza della Minerva a Roma. Sopra un alto zoccolo di pietra, si trova un **elefante in nera pietra lavica** (di probabile origine bizantina) che sostiene sul dorso un **antico obelisco egizio**. La leggenda vuole che in tempi lontani il mago Eliodoro abbia cavalcato l'animale durante un duro scontro con il vescovo Leone. Alla fine sarà il Santo ad avere la meglio.

Eretto in epoca normanna, tra l'XI e il XII secolo, il **Duomo**, dedicato a Sant'Agata patrona della città, venne ampiamente rimaneggiato dopo il terremoto del 1693. Dell'epoca originaria conserva le alte absidi normanne realizzate in pietra lavica e il transetto. La splendida facciata a duplice ordine è opera del Vaccarini. All'interno, addossata a un pilastro nella navata centrale, si può ammirare l'**ottocentesca tomba di Vincenzo Bellini**, mentre nella **cappella dedicata alla Madonna** si trovano due sarcofaghi. Uno di età romana contiene le salme di alcuni membri della famiglia reale aragonese, l'altro, in stile gotico, racchiude i resti di Costanza, moglie di Federico III d'Aragona, morta nel 1363. Nell'abside destra si apre la rinascimentale **cappella di Sant'Agata**. Ricca di decori, è ulteriormente impreziosita dal portale di fattura spagnola che immette al **tesoro**, visitabile solo 4 giorni l'anno (dal 2 al 5 febbraio, in occasione della festa della Santa).

Sopra: la chiesa di San Nicolò e sotto particolare dell'interno del monastero benedettino di San Nicolò l'Arena, oggi sede universiataria.

Sul lato sud della piazza si trova la **Fontana dell'Amenano**. Alle sue spalle **piazza Alonzo Di Benedetto**, sede, ogni mattina, del pittoresco **mercato del pesce**.
Poco distante da piazza del Duomo, imboccando **via Dusmet** si arriva a **Palazzo Biscari**, forse il più bell'edificio di tutta Catania. Edificato dopo il terremoto del 1693, vide il suo massimo splendore circa 60 anni dopo, grazie al genio di Ignazio Biscari. La facciata si presenta fastosamente ornata da cariatidi e da balconi incorniciati da splendidi rilievi. All'interno

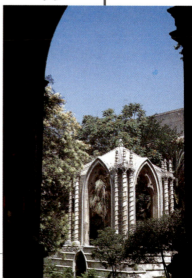

da vedere il **salone delle feste**, di Sebastiano Lo Monaco, tutto un susseguirsi di specchi, affreschi e decori rococò.

■ Lungo via Garibaldi fino al Castello Ursino

Percorrere via Garibaldi è come tuffarsi in un mare d'arte: splendidi palazzi settecenteschi si alternano e racchiudono le belle piazze, su tutte **piazza Mazzini**. Attraversando il centro storico ci si immette in via del Castello per giungere in **piazza Federico II di Svevia**, dove sorge l'antico **Castello Ursino**. Fatto costruire nelle prima metà del 1200, l'edificio si presenta a pianta quadrata, delimitato da quattro torrioni cilindrici. All'interno del castello si trova il **Museo Civico**, le cui sale conservano svariate collezioni, bellissimi dipinti e antichi reperti archeologici, tra cui la splendida **Testa efebica** del VI secolo a.C. Nella vicina via S. Anna si trova la casa di Giovanni Verga: il secondo piano è un museo verghiano. Da attraversare lentamente via Crociferi, vero e proprio salotto barocco di Catania, per non perdere il fascino e il pregio architettonico dell'arco e la chiesa di San Benedetto, del collegio gesuitico, di palazzo Francicanava, della chiesa di San Giuliano e del convento dei padri Crociferi.

RISTORANTE CANTINE DEL CUGNO MEZZANO
Via Museo Biscari 8, Catania
tel. 0957158710.
Costo medio del pranzo: 27 euro.
Piatto tipico: pasta ca' Mocca.
Chiusura: domenica e lunedì a mezzogiorno.
Il ristorante è ricavato dalle antiche stalle di Palazzo Biscari. La cucina conserva radici regionali, la cantina è fornitissima.

Sopra: una scena dei "Puritani", conservata nel museo della casa natale di Vincenzo Bellini.
Sotto: il palazzo municipale di Catania.

Tempio della lirica nel nome di Bellini

Per gli appassionati di musica lirica, tappa obbligata al Museo Belliniano (con tanto di oggetti e spartiti appartenuti al grande compositore) in piazza San Francesco e una puntata al teatro Vincenzo Bellini. Ogni anno, l'autore de La Sonnambula, I puritani, Norma, viene celebrato con una stagione dedicata e un "Premio d'oro" per gli interpreti belliniani.

L'eleganza di Via Etnea

Lunga più di 3 km, **via Etnea** si snoda tra palazzi settecenteschi, edifici ottocenteschi, eleganti negozi ed esclusive boutique. Seguendo il percorso, che da nord a sud costeggia piazza del Duomo, **Piazza dell'Università** e **Piazza Stesicoro** (dove si trovano i resti di un vasto anfiteatro romano), si arriva a **Villa Bellini**, il principale parco della città. Passeggiando per i freschi viali si gode di una splendida vista su Catania e sull'Etna.

Sopra: la Villa Bellini che si affaccia su via Etnea; sotto un particolare dei balconi barocchi, di via dei Crociferi.

Pasticcini a Catania

Cassata, frutti di marzapane, biscotti al pistacchio, torroncini, olivette candite, cannoli e torta Savoia. Nella Pasticceria Caviezel, aperta nel 1914, ci sono tutti i dolci siciliani. Da qualche anno si può fare anche la spesa on-line al sito www.caviezel.it
Pasticceria Caviezel, Corso Italia 123, Catania, tel. 0957222837

PASTICCERIA SPINELLA
Via Etnea 300, Catania
tel. 095327247.
Offre i dolci tradizionali siciliani: bignè, cassate e dolci alle mandorle. Fiore all'occhiello della produzione artigianale sono le "minne" di Sant'Agata, in onore della Santa Patrona della città.

Itinerario 2 - La Costa Sudorientale
Da Lentini ☐ Villasmundo ☐ Augusta ☐ a Priolo Gargallo

in questa pagina, sopra: il prospetto barocco della chiesa madre di Lentini e sotto un particolare.

■ Lentini: la città delle arance

Uscendo da Catania e attraversando la campagna fertile che la circonda ci si può dirigere verso Sud, a **Lentini**, la città delle arance, le cui radici storiche affondano nel mito. Già Leontinoi per i Greci, la città sorge alle pendici dei monti **Iblei** sovrastando le coltivazioni intensive di arance nella fertile pianura anticamente chiamata Campi Lestrigoni. La sua storia è segnata dalle guerre contro i siracusani e dalle rovine dei terremoti. Infatti, la Lentini di oggi, malgrado le antichissime origini, ha un aspetto architettonico settecentesco, perché fu ricostruita del tutto dopo il terremoto del 1693. In piazza Duomo è possibile visitare la **Chiesa Madre** del XVII Secolo; all'interno si trovano un'icona bizantina che raffigura l'immagine della Madonna Odigitria e il fercolo in argento di Sant'Alfio, la cui festa si svolge a maggio ed è caratterizzata dalla corsa "dei nudi". Numerosi ritrovamenti di oggetti provenienti dall'antica città di Leontinoi, i cui scavi si aprono a pochi chilometri da Lentini, sono raccolti nel **Museo Archeologico** cittadino. L'area degli scavi, situata all'interno del **Parco Archeologico**, si può raggiungere a piedi dalla **Grotta del Crocifisso**, oppure in auto da Carlentini. All'interno del Parco si trovano resti di cinte murarie, dell'acropoli di San Mauro e quella a fondovalle dove sorgeva la porta Siracusana.

Sul vicino **colle della Metapiccola** sono visibili il basamento di un tempio greco e alcune tracce di un villaggio preistorico.

■ Le grotte naturali di Villasmundo

Continuando a viaggiare verso sud si incontrano le sorprendenti architetture rupestri che vanno dalle necropoli dell'età del bronzo ai cenobi eremitici, ai fortilizi medievali che testimoniano la presenza costante dell'uomo nella zona di

PASTICCERIA NAVARRIA
F Via Conte Alaimo 12, Lentini (Sr) tel. 095941045.
A Lentini la pasticceria Navarria è una vera istituzione del gusto (da almeno 90 anni). Tra le specialità i biscotti alle mandorle, la cassata tradizionale siciliana e i cannoli alla ricotta. Nel periodo estivo, da assaggiare la granita al caffè con panna.

Itinerario 2 - La Costa Sudorientale
Da Lentini ☐ Villasmundo ☐ Augusta ☐ a Priolo Gargallo

IL PERCORSO SUGGERITO

Da Lentini, tagliata dalla Ss 194, diretta a Ragusa, si prosegue per un itinerario interno, sostanzialmente costiero, per Villasmundo, Augusta, Priolo Gargallo.

Villasmundo. Tuttavia l'origine del piccolo centro è strettamente legata alle vicende del feudo dei marchesi di **San Giuliano**. Infatti, dove ora sorge la frazione, non esistevano luoghi abitati e per la lavorazione dei campi agricoli occorreva rivolgersi al bracciantato dei comuni vicini. **Consalvo Asmundo Sessa dei marchesi di San Giuliano** ottenne nel 1701 la licenza regia per costruire un centro nel suo feudo di San Michele del Gargano. Il riconoscimento giuridico da parte di Ferdinando II, re delle Due Sicilie, avvenne nel 1715. Il sottosuolo di tutto il territorio circostante Villasmundo è ricco di grotte naturali scavate dai corsi d'acqua nei millenni che servirono spesso da rifugio. Lungo le pareti di queste cave si aprono gli ingressi di numerose grotte, fino a Città Giardino. **La Grotta Alfio**, vicinissima al centro abitato di Villasmundo, è attraversata da tre corsi d'acqua, da una cascata e da un vasto lago sotterraneo e rappresenta il più importante sistema carsico di tutto l'**Altopiano Ibleo**.
Al fondo delle sconfinate altre cavità naturali lungo le valli si

Sopra: gli zampognari del presepe vivente di Villasmundo, sotto: stalattiti e stalagmiti delle grotte carsiche di Villasmundo.

ALBERGO RISTORANTE SICILFUEL

Bivio Augusta-Villasmundo, Melilli (Sr) tel. 0931914006. *La struttura è moderna e confortevole, attivo anche un buon ristorante: il tutto a metà strda tra Catania e Siracusa. 52 camere con un prezzo medio di 45 euro notte.*

aprono i pirituri (perditoi), stretti inghiottitoi che non permettono lo scorrimento in superficie dell'acqua.

■ Augusta: un porto e tanta storia

Proseguendo da Villasmundo verso est, si arriva sulla costa del Mar Ionio e si incontra **Augusta**. Le origini della città sono incerte, si sa solo che risalgono al XIII secolo. Grazie a Federico II, la città (che è situata su un'isola) valorizzò la sua posizione strategica e divenne un importante porto militare per la difesa della costa. Lo testimonia il **Castello Svevo**, imponente esempio di architettura sveva che si incontra entrando in città dalla monumentale Porta Spagnola. Il Castello è a pianta quadrata con quattro torri angolari. Rimaneggiato più volte, nel secolo scorso venne adibito a carcere. Più volte ricostruita (dopo il devastante terremoto del 1693; in seguito ai bombardamenti del 1943) Augusta si afferma come importante porto industriale legato all'attività di raffinazione del petrolio. La parte vecchia è tagliata da nord a sud dal commerciale corso Principe Umberto mentre due ponti la collegano alla terraferma. Nel centro storico si possono visitare la **Chiesa delle Anime Sante**, di stile barocco, e la **Chiesa Madre dedicata a Maria Ss. Annunziata**, finita di costruire dopo il terremoto del 1693. E' dello stesso periodo il **Palazzo del Municipio** che troneggia sulla piazza e mostra, sopra la lunga balconata, l'aquila imperiale sveva. Anche se in piena zona industriale, meritano una visita gli scavi di **Megara Hyblaea**, una delle colonie greche nell'isola. Poco distante dalla città è possibile un'escursione a **Brucoli**, un piccolo borgo noto per le bellezze naturalistiche della baia.

Augusta: sopra la porta spagnola, sotto un vaso proveniente dall'area archeologica di Thapsos. Sotto il palazzo comunale.

I RITI DELLA SETTIMANA SANTA AD AUGUSTA (SR)
Centro storico,
tel. 0931992522.
Settimana di Pasqua.
Si parte la Domenica delle Palme con la processione dei "Babbalucchi", gli incappucciati. Il Giovedì Santo: la lavanda dei piedi e la visita ai sepolcri.

Itinerario 2 - La Costa Sudorientale
Da Lentini □ Villasmundo □ Augusta □ a Priolo Gargallo

Priolo Gargallo è un piccolo centro che sorge in una zona litoranea pianeggiante, posta a trenta metri sopra il livello del mare, a metà strada tra Augusta e Siracusa. Il feudo di Priolo si costituì nel XIV secolo all'interno della contea di Augusta, dalla quale fu separato nel 1435 dal re Alfonso d'Aragona. Nel 1809 il marchese Tommaso Gargallo fondò il borgo omonimo. **Gargallo** è il cognome dei signori del luogo, i marchesi Gargallo, che la governarono nel XIX secolo. Di interesse architettonico sono la **Chiesa dell'Angelo Custode** del secolo XIX, la **Chiesa dell'Immacolata** del 1860 e la Torre del Fico del secolo XVII. Importanti sono pure i resti archeologici di Thapsos, che conserva il villaggio e le necropoli preistoriche. Priolo si è sviluppta grazie all'insediamento del polo industriale petrolchimico più grande d'Europa. Continuando a scendere lungo la costa si arriva facilmente a Siracusa.

In questa pagina da sopra: gli scavi archeologici di Magara Hyblaea, una veduta del porto di Augusta e in basso uno scorcio della città con, sullo sfondo, il polo petrolchimico.

Ristorante Fragio
Località Brucoli km 7,
via Libertà 56/58,
Augusta (Sr)
tel. 0931981145.
Prenotazione: gradita.
Parcheggio: nelle vicinanze.
Costo medio del pranzo: 25 euro.
Piatto tipico: polipo con peperoni.
Chiusura: martedì.
Oltre alla buona cucina siciliana la particolarità di questo ristorante è nella visita dei locali dove un tempo venivano conservati il tonno e le sarde.

ITINERARIO 2 - SIRACUSA

■ La "potente" Siracusa e la magia del papiro

Fondata intorno all'VIII secolo a.C. dai Corinzi, **Siracusa** godette di un lungo periodo di prosperità che la portò a contendere il dominio del Mediterraneo ad Atene e Cartagine. Nel 212 a.C., dopo una strenua resistenza in cui ebbero un ruolo fondamentale le invenzioni del grande **Archimede** (che qui nacque nel 287 a.C. e morì nel 212), la città cadde in mano ai Romani. In seguito Siracusa venne conquistata dagli Arabi, dai Bizantini, dai Normanni, dagli Svevi e, infine, dagli Aragonesi. Ognuna di queste popolazioni contribuì, con la propria arte e con la propria cultura, a formare l'**armonia di stili** che oggi caratterizza la città e di cui è perfetto esempio il Duomo, sull'isola di Ortigia.

■ L'area archeologica, l'eredità dei Greci

Prendendo **viale Paolo Orsi** per poi svoltare in **viale Rizzo** si accede al **Parco archeologico della Neapolis**. Il modo migliore per gustare la visita è percorrere viale Rizzo, che costeggia tutta la zona. La passeggiata richiede un po' di tempo, ma sa offrire **scorci panoramici** di grande suggestione sia verso la città sia verso l'interno del parco. Tra le numerose testimonianze del periodo ellenistico spicca lo splendido **Teatro greco**. Fatto costruire durante il V secolo a.C. e poi rimaneggiato sotto la tirannia di Ierone II (III secolo a.C.), questo monumentale capolavoro, dal diametro di circa 140 metri, venne **quasi interamente ricavato dalla roccia del colle Telemite**, cui si appoggia. Sopra alla cavea si trova un'**ampia**

Sopra: i papiri della Fonte Aretusa. Sotto: il porto Piccolo, per il traffico turistico, e una veduta di Ortigia.

FESTA PATRONALE DI SANTA LUCIA A SIRACUSA
Centro città, tel. 0931412841
Periodo: 13 dicembre.
La città di Siracusa è fedele al culto di Santa Lucia. Nelle catacombe sotto la chiesa a lei dedicata, la Santa subì il martirio. La festa prevede una processione solenne nella quale viene trasportato un pesante simulacro argenteo insieme alla Carrozza del Senato, con le preziose pareti di cristallo.

IL PERCORSO SUGGERITO

Si visita la Siracusa di terraferma, a nord della stazione, che è compresa tra l'area archeologica e piazza Santa Lucia. Cuore della città è però l'isola di Ortigia, dove si trovano il Duomo e la mitica fonte di Aretusa.

terrazza, un tempo circondata da portici.
Durante il periodo estivo ancora oggi il Teatro ospita spettacoli tratti dai classici greci e latini: le "Rappresentazioni Classiche" hanno visto protagonisti i più grandi attori e registi italiani e richiamano un pubblico di appassionati da tutta Europa. L'area nord del parco è caratterizzata dalle **latomie**, antiche cave da cui si ricavavano i blocchi di pietra per la costruzione di edifici (in seguito utilizzate come prigioni). Immersa tra palme e magnolie sorge la **latomia del Paradiso**. Profonda tra i 20 e i 45 metri, custodisce l'**Orecchio di Dionisio**, caratteristica grotta la cui forma richiama un padiglione auricolare. Qui, secondo la leggenda, il tiranno, grazie alla particolare acustica, ascoltava i discorsi dei prigionieri.
Non molto distante ecco l'**anfiteatro romano** (realizzato in epoca imperiale, ha **dimensioni ragguardevoli**, di poco inferiori all'anfiteatro di Verona) e l'**Ara di Ierone**.
Nel parco di Villa Landolina si trova il **Museo archeologico regionale Paolo Orsi**, intitolato al ricercatore che tra la fine dell'800 e gli anni Trenta diresse gli scavi in Sicilia. L'esposizione, una tra le più grandi e significative al mondo, si estende su tre settori per circa **9.000 metri quadrati**. Di particolare bellezza le **ceramiche ritrovate nelle necropoli siracusane** e la Venere Anadiomene. A pochi metri dal museo, la Chiesa di San Giovanni con l'ingresso nelle omonime, e sconfinate, Catacombe. Con quelle di Santa Lucia e di Vigna Cassia testimoniano il ruolo di Siracusa nella diffusione del cristianesimo.

Sotto: la Latomia dei Cappuccini, in questo luogo, dalle altissime pareti verticali, furono rinchiusi 7000 prigionieri Atenesi, catturati all'Asinaro nel 413 a.C.

PASTICCERIA ARTALE

Via Landolina 32, Siracusa
tel. 093121829.
Prima di tutto la qualità: la pasticceria Artale si distingue per la freschezza delle materie prime adoperate e la bontà delle sue produzioni. Tra le altre cose: paste di mandorle, torroni e biscotti totò. Per la festa della patrona si prepara la cuccìa di Santa Lucia.

A Siracusa, in ordine dall'alto: Palazzo Impellizzeri, l'immagine di uno scriba nel Palazzo del Papiro.

■ L'isola di Ortigia

L'isola di Ortigia racchiude la **parte più vecchia della città**. Vi si accede attraverso il **ponte umbertino** che la collega alla terraferma. La visita inizia da **piazza Pancali** dove si trovano i ruderi del **tempio di Apollo** (VI secolo a.C.), uno dei più antichi esempi dell'architettura dorica.

Uscendo dalla piazza si percorre **via XX Settembre**, dove permangono alcuni tratti delle mura erette sotto Dionisio il Vecchio, per giungere alla medievale **Porta Marina**. Da qui si arriva alla **fonte Aretusa**. La storia di questa sorgente è legata alla leggenda della ninfa Aretusa, che, per sfuggire all'amore del cacciatore Alfeo, si trasformò in fonte. Procedendo verso la punta estrema dell'isola si scorge il **Castello Maniace**, splendido esempio di architettura militare, fatto erigere da Federico II di Svevia. Il luogo, purtroppo, non è accessibile ai visitatori perché sede di una caserma militare.

Ritornando sui propri passi, si raggiunge l'elegante **Palazzo Bellomo**. All'interno ha sede la **Galleria regionale**, dove, tra i molti capolavori esposti, spiccano il **Seppellimento di Santa Lucia** del Caravaggio e l'Annunciazione di Antonello da Messina.

■ Piazza Duomo e la Cattedrale

Poco più in là si apre **piazza del Duomo**, una delle piazze barocche più belle d'Italia. Qui sorge la **Cattedrale**, nata dalla sovrapposizione di varie strutture. La più antica appartiene al **Tempio di Atena del V secolo a.C.**. La facciata, divisa in due ordini, è caratterizzata da un suggestivo alternarsi di colonne corinzie, cornici e nicchie.

Procedendo oltre piazza Archimede, si arriva al trecentesco **Palazzo Montalto**, da qui si prende **via della Maestranza**, una delle arterie più antiche di Ortigia su cui si affacciano bellissimi palazzi. Gli edifici, originari del '300, furono rico-

Sopra: una delle gallerie del castello di Eurialo. Sotto: un'immagine della Madonna delle Lacrime, il cui santuario è meta di milioni di turisti.

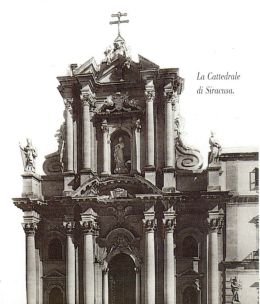

La Cattedrale di Siracusa.

ITINERARIO 2 - SIRACUSA

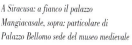

A Siracusa: a fianco il palazzo Mangiacasale, sopra: particolare di Palazzo Bellomo sede del museo medievale

struiti in stile barocco. Una delle testimonianze più importanti della civiltà greca a Siracusa è il Castello Euriàlo, posto a circa 8 km dal centro. Eretto nel IV secolo da Dionisio il Vecchio, aveva una funzione difensiva.

■ Fonte Ciane e il Tempio di Giove

Partendo dal **porto Grande**, con i barcaioli locali, si può risalire il fiume Ciane fino a raggiungere la suggestiva **fonte Ciane**. La leggenda racconta della ninfa Ciane che cercò di impedire il rapimento di Proserpina da parte di Plutone. Per vendetta il signore degli inferi la trasformò in un corso d'acqua. Prima di raggiungere la fonte, su un'altura è possibile ammirare i resti del **Tempio di Giove Olimpio**. Lungo tutto il percorso, infine, si può ammirare la pianta del **papiro**. La carta che se ne ricava è utilizzata per la produzione di papiri artistici vanto dell'artigianato locale. Per questo la zona, da circa 20 anni, è **area naturale protetta**. Questa pianta è considerata il simbolo di Siracusa, tanto che alla sua storia e alle tecniche di lavorazione è dedicato il Museo del papiro.

Sopra: il cortile del Palazzo Bonanno; sotto: quello di palazzo Gargallo.

■ A Ortigia

La mattina in una camera con mobili Liberty, aprire la finestra e ammirare l'isola di Ortigia. Ottima colazione, a base di prodotti naturali, servita in un gazebo fiorito.
Archè
Via Faro Massoliveri 6 - Siracusa
Tel. 0931721094

Itinerario 2 - La Costa Sudorientale
Da Avola ☐ Noto ☐ Rosolini ☐ Ispica ☐ A Modica

In queste pagine: il lido di Avola, il territorio è noto per le mandorle. Sotto: la cattedrale barocca di Noto. Nella pagina accanto: la chiesa del collegio di San Carlo; un'icona nel convento di Santa Maria della Scala e un balcone del palazzo Villadorata.

CANTINA SOCIALE ELORINA
Via de Gasperi 53, Avola (Sr)
tel. 0931821829.
Zona di grandi vini quella dell'estremità sudorientale della Sicilia. Nella cantina Elorina i vini prodotti sono tanti, tra cui si ricordano: Bianco Sicilia, Eloro Rosato, Eloro Rosso, Eloro Rosso Pachino, Moscato di Noto Liquoroso, Moscato di Noto Naturale, Tellaro Bianco, Tellaro Rosato, Tellaro Rosso.

■ Avola, vino nero e latte di mandorle

A sud di Siracusa, sulla statale 115, si trova **Avola**, famosa sia per il vino "nero" che per le gustose mandorle con cui si preparano biscotti, marzapane e un prelibato latte di mandorla. In origine, la città era situata sul Monte Aquilone, a pochi chilometri dall'attuale abitato. Distrutta dal terremoto nel 1693, fu ricostruita a pianta esagonale in prossimità della costa. All'epoca risale la Chiesa Madre di San Nicolò, caratterizzata dalla facciata a torre.

■ Dalla riserva di Cava Grande a Noto

Prima di raggiungere la città vale però la pena di fare una sosta alla **riserva naturale della Cava Grande** presso il fiume Cassibile, raggiungibile scendendo un ripido sentiero dal Belvedere di Avola antica. Addentrandosi lungo le sponde del fiume si raggiunge infatti **uno spettacolare canyon**. Qui la lenta e continua erosione esercitata dall'acqua nel tenero calcare ha aperto una fenditura larga circa dieci chilometri, che raggiunge in alcuni punti la profondità di 250 metri. Tutt'attorno, un'ampia valle incuneata tra superfici rocciose che convergono

Itinerario 2 - La Costa Sudorientale
Da Avola □ Noto □ Rosolini □ Ispica □ a Modica

IL PERCORSO SUGGERITO

Da Avola, a sud di Siracusa, nel Golfo di Noto, si prosegue lungo la Ss 115 fino a Modica, toccando, oltre alla stessa Noto, Rosolini e Ispica.

ripide verso il fondo. In questo paesaggio molto vario, ricco di laghetti e cascate, sopravvivono rare specie di vegetali, come il platano orientale e l'orchidea, mentre nel fitto sottobosco proliferano le essenze di salvia, origano, timo e rosmarino. Le cavità che punteggiano le pareti sono le tracce del passato: nel corso dei millenni, la cava ha offerto rifugio a varie civiltà, che in questa fortezza naturale hanno lasciato **una vasta necropoli**.
A circa 7 km da Avola sorge **Noto**, la città barocca. Distrutta dal catastrofico sisma del 1693, la città, florida in età greca e romana, risorse più vicina al mare, dotandosi di un aspetto tipicamente settecentesco.
Elevata su una scenografica scalinata a tre ripiani, si innalza la chiesa di San Nicolò, **cattedrale di Noto**, ultimata nel 1776. L'edificio presenta una facciata barocca fiancheggiata da torri campanarie. Di fronte, il **palazzo Ducezio** del 1746, oggi sede del municipio, appare stretto in un porticato continuo a colonne. Da visitare inoltre, la chiesa di S. Francesco all'Immacolata, anch'essa introdotta da una scalinata, la chiesa di S. Carlo Borromeo, dove è conservato un organo artigianale del '700, e la chiesa di S. Domenico, dalla dinamica facciata convessa. Piacevole è inoltre la visita della periferia: fra gli stretti vicoli delle case ad un solo piano si respira l'anima più autentica e popolare della città.

Panorama di Ispica.

Itinerario 2 - La Costa Sudorientale
Da Avola □ Noto □ Rosolini □ Ispica □ A Modica

ANTICA DOLCERIA BONAJUTO
Corso Umberto I 159,
Modica (Rg)
tel. 0932941225.
Sulle confezioni dei dolci e della cioccolata di questa pasticceria troverete la scritta: "Gran premio e medaglia d'oro all'esposizione internazionale di Roma del 1911". Tanto per capire cosa significa tradizione.

■ Verso Rosolini e Ispica

Seguendo la statale 115, l'itinerario si dirige verso **Rosolini**, centro agricolo circondato da una campagna ricca di agrumi, mandorli, olivi e carrubi. La settecentesca cittadina è nota soprattutto per il ritrovamento di un grande cimitero con catacombe presso la Contrada Stafenna. Anche **Ispica**, il paese che segue lungo la statale 115, è un'interessante stazione preistorica. Entrambi i centri, insieme a Modica, segnano infatti i vertici dell'area archeologica denominata **Cava Ispica**.

■ A Modica: fra tombe preistoriche e chiese rupestri

La macchia mediterranea della zona cela tombe preistoriche, chiese rupestri e villaggi, che si sono rivelati utili per lo studio dell'evoluzione dei primi insediamenti umani. Particolarmente suggestivo, il "Parco Archeologico della Forza", un'area rocciosa che cinge come una fortificazione tutta la Cava e che fu il nucleo urbano della città di Ispica. Al suo interno sono infatti presenti tutti i segni di quella quotidianità che lascia pensare a un insediamento organizzato. Sono, per esempio, ancora conservati un tunnel con più di duecento gradini che servivano per l'approvvigionamento idrico in caso di assedio, la

*In queste pagine, a Ispica: Cristo con la croce presso la chiesa dell'Annunziata; le tombe rupestri di una cava e un casale ibleo.
Nella pagina a fianco: la chiesa di San Giogio a Modica.*

ITINERARIO 2 - LA COSTA SUDORIENTALE
DA AVOLA □ NOTO □ ROSOLINI □ ISPICA □ A MODICA

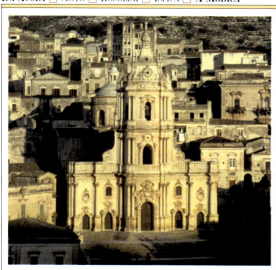

"Spezieria", forse una farmacia, il "Convento" e il "Castello", due insediamenti rupestri a più piani con scale, camminamenti e corridoi, e infine tanti luoghi sacri. Tra questi, la chiesa dell'Annunziata, la chiesa di Santa Maria della Cava, dove è visibile l'affresco di una "Madonna con bambino", e una catacomba paleocristiana che contiene oltre trecento tombe distribuite su tre corridoi.

Seguendo la statale 115, si sale verso **Modica**. Il centro è noto per il suo tessuto edilizio settecentesco e per il ponte, tra i più alti in Europa, che congiunge la vecchia e la nuova città. Ma anche perché ha dato i natali a **Salvatore Quasimodo**, scrittore ermetico e premio Nobel per la letteratura nel 1959. Tappa obbligata dunque, per chi compie un giro turistico della città, è la casa natale dello scrittore, in Via Posterla, in cima a una rampa di scale.

Al suo interno, è stato allestito uno spazio multimediale, la "Stanza della Poesia", dedicato alla poesia e alla vita di Quasimodo: filmati, documentari d'epoca, diapositive, navigazione in rete e una mostra fotografica trascineranno i visitatori nel mondo del premio Nobel per la letteratura. Merita una visita anche il **Museo Ibleo delle arti e tradizioni popolari**. Nell'accurata ricostruzione degli ambienti, rivivono mestieri cari alla cultura contadina e popolare, come quello del fabbro.

RISTORANTE FATTORIA DELLE TORRI
Vico Napolitano 14, Modica (Rg)
tel. 0932751928.
Prenotazione: gradita.
Costo medio del pranzo: 33 euro.
Piatto tipico: carpaccio di polipo verace.
Chiusura: lunedì.

RISTORANTE LA GROTTA
Località Santa Maria la Scala km 3, via Scalo Grande 46, Acireale (Ct)
tel. 0957648153.
Prenotazione: gradita.
Parcheggio: no.
Costo medio del pranzo: 30 euro.
Piatto tipico: spaghetti al nero di seppia.
Chiusura: martedì.
Cucina di solo pesce per questo ristorante che, durante l'estate, consente di mangiare all'aperto.

L'INFIORATA O FESTA DELLA PRIMAVERA BAROCCA
Via Nicolaci, Noto (Sr)
tel. 0931896111.
Periodo: maggio.
Noto rende omaggio alla primavera e ai fiori con la decorazione di via Nicolaci, celebre via barocca della città, asfaltata con pietra lavica.

■ *Sui monti Iblei*

Una chiara mansarda con un terrazzino inondato di sole vi aspetta. La colazione con pane, miele, marmellata e prodotti naturali vi verrà servita nel salone di famiglia.
Giogaia
Via Modica Giarratana 83/a
Modica (Rg)
Tel. 0932751769

ITINERARIO 2 - RAGUSA

■ Ragusa, la città dai due volti

Distesa alle pendici dei monti Iblei, **Ragusa** venne fondata da alcune popolazioni sicule che, per difendersi dall'avanzata dei Greci, decisero di erigere in questi luoghi la propria roccaforte. Ma furono prima gli Arabi e poi i Normanni a dare il maggior impulso alle attività commerciali, segnando il periodo d'oro della città.

Nel 1452, sotto i Cabrera, la svolta: con l'introduzione dell'enfiteusi, i contadini, in cambio di un affitto, diventarono colti-

*A Ragusa, in queste pagine; sopra la chiesa di San Giuseppe, a lato una veduta di Ragusa Ibla. Sotto un particolare dei balconi di palazzo Maggiore; a fianco, il prospetto della chiesa di San Giorgio.
Nella pagina accanto: il Palazzo della Cancelleria.*

vatori diretti del proprio terreno. Ecco che il territorio cittadino iniziò ad assumere il caratteristico aspetto che ancora oggi si può osservare: **campagne punteggiate da masserie** con **muretti a secco** a mo' di divisorio tra una proprietà e l'altra. Il devastante terremoto del 1693 colpì duramente la zona. La ricostruzione, particolarmente laboriosa, regalò a Ragusa il suo aspetto di **città dai due volti**. La **città nuova**, costruita sull'altopiano, presenta i **dettami del più tradizionale stile barocco**: palazzi eleganti e vie ampie e rettilinee che regalano perfette "inquadrature" dei monumenti più importanti. Al contrario **Ibla**, **la città vecchia**, offre una mescolanza di stili stravagante, con i suoi edifici nuovi di chiara concezione barocca affacciati su stradine e viuzze tipicamente medievali. Un connubio che, forse andando ben oltre le reali intenzioni degli architetti, crea un **suggestivo contrasto**.

■ Ibla, la città vecchia

La visita di Ragusa non può che partire dal suo cuore più antico, dove, passeggiando per le stradine medievali, si riesce ancora a respirare un'atmosfera d'altri tempi. Per accedere a Ibla si sale la

IL PERCORSO SUGGERITO

Città bipolare. La visita parte da Ibla, cuore di Ragusa, cui si accede salendo la scalinata di Santa Maria delle Scale. L'omonima chiesa divide la città millenaria dalla Ragusa "supra".

pittoresca, anche se un poco faticosa, **scalinata di Santa Maria delle Scale** che con i suoi 340 gradini collega la città nuova alla città vecchia, regalando alla fine un panorama spettacolare. La **Chiesa di Santa Maria delle Scale**, che si incontra lungo il percorso, pur risalendo al '300 è stata ricostruita a seguito del terremoto. Della costruzione originale rimangono un portale e il **pulpito gotico ai piedi del campanile**. L'ingresso a Ibla è indicato dalla **statua di San Francesco di Paola** che, posta sull'angolo di **Palazzo Cosentini**, segna l'inizio della **salita Commendatore**. Immersi tra suggestivi vicoli si scoprono alcuni tra gli edifici più belli di Ibla: la **Chiesa di Santa Maria dell'Itria**, con la parte alta del suo bel campanile ottagonale e la cupola rivestite da ceramiche di Caltagirone. **Palazzo Nicastro** e la **Chiesa del Purgatorio**.

Proseguendo oltre Palazzo La Rocca si arriva allo splendido **Duomo di San Giorgio**, posto in cima a una monumentale scalinata d'accesso, da cui si domina tutta Ibla. Costruito nella seconda metà del XVIII secolo, su progetto di Rosario Gagliardi, presenta una splendida **facciata rosata** tripartita da colonne ed eleganti elementi decorativi.

L'interno, diviso in tre navate, è sovrastato da un'**altissima cupola ottocentesca** in cui si aprono **splendide vetrate blu**. Imboccando **corso XXV Aprile** si giunge alla **chiesa di San Giuseppe**, anch'essa attribuita al Gagliardi per la facciata molto simile a quella di San Giorgio. All'interno si può ammirare una cinquecentesca statua in argento del Santo, nonché la pavimentazione con formelle di maiolica e pietra pece. Poco lontano vi sono i resti della **chiesa di San Giorgio Vecchio**. Della costruzione originaria rimane solo il ricco portale gotico-catalano con, nella lunetta, un rilievo del Santo nell'atto di

RISTORANTE VILLA FORTUNATO
Strada per Marina di Ragusa al km 14, tel. 0932667134.
Prenotazione: gradita.
Costo medio del pranzo: 25 euro.
Piatto tipico: carpaccio di pesce spada.
Chiusura: lunedì.
L'ambientazione è in una villa del 1700.

Sopra, da sinistra: la torre di mezzo, sulla costa Iblea e gli scavi archeologici di Camarina, antica necropoli del periodo corinzio.

FESTA DEI SANTI PATRONI: SAN GIORGIO E SAN GIOVANNI A RAGUSA
Centro storico, tel. 0932621421.
Periodo: ultima domenica di maggio e 29 agosto.
Due solenni processioni muovono lungo le strade e le piazze del centro di Ragusa: San Giorgio è il patrono di Ragusa Ibla e San Giovanni quello di Ragusa Superiore. La città, unita amministrativamente, celebra con sfarzo e devozione i patroni. Particolare la danza con il simulacro di San Giorgio.

Sotto: il portale dell'antico Duomo di San Giorgio patrono di Ragusa.

uccidere il drago. Nella piazzetta retrostante si apre il **Giardino Ibleo**, al cui interno si trovano la Chiesa di San Giacomo, con il soffitto ligneo, e la Chiesa dei Cappuccini, con la pala di Pietro Novelli.

■ La città nuova

Anche la visita alla città nuova inizia dalla famosa scalinata di Santa Maria delle Scale. Qui si prende per **corso Italia**, l'asse principale della Ragusa superiore, costruita intorno a grandi viali che intersecandosi danno vita a una scacchiera regolare. Percorrendo il corso si possono ammirare gli eleganti edifici barocchi che vi si affacciano. Tra gli altri si segnala il settecentesco **Palazzo Bertini**, caratterizzato dai **"tre potenti"** (da sinistra il povero indifferente, il nobile fiero e il commerciante arrogante), inquietanti mascheroni che sembrano osservare i passanti. Il cuore della Ragusa nuova è senza dubbio la **Cattedrale di San Giovanni**, originaria del XVIII secolo. Situata nella piazza omonima, quasi un'ampia terrazza affacciata sulla città, la costruzione presenta una **splendida facciata**, **ricca di decori**, ed è affiancata da un agile campanile. Uscendo dalla piazza e imboccando **via Roma** si raggiunge il **Museo archeologico ibleo**, dove si possono ammirare numerosi reperti, per la maggior parte provenienti dai vicini scavi archeologici di Camarina.

■ *Campagna ragusana*
Vi accoglierà un grazioso villino ristrutturato da poco. Intorno la quiete della campagna ragusana. Le camere sono semplici e confortevoli, il mare dista solo dieci chilometri ma per muoversi è indispensabile possedere un'automobile.
B&B Italia - Ragusa
Tel. 066878618

Campanile della chiesa di Santa Maria dell'Itria

ITINERARIO 2 - LA COSTA SUDORIENTALE

DA FONTANE BIANCHE ☐ *CALABERNARDO* ☐ *MARZAMEMI* ☐ *PORTOPALO DI CAPO PASSERO*

■ Dal golfo di Noto a quello di Gela

Da Siracusa, si parte per il golfo di Noto. Qui spiagge di sabbia finissima si alternano a bianche scogliere, come quelle di **Fontane Bianche**. E località turistiche intervallano piccoli borghi di pescatori raccolti attorno a un pittoresco porticciolo. Tra questi, **Calabernardo**, tra le foci del fiume Asinaro e Tellaro, **Marzamemi**, collocata su un piccolo promontorio basso sul mare, e **Portopalo di Capo Passero**, all'estrema punta sud del Golfo di Noto. Di fronte alla costa, fondali incontaminati circondano l'isola di Capo Passero, con il faro e una torre seicentesca, di grande interesse per la straordinaria vegetazione. A breve distanza, l'isola delle Correnti, la punta estrema della Sicilia.

■ Nel regno degli uccelli migratori

Lungo la statale Noto - Pachino al turista attento non sfugge la presenza della **Riserva naturale di Vendicari**, una vera e propria oasi di pace per molte specie di uccelli. L'area è una pianura caratterizzata da dune, coste rocciose e da tre pantani (Pantano Piccolo, Grande e Roveto), dove ogni anno migliaia di uccelli di regioni diverse si fermano per riposarsi e alimentarsi prima di raggiungere le coste africane. Avvicinandosi al mare, si scorgono calette e canneti, ma anche il complesso castello svevo del XV sec. e la settecentesca tonnara. Nel parco, le guide dell'Ente Fauna Siciliana e della Lipu vi faranno da guida.

Prima di tornare sulla costa, si può visitare **Pachino**. La città sorge su un vulcano sottomarino, spento da migliaia di anni. Caratteristico l'impianto urbano del paese a scacchiera regolare, nel cui centro sorge la settecentesca Chiesa Madre intitolata al Santissimo Crocifisso.

Lungo la strada, si incontrano i Pantani Longarini e Cuba, che insieme alla riserva naturale di Vendicari costituiscono la rete di aree umide tipiche della punta sudorientale della Sicilia. Tornati sulla costa, si fa tappa a **Pozzallo**. Di geometrica essen-

---

CANTINA VINI NOBILE
Via Fiume 39,
Pachino (Sr)
tel. 0931846167.
Pachino, al vertice meridionale del triangolo siculo, prossimo a Capo Passero, è uno dei più importanti centri di produzione vinicola della zona. La cantina Nobile produce l'ottimo Rosso di Pachino e il Rosso d'Avola Cerasuolo.

Itinerario 2 - La Costa Sudorientale

☐ Pachino ☐ Pozzallo ☐ Sampieri ☐ Scicli ☐ Donnalucata ☐ a Scoglitti

IL PERCORSO SUGGERITO

Da un mare all'altro. Itinerario costiero, dallo Ionio al Mediterraneo, toccando la punta meridionale dell'Isola. Partenza da Fontane Bianche, a sud di Siracusa, e arrivo a Scoglitti, in provincia di Ragusa.

zialità è la **Torre Cabrera**, simbolo del paese, costruita nel 1429 per proteggere il porto dagli assalti dei pirati. Le carrube sono un altro simbolo del paese, che le esporta anche all'estero. Interessanti dal punto di vista naturalistico sono i dintorni di Pozzallo, dove alcuni stagni sopravvivono alle bonifiche e offrono ancora ristoro agli uccelli migratori prima di volare verso l'Africa.

■ Negli antichi villaggi dei pescatori

Prima di deviare nell'entroterra per una visita a Scicli, merita una sosta **Sampieri**. Questo paese di pescatori, dalle

FRANTOIO FRATELLI APRILE

Contrada Sant'Agata, strada provinciale Scicli-Sampieri km 2.5, Scicli (Rg) tel. 0932833828. *I fratelli Aprile coltivano, nel podere di famiglia, due qualità di olive: la biancolilla e la verdesa. La raccolta avviene secondo antiche usanze. L'olio prodotto è un extravergine eccellente: "Valle dell'Erminio". La vendita avviene attraverso diversi canali: sul posto ma anche via Internet.*

In queste pagine, da sinistra: la spiaggia di Portopalo e la torre di Vendicari. Sopra: una veduta del castello di Portopalo di Capo Passero. A fianco: una caratteristica immagine del paesaggio ibleo.

ITINERARIO 2 - LA COSTA SUDORIENTALE

DA FONTANE BIANCHE ☐ CALABERNARDO ☐ MARZAMEMI ☐ PORTOPALO DI CAPO PASSERO

> **RISTORANTE AL MOLO**
> Via Perrello 90,
> Località Donnalucata,
> Scicli (Rg)
> tel. 0932937710.
> Prenotazione: gradita.
> Parcheggio: no.
> Costo medio del pranzo: 27 euro.
> Piatto tipico: polipetti in umido.
> Chiusura: lunedì.
> *Un locale piccolo ma accogliente con una superba vista sul mare. Cucina semplice e di mare.*

antiche case in pietra e i vicoletti a ridosso del mare, è infatti uno dei centri costieri più caratteristici.

L'impianto urbano di **Scicli** risale per lo più al Settecento,

quando la città fu ricostruita in seguito al terremoto del 1693. La visita del centro può iniziare da Piazza Italia, dove sorge la Chiesa Madre della Madonna delle Milizie in stile barocco, ricca di stucchi dorati e affreschi. Importante è la **Chiesa di San Bartolomeo**, risalente al Quattrocento, l'unica che abbia resistito al sisma. Il suo interno ci permette di ammirare un presepe ligneo del 1573, tra i più antichi della Sicilia. Anche l'architettura civile è ricca di monumenti artistici di epoca barocca. Tra questi, Palazzo Beneventano, Palazzo Fava e Palazzo Spadaro. Scicli si caratterizza anche per le pareti rocciose che incorniciano l'elegante città. Da vedere, le grotte del colle Chiafura, dove ogni anno gli abitanti ambientano un suggestivo presepe vivente.

Si torna sulla costa alla volta di **Donnalucata**, località turistica, dove si può visitare la chiesa della Madonna delle Milizie e il Duomo, costruito nel 1883 con blocchetti di calcarenite chiara.

Santa Croce Camerina, a pochi chilometri dalla costa, è un paese dedito all'agricoltura e alla floricoltura. Da vedere, la Chiesa Madre del XIII secolo. L'interno, a tre navate, conserva una copia della Madonna di Loreto del Caravaggio e una sta-

> **CASTELLO DI DONNAFUGATA**
> Località Donnafugata,
> (Rg) tel. 0932619333
> Orari: 9-12 e 15.30-18.30. Chiuso il lunedì.
> Ingresso: 5,00 euro.
> *Nell'antico Castello di Donnafugata sono conservati arredi, dipinti e decorazioni, risalenti a epoche che vanno dal Seicento fino ai primi decenni del Novecento.*

tua lignea di S. Giuseppe. Accanto alla chiesa c'è Palazzo Pace in stile liberty.

■ A Scoglitti, per assistere all'asta del pesce

Scoglitti è un interessante centro turistico sviluppatosi attorno all'originario piccolo paese marinaro. E' infatti dotato di un piccolo porto da dove partono numerose imbarcazioni per la pesca a strascico. Qui si può ancora assistere all'antico rito della vendita all'asta del pesce. Nella zona circostante da visitare la **Riserva Naturale Pino d'Aleppo**, posta tra i fiumi Ippari e Acate. Pioppi, salici e un folto e rigoglioso canneto ornano le rive del fiume. Tra gli animali, sono presenti ricci, istrici, conigli.

Da visitare anche il vicino **Museo Regionale**, ubicato all'interno dell'area archeologica dell'antica città classica di Camarina, risalente secondo Tucidide al 598 a.C. La sede del Museo, una costruzione rurale di fine Ottocento, insiste nel sito dell'acropoli dove sorgeva il tempio di Athena, i cui resti sono ancora visibili all'interno di uno degli ambienti del museo. Dell'antica città, che si estendeva su tre colli, di cui il più importante era quello di Camarina, presso la **foce dell'Ippari**, si conservano parti delle mura arcaiche e la grande torre. Le rovine occupano un tratto di costa, noto come Baia dei Coralli, estesa per oltre 600 metri.

■ Sul mare di Punta Secca

Affacciato su una spiaggia dorata, dalla quale si possono ammirare le diverse specie di uccelli migratori, l'agriturismo Scalambrì mette a disposizione degli ospiti piccole casette, immerse nel verde.

Capo Scalambrì - Contrada Palmento - Punta Secca - Santa Croce Camerina (Rg)
Tel. 0932239928 - Fax 0932616263

In queste pagine, da sinistra: il ricovero di un'imbarcazione da pesca, le saline di Pachino.
In basso: il panorama di Pachino in una suggestiva foto dell'Apt di Ragusa.

PASTICCERIA MALANDRINO

Corso Italia 412, Ragusa
tel. 0932621134.
Più di trent'anni di attività di questa pasticceria dimostrano come essa sia un punto di ritrovo per golosi e passanti per caso. Vanto della casa sono i macallè, un dolce a metà strada tra un krapfen e un cannolo classico (sia alla crema che alla ricotta). Per Pasqua le uova di cioccolato vanno a ruba.

RISTORANTE SAKALLEO

Piazza Cavour 12, Località Scoglitti, Vittoria (Rg)
tel. 0932871688.
Prenotazione: gradita.
Parcheggio: no.
Costo medio del pranzo: 30 euro.
Piatto tipico: spatola panata e arrostita.
Chiusura: dalla metà di novembre alla metà di dicembre.
Ad una cucina di tradizione si unisce una buona carta dei vini.

ITINERARIO 3 - LA SICILIA OCCIDENTALE

DA TRAPANI ☐ PACECO ☐ DATTILO ☐ FULGATORE ☐ CALATAFIMI ☐ A SEGESTA

Strade tra storia e natura

Il viaggio attraverso la Sicilia occidentale parte dalle distese di sale e vecchi mulini del Trapanese. Scendendo lungo la costa, si incontra il centro di Marsala, dove ebbe luogo lo sbarco dei Mille. Inevitabile proseguire verso l'entroterra, a Calatafimi, l'antico centro che fu teatro della decisiva vittoria dei Garibaldini. Anche Segesta propone un tuffo nella storia con il Parco Archeologico famoso per il Tempio dorico e il Teatro. E poi le spiagge, le calette naturali fino a Pantelleria.

■ A Trapani tra fortezze e coralli

La città di **Trapani** si sviluppa lungo un promontorio che si protende verso il Mediterraneo, incastonata tra arenili, scogliere e faraglioni. Ricchi di fascino e storia anche i monumenti di questa città marinara. Nel centro antico, sorge in un giardino recintato il **Santuario dell'Annunziata**, il principale monumento trapanese. Eretto nella prima metà del Trecento, venne totalmente rifatto nel 1760. Della costruzione originaria in stile gotico resta la facciata con il rosone e il portale. All'interno, la statua marmorea della Madonna di Trapani risalente al XIV secolo, la Cappella dei Marinai, costruita in tufo, e la Cappella dei pescatori. Sempre nel centro storico, meritano una visita la Cattedrale di San Lorenzo, dove si conserva una Crocifissione attribuita al pittore fiammingo Van Dyck, e la Chiesa del Purgatorio con il Sacro Gruppo dei Misteri. Si tratta di venti gruppi lignei, realizzati dalla scuola artigiana trapanese del XVIII secolo che vengono portati in processione la notte del Venerdì Santo. Nelle strade

AZIENDA AGRITURISTICA DUCA DI CASTELMONTE
Via Salvatore Motisi
Xitta 3, Trapani
tel. 0923526139.
In posizione strategica (a 3 km da Trapani, nei pressi della montagna di Erice e 40 minuti da San Vito lo Capo), questo agriturismo offre 12 appartamenti. Si producono ortaggi, frutta, marmellate. Il ristorante riserva la cucina tipica del luogo.

■ Con i bimbi al Museo

Questo museo, decisamente insolito, è molto interessante anche per i bimbi. Seguendo le spiegazioni delle guide, potranno scoprire e comprendere come anticamente si lavorava il sale.

Museo del Sale
Via delle Saline - Paceco (Tp)
Tel. 0923867442

Itinerario 3 - La Sicilia occidentale

Da Trapani ☐ *Paceco* ☐ *Dattilo* ☐ *Fulgatore* ☐ *Calatafimi* ☐ **a Segesta**

IL PERCORSO SUGGERITO

Dopo aver visitato Trapani, si imbocca la Ss 115 e si arriva a Paceco; da qui si prende per Dattilo e si segue poi il percorso della Ss 113 fino all'area archeologica di Segesta.

In queste pagine: immagini di Trapani. Da sinistra: il palazzo municipale, il campanile del santuario dell'Annunziata; sotto: La torre Ligny e il palazzo Adragna; in basso: resti del sito greco di Kartibucale.

della città sono evidenti i segni delle culture che si sono succedute. Un esempio è il quartiere ebraico con il Palazzo della Giudecca e quello di Casalicchio, con il suo labirinto arabeggiante di stradine. Dirigendosi poi verso il mare, all'estrema punta della città, si erge maestosa la **Torre di Ligny**, una torre di avvistamento del 1671, oggi sede del Museo della Preistoria. Nei pressi, su un'isola all'imboccatura del porto, fa mostra di sé il Castello della Colombaia, fortezza edificata nel 1300. E' qui, costeggiando il porto e scendendo giù lungo la costa, che si percepisce quanto la storia della città sia da sem-

MERCATO DEL PESCE

Lungomare Alighieri e piazza del Mercato, Trapani
tel. 0923401111.
Periodo: ogni giorno dalle 7 alle 13.
*Il senso del Mediterraneo, "mare nostrum", può essere riscontrato nei due mercati del pesce della città (uno per la vendita all'ingrosso e l'altro per quella al dettaglio).
Una scena che si ripete ogni giorno.*

ITINERARIO 3 - LA SICILIA OCCIDENTALE
DA TRAPANI □ PACECO □ DATTILO □ FULGATORE □ CALATAFIMI □ A SEGESTA

Sopra: artigianato popolare, al museo Pepoli di Trapani. A destra: le saline trapanesi.

SAGRA DELLA CUCCÌA A PACECO (TP)

Centro cittadino, tel. 0923401111.
Periodo: 13 dicembre.
Nel giorno di Santa Lucia, le strade di Paceco sono attraversate dalla nave della provvidenza simbolo della festa, fatta sfilare su un carro che distribuisce: la "cuccìa", un piatto a base di ceci, frumento e vino cotto.

FESTA DEL SANTISSIMO CROCIFISSO A CALATAFIMI (TP)

Centro città, tel. 0924951534.
Periodo: 1-3 maggio, ogni cinque anni.
Per tre giorni si svolgono tre processioni. Nella prima sfilano 100 bambini con gli ori del crocifisso, nella seconda i rappresentanti dei mestieri; nella terza porta il crocifisso.

pre strettamente legata al mare. Non solo attraverso l'attività della pesca e del porto. In passato, a partire dalla seconda metà del '500, anche la lavorazione del corallo ha dato ricchezza e fama a Trapani, come testimonia una collezione di opere in corallo del **Museo Pepoli** (presso l'antico convento dei Carmelitani nel centro cittadino).

■ Sconfinate distese di sale e vecchi mulini

E oggi il mare continua ad essere fonte di vita di questa città grazie al turismo (Trapani è collegata con le isole Egadi e con Pantelleria) e attraverso l'antica attività legata alle saline. Immancabile, dunque, una visita ai luccicanti specchi d'acqua recintati che si estendono lungo la costa da Trapani a Marsala per circa 30 km.
Non può mancare, di conseguenza, una visita al **Museo del sale**, nel territorio della vicina **Paceco**, in località Nubia. Qui, nelle stanze di uno dei pochi **mulini a vento** che ancora punteggiano la costa, sono esposti le tecniche e gli attrezzi di lavoro dei salinai. Mulini e mucchi di sale sono oggi inclusi nella Riserva Naturale orientata "Saline di Trapani e Paceco" (circa mille ettari di terreno), istituita per tutelare una delle ultime zone umide costiere della Sicilia occidenta-

■ Campeggiare a Trapani

Un ottimo punto di partenza per una visita in centro, al Santuario dell'Annunziata o, magari, alla Torre di Ligny. In piazzale Ilio, a Trapani, è possibile sostare in un camper service dotato di tutti i servizi necessari: dal rifornimento idrico al pozzetto di scarico, fino alla presa per l'illuminazione elettrica.
Per informazioni tel. 0923590111

le, ricca di flora e fauna.
Vi sostano infatti diverse specie di uccelli, come la cicogna, il fenicottero, il cavaliere d'Italia, anitre selvatiche e aironi. Un paradiso per gli amanti del bird-watching.
Spostandosi da Paceco verso **Fulgatore**, si attraversa un paesaggio ricco di palme da dattero, quello che attornia il borgo di **Dattilo**. Imboccata la statale 113 e percorsi altri 15 km circa, si sale a 300 metri sopra il livello del mare.

■ Da Calatafimi al teatro greco di Segesta

In questo territorio, immerso in boschi di pini e querce da sughero, sorge l'antico centro di **Calatafimi**, noto per essere stato teatro della decisiva vittoria dei Garibaldini sulle truppe borboniche nella battaglia del maggio 1860, durante l'avanzata dei Mille verso la capitale. A ricordo di tale battaglia, sul colle detto Pianto Romano sorge il Monumento Ossario, eretto nel 1892. Il terremoto del 1968 ha notevolmente danneggiato il paese, obbligando a realizzare nuovi insediamenti, pur non rinunciando al recupero del centro storico.

A 41 km da Trapani, a nord di Calatafimi, si incontra un'altra città densa di storia e circondata da una rilassante natura, **Segesta**. Del proprio passato la città conserva due opere significative, il Tempio dorico del V sec. a.C. e il Teatro del III sec. a.C., entrambe inserite nel Parco Archeologico di Segesta, tra i più importanti siti dell'Isola.

Il Teatro greco domina la cima del Monte Barbaro. Si presenta come un ampio semicerchio, suddiviso in sette spicchi e attraversato da una ventina di gradinate scavate nella roccia. Il teatro cela un passaggio sotterraneo che permetteva agli attori di sbucare fuori all'improvviso sorprendendo gli spettatori. Straordinariamente, il tempio, edificato su un poggio, poco fuori dalla città, appare perfettamente conservato. Sostenuto da 36 colonne lisce in calcare di una tinta dorata, era collegato all'antica città di Segesta per mezzo di due vie intagliate nella roccia.

Sopra: il tempio Dorico di Segesta; in basso: un panorama di Calatafimi ed il teatro romano di Segesta.

Ad Erice: le mura, il duomo ed il castello romano; qui a lato un panorama della zona marina.

■ Le mura ciclopiche di Erice

L'itinerario prosegue nella vicina **Erice**, a 750 m sul livello del mare. Le strade del borgo conservano il fascino del passato, per la presenza di antichissime mura megalitiche e testimonianze medievali. L'impianto urbano, a base triangolare, è delimitato sul lato occidentale dalle mura puniche, del VII sec. a.C., le cosiddette **Mura Ciclopiche**, interrotte da torrioni e da tre porte normanne: porta Spada, porta del Carmine e porta Trapani. Ai vertici della base triangolare si collocano la chiesa della Matrice

del 1314, il Quartiere Spagnolo, cioè un fortilizio seicentesco la cui costruzione è rimasta incompleta, e il normanno Castello di Venere. Dalla sommità di quest'ultimo era possibile controllare un ampio raggio di territorio che, nei giorni limpidi, poteva arrivare fino a Pantelleria. Nel punto centrale del triangolo sorge la chiesa di S. Pietro con l'annesso monastero che oggi ospita il Centro di Cultura Scientifica Ettore Majorana. Tra le oltre sessanta chiese ericine, tante ne include la città, primeggia fra tutte la **Chiesa Matrice**, contraddistinta dalla massiccia torre campanaria con bifore e monofore, sulla sinistra.

Il centro storico presenta un impianto urbanistico medievale quasi perfettamente conservato con piazzette, strade lastricate, vicoli stretti e sinuosi colorati dai balconi che si affacciano sulle vie colmi di fiori. Il tour della città può concludersi tra opere pittoriche e reperti preistorici, punici e

DA ERICE ☐ VALDERICE ☐ CUSTONACI ☐ A SAN VITO LO CAPO

IL PERCORSO SUGGERITO

Si lascia Trapani, imboccando la Ss 187, diretta verso est. Si toccano Erice e Valderice; si punta poi a nord, per Custonaci, fino a giungere a San Vito lo Capo, rinomata località turistico-balneare.

greci della necropoli ericina. Tra questi la testa di Afrodite del V sec. a.C.
A circa 7 km si incontra **Valderice**, piccolo centro che da sempre vive di agricoltura. Questa antica civiltà contadina è testimoniata ancora oggi dai cosiddetti "Bagli", dall'arabo "Bahah", cortile. Si tratta di tipiche costruzioni rurali che svolgevano funzioni di controllo dei lavori dei campi all'interno dei grandi feudi. Fra questi, il Baglio Battiata, il Baglio Santa Croce, il Baglio Marini e il Baglio Nobili. Dirigendosi verso il litorale, una torre di avvistamento, oggi adibita a piccolo museo del mare, segnala la secentesca **Tonnara di Bonagia**.

■ Custonaci, la 'riviera dei marmi'

Si prosegue per **Custonaci**, noto come "riviera dei marmi" per la produzione di marmi pregiati. Il paese, di origini molto antiche, è stato abitato sin dalla preistoria, come dimostrano i reperti archeologici rinvenuti nelle numerose grotte del territorio.
Altrettanti millenni vanta il vicino borgo di **Scurati**, a circa un chilometro di distanza. Qui si trova infatti una grotta di proporzioni gigantesche, Grotta Scurati, detta anche **Grotta Mangiapane**, dal nome della famiglia che vi abitò per più di un secolo sino alla fine della seconda guerra mondiale. Al suo interno, un agglomerato rurale, costituito da case squadrate di un sol piano, completo di cappella e strada acciottolata. Di notevole interesse sono inoltre le incisioni presenti sulle pareti,

Sopra: la chiesa della Madonna di Custonaci. Sotto: i "meloni gialli" tipico prodotto di molte zone del trapanese.

RISTORANTE CORTILE DI VENERE 2, A VALDERICE (TP)
Località Bonagia, via Tonnara 59, tel. 0923592700.
Prenotazione: gradita.
Parcheggio: agevole.
Costo medio del pranzo: 28 euro.
Piatto tipico: cuscus di mare.
Chiusura: mercoledì a mezzogiorno.
Curato con gusto, il ristorante offre un'ottima cucina di mare. Oltre al cous cous, tonno e pesce spada, secondo le ricette locali.

Da Erice □ Valderice □ Custonaci □ a San Vito lo Capo

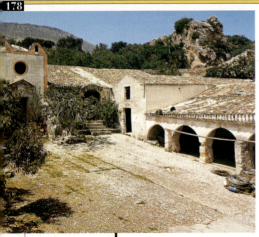

risalenti al Paleolitico superiore. Questo villaggio abbandonato rivive nel periodo natalizio, quando vi si rappresenta un presepe vivente che coinvolge oltre 200 persone.
Non lontano dalla Grotta Scurati, si innalza a picco sul mare il Monte Cofano, dove paesaggi incontaminati invitano a escursioni nella natura. Nella zona è stata riscontrata una particolare flora che comprende, oltre a specie comuni dell'area mediterranea, altre piante endemiche o rare. Anche i fondali riservano straordinarie sorprese. La base del **Monte Cofano**, 500 metri al largo, disegna i cosiddetti "Orli del Cofano", sulle cui pareti un tempo si pescava il corallo rosso lavorato dagli artigiani trapanesi. Ancora oggi, sugli spuntoni rocciosi in profondità si può trovare qualche colonia di corallo.

■ Le torri di San Vito lo Capo

L'itinerario si spinge ora verso nord, tra baie e spiagge, per approdare a **San Vito lo Capo**, segnalato in lontananza dalle numerose torri che in passato avvistavano le navi nemiche. Tra queste, la torre dell'Impiso, di Torrazzo, di Sceri e di Roccazzo. L'antica fortezza saracena, successivamente trasformata in santuario dedicato a S.Vito nel XIII secolo, indica l'area attorno alla quale sorgeva una volta il borgo di antica tradizione marinara, oggi anche ambita meta turistica. Tutt'attorno, in alcune grotte che si aprono nella roccia calcarea del promontorio, sono state rinvenute testimonianze paleolitiche. Con escursioni non impegnative si possono scoprire lungo la costa a est le grotte di Capreria, dei Ciaravelli e la Tonnara del Secco, a ovest la grotta Racchio, quella di Cala Mancina e le grotte dell'Isulidda e Perciata. Di notevole interesse la **grotta di Cala**

In alto: un cortile medievale nelle campagne di Scopello, nei pressi di San Vito Lo Capo dove è edificata la torre medievale (foto sopra). In basso: i faraglioni di Scopello.

RISTORANTE THA'AM
Via Abruzzi 32,
San Vito lo Capo (Tp)
tel. 0923972836.
Costo medio del pranzo: 25 euro.
Chiusura: mercoledì.
Cucina siciliana e tunisina a ricordare la vicinanza con l'Africa.

ITINERARIO 3 - LA SICILIA OCCIDENTALE

DA ERICE □ VALDERICE □ CUSTONACI □ A SAN VITO LO CAPO

Mancina, per l'incisione di una figura antropomorfa, e **le Grotte del Racchio**, per le incisioni paleolitiche raffiguranti cervi.

Quest'ultima si trova lungo il sentiero che porta in cima al Monte Monaco (532 m), che domina i due golfi di Castellammare e del Cofano, dove volteggiano rapaci ormai rari come l'aquila del Bonomelli.

Anche la costa, selvaggia e incontaminata, vanta un ambiente di grande fascino. Ripidi costoni, calette naturali e spiagge di sabbia finissima custodiscono fondali ricchi di flora e di fauna. A sua difesa dal 1981, da Scopello a San Vito lo Capo, è stata istituita la **Riserva Naturale Orientata dello Zingaro**.

■ Spiaggia di conchiglie

Immaginate una spiaggia di conchiglie sminuzzate, lambita da un mare cristallino. Arrivarci non è semplicissimo e la strada è molto tortuosa, ma la fatica è ricompensata dallo splendido paesaggio.

Spiaggia di San Vito lo Capo

COUS COUS FEST A SAN VITO LO CAPO (TP)
Centro storico, tel. 0923972464.
Periodo: settembre.
Da non perdere: per assistere alla "'ncocciata", cioè alla preparazione del cous cous nella grande "mafaradda" di terracotta, seguendo un rito arabo antichissimo.

In questa pagina, sopra: la tonnara di Scopello; sotto la splendida spiaggia di San Vito Lo Capo. Località rinomata per la cucina Araba e lo spledore delle campagne.

ITINERARIO 3 - LA SICILIA OCCIDENTALE

MARSALA □ *MAZARA DEL VALLO* □ *CAMPOBELLO DI MAZARA* □ *CASTELVETRANO*

■ Da Marsala: l'antica Lilibeo, fra gli ulivi dell'entroterra

Marsala, l'antica Lilibeo. Il nome deriva da Mar-sah el Ali, **Porto di Ali**. Il centro urbano può essere però datato al 397 a.C., quando i fenici sconfitti dai siracusani si insediarono nella zona. Lilibeo divenne una roccaforte cartaginese, protetta dal mare e da un'imponente cinta muraria. In epoca romana, la città mantenne importanza commerciale. Al porto è legato lo sbarco dei Mille in Sicilia, guidati da Garibaldi. Nel '700 nasce l'industria del vino Marsala, fondamentale per l'economia cittadina. Adagiata sul promontorio di **Capo Boeo**, la città si caratterizza per il fascino arabo del porto e dei vicoli. In piazza della Repubblica c'è Palazzo Senatorio. In via Garibaldi si apre l'**ex quartiere militare spagnolo**, oggi sede del municipio. Alle spalle, ogni mattina si tiene il **mercato del pesce**. Da vedere anche la **Cattedrale** e il **Museo Archeologico** che ha sede nel baglio (stabilimento vinicolo) Anselmi, custode dei reperti che raccontano la storia della zona di Marsala. Costeggiando verso sud e lasciando alle spalle Marsala arriva **Mázara del Vallo**. Nel VI e nel V secolo a.C. il luogo viene preso dai Cartaginesi che lo tengono per quasi due secoli, e nel 210 a.C. passa ai Romani.

Con la dominazione musulmana, Mazara diventa uno dei principali porti. La città conserva testimonianze normanne nei resti del **Castello**, nella chiesetta di San Nicolò Regale e nella **Cattedrale**. Anche se rimaneggiate, numerose sono le chiese presenti. Da visitare il **Palazzo dei Cavalieri di Malta**. Poco distante, sopra un poggio si erge il **Santuario della Madonna dell'Alto**.

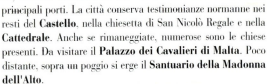

In alto: la chiesa del Purgatorio, a Marsala. Sopra: la facciata del Seminario annesso alla Cattedrale di Mazara del Vallo.

MUSEO DEGLI ARAZZI
Via Garaffa 57,
Marsala (Tp)
tel. 0923712903
Orari: 9-13 e 16-18.
Chiuso il lunedì
Ingresso: 1,03 euro.
Si può ammirare una serie di otto arazzi fiamminghi cinquecenteschi, donati nel 1589 alla chiesa locale da mons. Antonio Lombardo.

In alto: la statua in stucco di Santa Lucia, conservata nell'abside della Cattedrale di Mazara del Vallo; sotto: la lavorazione del sale, a Marsala in una foto d'epoca.

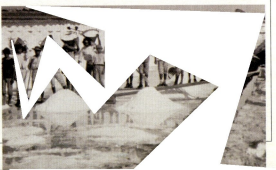

Itinerario 3 - La Sicilia occidentale
☐ *Partanna* ☐ *Salaparuta* ☐ *Gibellina* ☐ *a Salemi*

IL PERCORSO SUGGERITO

Da Marsala, si prosegue lungo la Ss 115 fino a Castelvetrano; si continua lungo la Ss 119, seguendo un percorso articolato nell'entroterra. Si visitano Partanna, Salaparuta, Gibellina e Salemi.

■ Campobello, tra ulivi e sughero

Deviando dalla costa e continuando verso l'interno si incontra, in una zona collinare, stesa lungo un debole pendio della bassa valle del fiume Modione, **Campobello di Mazara**, a 100 metri sopra il livello marino, borgo noto per la produzione delle olive. Il paese venne fondato nel 1623 da Giuseppe di Napoli, che dal 1630 ne mantenne il possesso con il titolo di duca. Campobello basa la sua economia anche sulla lavorazione del sughero, del crine vegetale e del legno. All'interno della **Chiesa Madre**, dedicata a Santa Maria delle Grazie, è possibile ammirare il pregevole **Crocifisso di Fra Umile da Petralia**. Nei pressi sono visitabili le **cave di Cusa**, da dove Selinunte traeva materiale di tufo calcareo. Uscendo da Campobello e continuando il viaggio nell'entroterra siciliano si arriva a Castelvetrano.

■ Tra i colli di Castelvetrano

L'origine di **Castelvetrano** potrebbe risalire alle antiche popolazioni sicane di Legum e successivamente alle colonie dei cosiddetti veterani selinuntini, da cui l'antico nome "castrum veteranorum". Le diverse sovrapposizioni architettoniche che si sono succedute hanno mescolato stili arabi a quelli medievali. Nel museo civico ospitato nelle stanze di **Palazzo Maio** è custodita la statuetta dell'**Efebo di Selinunte**, elegante bronzo del V secolo a.C. L'economia del luogo è basata sulla coltivazione delle olive e una sviluppata industria vinicola.
Con una piccola deviazione dalla statale verso est si arriva a **Partanna**, centro agricolo commerciale che sorge sulle pendici

Sopra: la torre di Campobello di Mazara, sotto: uno scorcio del porto peschereccio di Mazara del Vallo; a lato una antica veduta del porto di Marsala.

Itinerario 3 - La Sicilia occidentale
Da Marsala ☐ Mazara del Vallo ☐ Campobello di Mazara ☐ Castelvetrano

meridionali del **Cozzo Rizzo** alto cinquecento metri, nella media valle del fiume Belice. Vicinissima a Partanna si incontra **Salaparuta**. Monumento principale della città è la **Chiesa Madre** che raccoglie la quattrocentesca statua di Santa Caterina. Poco distanti i **ruderi della città antica**. Il centro si sviluppa a 400 metri sul livello del mare. Del posto, totalmente distrutto dal terremoto, si può ammirare l'impronta del tracciato radiale. Nella stessa zona si arriva facilmente a **Gibellina**, fondata nel '300, completamente distrutta dal terremoto del 1968 e ricostruita a 18 chilometri dall'originario insediamento medievale.

■ La nuova Gibellina, città d'arte

Lontana dalle rovine, che oggi sono un labirinto di cemento, sorge la nuova Gibellina, per la ricostruzione della quale sono stati chiamati artisti contemporanei quali Pomodoro, Consagra, Cascella, Isgrò, per citarne alcuni. Molte le opere, come l'imponente **stella all'ingresso della città**, la piazza del municipio con la Torre Civica e la **Chiesa Madre** caratterizzata da una grande sfera bianca visibile anche a

distanza. Il viaggio prosegue con una deviazione a ovest che porta a **Salemi**. Il centro cresce sul fiume Delia ed è erede di Halicyae, centro sicano. Dopo essere stato sotto la dominazione araba, il borgo diventa feudo dei Ventimiglia e dei Moncada. Da vedere il **Castello normanno** del secolo XII nei cui pressi è possibile raggiungere le rovine della **Basilica bizantina**.

PASTICCERIA NINO GENCO
Via Mannone 97,
Castelvetrano (Tp)
tel. 092481112.
La famiglia Genco gestisce la premiata pasticceria da quattro generazioni. Tra le specialità torte al limone, cannoli di ricotta e baci di dama. La pasticceria inoltre propone un dolce antichissimo: il dolce di riposo preparato secondo una ricetta regionale.

In questa pagina, dall'alto: la chiesa della Santissima Trinità di Delia, piccola località a pochi chilometri da Castelvestrano, di cui una foto d'epoca mostra Piazza Garibaldi. Sotto: due foto delle colate sulle rovine di Gibellina, famosa opera, a cielo, aperto del maestro Burri.

ITINERARIO 3 - LA SICILIA OCCIDENTALE
☐ *PARTANNA* ☐ *SALAPARUTA* ☐ *GIBELLINA* ☐ **A SALEMI**

Sopra: uno scorcio del centro storico di Salemi.
A fianco: un interno della chiesa barocca della Matrice a Partanna di Trapani.

PANIFICIO TRIOLO

Piazza San Giovanni, Castelvetrano (Tp) tel. 03746424804.
Il panificio Triolo è uno dei tanti della città che producono il celebre pane nero di Castelvetrano: è preparato con farina integrale, lievita naturalmente ed è cotto in forni a legna costruiti in pietra.

La riserva marina delle Isole Egadi

Fino a circa 600.000 anni fa costituivano la punta più occidentale della Sicilia. Nel corso del tempo il livello del mare, innalzandosi, le ha separate dalla terraferma formando un piccolo arcipelago. Abitate fin dalla preistoria, la loro posizione strategica sul Mediterraneo le rese oggetto di diverse dominazioni. Furono un insediamento punico-fenicio. A partire dal 241 a.C. divennero presidio romano. Nel XVI secolo gli Spagnoli, i dominatori del tempo, furono costretti a venderle alla famiglia Pallavicino-Rusconi di Genova come pagamento per un prestito. Di recente l'arcipelago è diventato riserva marino-paesaggistica, ed è meta di un grandissimo afflusso turistico.

Le isole si raggiungono da Trapani, con motoscafi e motonavi, che durante la sta-

Sopra, due panorami di Favignana, sotto: un momento della "mattanza" a conclusione della pesca del tonno, nelle tonnare di Favignana.

ITINERARIO 3 - LA SICILIA OCCIDENTALE
DA FAVIGNANA □ LEVANZO □ A MARETTIMO

IL PERCORSO SUGGERITO

Giro delle Egadi. Le tre isole, Favignana, Levanzo, Marettimo, sono comodamente raggiungibili da Trapani attraverso un servizio di collegamento con motonavi e aliscafi.

gione turistica potenziano il servizio. Sono inoltre molto frequenti i traghettamenti tra un'isola e l'altra.

■ Favignana e la mattanza

E' il capoluogo delle Egadi, è l'isola più grande ed ha una superficie di 19 kmq. E' conosciuta anche con il nome di **"farfalla"** per la forma, simile appunto a una farfalla con le ali irregolari. A chi arriva si presenta come divisa in due parti: a oriente è verde e pianeggiante, a occidente rocciosa. Del periodo dell'insediamento romano restano gli scavi archeologici dei famosi **"Bagni delle Donne"**, vasche adornate di mosaici scavate nella roccia calcarea che ricevevano l'acqua dal mare attraverso un condotto sotterraneo.

Nel contesto del centro abitato, costruito nel XVII secolo sui resti di quello medievale, tra i monumenti più interessanti sono la **Chiesa Madre**, dedicata all'Immacolata Concezione, il **Villino Florio**, costruito nell'ottocento e oggi sede del Municipio, e la **Tonnara**.

Un tempo attivissima, oggi la Tonnara di Favignana risente della concorrenza dei giapponesi, che praticano una pesca industriale d'alto mare. La cerimonia caratteristica dell'isola è la

RISTORANTE GUCCIONE
Via Colombo 17,
Favignana (Tp)
tel. 0923921232.
Prenotazione: gradita.
Costo medio del pranzo: 30 euro.
Piatto tipico: falso magro di tonno.
Aperto da metà maggio a settembre.
Un ristorante situato nel cuore del piccolo centro di Favignana.

COOPERATIVA LA MATTANZA
Via Pacinotti,
Favignana (Tp)
tel. 0923873200 (il numero di telefono è dell'Agci Pesca di Trapani).
La cooperativa si occupa della lavorazione di una parte del pescato di Favignana: si producono lattine di tonno da 300 grammi. Presto a questa produzione saranno aggiunti altri prodotti (bottarga e ficazza).

■ Favignana

*Quale mezzo migliore di un'imbarcazione per visitare le Egadi?
A Favignana è possibile ormeggiare nei pontili vicini a piazza Marina, dal lato opposto al distributore di carburante.
Non può mancare una visita a palazzo Florio, alle spalle del porto.
Per informazioni tel. 0923922422*

Itinerario 3 - La Sicilia occidentale
Da Favignana □ Levanzo □ a Marettimo

mattanza, spettacolo molto apprezzato dai turisti. Seguendo un rito antico, i pescatori accerchiano i tonni con le loro barche, li imprigionano nelle reti e li spingono nella cosiddetta "camera della morte" dove li arpionano. Nei locali a terra poi il tonno viene lavorato e preparato per la vendita.

La stagione migliore per la pesca del tonno è la primavera, specie dalla seconda settimana di maggio fino alla prima di giugno. Per chi visita l'isola nel resto dell'anno ci sono le foto, in mostra ovunque, e i racconti dei pescatori.

Costituita di pietra calcarea e arenacea, per molto tempo Favignana ha esportato i cosiddetti "cantuna", blocchi di tufo da costruzione. Ne restano le cave, scavate come grotte, sparse per tutta l'isola.

■ Da Punta Ferro a Calarossa

Partendo dal porto è possibile fare un giro lungo il suo perimetro. Si toccano, tra le altre, Punta Ferro, Punta Sottile, sede di un faro, e la bellissima spiaggia di **Punta Calarossa**, così chiamata per il sangue versato dai cartaginesi sconfitti dai romani (241 a.C.). Scegliendo di conoscere l'isola da terra il mezzo consigliato è la bicicletta.

■ Levanzo e i graffiti del neolitico

È l'isola più piccola delle Egadi. Il suo aspetto è selvaggio, solo a tratti è coperta dalla macchia. Il centro è Cala Dogana, da cui partono viuzze che consentono piacevoli passeggiate. A nord-ovest del paese, a circa due ore a piedi (ma ci si arriva anche via mare), c'è la **Grotta del Genovese**, famosa per i suoi graffiti risalenti all'età paleolitica, quando ancora l'arcipelago delle Egadi era attaccato alla Sicilia. La grotta è alta 4 metri, profonda 12 e larga 8,50. Un gruppo di graffiti (risalenti a circa 10.000 anni fa) rappresenta figure di animali (la più famosa è quella che raffigura un cervo) e un altro dei danzatori. Sono disegnati con grande realismo e sono testimonianza di una civiltà dedita alla caccia e alla pesca del tonno. Le figure umane in movimento sono molto probabilmente ispirate a riti magici. Anche il mare di Levanzo è ricco di reperti archeologici risalenti all'epoca romana e spagnola.

TRATTORIA EL PESCADOR

Piazza Europa 43,
Favignana (Tp)
tel. 0923921035.
Prenotazione: gradita.
Costo medio del pranzo: 30 euro.
Piatto tipico: gnocchi alle erbe isolane.
Chiusura: mercoledì.
Una trattoria che ricorda (con cimeli, foto e arredamenti) la pesca del tonno. La cucina, ovviamente, è a base di pesce.

■ *Sabbia e scogli*

Dal paese seguite le indicazioni per il villaggio l'Approdo di Ulisse, quindi percorrete un breve sentiero bianco. La spiaggia vi stupirà per la sua bellezza selvaggia e quasi incontaminata. Rocce e sabbia sono lambite da un mare dagli incredibili toni turchesi.
Cala Rotonda - Favignana

Itinerario 3 - La Sicilia occidentale
Da Favignana □ Levanzo □ a Marettimo

Nella pagina a fianco, dall'alto: la zona archeologica e la Cala Dogana di Levanzo e un angolo del piccolo centro abitato di Marettimo, la più "montana" delle Egadi. In questa pagina, a Marettimo: una caletta di pescatori; Punta Troia e un tratto di spiaggia.

■ Marettimo, l'isola delle grotte

E' l'isola più occidentale, la più lontana e la più montuosa. Non ci sono alberghi, solo un piccolo porto. Gli abitanti ospitano direttamente i turisti nelle loro caratteristiche case di tufo bianco. Probabilmente a causa del suo lungo isolamento (è stata la prima a staccarsi dalla Sicilia) l'isola è ricca di piante rare. Tra queste si diramano le mulattiere, unica tipologia di strada del posto.
Poche le tracce del passato che attestano la presenza dei Romani sull'isola. Non a caso l'unica zona archeologica è costituita dai ruderi di quello che un tempo era un vasto edificio chiamato **"case romane"**.
Durante l'occupazione spagnola una vecchia torre saracena, posta a nord-ovest del paese, venne trasformata nel castello di **Punta Troia** e utilizzata come prigione (nel 1798 vi fu rinchiuso Guglielmo Pepe, il patriota del Risorgimento). Marettimo è famosa anche per le **grotte** che si aprono tra le sue spiagge. Ci si arriva con lunghe passeggiate o, meglio, con una barca, messa a disposizione dagli abitanti. Da citare: la Grotta del Cammello, quella del Tuono, la Grotta Perciata e la Grotta del Presepio dove l'azione del mare ha modellato rocce che sembrano figure umane.

Albergo Aegusa

Via Garibaldi 11,
Favignana (Tp)
tel. 0923922430.
I posti dove alloggiare a Favignana non sono molti. L'albergo Aegusa si caratterizza per il tono sobrio dell'arredamento (è ubicato in un palazzo ottocentesco) e il comfort. Il ristorante annesso propone i piatti della tradizione isolana.

ITINERARIO 3 - PANTELLERIA

In queste pagine, Pantelleria: dall'alto, una foto d'epoca; l'arco dell'elefante e un tratto della costa. Nella pagina a fianco: un vigneto per la produzione dello "zibibbo" prelibata uva da tavola, con la quale si produce il "passito" e un momento della raccolta dei famosi capperi di Pantelleria.

■ Pantelleria, nella terra del Passito

Situata a solo poche decine di chilometri dal continente africano, **Pantelleria**, con i suoi 83 km quadrati, è l'isola satellite più grande della Sicilia. La caratteristica conformazione, un susseguirsi di crateri e depressioni naturali, nonché le numerose sorgenti di acqua termale situate lungo la costa, ne testimoniano la chiara **origine vulcanica**. Il suolo, costituito da rocce laviche, conserva quel tipico colore scuro che ha regalato all'isola il soprannome di **perla nera del Mediterraneo**.

Il punto più alto di Pantelleria è la **Montagna Grande** (836 metri), antico cratere ormai inattivo che con la sua lunga cresta domina tutta l'isola. Da qui si possono ammirare i versanti scoscesi ricoperti da **vigneti** (l'attività vulcanica ha lasciato in eredità una terra fertilissima), le **coste punteggiate da splendide insenature** e le **acque cristalline** con fondali di rara bellezza.

Anticamente popolata, con ogni probabilità, da popolazioni provenienti dalla vicina Africa, Pantelleria venne in seguito conquistata dai Fenici che qui costruirono un frequentatissimo porto, dove oggi si trova il centro principale. Successivamente passa nelle mani dei Cartaginesi, dei Romani e dei Bizantini. Ma **sono gli Arabi a dare il maggior impulso** all'agricoltura, introducendo la coltivazione del cotone, dell'ulivo e del fico, e **migliorando la coltivazione dell'uva**.

E sono proprio le **uve Zibibbo** a dare grande fama all'isola. Da questi vigneti, infatti, si produce una gamma di vini bianchi davvero deliziosa. Tra gli altri si ricordano il **Moscato** e il **Passito di Pantelleria**. Del periodo arabo rimangono anche i nomi di molti villaggi agricoli, da Khamma a Rakhali, da Bukkuram a Gadir. Un'altra particolarità di Pantelleria sono i dammusi, tipiche residenze isolane a forma cubica con i tetti a cupola per mantenere fresca la temperatura nelle torride estati.

■ Dai crateri all'arco dell'elefante

Il centro principale dell'isola è il **paese di Pantelleria**. L'abitato, ricostruito in seguito ai bombardamenti della Seconda guerra mondiale, si snoda lungo le pendici del monte Sant'Elmo. Fulcro della cittadina il **pittoresco porto**, dominato dal **Castello Barbacane**, antica roccaforte medievale fatta erigere da Federico II di Svevia.

Uscendo dal paese si imbocca la strada costiera in direzione sud. Dopo circa 3 km si arriva alle **rovine di Mursia**, antico centro preistorico un tempo arroccato sulle caratteristiche **Kuddie rosse**, crateri vulcanici spenti dall'inconfondibile colore rossastro. Lasciando il sito archeologico e percorrendo circa 50 metri a piedi, dietro una villa, si scorge il

ITINERARIO 3 - PANTELLERIA

IL PERCORSO SUGGERITO

Da Trapani, si raggiunge la più grande delle isole che circondano la Sicilia. Il traghetto impiega circa 5-6 ore (la metà in aliscafo).

Sese Grande con la sua caratteristica forma a torre. Eretto con pietra lavica, è circondato da un corridoio a spirale che si sviluppa verso la cima. Alla base si trovano dodici camere funerarie. I Sesi, infatti, sono antichissimi monumenti funerari dall'origine assai incerta. Molti li attribuiscono a una misteriosa popolazione che abitò l'isola nel periodo Neolitico.
Continuando ancora per 11 km lungo la litoranea si incontra **Scauri**, secondo centro abitato di Pantelleria. Situata su una falesia a circa 100 metri sul livello del mare, la cittadina è nota per le salutari fonti termali.
Proseguendo oltre Nikà, minuscolo porto di pescatori, si giunge alla **Balata dei Turchi**, antico approdo saraceno. Qui ci si trova nel punto meglio protetto di tutta l'isola, dove i forti venti sembrano placarsi permettendo alla vegetazione di crescere rigogliosa. Non molto distante ecco **Punta dell'Arco**, caratteristico promontorio che termina in uno spettacolare arco di lava grigia. Per la forma questa particolare creazione vulcanica viene chiamata **arco dell'elefante**.
Riprendendo la strada costiera si arriva a **Gadir**. Oltre il paesino, sulla destra, si prende il sentiero che porta al **faro di Punta Spadillo**. Continuando a piedi per una breve salita si arriva alle casematte, dietro la quale si trova un sentiero che conduce al **Lago delle Ondine**, dalle caratteristiche acque smeraldine. Ritornando sui propri passi e riprendendo la strada si supera la Cala dei Cinque Denti per svoltare a sinistra inoltrandosi un poco nell'entroterra. Dopo un breve tratto ecco

AZIENDA AGRICOLA SALVATORE MURANA
Contrda Khamma 276, Pantelleria (Tp)
tel. 0923915231.
*I sapori mischiati ai "saperi" dell'isola: questa azienda si vanta per le lenticchie (piccole e saporite), i pomodori secchi e l'ottimo olio extravergine.
Da portar via: una bottiglia di Moscato Passito.*

RISTORANTE LA NICCHIA
Contrada Scauri Basso, Pantelleria (Tp)
tel. 0923916342.
Prenotazione: gradita.
Costo medio del pranzo: 28 euro.
Piatto tipico: bresaola di tonno.
Chiusura: mercoledì.
Il tono del ristorante è rustico, e durante i mesi estivi c'è la possibilità di mangiare in giardino. La cucina è nel solco della tradizione dell'isola.

ALBERGO PAPUSCIA

Località Trancino km 12, Pantelleria (Tp) tel. 0923915463.
L'albergo si trova in un classico dammuso del posto (antica costruzione con il tetto a cupola) di origine settecentesca. Bello il giardino e il panorama che si può godere.

RISTORANTE I MULINI

Contrada Tracino, Pantelleria (Tp) tel. 0923915398.
Prenotazione: gradita.
Parcheggio: agevole.
Costo medio del pranzo: 32 euro.
Chiusura: martedì.
Il locale è ricavato da un antico mulino che a sua volta era un vecchio dammuso pantesco. Ambiente sobrio con una cucina attenta ai particolari con un occhio di riguardo per le verdure abbinate ai pesci.

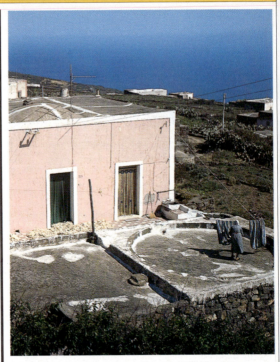

*In alto: un "dammuso" tipica abitazione pantesca, con il soffitto a cupola. E' un tetto di origine araba che viene utilizzato per favorire la raccolta delle acque piovane.
Nella pagina accanto: un asino attraversa i viottoli scoscesi dell'isola. "L'asinello di Pantelleria" è specie protetta ed è caratteristico per la sua piccola taglia.*

apparire lo splendido **Specchio di Venere**, nella cui parte occidentale si trova una sorgente sulfurea. La leggenda racconta che qui veniva a specchiarsi la Dea, per confrontare la propria bellezza con quella di Psiche, odiata rivale.

■ Tour in barca tra le grotte

Navigare per le splendide acque di Pantelleria è sicuramente il miglior modo per ammirare le bellezze naturali dell'isola. Partendo dal porto del paese e seguendo la costa settentrionale, ricca di insenature ma relativamente bassa, si incontra il tratto di mare compreso tra Punta Duce e Punta Polacca che custodisce suggestive grotte, tra cui **grotta li Duci**, **grotta del Formaggio** e **grotta della Pila d'Acqua**, visitabili con imbarcazioni di piccole dimensioni. Per chi preferisce la terraferma vale la pena dare un'occhiata alle profumate distese di capperi, vanto di Pantelleria.

■ *A cena dai Dik Dik*

Sergio Panno, dei Dik Dik, ha saputo ben coniugare la natura selvaggia di Pantelleria con la funzionalità e il comfort privilegiato di un club esclusivo. Tessuti grezzi, mobili in vimini e patii con poltrone e amache che sorridono al mare.
Levante - Pantelleria (Tp)
Tel. 0923915582

Da Agrigento alle Pelagie

CASA MUSEO "LUIGI PIRANDELLO"
Contrada Caos, superstrada 115, Agrigento
tel. 092221837.
Orari: 9-13 e 14-19.30
Ingresso: casa-museo: 2,00 euro intero.
Biblioteca: gratuito.
Ci troviamo di fronte alla casa natale di Luigi Pirandello. Espone soprattutto locandine, fotografie ed edizioni originali

di libri. C'è inoltre la possibilità di effettuare la "Passeggiata al Pino", sotto il quale il drammaturgo cercava ispirazione. La Biblioteca Luigi Pirandello in via Imera 50, conserva infine, materiale documentario e iconografico.

L'itinerario si snoda lungo le statali 115 e 115 ter, toccando i siti archeologici di maggiore importanza. Un viaggio nel tempo che muove dal Parco della Rimembranza di Gela e tocca la Valle dei Templi per inoltrarsi nel centro storico di Agrigento. Verso Ovest si incontra Porto Empedocle, la spiaggia di Capo Bianco e la termale Sciacca, per giungere, infine, alla zona archeologica di Selinunte.
Lo sguardo, poi, si volge a Lampedusa e Linosa, le "isole d'alto mare".

■ Agrigento, la città del mandorlo in fiore

Fondata nel 581 a.C. dai coloni di Gela, **Akragas** vide il suo massimo splendore nel V secolo a.C., quando, insieme a Siracusa, sconfisse i cartaginesi. Proprio a quel glorioso perio-

do risale il maggior numero dei templi che caratterizza la famosa valle. Il III secolo a.C. segnò l'avvento dei romani (da qui il toponimo Agrigentum), poi il lento e inesorabile declino. La città odierna sorge sul colle che sovrasta l'acropoli. La

■ Insalatina di mare
Ottimo pesce a buon prezzo. Provate senz'altro l'insalatina tiepida di mare e gli speciali cavati alla girgentana. Concluderete alla grande con semifreddo alle mandorle.
Leon D'Oro
Viale Emporium 102 - Agrigento
Tel. 0922414400

ITINERARIO 4 - La Sicilia mediterranea
Da Agrigento □ Licata □ a Gela

IL PERCORSO SUGGERITO

Ottanta chilometri, da percorrere lungo la statale costiera 115. Tappa intermedia a Licata, già oltre la metà del percorso che separa Agrigento da Gela.

visita al centro storico inizia percorrendo **viale della Vittoria**, per arrivare alla piazza della stazione dove sorge la **cinquecentesca Chiesa di San Calogero**. Adiacente all'edificio si apre **piazza Aldo Moro**, da qui, imboccando **via Atenea**, ci si inoltra nel cuore della città medievale. Lungo il percorso si incontra **Palazzo Celauro**, ove soggiornò Goe-

In queste pagine da sinistra: la tomba di Pirandello; i mandorli in fiore e la base del campanile del Duomo di Agrigento.

the. Proseguendo si arriva a piazza Pirandello (che qui ebbe i natali) per poi salire alla volta della **Abbazia di Santo Spirito**. Costruita nel '200 e successivamente rimaneggiata, la chiesa offre nella facciata un bel portale gotico sormontato da un rosone, mentre l'interno si presenta in perfetto stile barocco. Poco più in là sorge la **Cattedrale** (XI secolo) caratterizzata dalla torre campanaria rimasta incompiuta (1470). L'interno presenta un interessante **soffitto a cassettoni**, nonché la **gotica cappella di San Gerlando**, nella quale viene conservato un reliquiario d'argento (metà '600) del santo patrono.
In questa città c'è anche la casa natale di **Luigi Pirandello**. Situato nella contrada "Caos", l'edificio ospita un piccolo Museo pirandelliano. Le ceneri dell'autore sono raccolte in una cavità della roccia vicino al pino che egli tanto amava.

SAGRA DEL MANDORLO IN FIORE AD AGRIGENTO
Tel. 0922590111.
Prima decina di febbraio.
Il mandorlo in fiore simboleggia il risveglio della natura, e la Valle dei Templi rivive antichi fasti, per il festival internazionale del mandorlo in fiore.

Itinerario 4 - La Sicilia mediterranea
Da Agrigento □ *Licata* □ a Gela

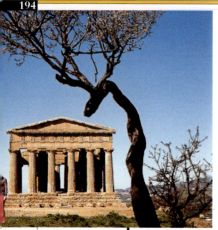

■ Nella Valle dei Templi

Chiunque visiti Agrigento non può che iniziare dalla **Valle dei Templi**. Grandiosi resti di un lontano passato. Se poi si ha l'occasione di ammirare l'acropoli al tramonto, quando il sole ricopre d'oro le antiche colonne doriche, allora lo spettacolo si rivelerà davvero unico.
Iniziando dall'alto la visita archeologica, si incontra la **Chiesa di San Biagio**, che incorpora la cella del tempio di Demetra (480 a.C.). Proseguendo lungo il **Santuario rupestre di Demetra**, il più antico edificio sacro della città, si arriva al **Tempio della Concordia**, tra i meglio conservati. Elegante e imponente, l'edificio è cinto da 34 colonne che si ergono sul podio: Il nome deriva da un'iscrizione latina trovata nelle vicinanze. Di immensa bellezza anche il **Tempio di Castore e Polluce**. Della costruzione oggi rimangono solo quattro colonne e una parte della trabeazione riccamente decorata. La visita non può tralasciare le rovine del **Tempio di Zeus**, eretto a celebrazione della vittoria contro i cartaginesi a Imera (480 a.C.). Con i suoi 113 m di lunghezza e 56 m di larghezza l'edificio, in realtà mai terminato, si poneva come uno dei più grandi templi dell'antichità. A caratterizzare la struttura i **telamoni**, colossali figure umane, di cui si può ammirare un originale nel **Museo Archeologico**. Da qui, dopo il quartiere ellenistico-romano, si risale verso la città storica, il nucleo medievale sulla "Collina di Girgenti", nel sec. IX città araba.

■ Licata e Gela, tra storia e sviluppo industriale

Percorrendo la Statale 115 si arriva a **Licata**, città portuale situata alla foce del fiume Salso. Nata nel III secolo a.C. per opera degli abitanti della vicina Gela, sfuggiti alla distruzioni

In questa pagina: in alto: il tempio della Concordia e i pescatori di Licata.
Nella pagina di destra: la facciata del duomo di Gela ed un vaso greco esposto nel museo nazionale di Agrigento.

Museo Archeologico della Badia Licata (AG)
Via Dante, tel. 0922772602.
Orari: 9-13.30 e 16-19.30 dal lunedì al sabato. Chiuso la domenica e i festivi.
Ingresso: gratuito
I più antichi reperti archeologici di questo museo risalgono addirittura al V millennio a.C. Si possono inoltre ammirare alcune tele, tra cui una Madonna del Soccorso firmata da Domenico Gagini (1470).

ITINERARIO 4 - LA SICILIA MEDITERRANEA
DA AGRIGENTO □ LICATA □ A GELA

perpetrate dall'agrigentino Timoleonte. Licata si fa oggi apprezzare per il porto, intorno al quale gravita una intensa attività peschereccia. Il centro della città è formato da **Piazza Progresso**, dove si trova il **Municipio in stile liberty**, da **via Roma** e da **corso Vittorio Emanuele**, dove si possono ammirare i monumenti più interessanti, quasi tutti di origine settecentesca. Via Roma ospita la **Chiesa del Carmine** con l'annesso Convento. Sul corso si affacciano **Palazzo Frangipane**, riconoscibile dalle suggestive mensole a forma di mostri e chimere, e la **Chiesa di Santa Maria la Nova**, nel cui sfarzoso interno è conservato un leggendario Crocifisso più volte scampato alla furia dei Turchi.

A circa 31 km da Licata sorge **Gela**. Fondata dai Greci nel 688 a.C., oggi Gela è sede di numerosi impianti petrolchimici che, da decenni, offuscano lo splendore della città antica. Per visitare l'area archeologica è necessario raggiungere il **Parco della Rimembranza**, situato all'estremità orientale, nei pressi dell'acropoli. Qui si può ammirare il basamento di un tempio dorico (480-470 a.C.) e i resti del **Tempio dedicato ad Atena**. Ancora visibile la **plateia**, la via principale che divideva la città: a sud la zona sacra, a nord i quartieri abitati. Suggestivo l'allestimento proposto dal vicino **Museo Archeologico**. Tra i molti reperti, spicca il "kylix" che reca l'iscrizione con il nome di Antifemo, fondatore della città. Da non perdere, infine, le **fortificazioni greche di Capo Soprano**, senza dubbio il monumento meglio conservato.

■ Il Porto di Gela
Dal mare si vede il Monte Formaggio, a una ventina di chilometri a nord di Gela. Il porto è a sud, poco prima di Capo Soprano. L'attracco ideale per chi vuole far visita all'Acropoli e al Museo Archeologico. In transito, si può ormeggiare nei pressi del cantiere navale. Per informazioni tel. 0933917755

RISTORANTE CASANOVA GELA (CL)
Via Venezia 89/91, tel. 0933918580.
Prenotazione: non necessaria.
Parcheggio: agevole.
Costo medio del pranzo: 23 euro.
Piatto tipico: gnocchetti di spada.
Chiusura: martedì in inverno, domenica in estate.
Il ristorante propone una cucina essenzialmente marinara. Da non perdere la degustazione dei sorbetti alla frutta.

Da Porto Empedocle a Eraclea Minoa

Posta a 7 km a ovest di Agrigento, **Porto Empedocle**, la Marina di Girgenti del 1300, è un noto centro portuale, da cui salpano i traghetti per Linosa e Lampedusa. Il centro già nel XV secolo era uno scalo marittimo di rilievo e, nel XVI secolo, Carlo V fece edificare una torre difensiva. La costruzione del primo molo, nella seconda metà del 1700, diede un ulteriore impulso economico alla città. Dal punto di vista monumentale, la città si ricorda soprattutto per la **Chiesa madre** intitolata al Santissimo Salvatore edificata agli inizi del 1900.

Lasciato Porto Empedocle si prosegue lungo la Statale 115, per giungere, dopo una decina di chilometri, al bivio per **Realmonte**. Posta su un altopiano a 144 metri sul livello del mare, la cittadina, nata nel 1681 per volere di Don Domenico Monreale, sta oggi vivendo un periodo di grande sviluppo turistico. Meta ambita per la vicinanza a uno dei tratti costieri più belli della Sicilia, quello tra **Capo Rossello** e **Scala dei Turchi**. Realmonte si è fatta recentemente conoscere per gli spettacoli teatrali e musicali della **manifestazione estiva "Costabianca"**.

Riprendendo la Statale 115, poco dopo Montallegro, si svolta a sinistra per imboccare la strada provinciale in direzione **Eraclea Minoa** (a circa 3 km dalla svolta). Qui, di fronte a un panorama incantevole, si trovano i resti dell'antica città greca. La leggenda collega la nascita di Eraclea Minoa al re Minosse che, adirato per la fuga di Teseo e Arianna dal labirinto, giunse fin qui per vendicarsi di Dedalo, reo di aver aiutato i due giovani. Ma le cose non andarono come previsto e su questo splendido tratto di costa Minosse trovò la morte per mano del re sicano Cocalo, presso cui Dedalo aveva trovato rifugio. Oggi gli scavi, intrapresi in modo sistematico solo nel 1950, rivelano i resti della città e di un teatro (III secolo a.C.), spettacolarmente aperto verso il mare. Per chi volesse raggiungere la **bianchissima spiaggia di Capo Bianco** si consiglia di riprendere la 115, direzione Agrigento, e, alla prima uscita, seguire le indicazioni per Montallegro-Bovo Marina e Montallegro Marina. Sulla destra si trova una piccola stradina che conduce al mare.

In questa pagina, dall'alto: un panorama di porto Empedocle; la costa di Capo Rossello e il teatro del III sec. a.C. ad Ereclea Minoa, aperto verso il mare.

Itinerario 4 - La Sicilia mediterranea

☐ Sciacca ☐ Porto Palo ☐ a Selinunte

IL PERCORSO SUGGERITO

Itinerario costiero a ovest di Agrigento, lungo la Ss 115, con partenza da Porto Empedocle. Lungo il percorso, breve deviazione interna per Caltabellotta. Arrivo a Selinunte, sul mare.

■ La rocca delle querce a Caltabellotta

Rimettendosi in viaggio, questa volta verso l'entroterra, si imbocca la strada panoramica che passa da Sant'Anna per arrivare a Caltabellotta. Situata a circa 20 km a nord di Agrigento, la città, posta su una roccia dolomitica a circa 1.000 metri di altitudine, è considerata uno dei centri più caratteristici di tutta la regione. Il suo nome deriva da **Kal at Ballut**, che in arabo significa "Rocca delle querce". Sul picco, da cui si gode un panorama davvero invidiabile, si possono visitare la **Chiesa Madre**, col suo bel portale gotico, la **Chiesa di Santa Maria della Pietà**, caratteristica perché scavata nella roccia, e i resti dell'antico **castello normanno**.

Sopra: un panorama di Caltabellotta, sotto: un momento della festa della Madonna dei miracoli, che si svolge in questo centro dell'agrigentino.

Azienda agricola Augello prodotti del suolo Caltabellotta (AG)
Via Cappuccini 14, tel. 0925951090.
Il sapore della Sicilia nei prodotti dei fratelli Augello. Prima di tutto i pomodori essiccati al sole e conservati sott'olio. Molti i pâté tra cui quello di melanzane, olive (nere e verdi), peperoni e carciofi. Ottimo anche l'olio che si produce: le olive sono della varietà biancolilla di Caltabellotta.

Una maiolica di Sciacca deella fine dell'800.

Sciacca e le Stufe di San Calogero

Dall'aspetto tipicamente arabeggiante, **Sciacca** sorge su una piana affacciata sulla costa del Canale di Sicilia. Grazie alle acque calde e ai vapori che sgorgano dal vicino **monte Cronio** e al caratteristico porto, la città è una delle stazioni balneari più rinomate. Il **Nuovo Stabilimento Termale**, in stile neoliberty, risale al 1938. Immerse in un parco suggestivo proprio di fronte al mare, le terme di Sciacca offrono efficaci trattamenti, dalla fangoterapia a svariate terapie inalatorie. Sul leggendario monte Cronio, si trovano le famose **Stufe di San Calogero**, nate, secondo la leggenda, dalla sapiente opera di Dedalo che, in un tempo lontano, convogliò le benefiche acque in una serie di canali. Da visitare l'Antiquarium che raccoglie reperti risalenti all'età neolitica e all'epoca greca, oltre che pannelli esplicativi sull'origine delle terre e sulle grotte.

Prima di lasciare la città si consiglia una visita alle numerose botteghe artigiane, dove si possono ammirare e acquistare le **splendide maioliche tipiche del luogo**. Sciacca, inoltre, è un appuntamento da non perdere soprattutto nel periodo di il Carnevale, quando dà vita a un corteo tra i più ricchi e festosi di tutta la Sicilia.

Riprendendo la via per la costa, a pochi chilometri da Menfi, si incontra **Porto Palo** che si fa apprezzare per le spiagge attrezzate con camping e per la ben conservata torre costiera di avvistamento, costruita nel 1583.

A Sciacca teste scolpite nella roccia.

Selinunte, echi di un antico splendore

La vasta zona archeologica di **Selinunte** si trova nei pressi della foce del fiume Modione (comune di Castelvetrano). Fondata dai coloni di Megara Iblea nel corso del VII secolo a.C., deve il suo nome alla parola greca Sélinon, termine con cui veniva chiamato l'**appio**, una specie di profumatissimo prezzemolo selvatico, tipico di questi luoghi.

Oggi, nella piana disabitata, si possono visitare i resti degli

---

CARNEVALE SACCENSE A SCIACCA (AG)
Strade del centro, tel. 092520111.
La sfilata di Carnevale con carri allegorici e sgargianti costumi si protrae per alcuni giorni.

■ *Tra mare e montagna*
A un passo dalle famose terme di Sciacca troverete una simpatica casa rurale immersa tra oliveti e agrumeti. Se lo desiderate, verrete guidati alle attività agricole.
Montalbano
Scunchipani - Sciacca (AG)
Tel. 092580154 - Fax 092580154

ITINERARIO 4 - LA SICILIA MEDITERRANEA

SCIACCA □ PORTO PALO □ A SELINUNTE

imponenti templi. La zona si divide in tre parti. Sulla collina orientale, si trovano tre grandi templi, uno dei quali (il tempio E, dedicato a Hera) è stato ricostruito nel 1957. Su tutti domina il Tempio G, uno dei più grandi dell'architettura greca in assoluto. Sulla collina occidentale si trova l'**antica acropoli** che ospita cinque templi, la Torre di Polluce e i resti di un villaggio bizantino. A pochi chilometri dalla zona archeologica, la Riserva Naturale del Belice dove, sul litorale sabbioso, è possibile incontrare tartarughe marine che depongono le uova. A ovest, oltre il fiume Modione, un'altra area sacra dove sorge il **Santuario della Malophoros**, così chiamato per le statue muliebri qui ritrovate.

In questa pagina, in alto: il suggestivo approdo all'Acropoli di Selinunte, in basso: il porticciolo dove viene ancora praticata la pesca e, sulla destra due strutture doriche dei templi di Selinunte.

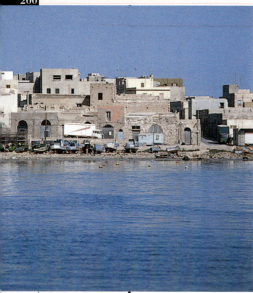

Isole Pelagie, l'estremo sud d'Italia

Situato a sud della Sicilia, più vicino all'Africa che all'Europa, l'arcipelago delle isole Pelagie, il cui nome vuol dire "isole d'alto mare", è stato un luogo di transito privilegiato per i navigatori. Proprio a causa della posizione, assolutamente strategica nel periodo aureo della civiltà del Mediterraneo, è stato sistematicamente oggetto delle attenzioni di popoli con velleità espansionistiche. Per contro, lo splendido isolamento derivato dalla lontananza dalla terraferma ha preservato l'arcipelago dalle brutture del travolgente sviluppo industriale: le isole mantengono il loro originario aspetto selvaggio e sono l'habitat di piante rare e di animali in via di estinzione.

Malgrado siano vicine, le isole hanno caratteristiche geologiche diverse. Linosa, situata più a nord, è di origine vulcanica ed è geologicamente parte dell'Europa. Lampedusa e Lampione, invece, di origine calcarea, sono ascrivibili al continente africano. Si raggiungono facilmente, con voli da Palermo e navi da Porto Empedocle.

RISTORANTE GEMELLI
Via Cala Pisana 2, Lampedusa (Ag)
tel. 0922970699.
Costo medio del pranzo: 38 euro.
Piatto tipico: ravioli fatti in casa con polpa di gamberi.

Lampedusa e le tartarughe marine

E' l'isola più grande dell'arcipelago. Si presenta da un lato come inclinata, con i monti che scendono dolcemente fino ad arrivare al mare. Dall'altro, quegli stessi monti precipitano, invece, a picco. La costa è frastagliata da insenature sabbiose, scogli e grotte. L'acqua è trasparente.

L'isola ha un rilevante patrimonio archeologico. Le tracce più antiche risalgono alla preistoria. A **Cala Pisana**, infatti, ci sono i resti di una capanna del neolitico.

Testimonianze si hanno anche della presenza dei fenici, dei greci, dei romani, degli arabi.

Nelle zone di Capo Grecale, di Cala Creta, di Cala Uccello, di

Spaghetti ai ricci

Il ristorantino è a due passi dal mare e ne conserva i profumi. Fatevi tentare dagli ottimi spaghetti con i ricci e continuate con del pesce fresco alla griglia o al forno. Lasciate un buchino per i dolci che sono ottimi e fatti in casa.

Errera - Via Scalo Vecchio - Linosa (Ag)
Tel. 0922972041

IL PERCORSO SUGGERITO

Da Porto Empedocle partono le corse navali dirette all'arcipelago delle Isole Pelagie. Le motonavi impiegano circa sei ore per raggiungere Linosa e altre due per arrivare a Lampedusa (tempo dimezzato con gli aliscafi).

Punta muro vecchio, di Punta Cappellone sono state recentemente rinvenute strutture interrate, o seminterrate, circolari, del cui studio si occupa l'università di Bari. Sono presenti anche tracce di antiche manifatture africane. Ma bisogna aspettare gli Spagnoli e il 1843 per poter parlare di vero e proprio stanziamento di una popolazione. Lampedusa venne colonizzata dal governatore Bernardo Sanvisente che in un rapporto al sovrano Ferdinando II di Borbone parlava dell'isola come di un paradiso terrestre, ricchissimo di vegetazione. Intorno al 1870 la trasformarono in isola carceraria. Rimase tale fino al 1940.
Nel periodo dell'occupazione spagnola si intensificarono i commerci delle spugne e del pesce azzurro, e la coltivazione della terra. L'isola godette così di un certo benessere. L'aumento della popolazione portò, però, al disboscamento e alla diminuzione della fauna. E' da allora che l'isola ha perso la sua folta vegetazione ed ha acquistato quel colore bianco con cui è conosciuta.

In queste pagine, da sinistra: un approdo di Lampedusa e le suggestive palme del suo paesaggio "africano". In basso: tipiche costruzioni "a secco" di Lampedusa.

AZIENDA PASQUALINO FAMULARO

Via Terranova 41, Lampedusa (Ag) tel. 0922970457.
Il tonno inscatolato da questa azienda è di ottima fattura e segue antiche tecniche di conservazione: in olio extravergine, di primissima qualità. Oltre al tonno, si inscatolano anche le uova di ricciola, il pescespada, gli sgombri e la bottarga.

Itinerario 4 - La Sicilia mediterranea
Da Lampedusa a Linosa

*In questa pagina: il faraglione di Lampedusa e la sua costa meridionale con l'Isola dei Conigli.
Nella pagina di destra: quattro immagini di Linosa, dall'alto: un tratto del centro abitato, un panorama con l'approdo e in basso, da sinistra: Cala Poppolana di Ponente, a destra un vaporetto verso il piccolo molo.*

■ La Baia dei Conigli

Dal 1996 è **riserva naturale**, gestita da Legambiente. Sulle rocce nidificano i falchi della regina, le foche monache si vedono facilmente sulle scogliere e nella **Baia dei Conigli** le tartarughe marine depongono le uova.

Le spiagge più famose sono la Baia dei Conigli, Cala Croce, Cala Maluk, Cala Galera e Cala Greca.

Non lontano dal borgo, distrutto durante la II guerra mondiale, c'è il **Santuario della Madonna di Lampedusa**, noto anche come Santuario della Madonna del Porto Salvo in cui, il 22 settembre di ogni anno, si celebra la festa per l'anniversario dell'insediamento dei Borboni. Quest'area è l'unico angolo di verde rimasto nell'isola.

Tra i monumenti più interessanti quello dedicato al **Pescatore** e l'**Obelisco** dello scultore Pomodoro.

La corrente elettrica è arrivata a Lampedusa solo nel 1951; per il telefono gli isolani hanno dovuto aspettare il 1963. Dello stesso periodo è la costruzione dell'aeroporto, che ha permesso un notevole incremento dell'afflusso turistico.

Non distante da Lampedusa, in direzione nord-ovest, si trova **Lampione**. L'isoletta è un grosso faraglione, dotato, sulla sommità, di un faro intermittente automatico. Lampione è, ovviamente, completamente disabitata.

■ Linosa e le porte rosse

E' la punta emersa di un vulcano spentosi circa 2.000 anni fa. Ha una forma quasi circolare ed è composta da tre crateri: Monte Rosso, Monte Nero e Monte Vulcano. Si presenta pianeggiante, con al suo interno piccole aree immerse nel mare. E' una terra molto fertile, si coltivano soprattutto la vite e il fico d'India, usato anche come concime. Linosa ha un'unica picco-

ALBERGO MEDUSA
via Rialto Medusa, 3
a Lampedusa, AG
tel. 0922970126
Uno stile che richeggia le costruzioni arabe. La competenza della famiglia che lo gestisce da sempre rende il soggiorno gradevole. La cucina del ristorante offre sapori arabi e siciliana.

ITINERARIO 4 - LA SICILIA MEDITERRANEA
DA LAMPEDUSA A LINOSA

la spiaggia dentro un'insenatura naturale riparata dai venti, dove depongono le uova la tartarughe marine. I suoi fondali rocciosi e le sue acque cristalline ospitano una grande varietà di pesci e attraggono moltissimi subacquei. Particolarmente allegre le **casette** del villaggio che, **dipinte** a colori vivaci ma delicati, hanno quasi sempre le porte rosse.

Cisterne per la raccolta dell'acqua, costruite secondo i criteri romani, testimoniano il loro passaggio a Linosa. Probabilmente usarono l'isola come punto strategico nella guerra contro Cartagine (241 a.C.). L'occupazione spagnola risale al 1844, ad opera del governatore Sanvisente, lo stesso che aveva colonizzato Lampedusa.

ALBERGO GUITGIA TOMMASINO
Via Lido Azzurro 13,
Lampedusa (Ag)
tel. 0922970879.
L'albergo è formato da due strutture distinte che si trovano a ridosso del mare. Le camere sono confortevoli per un soggiorno gradevole. Annesso all'albergo c'è anche il ristorante che prone piatti nel solco della tradizione.

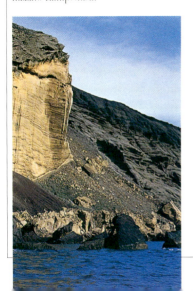

ITINERARIO 5 - LA SICILIA DELL'ENTROTERRA

DA ALTOFONTE ☐ PIANA DEGLI ALBANESI ☐ FICUZZA ☐ CORLEONE ☐ CAMPOFIORITO

SETTIMANA SANTA A PIANA DEGLI ALBANESI (PA)
Centro cittadino, tel. 0918574144.
Periodo: settimana di Pasqua.
I riti religiosi della Settimana Santa di Piana degli Albanesi traggono origine dalla tradizione greco-ortodossa. A tutte le celebrazioni partecipano le ragazze del luogo con abiti tradizionali riccamente ornati. Uova dipinte sono regalate ai fedeli e ai visitatori. Infine è esposto il Santo Velo, un reliquiario ricamato.

In basso: uno scorcio di Piana degli Albanesi e il suo centro abitato, ripreso dalla collina che lo sovrasta.

Le oasi naturalistiche

Lontano dalle località costiere, questo itinerario attraversa il cuore della Sicilia. La Riserva naturale di Bosco della Ficuzza, polmone naturale dell'isola, e il Parco Regionale dell'Etna, 55 mila ettari di natura incontaminata, rappresentano un patrimonio ambientale di eccezionale rilevanza. Di eguale suggestione le vette delle Madonìe, che ancora oggi custodiscono l'anima più tradizionale della regione, dalle opere degli scalpellini alle più femminili arti dell'uncinetto e del ricamo.

■ Le mandorle di Altofonte e gli albanesi

Si esce da Palermo e si sale subito a 350 metri sul livello del mare. E poco dopo ecco il centro agricolo di **Altofonte**. Il

paese era centro di caccia di re Ruggero il Normanno. E' noto per la produzione di mandorle. Durante il XIII secolo residenza estiva degli Angioini e soggiorno dei re Aragonesi. Ad Altofonte ebbe i natali re Pietro II d'Aragona. Nel 1860 la cittadina si distingue per la partecipazione alle rivolte garibaldine.

ITINERARIO 5 · LA SICILIA DELL'ENTROTERRA

☐ BISACQUINO ☐ PALAZZO ADRIANO ☐ PRIZZI ☐ FILAGA ☐ A LERCARA FRIDDI

IL PERCORSO SUGGERITO

Da Altofonte, attraverso la Ss 118 si penetra nell'entroterra palermitano sino a Corleone. Ci s'immette poi sulla Ss 188, arrivando fino a Lercara Friddi.

Interessante è la **chiesa di Santa Maria**, costruita nel 1633 per volere dell'abate Scipione Borghese. Di ottima fattura l'altare principale, realizzato con marmi preziosi. Salendo ancora si arriva a **Piana degli Albanesi** (Piana dei Greci fino al 1941), la più importante colonia albanese nell'isola. E ancora oggi gli abitanti conservano gli antichi costumi dai tessuti ricamati con colori sgargianti e motivi antichi, il dialetto e i riti religiosi. Anche i prodotti gastronomici tipici, **arbëreshë**, sono particolare attrattiva del luogo. Nella Hora (la città) compaiono le scritte bilingui. Lungo il principale **corso Giorgio Kastriota** si affacciano la **Chiesa di San Giorgio**, e la **Chiesa Madre intitolata a San Demetrio**. Il centro agricolo è adagiato in una conca a 720 metri di altezza nei pressi dell'omonimo lago, il più antico invaso artificiale che fornisce acqua ed elettricità ai palermitani. Verso sud si trova il lago omonimo, il più vecchio lago artificiale della Sicilia. Si sale ancora un po' fino a **Bosco della Ficuzza nell'area protetta della Riserva Naturale**.

E' uno dei polmoni più importanti dell'isola, ricchissimo di piante e di animali. Si possono scorgere daini e piccoli cinghiali e tra la vegetazione lecci, castagni e agrifogli. Il posto si ricorda soprattutto per l'ottocentesco **Casino di Caccia** voluto dal re Ferdinando III. L'edificio è arricchito dalla presenza di una piazzetta da cui si raggiunge la spettacolare **Rocca**

Donne di Piana degli Albanesi e uomini ad una manifestazione, in una foto d'epoca.

AZIENDA AGRICOLA DI PELLEGRINO MARGIOTTA
Bisacquino (Pa)
tel. 0918351127.
La zona di campagna che circonda Bisacquino è ricca di uliveti: la varietà coltivata è la nocellara del Belice. Da queste olive si ottengono ottimi extravergine che potrete trovare nell'azienda. Da non perdere i pâté di olive, sia nere che verdi.

Busambra. Proseguendo si scende di un centinaio di metri e, attraversando la valle del Belice, si arriva a **Corleone**, centro agricolo che si trova in una conca semicirondata da alte rocce (tre delle quali battezzate Castello Soprano, Castello Sottano e Torre Saracena).

■ Corleone e l'araba Bisacquino

Nata forse in periodo bizantino, in un territorio fertile e ricco d'acqua, occupata dai musulmani, intorno all'anno Mille Corleone venne conquistata dai normanni e dopo circa duecento anni venne assegnata all'abate di Monreale. Nel centro storico conserva la Chiesa Madre di San Martino del 1382, forse costruita su una struttura

Sopra: la torre saracena di Corleaone. A destra: la chiesa madre di Bisacquino e la piazza del municipio.

ABBALLU DI LI DIAVULI A PRIZZI (PA)
Tel. 0918345045.
Domenica di Pasqua.
Il ballo dei Diavoli rappresenta l'allegoria della lotta tra l'inverno e la primavera, le tenebre e la luce, la morte e la resurrezione. Il ballo dei diavoli chiude i riti della Settimana Santa. Le strade del paese si animano già dall'alba: i diavoli vanno in cerca di anime, il riscatto è un obolo; nel pomeriggio è la volta della scena madre con la sconfitta dei diavoli.

precedente. L'attuale forma risale al 1700, ha la cupola affrescata e un pregiato coro in legno del '600.

Zigzagando leggermente verso ovest, tra le viuzze che tagliano la Collina del Calvario si attraversa **Campofiorito**, centro di antiche origini, e si arriva subito a **Bisacquino**, località che offre un bellissimo panorama perché situata sul versante di sud-ovest del **Monte Triona**. La sua origine affonda le radici

---

■ *Piccole ghiottonerie*

Non si può evitare, passando da Piana degli Albanesi, di sostare in questa pasticceria. Paste freschissime, a base di ricotta cannoli, cassata e i biscotti di pasta di mandorle.

Pasticceria di Noto
Via Portella della Ginestra 79
Piana degli Albanesi (Pa)
Tel. 0918571195

nel casale arabo **Busackuin**. Così pure ciò che rimane della struttura del tessuto urbano attorno a via del Rosario, dove si trova l'omonima chiesa da cui, attraverso l'ex Convento dei Cappuccini, si accede al Museo Civico. Si scende ancora, sul versante est dello Ialico, per arrivare a **Palazzo Adriano**. Inclinata a circa settecento metri, sull'alta Valle di Sosio, dove scorre il fiume, alle falde del **Cozzo Braduscia**, la borgata si forma nella seconda metà del XV secolo, quando una colonia di profughi greco-albanesi vi si trasferisce. Il paese, all'interno della **Riserva Naturale**, traspira un fascino antico, soprattutto la zona a nord con la struttura a spirale che si arrampica attorno alle rovine del **Castello**. L'impianto urbano più recente ha invece una struttura radiale, al centro della quale si apre Piazza Umberto I. L'ampia area accoglie, una di fonte all'altra, le due Chiese principali: Maria Santissima del Lume di rito latino e Maria Santissima Assunta di rito greco.

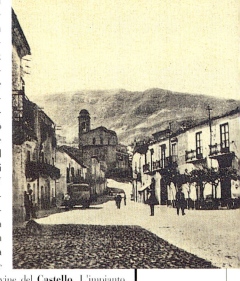

■ Le ricamatrici di Prizzi

Si lascia il borgo per salire di nuovo, verso **Prizzi**. Infatti la città si erge a 1.000 metri sul livello del mare lungo il pendio del monte omonimo ed è ricordata per le abili ricamatrici capaci di creare i bellissimi carpituna. L'area più antica è quella arroccata attorno al Castello. Si giunge poi al bivio di **Filaga**, un piccolo centro storico dal nome bizantino.

Si procede per **Lercara Friddi** passando in zone di grande interesse paleontologico sottolineato dalla presenza di blocchi calcarei fossiliferi, ricchi di macro e microfaune marine. Attraversando le colline la si vede sdraiata alle pendici di **Pizzo Lanzone**, a circa 700 metri dove i fiumi Torto e Platani si dividono. Il nobile spagnolo Baldassarre Gomez de Amescua la fondò nel 1605. Più tardi la città si sviluppò grazie all'estrazione dello zolfo, presente nelle vicine miniere.

In alto: Palazzo Adriano, in basso: Prizzi. Sopra: il ballo del diavolo a Prizzi.

FIERA DEL COLLE A LERCARA FRIDDI (PA)
Tel. 0918213796.
Periodo: agosto.
La manifestazione rappresenta un sicuro punto di riferimento per tutti coloro che vogliono far conoscere i prodotti tipici locali e quelli dell'artigianato.

ITINERARIO 5 - LA SICILIA DELL'ENTROTERRA
DA REITANO □ MISTRETTA □ NICOSIA □ SPERLINGA □ GANGI □ PETRALIA SOPRANA

FESTA DELLA MADONNA DELLA LUCE E DEI GIGANTI A MISTRETTA (ME)
Tel. 0921381468.
Periodo: 7/8 settembre.
Due tradizioni si uniscono, e danno vita a un singolare momento, in cui tradizione cattolica e mitologia s'intrecciano. I festeggiamenti della Madonna della Luce sono caratterizzati dalla presenza di due enormi figure, un uomo e una donna, in abiti da guerrieri. I simulacri danzano lungo le vie cittadine mentre procede la processione in onore della Vergine.

In questa pagina, a Mistretta: uno scalpellino ed un portale rinascimentale. Inoltre un panorama di Nicosia.

■ Gli scalpellini di Mistretta

Partendo dalla costa tirrenica lungo la statale 113, si imbocca la statale 117. La strada sale dolcemente verso le pendici della catena montuosa dei Nebrodi occidentali dove, a breve distanza da Santo Stefano di Camastra, sulla sommità di una montagna facilmente raggiungibile, sorge il settecentesco **Santuario del Letto Santo**. Il Santuario, che ospita un crocifisso in legno da secoli venerato e da sempre meta di pellegrinaggio, offre un'affascinante veduta delle valli circostanti dominate dai Nebrodi e dalle Madonie. A poca distanza si può anche raggiungere **Reitano**, piccolo borgo di origine medievale.

L'itinerario si addentra a circa 12 chilometri dalla costa tirrenica della Sicilia, per fare sosta a **Mistretta**, a circa 900 metri sul livello del mare. Attraversando le vie gradinate del paese, si incontrano importanti testimonianze di arte e storia, come la **Chiesa Madre**, di origine medievale con la facciata stretta tra due torri campanarie e un portale barocco, la Chiesa intitolata a San Francesco con le tele cinquecentesche e seicentesche, e palazzi nobiliari come Palazzo Scaduto, Palazzo Russo e Palazzo Salamone, ricchi di portali scolpiti da artigiani locali. Il paese infatti può contare su una centenaria tradizione di scalpellini.

Si prosegue per **Nicosia**. Il centro storico è caratterizzato da strade in pietra che portano verso abitazioni ricavate nella roccia. La città cela numerosi monumenti, soprattutto chiese e palazzi. Fra i monumenti, la **Chiesa di S. Salvatore** eretta nel 1600, la basilica di S. Maria Maggiore, che racchiude un polittico marmoreo di Antonello Gagini, la Cattedrale di S. Nicola del XIV secolo e il trecentesco **convento di S. Benedetto**. Spiccano nel settore artigianale gli oggetti lavorati in legno.

ITINERARIO 5 - LA SICILIA DELL'ENTROTERRA

☐ *PETRALIA SOTTANA* ☐ *RIFUGIO MARINI* ☐ A *CASTELBUONO*

IL PERCORSO SUGGERITO

Partenza da Reitano (Ss 117 da Santo Stefano di Camastra diretta nell'entroterra). All'altezza di Nicosia, si prosegue lungo la Ss 120 fino a Petralia Sottana; si sale a nord, tagliando il Parco delle Madonie, fino a Castelbuono.

■ A Sperlinga le case scavate nella roccia

Non lontana si trova **Sperlinga**, adagiata su uno sperone roccioso. Il paese è unico nel suo genere per le caratteristiche abitazioni rupestri, in parte costruite, in parte scavate nella roccia. Nella parte alta, in posizione strategica, sorge il castello normanno.

Percorrendo un tratto di statale 120 si giunge a **Gangi**. Il paese, a 1.050 metri sul livello del mare, merita una visita per la produzione artigianale di bisacce, mosaici a vetro e ricami. I monumenti più rilevanti sono la chiesa di S. Nicola con accanto l'imponente Torre dei Ventimiglia e la Chiesa di Santa Maria degli Angeli di tipica fattura barocca. Tra i primi piatti, gli "anelletti del monsù".

La produzione artigianale è un'antica tradizione anche a **Petralia Soprana**, dove le donne si dedicano ancora al ricamo, all'uncinetto e alla lavorazione dei tappeti, mentre gli uomini intagliano il legno e lavorano il ferro. Da vedere, la Chiesa Madre cittadina, intitolata a San Pietro e San Paolo.

Sempre nel comprensorio del **Parco delle Madonie**, dove si

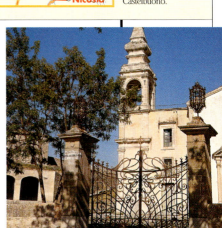

A Gangi: un particolare della chiesa di Santa Maria degli Angeli e la processione delle Palme.

MUSEO CIVICO A GANGI (PA)

Corso Vitale 54, tel. 0921689907. Orari: da martedì a domenica 9-13 e 15-19 (inverno); 9-13 e 16-20 (estate). Chiuso il lunedì. Ingresso: 0,52 euro. *Il museo conserva reperti archeologici ellenistici e romani, ritrovati negli scavi della zona del Monte Alburchia, dove era insediata la città di Engium.*

Itinerario 5 - La Sicilia dell'Entroterra
Da Reitano ☐ Mistretta ☐ Nicosia ☐ Sperlinga ☐ Gangi ☐ Petralia Soprana

Affiancati: il panorama di Petralia Soprana ed una strada di Petralia Sottana; le ciliege di Castelbuono e le maioliche delle Petralie.

Azienda agricola biologica Tudia
Contrada Tudia, Petralia (Pa)
tel. 091346616.
Una delle aziende antesignane della produzione biologica in Sicilia. Una tradizione che dura da trentacinque anni. Pezzi pregiati dell'azienda sono le marmellate. Undici tipi diversi: solo qui si possono trovare le confetture di pomodoro e di melone bianco.

trovano le rocce più antiche della regione, si incontra **Petralia Sottana**. Qui si cammina sulle stradine lastricate in pietra, esattamente come secoli fa. Fin dalle epoche più remote l'uomo ha abitato queste montagne, come testimoniano gli antichissimi oggetti in argilla e ceramica rinvenuti nella grotta del Vecchiuzzo, vicino al paese. Ancora oggi i suoi abitanti sono dediti all'artigianato lavorando lana e ferro battuto. Di notevole fattura è la Chiesa Madre del XVII secolo, che custodisce al suo interno un candelabro bronzeo medievale e un trittico quattrocentesco. Ma Petralia Sottana è da visitare anche per il Parco, che include itinerari selvaggi, fitti di boschi, valloni e torrenti. Presso il **rifugio Marini** (1.600 metri), a nord di Polizzi, si può trovare ospitalità tutto l'anno. Da non perdere il percorso che, partendo da Piano Battaglia, raggiunge la cima più alta delle Madonie, **Pizzo Carbonara** a 1.912 m. Gli abbondanti fossili, le spugne e le alghe calcaree che si possono osservare lungo il sentiero sono le tracce del tempo passato.

■ *Ristorantino tra i boschi*
Provate le paste fresche con i porcini o il maialetto ai funghi. Ordinate anche i formaggi che vi verranno serviti con pistacchi e miele. Buona la selezione dei vini.
Nangalarruni
Via Alberghi 5 - Castelbuono (Pa)
Tel. 0921671428 - Fax 0921677449
E-mail: nangalaruni@libero.it

■ Castelbuono e le "teste di turco"

L'itinerario si conclude a circa 13 km dalla costa, a **Castelbuono**. Il borgo si sviluppa nel XIV sec. intorno al castello dei Ventimiglia, una massiccia costruzione con torri quadrate. Sul centro del paese si affaccia la Matrice Vecchia, del XIV sec., preceduta da un portico rinascimentale aggiunto nel '500.
Tra i piatti tipici di Castelbuono e di tutti i paesi delle Madonie, la "testa di turco". E' un dolce ottenuto dalla stratificazione di una sottile sfoglia di pasta fritta e una crema al latte che profuma di cannella e limone. Ultima tappa dell'itinerario una suggestiva escursione alle **Gole del fiume Pollina** (70 m slm circa), presso l'agglomerato rurale di Case Tiberio. Le imponenti pareti a strapiombo, levigate e incise dalle impetuose acque del fiume, disegnano un ambiente di straordinario impatto paesaggistico.

Sotto, a Castelbuono: la fontana monumentale e un particolare della cappella della chiesa di Sant'Anna.

RISTORANTE ROMITAGGIO

Località San Guglielmo km 5, castelbuono (Pa) tel. 0921671323.
Prenotazione: gradita.
Parcheggio: agevole.
Costo medio del pranzo: 26 euro.
Piatto tipico: testa di turco (dolce).
Chiusura: mercoledì.
Il ristorante è stato ricavato dalla ristrutturazione di un vecchio convento. Si mangia guardando alcuni affreschi recuperati durante il restauro.

ITINERARIO 5 - LA SICILIA DELL'ENTROTERRA

DA SAN FRATELLO ☐ *SAN TEODORO* ☐ *CESARÒ* ☐ *TROINA* ☐ *CERAMI* ☐ *CAPIZZI*

■ Sulle tracce dei cavalli sanfratellini

Si parte da **San Fratello**, a 20 chilometri da Sant'Agata di Militello. Attorniato da una ricca vegetazione, il paese possiede uno dei più estesi territori boschivi del Messinese. In questo silente paesaggio di cerri e faggi può capitare di incontrare fieri e scalpitanti cavalli allo stato brado. Sono i cavalli sanfratellini. Forti e muscolosi, di taglia media e temperamento docile, questi cavalli dal mantello baio o morello sono particolarmente adatti al turismo equestre.

La visita della città, il cui nome deriva dai tre santi fratelli Alfio, Cirino e Filadelfo, può cominciare dalla chiesa normanna, tra i monumenti più importanti del centro. Costruita nell'XI secolo, ospitò in una cripta le reliquie dei Santi patroni della città. Nella Chiesa Madre si possono ammirare un trittico d'argento e un imponente crocifisso ligneo. Una curiosità: a San Fratello la popolazione ha conservato fino a oggi un particolare dialetto gallo-italico pressoché incomprensibile.

■ A Monte Soro l'albero più grande d'Italia

Da San Fratello si imbocca la statale 289 in direzione **Cesarò**. Dal bivio di Portella Femmina Morta è possibile raggiungere il **Monte Soro** (1847 m), la cima più alta dei Nebrodi. Il panorama che si offre abbraccia le isole Eolie e l'Etna. Lungo il percorso non può passare inosservato (22 metri di altezza e circa 6 metri di circonferenza) uno dei più grandi Aceri montani d'Italia. Si riparte per **San Teodoro**. Raccolto attorno alla Chiesa Madre intitolata a Maria SS. Annunziata, è uno dei centri più piccoli dei Nebrodi con le tipiche viuzze strette, le case in pietra e un'economia basata sull'agricoltura e l'allevamento. A un chilometro circa, si incontra **Cesarò**. Visitata la Chiesa della Madonna delle Grazie, dove si trova un crocifisso ligneo della fine del '500, e la **Chiesa di Santa Caterina**, con una statua seicentesca della Santa, è possibile imboccare alcuni itinerari montani. I dintorni di Cesarò offrono infatti ai visitatori stupendi panorami. Rilassante e non troppo impegnativa è la visita del laghetto artificiale ricadente nel comune di Cesarò, il cosiddetto **Biviere di Cesarò** popolato da piante idrofile e maestosi faggi. Nei mesi estivi le acque si colorano di rosso per la fioritura di una microalga.

Tornati sulla statale 120, ci si dirige verso **Troina**, che dai suoi 1.100 metri sul livello del mare offre un colpo d'occhio di note-

---

ABBALLU DI LI GIUDEI A SAN FRATELLO (ME)
Centro cittadino, tel. 0941794030.
Periodo: settimana di Pasqua.
Le festività pasquali, ricche di riti religiosi e processioni, sono "disturbate" dai "giudei", uomini mascherati, armati di strumenti musicali. Il rito è antichissimo e i costumi dei giudei sono tramandati di padre in figlio da generazioni; un vestito rosso e una sorta di maschera a coprire il viso.

■ Per chi ama i cavalli

Chi ama gli sport equestri troverà in questo agriturismo, il luogo ideale. Il maneggio è molto ben attrezzato e la zona è l'ideale per ritemprarsi tra una passeggiata a cavallo e una gita sui Monti Erei.

Agriturismo Destro Pastizzaro Sergio
Contrada Scalonazzo - Cesarò
Tel. 095697331 - Cell. 3331683338

Itinerario 5 - La Sicilia dell'Entroterra
a Caronia

IL PERCORSO SUGGERITO

Partenza da San Fratello (uscita Furiano della A20 Messina-Palermo). Si segue la Ss 289 fino a Cesarò; si continua lungo la Ss 120 toccando Cerami, Serra di Falco; si sale verso nord fino a Caronia.

vole suggestione. Dal quartiere storico, detto comunemente "Piazza", si può ammirare a est l'imponenza dell'Etna, a sud-est il Mar Ionio e a nord i boschi dei Nebrodi.
Seguendo una stradina che parte sotto la torre campanaria ci si trova in un quartiere tipicamente medievale, chiamato Scalforio, che conserva ancora intatto il fascino delle viuzze e dei labirinti tipici dei quartieri arabi. Del periodo normanno è la Chiesa Madre dalle caratteristiche di chiesa-fortezza. Lungo il corso Vittorio Emanuele c'è la chiesa dell'Annunziata con il campanile a forma di cuspide interamente rivestito in maiolica.

Nella pagina di sinistra, dall'alto: una giumenta di razza "sanfratellana" e le maschere dei giudei, nella festa più importante di San Fratello. In basso: il rifugio della Miraglia, a Cesarò.

PASTICCERIA FRATELLI MAZZURCO

Via Conceria, casarò (Me)
tel. 0957732100.
Le mandorle di Cesarò e i pistacchi di Bronte: le materie prime che usano i fratelli Mazzurco per preparare i dolci sono di primissima qualità. Nascono così i dolcetti al pistacchio e l'ottimo latte di mandorla, vanto della pasticceria.

ITINERARIO 5 - LA SICILIA DELL'ENTROTERRA

DA SAN FRATELLO ☐ *SAN TEODORO* ☐ *CESARÒ* ☐ *TROINA* ☐ *CERAMI* ☐ *CAPIZZI*

In questa pagina: il lago Ancipa, nei pressi di Troina e la chiesa di San Bartolomeo, a Capizzi.

■ Verso il castello di Caronia

Una sosta presso il **Lago Ancipa**, posto ideale dove godere di un rosso tramonto siciliano, vale una deviazione. La strada lungo il lago costeggia infatti boschi e valli.

Tornati sulla statale 120, si arriva a **Cerami**, piccolo centro d'età classica sulla dorsale dei Nebrodi meridionali. Scavi condotti negli ultimi anni hanno riportato alla luce una piccola necropoli di tombe scavate nella roccia e corredi databili tra la fine del IV ed il II sec. a.C.

Posta sulla propaggine meridionale dei Monti Nebrodi, **Capizzi** è aggrappata alla sommità del monte Verna, a 1.200 metri d'altezza. Nel centro storico, costruzioni nobiliari del XVII, XVIII e XIX secolo, come palazzo Russo e palazzo Larcan. La Chiesa Madre, di origini normanne, presenta al suo interno quadri del '600 e dell'800 che riproducono figure di Santi. Di notevole interesse è il battistero, realizzato nel 1600 in pietra. Superati i resti della vecchia fortificazione medievale, in piazza dei Miracoli si trova la chiesa di S. Antonio da Padova con decorazioni barocche, colonne tortili e stucchi.

Da Capizzi ci si dirige verso la costa. Distesa su colline che digradano verso l'azzurro Tirreno, si trova **Caronia**. Da vede-

---

FESTA DI SANT'ANTONIO A CAPIZZI (ME)
Centro cittadino e campagne circostanti, tel. 0935930011.
Una manifestazione che si svolge in gran parte di notte. I fedeli partono dal centro del paese con i cavalli o i muli per raggiungere il bosco in contrada Cannella. Qui dividono con tutti gli altri convenuti i cibi che si sono portati dietro. Il giorno dopo si riparte alla volta di Capizzi: un cavaliere, scelto a sorte, porterà lo stendardo raffigurante il Santo.

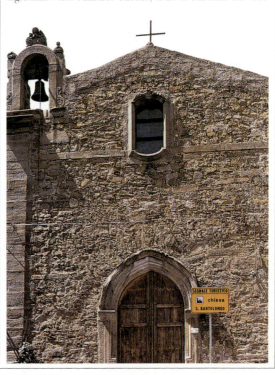

ITINERARIO 5 - LA SICILIA DELL'ENTROTERRA

☐ A CARONIA

re, il castello con cinta muraria triangolare munita di torri difensive, uno degli edifici dell'architettura normanna meglio conservati in Sicilia. Di notevole interesse è la Chiesa Madre dedicata a San Nicolò di Bari, risalente al XII sec. Edifici sacri di rilievo sono inoltre immersi nel verde dei Nebrodi, come l'antica Abbazia Basiliana di San Pancrazio e la "Casina di Pietratagliata", tipico esempio di architettura aristocratico-rurale.

In questa pagina, dall'alto: la chiesa di Santa Maria Addolorata, a Capizzi; la lavorazione del formaggio, in un'antica stampa; un formaggio a forma di "cavalluccio": produzione tipica delle Madonie, dove è sviluppata la pastorizia (foto sotto).

FESTA DI SAN SEBASTIANO A CERAMI (EN)
Centro cittadino, tel. 0935931101.
Periodo: 27-28 agosto.
Sono due i momenti importanti di questa manifestazione religiosa: la processione dei pesanti "bbanneri", sorta di bandiere di rami di alloro, la processione della vara del Santo. Una devozione antica che si rinnova da tempo. I "bbanneri" caratterizzano anche la festa della Madonna della Lavina.

ITINERARIO 5 - LA SICILIA DELL'ENTROTERRA

DA NASO □ **CASTELL'UMBERTO** □ **TORTORICI** □ **FLORESTA** □ **SANTA DOMENICA VITTORIA**

■ A Naso nella valle del Sinagra

Per raggiungere Randazzo da Capo d'Orlando si percorrono poco più di 60 chilometri della statale 116 nell'entroterra nord-orientale della Sicilia, attraverso i Nebrodi. Al termine di una ripida salita, il primo centro che si incontra è **Naso** (495 metri sul livello del mare) che domina la valle del Sinagra. Di origini probabilmente altomedievali, il borgo è passato attraverso diversi feudatari fra cui i Ventimiglia dal XVI secolo: a questi ultimi si riconducono l'attuale impianto urbano della città e la costruzione dei principali edifici sacri. La **chiesa Madre**, dedicata ai santi Filippo e Giacomo, conserva una statua marmorea di scuola gaginesca (Madonna col Bambino) e all'altare maggiore un crocifisso ligneo del '600. La **chiesa di Santa Maria di Gesù**, che si trova sopra un poggio a nord del paese, risale alla seconda metà del '400 ed è stata costruita insieme a un convento di Minori Osservanti, del quale restano solo alcune parti della cinta muraria. All'interno della chiesa si trova l'interessante monumento di Artale Cardona - signore di Naso prima dei Ventimiglia - composto da quattro statue di Virtù che sorreggono l'urna con il defunto. A sette chilometri di distanza da Naso ecco il piccolo centro di **Castell'Umberto**, posto fra i fiumi Naso e Fitalia e sorto alla fine del 1800 in seguito alle frane che colpirono il vecchio abitato, **Castania**. La **nuova chiesa Madre, dedicata a Maria Assunta**, è a tre navate e conserva alcuni gruppi marmorei dei Gagini, in particolare quello dell'Annunciazione del 1803. Nell'antica Castania, posta in una zona verde che guarda alle più alte cime dei Nebrodi e alla costa tirrenica, sono da vedere i resti del castello databile al XIII secolo, la cinquecentesca chiesa di San Francesco (aperta al culto) e la chiesa di Santa Barbara, con un raffinato campanile lavorato in pietra maiolica.

Per arrivare a **Tortorici** occorre abbandonare la statale 116 e imboccare una strada che fra le querce costeggia il fiume Fitalia. Nella piazza principale del paese, un tempo noto per i fonditori di campane e di altri oggetti in bronzo, si trovano la **chiesa Madre** e la **chiesa di San Francesco** (ricostruita nel 1602), che fa parte dell'omonimo convento: nel patrimonio artistico di Tortorici spiccano anche la chiesetta Batia, quella di San Nicola e del SS. Salvatore. Fra le tradizioni locali merita una menzione la festa in onore del patrono, San Sebastiano, con la processione dei cosiddetti "nudi" (i fedeli sono vestiti indistintamente di bianco).

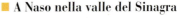
La torre campanaria della chiesa di San Salvatore, a Naso.

Cripta delle reliquie della chiesa di San Cono a Naso.

A sinistra: la tradizionale produzione di campane, a Tortorici.

ITINERARIO 5 - LA SICILIA DELL'ENTROTERRA

■ A RANDAZZO

IL PERCORSO SUGGERITO

Da Naso (uscita Brolo o Rocca di Capri Leone dell'autostrada A20 Messina-Palermo), si segue sostanzialmente il percorso della Ss 116 fino a Randazzo.

■ Floresta, il comune più alto

Ripresa la statale 116 si transita per **Floresta**, il più piccolo paese del Parco dei Nebrodi e il più alto comune della Sicilia (m 1.275), posto in una zona di grande interesse naturalistico. Nel borgo, caratterizzato da antiche case in pietra, si possono vedere la **chiesa Madre di Sant'Anna** della metà del XVIII secolo, la chiesa di Sant'Antonio ricostruita nei primi del '900, il Palazzo Baronale e il palazzo Crimi. Da Floresta (il cui nome potrebbe derivare da Flos e Aestas cioè Fiore d'estate) si possono effettuare le ascensioni alle cime dei monti Nebrodi.

La tappa successiva del percorso è il piccolo centro di **Santa Domenica Vittoria**, che guarda a sud dell'Etna; il suo nome deriva da Santa Domenica, patrona del paese, e dalla principessa Vittoria Alliata della famiglia Villafranca, che guidò il casato nel XVIII secolo.

I monumenti più significativi sono la chiesa di **Sant'Antonio Abate** (più volte ristrutturata) e l'antica Torre in pietra, un tempo residenza baronale, che domina l'abitato. La ricorrenza locale più significativa è la festa di Sant'Antonio Abate, preceduta da una fiera del bestiame. Il territorio circostante è di rara bellezza sotto il profilo naturalistico e suggerisce diverse escursioni, per esempio ai 1.250 metri del **Monte Poggio Rotondo** o al Passo dell'Olmo.

■ Randazzo, a due passi dal vulcano

Lasciata Santa Domenica Vittoria si scende per poco più di sei chilometri lungo la statale 116 e si incontra **Randazzo**, il comune più vicino al cratere principale dell'Etna (15 chilometri). Di origini remote, la città attuale - di fondazione bizantina - conobbe un importante periodo di sviluppo economico e urbanistico fra il XIV e il XVI secolo; a questo periodo si riconducono i principali monumenti. In parti-

Il campanile della chiesa di San Martino, a Randazzo.

colare la **chiesa di Santa Maria** in stile gotico (XIII secolo), che conserva le tre absidi originarie mentre è stato rifatto a metà del XIX secolo il campanile cuspidato: all'interno notevole la Salvezza di Randazzo, pittura su tavola attribuita a Girolamo Alibrandi. La **chiesa più grande della città è dedicata a San Nicolò** e ospita numerose opere dei Gagini così come la chiesa di San Martino del XIII secolo, dove si può apprezzare un campanile merlato con bifore e trifore.

Nell'abitato gli edifici civili più importanti sono il **palazzo comunale** (occupa il seicentesco ex convento dei Frati Minori), palazzo Finocchiaro e i resti del **palazzo Reale** (in seguito Casa Scala), che ospitò le corti normanna, sveva, aragonese e l'imperatore Carlo V. Poco oltre la chiesa di San Martino si trovano i resti del castello del XIII secolo e inizialmente torre della cinta muraria che racchiudeva la cittadella medievale, fatta costruire da Federico II: la vicina **Porta di San Martino** ne costituiva uno degli accessi. All'interno del castello è da vedere il museo archeologico, con le più significative testimonianze archeologiche in un arco di tempo che va dal VI al III sec. a.C., e il museo dei Pupi siciliani.

A Randazzo: la basilica di Santa Maria, costruita in pietra lavica, è di stile gotico. In basso una strada del centro abitato.
Sulla destra: un paesaggio delle campagne circostanti.

■ La villa romana di Castroreale

Arroccata sulle pendici dei monti Peloritani, **Castroreale** conserva il suo antico aspetto medievale. Passeggiando tra le strette stradine e avventurandosi sulle caratteristiche scalinate, è possibile visitare le numerose chiese che costellano il borgo. Tra le più interessanti si segnala la **Chiesa Madre**, con il pittoresco campanile cinquecentesco e all'interno la **statua di Santa Caterina d'Alessandria**, opera di Antonello Gangini (1534). Imboccando corso Umberto I si raggiunge la quattrocentesca **Chiesa della Candelora**, poi, seguendo la salita Federico II, si arriva alla **torre circolare**, unico resto dell'antico castello fatto costruire da Federico II d'Aragona nel lontano 1324. Da qui si può gustare la spettacolare vista sul paese e sul paesaggio circostante.
Poco fuori Castroreale, all'altezza del villaggio San Biagio, è possibile visitare ciò che rimane di un'**antica villa romana** risalente al I secolo a.C. Ancora visibili il grande peristilio quadrato, gli splendidi mosaici pavimentali e le terme un tempo annesse alla costruzione.

In queste pagine: la torre campanaria, a Castroreale. La produzione di cesti "mazzarioti"; la strada, che attraversa vecchie colate laviche e collega Francavilla a Novara di Sicilia. Le fave, rinomata rinomata produzione di questi luoghi e protagoniste di un gustoso piatto con il lardo fritto.

MUSEO CIVICO A CASTROREALE (ME)
Via Siracusa 31,
tel. 0909746444.
Orari: 9-13 e 15-18 (da settembre a giugno), 16-20 (luglio e agosto). Chiuso il mercoledì pomeriggio.
Ingresso: gratuito
Il museo raccoglie quadri, argenterie, oggetti liturgici e vari paramenti provenienti dalle chiese della zona rase al suolo dal terremoto del 1978. Di questi edifici di culto, ben pochi sono stati poi restaurati.

■ Mazzarrà Sant'Andrea, la città dei canestri

C'è un detto sugli abitanti di **Mazzarrà Sant'Andrea**: "Mazzarioti cannistri cannistri, granni e picciotti sù tutti maistri!", ossia "Mazzarresi costruttori di canestri, grandi e piccoli son tutti maestri!". La proverbiale saggezza popolare si riferisce, con tutta evidenza, all'**abilità dei Mazzarresi di costruire canestri artigianalmente**.
Ma la bellezza della cittadina non è certo tutta qui. Situata su una zona collinare a circa 60 km da Messina, nel cuore dello splendido entroterra del golfo di Patti, Mazzarrà Sant'Andrea si fa ammirare anche per il caratteristico territorio che la circonda, tutto un susseguirsi di agrumeti e vigneti. Il paese, dal-

ITINERARIO 5 - LA SICILIA DELL'ENTROTERRA
DA CASTROREALE □ MAZZARRÀ SANT'ANDREA □ NOVARA DI SICILIA □ A MOJO ALCANTARA

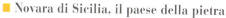

IL PERCORSO SUGGERITO

Da Castroreale (uscita Barcellona dell'autostrada A20 Messina-Palermo), si segue il percorso della Ss 185 fino al bivio per Mojo Alcantara.

l'aspetto semplice ed elegante, si anima ogni anno, nell'ultima domenica di agosto, per la **festa dedicata alla Madonna delle Grazie**. La caratteristica processione, cui partecipa tutta la cittadinanza, si conclude nella bella **Chiesa Madre**. Costruita nel 1776, conserva nella facciata un portale risalente al XVIII secolo. L'interno si fa apprezzare per l'eleganza degli arredi, le imponenti sculture e la particolare **Sacra Mensa**, utilizzata come altare.
Vera prelibatezza di questi luoghi è il formaggio **Maiorchino**. Di pasta dura, derivato dal latte di pecora, pare abbia fatto la sua comparsa intorno al '600 in occasione della sagra della maiorchina. Ancora oggi viene lavorato secondo le antiche tecniche tradizionali e la stagionatura si ottiene negli **interrati**, costruzioni in pietra tipiche della zona.

■ Novara di Sicilia, il paese della pietra

Piccolo borgo montano tra i Peloritani e i Nebrodi, **Novara di Sicilia** si raggiunge uscendo da Mazzarrà e percorrendo la SP 185, strada panoramica che dalla costa si inerpica sui monti dell'entroterra. Di origine medievale, il paese è dominato dai resti di un antico castello saraceno.

La continua lotta con il poco ospitale territorio circostante, caratterizzato dalla durezza della pietra, ha lasciato in eredità l'opera degli **scalpellini**, veri e propri artisti del taglio e della lavorazione del duro materiale. Della loro abilità rimangono i **bellissimi**

MUSEO ETNOGRAFICO
Piazza Michele Bertolani 2, Novara di Sicilia (Me)
tel. 0941650954.
Orari: 9-12.30 su richiesta (da marzo a ottobre); 9-13 e pomeriggio su richiesta (da aprile a settembre).
Ingresso: gratuito.
Tutti i tradizionali mestieri della zona sono scandagliati in questa esposizione. Dal contadino al calzolaio, al tessitore, si conservano arnesi, attrezzi, nonché splendide "memorie" fotografiche.

Itinerario 5 - La Sicilia dell'Entroterra

Da Paternò ☐ Santa Maria di Licodia ☐ Biancavilla ☐ Adrano ☐ Bronte ☐ Maletto ☐ Casotti Sant'Elia

■ Al confine del Parco, in compagnia del Vulcano

A Paternò l'Etna appare lontano appena sopra il mare, attorniato dagli agrumeti: tra la città e il vulcano c'è l'immenso **Parco regionale**. 55mila ettari di paesaggio sempre diverso, articolato dagli strati lavici. I terrazzamenti alle pendici dell'Etna sono coltivati a meli, viti, noccioli e pistacchio. Anticamente Ibla Mayor, **Paternò** nasce in periodo normanno. La cittadina si raccoglie sotto la rupe, sulla quale poggia il **Castello**, edificato in pietra lavica nel 1073 per volontà di Ruggero II, da cui si può ammirare un panorama spettacolare. L'economia della città si basa in particolare sulla produzione e la commercializzazione delle arance. Si sale ancora e si giunge a **Santa Maria di Licodia**, piccolo centro di probabili origini sicane che è noto per l'**Abbazia Benedettina** e la **Chiesa intitolata a Santa Maria**. Si continua ancora salendo per la vallata in direzione Adrano passando da **Biancavilla**, borgo agricolo originato da una colonia greco-albanese, con un caratteristico belvedere. Attraverso la valle del Simeto, il fiume più lungo dell'isola, si arriva ad **Adrano** sull'altopiano lavico, fertile e ricco d'acqua. Centro agricolo di rilievo, produce e commercia pistacchi e un ottimo miele. Gli insediamenti risalgono al periodo greco, secondo alcuni ritrovamenti effettuati nei pressi del cosiddetto Ponte dei Saraceni. Ma è nel periodo normanno che l'allora Adernò cresce e si sviluppa. Arrivando nel borgo s'impone alla vista il **Castello a base quadrilatera**, dell'undicesimo secolo, voluto dal conte Ruggero e rimaneggiato più avanti; attualmente ospita la Pinacoteca cittadina. Non lontana, la Chiesa Madre originariamente di fattura normanna. E nella via Roma troneggia il **Monastero di Santa Lucia**. Si riprende a costeggiare il parco tra i lecci e i castagni e alzando lo sguardo ci si accorge che la vetta del vulcano è più vicina. A quota 750 metri si giunge a **Bronte**, una cittadina più volte colpita dalle eruzioni laviche (particolarmente nel 1832), che si sono susseguite nei secoli.

Adrano: il castello normanno.

MASSERIA FRANTOIO SAN MARCO
Contrada Leone, Paternò (Ct)
tel. 095623254.
L'azienda San Marco produce olio da olive coltivate biologicamente (con certificazione Aiab). Le olive sono della varietà nocellara etnea. I metodi di coltivazione e di produzione dell'olio sono rigorosamente artigianali.

Paternò: la chiesa del monastero.

ITINERARIO 5 - LA SICILIA DELL'ENTROTERRA

☐ Passopisciaro ☐ Francavilla di Sicilia ☐ Castiglione di Sicilia ☐ Linguaglossa ☐ Milo ☐ A Zafferana Etnea

IL PERCORSO SUGGERITO

Da Paternò (uscita Sferro Gerbini o Motta S. Anastasia dell'autostrada A19 Palermo-Catania) si prende la Ss 184, seguendo un percorso perimetrale al Parco dell'Etna.

■ Bronte, la città dei pistacchi

Oggi Bronte è un importante centro agricolo, noto per la coltivazione dei pistacchi e per la **Sagra del pistacchio** che si tiene ogni anno all'inizio del mese di ottobre. La leggenda racconta come il borgo sia sorto per volontà del Ciclope Bronte, figlio di Nettuno. Di sicuro Bronte acquista peso attorno al 1520, quando gli abitanti di numerosi casali vicini vi si trasferirono per disposizione di Carlo V. In centro vi si trova il **Santuario dell'Annunziata** del 1535, la cui facciata risalta grazie al portale rinascimentale di arenaria gialla. All'interno della chiesa si può ammirare il **gruppo marmoreo dell'Annunciazione** attribuito allo scultore Antonello Gagini: secondo le credenze popolari l'Annunciazione avrebbe salvato miracolosamente il borgo dalle colate di lava.

Si prosegue salendo a **Maletto**, il comune più alto del Parco dell'Etna, che sorge a 960 metri di quota. Fondato nel 1263 da Manfredi Maletto, conte di Mineo, si ricorda per la torre fortificata situata sopra una rupe posta in pieno centro abitato e

Sopra: la chiesa di Santa Lucia, ad Adrano.
In basso: la chiesa del Sacro Cuore a Bronte.

MUSEO DELL'ANTICA CIVILTÀ LOCALE A BRONTE (CT)
Contrada Piana Cuntarati, via Schelerò 31
tel. 095691635
Orari: 8.30-13 e 15-17. Necessario, però, telefonare in precedenza.
Ingresso: 2,00 euro.
Presso la Masseria Lombardo sono esposte testimonianze della civiltà contadina locale.

ITINERARIO 5 - LA SICILIA DELL'ENTROTERRA
DA PATERNÒ ☐ SANTA MARIA DI LICODIA ☐ BIANCAVILLA ☐ ADRANO ☐ BRONTE ☐ MALETTO ☐ CASOTTI SANT'ELIA

A Castiglione di Sicilia: la chiesa di Sant'Antonio Abate e un tipico balcone

attorno alla quale si raccolse il primo nucleo insediativo. Da Maletto, il cui territorio in buona parte è nel Parco, si possono effettuare escursioni alle grotte (150) che si aprono sulle alte pendici: ricordiamo tra le più note la grotta del Gelo.

■ Ai piedi del vulcano tra rocce, grotte e fortezze

Si taglia nel parco verso est nell'attrezzatissima **Zona Altomontana** e si raggiunge il piccolo centro di **Casotti Sant'Elia** prima di continuare per il comune di **Passopisciaro**, oltrepassato il quale si ritorna a vedere il mare. Con una breve deviazione si arriva a **Francavilla di Sicilia**, piccolo e incantevole borgo sopra Taormina. Si continua poi per **Castiglione di Sicilia**, situata al centro della valle dell'Alcantara. L'abitato di origine normanna è di struttura medievale e si arrocca attorno a **Castel Leone** incastrato fra le rocce nel punto dominante del paese. Dal Castello si gode un panorama incredibilmente bello. Proseguendo il viaggio intorno al parco si raggiunge **Linguaglossa**, situata in una splendida pineta da dove è possibile raggiungere piano Provenzana, stazione sciistica e base escursionistica della zona di nord-est del parco.

Tra le valli e le alture si prosegue in costa sino a **Milo** centro informazioni del Parco regionale e base di escursioni. Ultima tappa attorno all'Etna è **Zafferana Etnea**, cittadina adagiata su terrazzoni di pietra lavica che si protendono sul mar Ionio, vicino ad Acireale. Il centro è la base da cui partono numerose passeggiate ed escursioni, come quella che porta al secolare Castagno dei cento cavalli, ritenuto tra i più vecchi al mondo, o quella che conduce alla suggestiva **Valle del Bove**.

■ *Nel Parco dell'Etna*

Una visita guidata, con i bimbi, al vulcano più famoso d'Europa è quanto di meglio la regione possa offrire. Suggestive le grotte e le bocche eruttive così come le colate di lava e il paesaggio sulla Valle del Bove.

Parco dell' Etna
Via Etnea, 107/a - Milo
(CT) Tel. 095821111

ITINERARIO 5 - LA SICILIA DELL'ENTROTERRA

☐ Passopisciaro ☐ Francavilla di Sicilia ☐ Castiglione di Sicilia ☐ Linguaglossa ☐ Milo ☐ A Zafferana Etnea

Sopra: la strada che attraversa Milo. In basso un panorama tra Bronte e Adrano. Al piede della pagina: una veduta di Castiglione di Sicilia, alle falde dell'Etna.

Museo Etnografico dell'Etna

Piazza Annunziata 5, Linguaglossa (Ct) tel. 095643094. Orari: 9-12.30 e 16-19.30 (estate), 9-12.30 e 15.30-19 (inverno), 9.30-12.30 domenica. Ingresso: 0,60 euro.
Il museo mette in mostra la flora e la fauna dell'Etna. Da vedere anche una collezione micologica, con i funghi presenti sulle pendici del vulcano catanese.

Ristorante Parco dei Principi

Via delle Ginestre 1, Zafferana Etnea (Ct) tel. 0957082335. Prenotazione: gradita. Parcheggio: agevole. Costo medio del pranzo: 30 euro. Piatto tipico: fettuccine ai funghi. Chiusura: martedì.
Il ristorante si trova dentro una villa ottocentesca. Il tono è piuttosto elegante e la cucina centrata sui prodotti dell'Etna, funghi in particolare.

Itinerario 5 - La Sicilia dell'Entroterra
Da Vittoria □ Comiso □ Chiaramonte Gulfi □ Monterosso Almo □ Vizzini

■ Dalle serre di Vittoria ai marmi di Comiso

La strada che porta a Vittoria si lascia il mare alle spalle e sale lungo un territorio caratterizzato dalla coltivazione in serre. **Vittoria** fu fondata dalla contessa Vittoria Colonna agli inizi del XVII secolo ed ebbe uno sviluppo costante fino al terribile terremoto del 1693, che distrusse questa e altre città nei dintorni.

Vittoria ha pianta a scacchiera e il suo centro, Piazza del Popolo, ospita il **Teatro comunale**, del 1877, e la chiesa di **S. Maria delle Grazie**, costruita nel 1612, poi distrutta dal terremoto e ricostruita nel 1754. Proseguendo verso **Comiso** alle serre si sostituiscono i vigneti e i depositi di marmo, la cui lavorazione è una delle più importanti attività della zona. La città ha origini antichissime e numerose testimonianze dell'arte nel corso dei secoli. Il mosaico pavimentale vicino la **Fonte Diana**, in piazza del municipio, risale al II secolo a.C. La **chiesa di San Biagio**, ricostruita nel XVIII secolo, ha origini bizantine, come dimostrano i contrafforti che ancora oggi mantengono la struttura originaria. Anche il **Castello** dei conti **Naselli d'Aragona**, sebbene più volte modificato, ha origini bizantine. Al suo interno nel 1841 fu costruito il teatro comunale. La chiesa di **Santa Maria delle Stelle**, la chiesa Madre, fu edificata nel XV secolo su un tempio gotico preesistente. Il Palazzo Comunale risale invece al 1887. Il cuore della vita culturale di Comiso è la biblioteca intitolata alla memoria di **Gesualdo Bufalino**, il celebre scrittore comisano.

La villa comunale di Vittoria.

MUSEO STORICO ITALO-UNGHERESE A VITTORIA (RG)
Via Garibaldi (Capannone 16)
tel. 0932865994
Orari: 8.30-13 da lunedì a sabato.
Chiuso la domenica.
Ingresso: gratuito
Vittoria nel 1916 divenne teatro di un campo di prigionia per soldati dell'esercito austro-ungarico. Sono illustrati anche i contatti tra Italia e Ungheria in epoca risorgimentale e durante la Seconda Guerra Mondiale.

■ Vizzini e i luoghi verghiani

Una piccola deviazione permette di visitare **Chiaramonte Gulfi**. La strada si apre su uno dei più bei panorami della Sicilia, che offre allo sguardo l'Etna e la costa iblea fino a oltre Gela. Fondata nel XIII secolo da Manfredi I di Chiaramonte che vi costruì le mura difensive e il castello, la città venne distrutta dal terremoto del 1693. Ricostruita in stile barocco,

Itinerario 5 - La Sicilia dell'Entroterra

☐ Buccheri ☐ Palazzolo Acreide ☐ Ferla ☐ a Sortino

IL PERCORSO SUGGERITO

Da Vittoria, tagliata dalla Ss 115 Trapani-Siracusa, si prosegue per Comiso; si devia a nord lungo la Ss 514, uscendo a Chiaramonte Gulfi; da qui comincia un percorso articolato fino a Sortino.

mantiene, però, la sua struttura medievale. Tra i monumenti più importanti la **Chiesa del Salvatore** e la **Chiesa Madre Santa Maria La Nova** e l'**Arco dell'Annunziata**, l'unica porta delle mura rimasta in piedi. Ma soprattutto, a pochi chilometri dalla città, il **Santuario di Gulfi**, costruito nel XVIII secolo su resti paleocristiani. Non molto distante da Chiaramonte, si trova **Monterosso Almo**. Il paese conobbe il suo massimo sviluppo sotto la dominazione dei normanni, anche se, a causa del terremoto del 1693, di quel periodo non resta traccia. Solo la chiesa Madre, ricostruita dopo quella data, conserva due splendide acquasantiere del XII secolo. Dopo un percorso tra tornanti, salite e discese, si arriva a **Vizzini**, il paese natale di **Giovanni Verga**. Distrutta anch'essa dal terremoto del 1693 e ricostruita, la città mantiene poche tracce delle sue antichissime origini, sebbene le stradine strette ci riportino a tempi remoti. Il suo cuore è la piazza Umberto I, su cui si affacciano il **Palazzo Municipale** (XIX sec.) e un palazzo signorile del XVIII secolo, appartenuto alla famiglia Verga. La chiesa Madre di San Gregorio ha un portale gotico-catalano che già serviva l'edificio preesistente, probabilmente l'antico municipio.

In basso, a sinistra: la chiesa di San Giovanni a Vittoria; sotto: la chiesa di San Giovanni a Vizzini, che svetta sul centro storico della città.

Museo del Ricamo e dello Sfilato Siciliano
Via Blanca,
Chiaramonte gulfi
(Rg)
tel. 0932711218.
Orari: 18-20 sabato e domenica. Gli altri giorni su richiesta.
Ingresso: 4,00 euro, valido per tutti gli 8 musei cittadini.
L'antichissima tecnica dello sfilato siciliano viene testimoniata e resa immortale da questa esposizione di merletti e pregiati ricami.

Itinerario 5 - La Sicilia dell'Entroterra
Da Vittoria ☐ Comiso ☐ Chiaramonte Gulfi ☐ Monterosso Almo ☐ Vizzini

■ Gli agrumeti di Buccheri e Akrai

Quando ci si inoltra nella provincia di Siracusa, alla volta di **Buccheri**, sulle pendici dei monti Iblei, capita spesso di camminare tra vasti agrumeti, la coltivazione più diffusa da queste parti. Buccheri è il comune più alto della provincia, e alla sua sommità, sopra un'imponente scalinata, troneggia la **Chiesa di Sant'Antonio Abate**, costruita dopo il terremoto del 1693. Percorrendo la strada statale lungo il corso del fiume Anapo si giunge a **Palazzolo Acreide**, fondata dai siracusani nel 664 a.C., con il nome di Akrai, come fortezza per il controllo dei territori lungo il fiume Anapo. Importanti resti di questo periodo sono gli **"scavi di Akrai"**, una zona archeologica situata su un'altura a circa 2 chilometri dal centro. Tra i monumenti più interessanti il piccolo teatro greco, l'agorà, due latomie (Intagliata e Intagliatella), il tempio di Afrodite e i Santoni, dodici sculture rupestri dedicate alla dea Cibele. Nel centro storico la città conserva importanti testimonianze dell'arte barocca: la **Chiesa dell'Annunziata**, la **Chiesa di San Sebastiano**, la **Chiesa di San Paolo**.

■ La necropoli di Pantalica

Lasciata la statale ci si inoltra nella valle dell'Anapo, nella zona del **sito di Pantalica**. Un territorio incontaminato, privo di alberi, segnato da gole rocciose e percorso da pochi sentieri. L'antica città, costruita in forma di alveare tra il XIII e l'VIII secolo a.C. con il nome di Hybla, venne abbandonata fino all'alto Medioevo, quando si rivelò utile rifugio contro le incursioni arabe. Priva di abitazioni vere e proprie, Pantalica si sviluppa in un canyon incassato tra due alti costoni rocciosi che formano una fortezza impenetrabile. Nella necropoli si contano più di 5.000 tombe di epoche diverse. La città si raggiunge da **Ferla**, da cui dista circa 9 chilometri. Si arriva presso la necropoli nord e si parcheggia vicino all'Anaktoron, il palazzo del principe dell'antica Hybla. Un'alternativa è offerta dall'accesso da **Sortino** (a pochi km da Ferla), un percorso affascinante ma faticoso, che prevede un lungo tratto a piedi. L'area intorno al sito è stata recentemente costituita in riserva naturale Pantalica, Valle dell'Anaro e Cava Grande.

Sopra: la chiesa di San Sebastiano, a Buccheri; in una bella foto dell'Apt. Sotto: la chiesa di San Giovanni Evangelista, di Sortino. A fianco, la necropoli di Pantalica.

Antica Pasticceria Corsino
Via Nazionale 2,
Palazzolo Acreide
tel. 0931875533.
Qui la tradizione dolciaria siciliana è di casa. Tra le specialità: gli ossi di morti, i "ciascuna" ripieni di fichi secchi e i "facciuna" al cacao con le mandorle.

ITINERARIO 5 - LA SICILIA DELL'ENTROTERRA
☐ *BUCCHERI* ☐ *PALAZZOLO ACREIDE* ☐ *FERLA* ☐ A SORTINO

Itinerario 5 - La Sicilia dell'Entroterra
Da Caltagirone □ Piazza Armerina □ A Enna

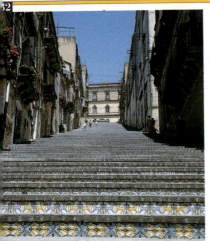

A Caltagirone: la famosa scalinata e, sotto la chesa di San Pietro.

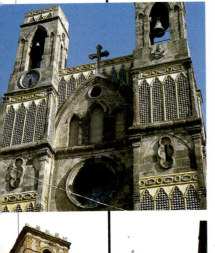

■ Caltagirone, la città della ceramica

Situata fra i monti Iblei e i monti Erei, **Caltagirone** deve la sua fama alla produzione delle **splendide ceramiche**. Una tradizione di origini antichissime che, ancora oggi, caratterizza le molte botteghe artigiane della città. Abitata sin dalla lontana preistoria, la città subì successivamente la dominazione dei greci e degli arabi. Anche la storia di Caltagirone è segnata dal terribile **terremoto** che nel 1693 distrusse l'abitato danneggiando irrimediabilmente gran parte del patrimonio artistico. L'attuale aspetto tipicamente barocco risale alla ricostruzione portata a termine nel Settecento.

Asse principale della città è la lunga **via Roma** che arriva sino ai piedi della scenografica **scala di Santa Maria al Monte**. Questa, con i suoi 142 gradini dalle alzate in ceramica policroma, collega la città alta alla città bassa. In cima alla scalinata sorge la **Chiesa di Santa Maria del Monte**, al cui interno viene custodita la **Madonna di Condomini**, splendido esempio di arte bizantina risalente al '200. Da visitare il **Museo della ceramica** che permette di ripercorrere la storia dell'arte locale, dalla lontana preistoria agli inizi del Novecento. Qui sono conservati alcuni splendidi esempi di statuine per presepi, prodotto tipico dell'artigianato cittadino.

Dal punto di vista folcloristico, estremamente suggestiva è la **festa di San Giacomo** che si tiene il 24 e il 25 luglio. In questa occasione la pittoresca scalinata di Caltagirone viene illuminata da migliaia di lumini multicolori, a formare bellissimi giochi di luce.

■ Piazza Armerina, i mosaici e il Palio

Lasciando Caltagirone si imbocca la SP 124 fino al bivio con la Statale 117 bis. Qui si svolta in direzione Enna e si prosegue fino a raggiungere **Piazza Armerina**. Arroccata su tre colli nell'area dei monti Erei e circondata da boschi di pini ed eucalipti, Piazza Armerina è uno dei centri archeologici più importanti di tutta la Sicilia.

ITINERARIO 5 - LA SICILIA DELL'ENTROTERRA
DA CALTAGIRONE ☐ PIAZZA ARMERINA ☐ A ENNA

IL PERCORSO SUGGERITO

Da Caltagirone, tagliata dalla Ss 417, si prende la Ss 124 che porta sulla 117 bis; lungo questa statale s'incontrano Piazza Armerina ed Enna.

Famosissimi sono gli splendidi mosaici situati nella vicina **Villa romana del Casale**. Tutelata dall'Unesco in quanto patrimonio dell'umanità, propone ambienti di vita quotidiana (dalle latrine ai riscaldamenti) nella suggestiva cornice dei mosaici fra cui spiccano quello sulla stanza della Piccola caccia, il safari africano della stanza della Grande caccia, e le fatiche di Ercole rappresentate nella Grande sala da pranzo (il triclinium).

Al centro dell'abitato, visibile già da lontano, sorge lo splendido **Duomo** barocco. Coronato da un'alta cupola, l'edificio sorge sui resti di una chiesa quattrocentesca della quale rimane l'antico campanile. L'interno racchiude opere pregevoli, quali la **Madonna della Vittoria** e una bella croce lignea datata 1450.
Alle spalle del Duomo si trova il settecentesco complesso francescano, oggi adibito a ospedale. Salendo per via Vittorio Emanuele si possono ammirare i prospetti contrapposti delle chiese di Sant'Ignazio di Loyola e di Sant'Anna. Su tutto si staglia imponente la mole quadrata del **castello aragonese** costruito nel lontano 1392.
Una menzione particolare la merita il **Palio** di ambientazione medievale che ogni anno tra il 13 e il 14 agosto anima la cittadina.
La pittoresca manifestazione vuole celebrare la rivolta contro i

---

AGRITURISMO AGRICASALE

Contrada Ciavarini 1, Piazza Armerina (En) tel. 0935686034.
Inserito in un contesto di bosco e macchia mediterranea, questo agriturismo è aperto tutto l'anno (gradita la prenotazione) ed è dotato di un ampio parcheggio per autobus. Ottimo luogo per unire relax, sport, escursioni culturali (è a 5 minuti dal centro storico di Piazza Armerina) e buona cucina siciliana. Inoltre c'è la possibilità di acquistare olio, fichi d'India e ortaggi.

*Piazza Armerina, nella foto in basso della pagina di sinistra: il Duomo.
Nella foto di questa pagina: una scena dei mosaici della Villa Romana del Casale, risalenti al III-IV sec. a.C.*

saraceni, guidata dal valoroso Conte Ruggero d'Altavilla. Durante i festeggiamenti viene esposto il **leggendario vessillo** che, donato alla città proprio dal grande conte, avrebbe in seguito miracolosamente fermato una mortale pestilenza. La tradizione vuole che il vessillo sia proprio la **Madonna della Vittoria** conservata nella Cattedrale.

■ Enna, il belvedere di Sicilia

Situata a 931 metri di altitudine, **Enna** gode di una posizione a dir poco spettacolare che le conferisce il titolo di **belvedere di Sicilia**. Visibile da lontano, la città conserva ancora intatto tutto il fascino di imprendibile fortezza medievale. Considerata un importante centro strategico fin dall'antichità, Enna (il cui nome fino al 1927 era Castrogiovanni) ebbe il suo periodo di massimo splendore sotto il dominio di Federico II di Svevia. Di quel periodo conserva il **castello di Lombardia** e la **torre di Federico II**.

Di notevole interesse artistico il **Duomo**, originariamente ricostruito nel XIV secolo e successivamente rimaneggiato nel XVI secolo. L'edificio conserva nella sua struttura vari stili, dal gotico al barocco. Sul fianco, molto bello il **portale del '500** con un bassorilievo raffigurante San Martino e il povero. All'interno si possono ammirare numerose opere d'arte, tra cui i dipinti di Filippo Paladino (prima metà del '600) e un bellissimo crocifisso del XV secolo.

Al fianco della canonica si trova la sede del **Museo Alessi** che custodisce il tesoro della chiesa. Davvero splendide le opere di oreficeria, tra cui la **seicentesca Corona della Madonna**. Di grande interesse anche le tavolette bizantine della sezione archeologica.

Nella vicina piazza Mazzini **palazzo Varisano** ospita il **Museo Archeologico**, in cui sono conservati numerosi reperti. Un'ultima menzione la merita la **Chiesa di San Marco**, col suo strepitoso pavimento in maiolica di fattura settecentesca.

Nelle due foto: il campanile e l'abside del Duomo di Enna.

Itinerario 5 - La Sicilia dell'Entroterra
Da Caltagirone ☐ Piazza Armerina ☐ a Enna

Nelle due foto: il centro di Enna ed una veduta, con sullo sfondo la torre del Castello di Lombardia.

Itinerario 5 - La Sicilia dell'Entroterra
Da Caltanissetta ☐ San Cataldo ☐ Serradifalco ☐ Montedoro

A Caltanissetta: la zona archeologica, la processione dei misteri ed una veduta del centro.

Museo Archeologico
Via Napoleone Colajanni 1, Caltanissetta tel. 093425936. Orari: 9-13 e 15.30-19. Chiuso l'ultimo lunedì del mese. Ingresso: 2,00 euro. Il museo ricostruisce la storia di alcuni siti antichi del territorio di Caltanissetta e zone limitrofe. Da segnalare il sito di Dessueri, nel territorio di Mazzarino.

■ Caltanissetta, antica capitale dello zolfo

Situata nell'alta valle del Salso, ai piedi del monte San Giuliano, **Caltanissetta** ha vissuto il suo periodo di massimo splendore agli inizi del Novecento, quando lo sfruttamento dei giacimenti di zolfo la portò a coprire l'80% della produzione mondiale. Oggi, a seguito della spietata concorrenza americana, l'attività mineraria è ormai scomparsa.

La città si presenta con una struttura urbanistica semplice ed elegante. Piazza Garibaldi, corso Umberto I e corso Vittorio Emanuele II costituiscono il centro storico, caratterizzato da tre chiese: la **Cattedrale**, **S. Sebastiano** e **S. Croce**. I tre edifici sono facilmente riconoscibili grazie all'**intonaco rosso scuro** che crea un suggestivo contrasto con il colore del tufo degli elementi architettonici.

Caltanissetta è conosciuta in tutta Italia per i **tradizionali riti** che ancora oggi si svolgono durante la **Settimana Santa**. In particolare il Giovedì Santo è caratterizzato dalla **Processione dei Misteri** in cui le grandi statue che raffigurano la Passione di Cristo vengono portate a spalla attraverso le vie della città. Il Venerdì Santo vede lo svolgersi della **Processione del Cristo Nero**, mentre il sabato è il giorno della Scinnenza.

Poco fuori il centro abitato (3.5 km a nord-est, sulla Statale 122 direzione Palermo) merita una visita la **Badia di Santo Spirito**, senza dubbio la più interessante chiesa romanica della regione.

Caltanissetta: un panorama d'epoca. A fianco la processione dei misteri.

ITINERARIO 5 - La Sicilia dell'Entroterra
☐ *Acqualia Platani* ☐ *Mussomeli* ☐ a **Marianopoli**

ITINERARIO 5 - LA SICILIA DELL'ENTROTERRA
DA CALTANISSETTA □ SAN CATALDO □ SERRADIFALCO □ MONTEDORO

IL PERCORSO SUGGERITO

Da Caltanissetta si prosegue per San Cataldo e Serradifalco lungo la Ss 122; il percorso diventa poi circolare e passa per Montedoro, Acquaviva Platani, Mussomeli, Marianopoli.

■ Da San Cataldo a Serradifalco

Da Caltanissetta, percorrendo la Statale 122, in una decina di minuti si arriva a **San Cataldo**. Importante centro del Nisseno, il paese può andare orgoglioso della perfetta armonia tra la parte antica e la zona più moderna. La **Settimana Santa** sancataldese rimane senza alcun dubbio la maggiore attrazione della città. Si inizia il mercoledì con la rappresentazione del processo a Gesù, per concludere la Domenica di Pasqua con la **sfilata dei "Sanpauluna"**, gigantesche statue di cartapesta raffiguranti gli Apostoli.
Posta a circa 6 km da San Cataldo sorge Borgata Roccella, dove si possono visitare la **Chiesa della Madonna di Roccella** e un'antica fontana-abbeveratoio. Proseguendo ancora per qualche chilometro, subito dopo uno stretto tornante, ecco sbucare **Serradifalco**. Da non perdere la **Chiesa Madre dedicata a San Leonardo** che, con la sua maestosa facciata, domina tutto il borgo. Per i buongustai appuntamento d'obbligo, nel corso della cosiddetta Estate Serradifalchese, con la **Sagra della Stigliola**, per gustare il budello di capretto ripieno di carne tritata, pezzi di parti nobili, aglio, spezie ed aromi vari. A ridosso del centro abitato si trova il **Lago Soprano**, riserva naturale ricca di fauna e flora.

■ Le "Robbe" di Milena

Non molto distante da Serradifalco si incontra **Montedoro**, così chiamato per le colline circostanti che in primavera si coprono di fiori campestri gialli.
Anche nel piccolo comune di Montedoro la Settimana Santa rappresenta la festività più sentita. Qui, ormai da diverse generazioni, i giorni della Passione di Gesù sono scanditi dai lamenti in versi latini e in siciliano arcaico dei **Ladatori**.
Continuando a percorrere la Statale 122, sorpassato Bompensiere, si arriva a **Milena**. Caratteristica del comune è di comprendere ben 14 frazioni o "Robbe". Poco più in là, in direzione Mussomeli, merita una visita anche **Acquaviva Platani**, nota per la pittoresca **Torre Civica dell'Orologio**. Risalente alla fine dell'800, con i suoi rintocchi, scandisce ancora oggi la giornata della cittadina.

RISTORANTE LA ROCCIA
Contrada Raffondo Decano, San Cataldo
tel. 0934586900.
Prenotazione: non necessaria.
Costo medio del pranzo: 20 euro.
Piatto tipico: agnello al forno.
Chiusura: lunedì.
Ristorante accogliente e allegro con musica dal vivo il sabato e la domenica sera.

Sotto: il campanile di Acquaviva Platani e le case, nella roccia di San Cataldo.

Mussomeli e il Castello di Manfredi

Situata sulle pendici del monte San Vito, **Mussomeli** è da sempre meta turistica per lo spettacolare **Castello Manfredonico** che sorge a circa 2 km dal centro abitato. Costruito nel '300 per ordine di Manfredi III Chiaramonte e perfettamente conservato, l'edificio sorge su una rupe che appare quasi un tutt'uno con la struttura. Un primo recinto racchiude la scuderia, i fienili e quelle che furono le abitazioni degli stallieri. Addentrandosi oltre il secondo recinto si possono ammirare la **Sala dei baroni** e la lugubre **Camera delle tre donne**, dove, secondo la leggenda, tre giovani, rinchiuse da un barone geloso, morirono di fame. Nei sotterranei si possono visitare la sala delle armi, che rispecchia lo stile gotico di tutta la struttura, e le antiche segrete.

Ritornando verso Caltanissetta, a pochi chilometri da Mussomeli, adagiata su una dorsale tra due valli sorge **Marianopoli**. Da visitare il **Museo Archeologico** dove sono conservati svariati reperti provenienti dagli scavi effettuati nelle province di Agrigento, Caltanissetta ed Enna. Numerosi i **frammenti di ceramica attica** a figure rosse e nere, raccolti nell'area dell'insediamento di Balate e di Valle Oscura. A nord-est del centro abitato si trova il **sito archeologico di Monte Castellazzo**.

Mussomeli: i resti del Castello di Manfredi e sotto, una suggestiva veduta.

■ Albergo a San Cataldo

Un piccolo grazioso albergo gestito alla grande dai proprietari. D'estate, volendo mangerete all'aperto, in giardino.
Helios
Contrada Zubbi San Leonardo
93017 - San Cataldo
Tel. 0934573000 - Fax 0934588208

Arrivo dei Magi a Mussomeli (CL)

Tel. 0934961111.
Periodo: 6 gennaio.
I Magi: Melchiorre, Gaspare e Baldassarre, sono interpretati da tre giovani del luogo. Nel pomeriggio una processione attraversa il paese alla fine: giochi e dolcetti.

Itinerario 5 – La Sicilia dell'Entroterra
Da Racalmuto □ Canicattì □ Campobello di Licata □ Ravanusa □ Riesi

AZIENDA AGRICOLA MILAZZO
Superstrada 123 km 12,7, Campobello di Licata (Ag)
tel. 0922878207
L'azienda produce i diversi vini: Bianco di Necera, Duca di Montalbo, Maria Costanza Bianco, ecc. La cantina è aperta solo per la degustazione.

In questa pagina: uno scorcio di Recalmuto con la fortificazione che la sovrasta, sotto: due contadini si riposano dopo la vendemmia.

RISTORANTE STELLA D'ORO
Via Ippolito Capitano 5, Canicattì (Ag)
tel. 0922853483.
Prenotazione: gradita.
Parcheggio: agevole.
Costo medio del pranzo: 30 euro.
Piatto tipico: spaghetti a' matalotta.
Chiusura: sabato.
Il ristorante si trova all'interno di un palazzo dell'inizio del Novecento, arredato con pezzi d'antiquariato. Altre specialità: agnello al forno e scorzette di arance candite.

■ Racalmuto, la città di Sciascia

Da Caltanissetta, per raggiungere **Racalmuto,** si percorre per circa 30 chilometri la SS 640 in direzione Agrigento: una breve deviazione conduce al grosso centro agricolo e minerario in cui nel 1921 è nato lo scrittore Leonardo Sciascia. Nel centro storico, caratterizzato da stretti vicoli e cortili di stile

islamico, troviamo la **chiesa Madre dell'Annunziata** del XVII secolo, la chiesa di San Giuseppe e il **Castello di Chiaramonte** del XIII secolo, con due torri cilindriche angolari. Meritano una visita anche il convento di Santa Chiara (che ospita il municipio), il Teatro Regina Margherita fondato nel 1879 e il santuario di Santa Maria del Monte nella parte alta dell'abitato.

Da Racalmuto il viaggio prosegue per **Canicattì**, città di oltre 30 mila abitanti disposta sui rilievi collinari dell'alta valle del fiume Naro. Sotto il profilo economico è uno dei centri più attivi della provincia di Agrigento: viticoltura (celebre l'Uva Italia della zona), zootecnia e artigianato sono i settori che hanno subito il maggiore sviluppo negli scorsi decenni. La principale caratteristica del centro storico è l'abbondanza di chiese in stile barocco: in particolare la **settecentesca chiesa Madre dedicata a San Pancrazio** (nella quale sono conservate la statua in marmo rappresentante l'Ecce Homo e la tela della Sacra Famiglia con Sant'Anna e San Gioacchino), e la chiesa dello

ITINERARIO 5 - LA SICILIA DELL'ENTROTERRA
Butera a Mazzarino

IL PERCORSO SUGGERITO

Partenza da Racalmuto, a nord-est di Agrigento, e arrivo a Mazzarino, in provincia di Caltanissetta. Lungo il percorso si toccano i comuni di Canicattì, Campobello di Licata, Ravanusa, Riesi e Butera.

Spirito Santo. Tra le chiese minori quelle dedicate a San Diego e a San Giuseppe, quella settecentesca del Purgatorio e la **chiesa della Madonna della Rocca**, annessa al Convento dei Cappuccini.

■ I palazzi nobiliari di Ravanusa

In meno di venti chilometri da Canicattì si arriva a **Campobello di Licata**, situata su un altopiano della valle del fiume Salso (e il nome Campobello venne attribuito proprio per la fertilità del suolo). Il centro storico si sviluppa attorno a piazza XX Settembre, sulla quale si affacciano il **palazzo municipale** (la cui facciata è ingentilita da alcuni murales dell'artista italo-argentino Silvio Benedetto) e la **chiesa Madre dedicata a San Giovanni Battista** (XVII secolo): qui si trovano una Madonnina delle Grazie di scuola gaginesca e le statue della Madonna dell'Aiuto e di San Giovanni Battista. A est di Campobello di Licata si incontra **Ravanusa**: si consiglia di visitare la chiesa che apparteneva al convento francescano fatto costruire nel 1453 da Andrea de Crescenzio, abitato dai Canonici Regolari di San Giorgio di Alga fino al XVII secolo, e la **chiesa Madre del '600 dedicata a San Giacomo Apostolo**. Dell'architettura civile rimangono alcuni interessanti palazzi aristocratici tra cui quello dei Sillitti di fine '800.

Sopra: uova pasquali di Ravanusa.
Sotto: la Madonna del culto popolare di Butera.

■ Il castello di Butera

La tappa successiva del percorso rientra nella provincia di Caltanissetta e coincide con **Riesi**, sul versante nord-orientale del monte Stornello: qui meritano una sosta la **chiesa dedicata alla Madonna della Catena** - il termine con cui anche in Sicilia si venera la Madre del Signore - e la chiesa di San Giuseppe che risale ai primi decenni del 1800.
Occorre dirigersi verso sud per arrivare a **Butera**, arroccato su una cresta rocciosa con vista sulla piana di Gela. I monumenti di maggiore importanza sono il **massiccio castello di epoca medievale**, con un torrione rettangolare e finestre bifore di

ITINERARIO 5 - LA SICILIA DELL'ENTROTERRA
DA RACALMUTO ☐ CANICATTÌ ☐ CAMPOBELLO DI LICATA ☐ RAVANUSA ☐ RIESI

RISTORANTE LIOLÀ
Via Duca d'Aosta 2,
Enna tel. 093537706.
Prenotazione: gradita.
Parcheggio: nelle vicinanze.
Costo medio del pranzo: 28 euro.
Chiusura: martedì.
Si mangia con accanto Pirandello, come il nome suggerisce, e come dimostrano gli affreschi del locale dedicati all'opera dello scrittore.

Mazzarino: sopra il palazzo comunale e sotto il campanile della chiesa dell'Olmo.

stile successivo, e il palazzo comunale impreziosito da un quattrocentesco portale ad arco. Apprezzabile è anche la **chiesa Madre dedicata a San Tommaso**: all'interno è conservata la Madonna degli Angeli di Filippo Paladino.
A breve distanza da Butera, in località **Piano della Fiera**, risulta molto interessante una necropoli con resti attribuibili a un lungo periodo che va dalla preistoria all'età ellenistica: vi si trovano una tomba risalente al VII secolo a.C. e particolari tombe a gradini che gli storici attribuiscono al IV secolo a.C.

RITI DELLA SETTIMANA SANTA A ENNA
Vie della città,
tel. 093540111.
Periodo: settimana di Pasqua.
Le confraternite di Enna, in abiti sivigliani, si ritrovano nel Duomo della città per partecipare al rito collettivo della Passione di Cristo. Dopo la processione del Cristo Morto del Venerdì Santo, i festeggiamenti si chiudono il giorno di Pasqua con il corteo della pace, a seguito del quale le statue della Madonna e di Gesù si incontrano.

ITINERARIO 5 - LA SICILIA DELL'ENTROTERRA
☐ BUTERA ☐ A MAZZARINO

■ A Mazzarino i sepolcri dei Branciforte

Sopra un altopiano a poco più di 500 metri di altitudine, nell'alta valle del fiume Gela, incontriamo **Mazzarino** che corrisponde all'ultima tappa del nostro viaggio.
Il patrimonio artistico di Mazzarino è estremamente ricco e si sviluppa da **piazza del Carmine**, il cuore della città, sulla quale si affaccia il complesso seicentesco dei Carmelitani, che include una chiesa a croce latina con ornamenti barocchi e l'ex convento dei Padri Carmelitani, oggi sede del municipio. L'interno della chiesa conserva i sepolcri di Giovanni IV Branciforte e della moglie Dorotea Barresi: i Branciforte, di origini piacentine, divennero signori di Mazzarino a partire dal XIV secolo fino al 1800. Di estremo interesse anche la **chiesa Madre dedicata a Santa Maria della Neve** e, annessa all'ex convento dei Padri Domenicani, la **chiesa di San Domenico** in cui spicca una tela della Madonna del Rosario (1608) di Filippo Paladino. La visita a Mazzarino non si può concludere senza una breve passeggiata al **Santuario di Maria SS. del Màzaro**.

FESTA DEL SANTISSIMO CROCIFISSO DELL'OLMO A MAZZARINO (CL)
Centro storico, tel. 0934300111. Periodo: prima domenica di maggio. L'origine di questa manifestazione non è chiara. C'è chi la attribuisce alla devozione dei fedeli per uno scampato pericolo da un terremoto e chi narra di una leggenda: due briganti dopo aver rubato in chiesa furono bloccati all'ingresso da un olmo. In processione: una pesante portantina (14 quintali) sulla quale è posizionato il crocifisso ligneo.

CANTINA FEUDO PRINCIPI DI BUTERA
Contrada Deliella, Butera (Cl) tel. 0934347726. Una delle cantine più importanti della zona (già premiata con una menzione a Vinality). Tra i vini prodotti il nero d'Avola rosso (Igt) e l'Insolia (Igt).

■ In campeggio sul mare

Molto accogliente e ben alberato, questo campeggio è organizzato al meglio. Le strutture comuni sono recenti, curate e pulite. Molte delle piazzole sono occupate da campeggiatori stanziali.

Eurocamping 2 Rocche
Contrada Faido
Falconara - Butera (Cl) - Tel. 0934349006

Sicilia

GUIDA

Guida dei Comuni

Tutti i Comuni, l'origine del nome e le feste patronali. I numeri telefonici per le informazioni turistiche.

GUIDA DEI COMUNI

Tutti i Comuni della Sicilia

La guida riporta le feste patronali, l'origine del nome del Comune e i motivi di interesse suddivisi con i seguenti codici colore:
■ *Comune balneare.* ■ *Comune situato in ambienti naturalistici.* ■ *Comune di grande interesse artistico-monumentale o archeologico.* ■ *Comune con tradizioni enogastronomiche.*

PROVINCIA DI PALERMO

ALIA
info 0918214703
Festa del patrono:
Madonna delle Grazie
2 luglio

ALIMENA
info 0921568058
Festa del patrono:
Santa Maria Maddalena
1 settembre

■ **ALIMINUSA**
info 0918997122
Festa del patrono:
Sant'Anna
26 luglio

■■ **ALTAVILLA MILICIA**
info 091951275
Festa del patrono:
Madonna di Milicia
6 - 8 settembre

ALTOFONTE
Itinerario n. 5 da pag. 204
info 0916648111
Festa del patrono:
Sant'Anna
24 - 26 luglio

■■■ **BAGHERIA**
Itinerario n. 1 da pag. 108
info 091943111
Festa del patrono:
San Giuseppe
Prima o seconda settimana di agosto

In antico Bacharia, forse per la presenza in loco di un tempio dedicato al dio Bacco. Ma le spiegazioni più convincenti vengono dall'arabo: o da "bahar" (mare) o da "baqar" (stalla di buoi).

■ **BALESTRATE**
Itinerario n. 1 da pag. 108
info 0918980000
Festa del patrono:
Santa Vergine Addolorata
15 settembre

■ **BAUCINA**
info 0918202295
Festa del patrono:
Santa Fortunata
Primo fine settimana di settembre

BELMONTE MEZZAGNO
info 0918738011
Festa del patrono:
Santissimo Crocifisso
16 settembre

San Giuseppe
19 marzo
Campofiorito

BISACQUINO
Itinerario n. 5 da pag. 204
info 0918308011
Festa del patrono:
Madonna del Balzo
13 - 15 agosto
Il nome deriva dall'onomastica musulmana e significa letteralmente "padre del puro".

BLUFI
info 092148000
Festa del patrono:
Madonna dell'Olio
Martedì dopo la Pentecoste

BOLOGNETTA
info 0918724037
Festa del patrono:
Sant'Antonio
13 giugno e seconda domenica di agosto

BOMPIETRO
info 0921647029
Festa del patrono:
Maria Santissima
25 - 26 agosto

BORGETTO
Itinerario n. 1 da pag. 108
info 0918982939
Festa del patrono:
Maria Santissima del Romitello
25 - 27 agosto

■■ **CACCAMO**
Itinerario n. 1 da pag. 108
info 0918103111

Festa del patrono:
San Giorgio
23 aprile
Molto probabilmente dal siciliano "càccamu", che può avere due significati: pentola oppure specie di albero delle Ulmacee noto anche come Arcidiavolo.

■ **CALTAVUTURO**
info 0921541012
Festa del patrono:
Maria Santissima del Soccorso
10 settembre

CAMPOFELICE DI FITALIA
info 0918200010
Festa del patrono:
San Giuseppe
19 - 23 agosto

CAMPOFELICE DI ROCCELLA
info 0921939111
Festa del patrono:
Santa Rosalia
3 - 5 settembre

CAMPOFIORITO
Itinerario n. 5 da pag. 204
info 0918466212
Festa del patrono:
San Giuseppe
19 marzo

CAMPOREALE
info 0924581214
Festa del patrono:
Sant'Antonio da Padova
13 giugno

Il paese fu fondato nel 1799 da colui che ne fu poi il primo principe.

■ CAPACI
info 0918673111
Festa del patrono:
Sant'Erasmo
27 - 29 luglio
Il nome di questo paese va ricondotto probabilmente alle voci siciliane "capa", "capu", che stanno ad indicare la testa.

■■ CARINI
info 0918611111
Festa del patrono:
Santissimo Crocifisso
12 - 14 settembre

■■■ CASTELBUONO
Itinerario n. 5 da pag. 204
info 0921671162
Festa del patrono:
Sant'Anna
25 - 27 luglio

■■ CASTELDACCIA
info 091953704
Festa del patrono:
San Giuseppe
Settimana dopo quella del 15 agosto
Detto Kastiddazzu nella dizione locale. Probabilmente deriva da Kastellaccia. è diventato Comune nel 1854.

■ CASTELLANA SICULA
info 0921562433
Festa del patrono:
San Francesco di Paola
25 maggio
L'origine del paese è recente e il nome deriva da Donna Genna de Castellana.

Sant'Anna
25 - 27 luglio
Castelbuono

■■ CASTRONOVO DI SICILIA
info 0918217584
Festa del patrono:
San Vitale
1 - 15 agosto

■ CEFALÀ DIANA
info 0918201184
Festa del patrono:
San Francesco di Paola
16 - 18 agosto

■■■■ CEFALÙ
Itinerario n. 1 da pag. 108
info 0921924111
Festa del patrono:
Maria Immacolata
8 dicembre
L'origine si fa risalire al termine greco "kephalé", che significa testa. La città, situata su un monte in riva al mare, dava l'impressione di "metter fuori la testa". Cefalù è descritta dalle fonti come "città forte".

■ CERDA
info 0918991003
Festa del patrono:
Madonna Addolorata
16 - 20 agosto

■ CHIUSA SCLAFANI
info 0918353243-8353
Festa del patrono:
San Giuseppe
19 marzo

■ CIMINNA
info 0918204220
Festa del patrono:
San Vito
31 agosto - 2 settembre

■ CINISI
Itinerario n. 1 da pag. 108
info 0918664144
Festa del patrono:
Santa Sara
7 dicembre
Alcuni fanno risalire il nome di questo casale al personale greco Kynesìas. Altri sostengono l'origine araba da un termine come "gins" (spirito), dal latino "genus".

■ COLLESANO
info 0921661158
Festa del patrono:
Maria Santissima dei Miracoli
24 - 26 maggio
Il nome è un'alterazione di Gulisanu. Sembra che nel nome di questo paese si ripeta la forma latina in "-anum", mentre i Saraceni hanno ribattezzato la cittadina con la dizione locale di "qal'at as-sirat", roccia della strada.

■ CONTESSA ENTELLINA
info 0918355065
Festa del patrono:
Madonna della Favara
8 settembre

■■ CORLEONE
Itinerario n. 5 da pag. 204
info 0918467577
Festa del patrono:
San Luca Abate da Corleone
1 marzo

■ FICARAZZI
info 091495236
Festa del patrono:
Santissimo Crocifisso delle Grazie
14 settembre

GANGI
Itinerario n. 5 da pag. 204
info 0921644076
Festa del patrono:
San Cataldo
10 maggio
Centro antichissimo distrutto per ordine di Federico II dopo la ribellione di Francesco di Ventimiglia, venne ricostruito nello stesso luogo.

■ GERACI SICULO
info 092143080
Festa del patrono:
San Bartolomeo
23 - 24 agosto

GIARDINELLO
info 0918784003
Festa del patrono:
Santissimo Crocifisso
Terza domenica di agosto

■ GIULIANA
info 0918356357
Festa del patrono:
Madonna dell'Udienza
3 settembre

GUIDA DEI COMUNI

PA

■ **GODRANO**
info 0918208034
Festa del patrono:
San Giuseppe
3 settembre

■ **GRATTERI**
info 0921429214
Festa del patrono:
San Giacomo
7 - 9 settembre

■ **ISNELLO**
info 0921662032
Festa del patrono:
San Nicola di Bari
5 - 7 settembre

■ **ISOLA DELLE FEMMINE**
Itinerario n. 1 da pag. 108
info 0918617201
Festa del patrono:
Maria Santissima delle Grazie
2 luglio
Il nome di questo piccolo paesino di pescatori ha origine assai ingannevole, dato che si sostiene che nella tradizione locale fimmini stia per Eufemio, ritrovabile anche in Calatafimi.

LASCARI
info 0921427807
Festa del patrono:
Santissimo Crocifisso
3 maggio

■ **LERCARA FRIDDI**
Itinerario n. 5 da pag. 204
info 0918213796
Festa del patrono:
Maria Santissima di Costantinopoli
19 - 21 agosto

■ **MARINEO**

info 0918725193
Festa patronale: San Ciro
19 - 31 agosto
La dizione locale marinè o indica il centro voluto da Francesco Bologna e costruito nel 1540. Famoso al tempo dei Saraceni per i mulini, il toponimo sembra abbia origine araba.

■ **MEZZOJUSO**
info 0918203237
Festa di San Giuseppe
18 - 19 marzo

*'U fistinu di Santa Rosalia
9 - 15 luglio
Palermo*

MISILMERI
info 0918711300
Festa del patrono:
San Giusto
26 - 28 agosto

■ **MONREALE**
Itinerario n. 1 da pag. 108
info 0916564111
Festa del patrono:
Santissimo Crocifisso
1 - 3 maggio
Il toponimo, che significa monte regale, si addice a questa cottadina collocata sulle pendici del Monte Caputo, sopra la valle d'Oreto e la Conca d'Oro.

■ **MONTELEPRE**
info 0918784013
Festa del patrono:
Santissimo Crocifisso
Ultima domenica di giugno

■ **MONTEMAGGIORE BELSITO**
info 0918993204
Festa del patrono:
Santissimo Crocifisso
13 - 15 settembre

■ **PALAZZO ADRIANO**
Itinerario n. 5 da pag. 204
info 0918348056
Festa del patrono:
San Nicola
6 dicembre

■ **PALERMO**
Itinerario n. 1 da pag. 108
info 0917401111
Festa patronale: 'U fistinu di Santa Rosalia
9 - 15 luglio
Dal greco Pànormos il nome della città è diventato Palermo. Il passaggio da n a l è avvenuto tramite la mediazione araba. Infatti, fin dal X secolo si ha b(a)l(.)rm o balarm. L'origine è nei termini greci pas (tutto) e hormos (ancoraggio), a indicare un ampio porto.

■ **PARTINICO**
Itinerario n. 1 da pag. 108
info 0918913111

Festa del patrono:
San Leonardo
6 novembre

■ **PETRALIA SOPRANA**
Itinerario n. 5 da pag. 204
info 0921684111
Festa del patrono:
Santi Pietro e Paolo
29 giugno

■ **PETRALIA SOTTANA**
Itinerario n. 5 da pag. 204
info 092141032
Festa del patrono:
San Calogero
17 - 18 giugno

■ **PIANA DEGLI ALBANESI**
Itinerario n. 5 da pag. 204
info 0918574144
Festa del patrono:
Santissima Maria Odigidria
2 settembre
Fondato nel 1488 da una colonia proveniente dall'Albania, ancora oggi conserva i costumi e la lingua di quella terra. Viene chiamato sia k'ana in siciliano sia Hora t Arbreshvet, ovvero città degli Albanesi in lingua albanese. Il toponimo deriva dalla parola latina "plana", mentre "hora" significa città.

■ **POLIZZI GENEROSA**
info 0921649018
Festa del patrono:
San Gandolfo da Binasco

Terza settimana di settembre
Solo l'attributo Generosa è stato dato a questo paese da Federico II. Per quel che riguarda la prima parte del toponimo, la derivazione sembra dal greco antico "pòlis", città.

POLLINA
info 0921425009
Festa del patrono:
San Giuliano
Secondo fine settimana di luglio

PRIZZI
Itinerario n. 5 da pag. 204
info 0918345045
Festa del patrono:
San Giorgio
23 aprile

ROCCAMENA
info 0918465359
Festa del patrono:
San Giuseppe
Seconda domenica d'agosto

ROCCAPALUMBA
info 0918215555
Festa patronale del
Santissimo Crocifisso
13 agosto

SAN CIPIRELLO
info 0918572104
Festa del patrono:
Maria Santissima Immacolata
6 - 8 settembre

SAN GIUSEPPE JATO
info 0918580111
Festa del patrono:
Maria Santissima della Provvidenza
13 - 16 agosto

SAN MAURO CASTELVERDE
info 092174083
Festa del patrono:
San Mauro Abate
Ultima domenica di giugno, lunedì e martedì successivi

SANTA CRISTINA GELA
info 0918570009
Festa del patrono:
Santa Cristina
24 luglio

San Bartolomeo
23 - 24 agosto
Ustica

SANTA FLAVIA
info 091904042
Festa del patrono:
Madonna del Lume
8 ottobre

SCIARA
Itinerario n. 1 da pag. 108
info 0918994005
Festa patronale del
Santissimo Crocifisso
Seconda domenica di agosto

SCILLATO
info 0921663025
Festa del patrono:
Maria Santissima della Catena
20 agosto

SCLAFANI BAGNI
info 0921541097
Festa patronale del
Santissimo Ecce Homo
Ultima settimana di giugno

TERMINI IMERESE
Itinerario n. 1 da pag. 108
info 0918128258
Festa del patrono:
Sant'Agostino Novello
19 maggio

TERRASINI
Itinerario n. 1 da pag. 108
info 0918682402
Festa del patrono:
Maria Santissima delle Grazie
8 settembre

TORRETTA
info 0918670231
Festa del patrono:
San Calogero
Ultima domenica di luglio

TRABIA
info 0918146117
Festa patronale del
Santissimo Crocifisso
Quarta domenica di settembre, sabato antecedente e lunedì successivo

TRAPPETO
Itinerario n. 1 da pag. 108
info 0918788341
Festa patronale:
Santissima Annunziata
25 marzo

USTICA
Itinerario n. 1 da pag. 108
info 0918449045
Festa del patron:
San Bartolomeo
23 - 24 agosto

VALLEDOLMO
info 0921544311
Festa del patrono:
Sant'Antonio da Padova
18 agosto

VENTIMIGLIA DI SICILIA
info 0918209242
Festa del patrono:
Maria Santissima del Rosario
Primo sabato, domenica e lunedì di ottobre

VICARI
info 0918216020
Festa del patrono:
Santa Rosalia
24 - 25 settembre

VILLABATE
info 091490094
Festa del patrono:
San Giuseppe
19 marzo

VILLAFRATI
info 0918201156
Festa del patrono:
Santissimo Crocifisso
Terza domenica di settembre

PROVINCIA DI AGRIGENTO

AGRIGENTO
Itinerario n. 4 da pag. 192
info 0922590111
Festa del patrono:
San Gerlando
25 febbraio
È la traslitterazione

Guida dei Comuni

romana del termine greco "àkros", cima, a indicare la collocazione dell'abitato sulla sommità di un monte.

Alessandria della Rocca
info 0922981152
Festa del patrono:
Madonna Santissima della Rocca
24 - 28 agosto

Aragona
info 0922690911
Festa del patrono:
San Vincenzo
Seconda domenica di settembre, sabato e venerdì antecedenti

Bivona
info 0922983711
Festa del patrono:
Santa Rosalia
4 settembre

Burgio
info 092564124
Festa del patrono:
Sant'Antonio Abate
16 - 17 gennaio

Calamonaci
info 092568232
Festa di San Vincenzo Ferreri
6 - 8 agosto

Caltabellotta
Itinerario n. 4 da pag. 192
info 0925951013
Festa del patrono:
San Pellegrino
16 - 18 agosto

Camastra
info 0922954011
Festa di San Biagio
3 settembre

Cammarata
info 0922901053
Festa di San Nicola di Bari
6 dicembre

Deriva dal latino "cameratus", a sua volta dal greco "kamàra", che significa stanza a volta. Il paese, vicino al quale fa mostra di sé quel che rimane dell'antico castello di Branciforti, sorge, infatti, su una collina in cui si aprirebbe una grotta che somiglia appunto a una stanza a volta.

Campobello di Licata
Itinerario n. 5 da pag. 204
info 0922889111
Festa di San Giovanni Battista
24 giugno

Canicattì
Itinerario n. 5 da pag. 204
info 0922734111
Festa del patrono:
San Pancrazio
3 aprile

Casteltermini
info 0922929001
Festa del patrono:
San Vincenzo Ferreri
4 agosto

Castrofilippo
info 0922825132
Festa di Sant'Antonio
17 gennaio

Cattolica Eraclea
info 0922840111
Festa del patrono:
San Giuseppe
19 marzo

Cianciana
info 0922984143
Festa del patrono:
Sant'Antonio
13 giugno

Comitini
info 0922600029
Festa di San Giacomo
25 luglio

San Francesco da Paola
2 aprile
Joppolo Giancaxio

Favara
info 0922448111
Festa del patrono:
Sant'Antonio
13 giugno

Città che vanta una fortezza costruita da Federico di Chiaromonte, presenta un toponimo che rimanda all'appellativo di origine araba "favàra", propriamente: fonte che sgorga con impeto.

Grotte
info 0922943086
Festa di Santa Venera
14 novembre

Joppolo Giancaxio
info 0922631047
Festa del patrono:
San Francesco da Paola
2 aprile

Lampedusa e Linosa
info 0922970111
Festa del patrono:
Madonna Santissima di Porto Salvo
22 settembre

Toponimi da considerare insieme visto che fanno riferimento al medesimo comune distribuito sulle due isole omonime in provincia di Agrigento. Lampedusa, che Plinio cita come "Lepadusa" e Strabone come "Lopadosa", deriva forse dal greco "lopàs", che in latino Plauto chiama "lopada", e che è il nome antico del mollusco da noi chiamato patella. Linosa, invece, corrisponde all'antica "Aéthousa", come ce la consegna Tolomeo, che è poi la Aethusa di Plinio; il significato, comunque, è incerto.

Licata
Itinerario n. 4 da pag. 192
info 0922868111
Festa di Sant'Angelo
5 maggio

Lucca Sicula
info 092560490
Festa del Santissimo Crocifisso
11 dicembre

Menfi
info 092570259
Festa di Sant'Antonio da Padova
13 giugno

Toponimo di non semplice interpretazione quello di questo paese, oggi reso famoso dal castello eretto da Federico II di Svevia; forse rimanda alla Memphi dell'antico Egitto, ma l'ipotesi è contestata da molti. Anticamente era anche attestato come Menfri, Menfrici e veniva anche nominato Borgetto, che deriverebbe dall'arabo "burg", torre; forse, però, la duplice denominazione deriva dall'esistenza di due diversi insediamenti situati molto vicini, che hanno finito per fondersi.

MONTALLEGRO
info 0922847051
**Festa del patrono:
San Leonardo**
6 novembre

MONTEVAGO
info 092539611
**Festa del patrono:
Madonna delle Grazie**
2 luglio

NARO
info 0922956368
Festa patronale di San Calogero
18 giugno

PALMA DI MONTECHIARO
info 0922799111
Festa della Madonna del Rosario
8 settembre

PORTO EMPEDOCLE
Itinerario n. 4 da pag. 192
info 0922636421
**Festa del patrono:
San Gerlando**
25 febbraio

RACALMUTO
Itinerario n. 5 da pag. 204
info 0922948111
**Festa del Patrono:
Madonna Santissima del Monte**
Primo fine settimana di luglio

RAFFADALI
info 092239108
Madonna dell'Immacolata
Seconda domenica di luglio

RAVANUSA
Itinerario n. 5 da pag. 204
info 0922881511
Festa di Sant'Antonio e San Vito
Terzo fine settimna di giugno
Rimanda al greco "ràphanos", che significa radice; derivazioni simili sono tipiche anche della Calabria.

REALMONTE
Itinerario n. 4 da pag. 192
info 0922816515
**Festa del patrono:
San Domenico**
8 agosto

RIBERA
info 0925561111
**Festa del patrono:
San Nicola**
6 dicembre
Attestata nel Medioevo come "Ribera Moncada", il toponimo di questa cittadina non lontana dal mare onora la memoria di Maria Afan de Ribera, moglie del principe di Paternò, Luigi Moncada.

SAMBUCA DI SICILIA
info 0925940202
Festa della Madonna dell'Udienza
Terza domenica di maggio e sabato e venerdì precedenti

SAN BIAGIO PLATANI
info 0922910753
**Festa del patrono:
San Biagio**
3 febbraio

San Biagio
3 febbraio
S. Biagio Platani

SAN GIOVANNI GEMINI
info 0922903314
**Festa del patrono:
San Giovanni Battista**
24 giugno
Già San Giovanni di Cammarata, assume il nome che conosciamo oggi negli anni Settanta dell'Ottocento. Il toponimo risale al culto di San Giovanni evangelista, cui è dedicata la parrocchiale del paese; "gemini", invece, dal latino "geminus", gemello, dipende dalla presenza di due colli contrapposti che si possono osservare dall'abitato.

SANTA ELISABETTA
info 0922479968
**Festa del patrono:
Santo Stefano**
26 dicembre

SANTA MARGHERITA DI BELICE
info 092530111
Festa di Santa Rosalia
4 settembre
Detta semplicemente Santa Margherita fin dalla sua fondazione cinquecentesca, si vede aggiungere Belice nel 1863. Il toponimo fa riferimento al culto di Santa Margherita, santa tutelare del paese, e a Belice, dal nome del fiume che scorre lì vicino, attestato anche come "Belich, Bilichi", di origine araba e non ha un significato identificabile.

SANT'ANGELO MUXARO
info 0922919506
Festa di Sant'Angelo
5 maggio

SANTO STEFANO QUISQUINA
info 0922982066
Festa di Santa Rosalia
Prima domenica di giugno e martedì successivo

GUIDA DEI COMUNI

■■■ SCIACCA
Itinerario n. 4 da pag. 192
info 092520111

Madonna del Soccorso
2 febbraio, 15 agosto

Nell'antichità era nota come "Thermae Selinuntinae" e poi anche come "Ad Aquas". Era infatti un porto frequentato da chi proveniva dall'Africa e sede di una stazione termale. Il toponimo attuale, invece, potrebbe essere frutto della lunga occupazione araba nel corso del Medioevo e derivare dall'arabo "saqqa(h)", che significa fessura.

■■ SICULIANA
info 0922815105

Festa del Santissimo Crocifisso
1 - 3 maggio

VILLAFRANCA SICULA
info 0925550041

Festa del patrono: Sant'Eucartio
18 marzo

PROVINCIA DI CALTANISSETTA

■ ACQUAVIVA PLATANI
Itinerario n. 5 da pag. 204
info 0934953053

Festa della Madonna delle Grazie
Prima domenica d'agosto

Il secondo elemento del toponimo, "platani", deriva dal termine greco medievale che designa la pianta. Acquaviva, invece, per le sorgenti di acqua che sgorgano nelle vicinanze.

BOMPENSIERE
info 0934938008

Festa del Santissimo Crocifisso
Quarta domenica di settembre

■■ BUTERA
Itinerario n. 5 da pag. 204
info 0934346273

Festa del patrono: San Rocco
16 aprile

■■■ CALTANISSETTA
Itinerario n. 5 da pag. 204
info 093474111

Festa del patrono: San Michele Arcangelo
29 settembre

Nel latino ecclesiastico è "Calatanisium". Poco attendibile l'origine tutta araba del nome, da "qal'at-nisa", cioè rocca delle donne. Più facile che derivi dall'antica "Nissa".

■ CAMPOFRANCO
info 0934959270

Festa di San Calogero eremita povero
11 gennaio

DELIA
info 0922820355

Festa di Santa Rosalia
4 settembre

La leggenda vuole che derivi da un tempio dedicato alla Delia Diana. Più probabilmente deriva invece dall'arabo "dalya", che significa vigneto.

San Rocco
16 aprile
Butera

■■■ GELA
Itinerario n. 4 da pag. 192
info 0933906211

Festa di Santa Maria di Alessandria
6 - 8 settembre

L'antica colonia dorica deve il toponimo al nome del fiume. Potrebbe derivare dal greco "géla pakne", cioè brina, o dal latino "gelu", gelo. La città fu distrutta nel 282 a.C. dai Mamertini. Federico II le diede il nome di "Terranova" mentre il nome classico le venne restituito solo nel 1927.

■ MARIANOPOLI
Itinerario n. 5 da pag. 204
info 0934674702

Festa del patrono: San Prospero
Prima domenica d'agosto

In dialetto il paese è chiamato "i manki", perché esposto a tramontana ("manka"). Venne fondato nel XVIII secolo dal barone Della Scala e abitato da coloni cipriotti; il toponimo deriva forse dal nome proprio del barone che lo fece costruire.

■ MAZZARINO
Itinerario n. 5 da pag. 204
info 0934300111

Festa del patrono: Madonna del Mazzero
16 settembre

La cittadina prende nome dall'etnico arabo "Mazari", poi grecizzato in "Mazaranòs".

■ MILENA
info 0934933021

Festa di San Giuseppe
19 marzo

■ MONTEDORO
Itinerario n. 5 da pag. 204
info 0934934295

Festa di San Giuseppe
Primo fine settimana d'agosto

Il paese è così chiamato (monte d'oro) perché sorge su un monte ricco di miniere di zolfo, minerale preziosissimo per la zona.

■■ MUSSOMELI
Itinerario n. 5 da pag. 204
info 0934961111

Festa di San Pasquale
17 maggio

■ NISCEMI
info 0933881111

Festa del patrono: Madonna del Bosco
Secondo fine settimana d'agosto

RESUTTANO
info 0934673022
Festa del Santissimo Crocifisso
4 maggio
Il paese, "Resuttana" nel Medioevo, esisteva probabilmente già in epoca araba, come testimonia il toponimo: da "rahl as-sultan", cioè la dimora del sultano.

■■ RIESI
Itinerario n. 5 da pag. 204
info 0934923125
Festa del patrono: Madonna della Catena
Seconda domenica di settembre
Conosciuta nel latino medievale come "Riesium", deve il toponimo al nome proprio latino Rhaesius o Resius.

■ SAN CATALDO
Itinerario n. 5 da pag. 204
info 0934511111
Festa di San Cataldo
10 maggio

■ SANTA CATERINA VILLARMOSA
info 0934601011
Festa di Santa Caterina d'Alessandria
24 - 25 settembre
Il suo nome viene da quello della santa patrona, mentre l'aggettivo è stato aggiunto dopo, dallo spagnolo "villa hermosa", bel paese.

■■ SERRADIFALCO
Itinerario n. 5 da pag. 204
info 0934935111
Festa del patrono: San Leonardo Abate
9 - 16 agosto

SOMMATINO
info 0922888111
Festa di Santa Barbara
4 novembre

SUTERA
info 0934954300
Festa di San Paolino
Il martedì dopo Pasqua
Le prime notizie del centro abitato risalgono all'epoca araba, e così anche le prime testimonianze del toponimo: "s(u)tir". Deriva però dal termine greco "sotera", accusativo del medievale "sòter", salvatore.

■ VALLELUNGA PRATAMENO
info 0934814077
Festa del Patrono: Madonna di Loreto
Quarta domenica di settembre

VILLALBA
info 0934811047
Festa del patrono: San Giuseppe
Terzo sabato e domenica d'agosto
Il paese prende nome dal latino "villa alba", cioè paese bianco, per il colore delle case. In dialetto è chiamato anche "Muccikà", probabilmente perché è stato costruito sul feudo denominato di Miccichà.

*Santa Barbara
4 novembre
Sommatino*

PROVINCIA DI CATANIA

ACI BONACCORSI
info 0957899008
Festa di Santo Stefano
3 agosto, 26 dicembre

■■■■ ACI CASTELLO
Itinerario n. 2 da pag. 144
info 0957371111
Festa di San Giovanni
24 giugno
Il toponimo rimanda al castello che domina il paese. Costruito nel 1076, appartenne a Ruggero di Lauria fino a quando non fu espugnato da Federico d'Aragona nel 1297.

ACI CATENA
info 0957684111
Festa di Maria Santissima della Catena
15 agosto, 11 gennaio

ACI SANT'ANTONIO
info 0957010111
Festa del patrono: Sant'Antonio Abate
17 gennaio
Deve il suo nome alla chiesa di Sant'Antonio, intorno alla quale la popolazione, con il privilegio di Carlo II, costituì il centro nel 1672.

■■■ ACIREALE
Itinerario n. 2 da pag. 144
info 095895111
Festa di San Sebastiano
20 gennaio
Il nome latino della città era probabilmente Acis Aquilia da cui il nome popolare Culia. Nella pronuncia locale è Jaci Riali, divenuto poi, in latino ecclesiastico, Jaca Regalis probabilmente perché sotto il demanio regio. Sicuramente deriva da Acis flumen. Ha anche etimi di origine araba poiché fu conquistata e distrutta dai Saraceni. Intorno al 1100 la maggior parte della popolazione era di origine araba.

■■ ADRANO
Itinerario n. 5 da pag. 204
info 0957606111
Festa del patrono: San Nicolò Politi
1 - 5 agosto
Anticamente Adernò, fu fondata da Dionigi I

nel 400 a.C. ed ebbe popolazione di origini latina, greca e saracena. Il toponimo è di incerta derivazione. Probabilmente ha origine dal nome del tempio del dio Adrano presso il quale sorse.

■ BELPASSO
info 0957912184
Festa di Santa Lucia
13 dicembre

■ BIANCAVILLA
Itinerario n. 5 da pag. 204
info 0957711131
Festa di San Placido
5 - 6 ottobre

■■ BRONTE
Itinerario n. 5 da pag. 204
info 0957747111
Festa del patrono: Madonna Annunziata
8 - 11 agosto

■ CALATABIANO
info 095645391
Festa di San Filippo Siriaco
Terza domenica di maggio

■■ CALTAGIRONE
Itinerario n. 5 da pag. 204
info 093327811
Festa patronale di San Giacomo
24 - 25 luglio
Caltagirone, di origine bizantina e araba, sorge su tre colli nella valle di Caltagirone. Dominata dai Saraceni fino al 1030, quando fu liberata dai Liguri. L'etimo è l'arabo "hisn-al-ganàm", il castello o la rocca dei geni.

CAMPOROTONDO ETNEO
info 095529366
Festa di Sant'Antonio Abate
Fisso il 17 gennaio e prima settimana di agosto

*Sant'Agata
3 - 5 febbraio
Catania*

CASTEL DI IUDICA
info 095661288
Festa di Maria Santissima delle Grazie
12 agosto

■■ CASTIGLIONE DI SICILIA
Itinerario n. 5 da pag. 204
info 0942980211
Festa della Madonna Santissima della Catena
Prima domenica di maggio

■■ CATANIA
Itinerario n. 2 da pag. 144
info 0957421111
Festa patronale di Sant'Agata
3 - 5 febbraio
Città situata tra le valli di Noto e di Demana, fu occupata nel 729 a.C. dai Calcidesi. Il nome deriva probabilmente dall'arabo. In greco e bizantino la forma è Katanà, mentre in latino è Catagna. Non sono comunque chiare le origini del toponimo.

■■ FIUMEFREDDO DI SICILIA
info 095642201
Festa di San Giuseppe
19 marzo
Anticamente Putieddi, dal siciliano "putia" che significa bottega, ad indicare due botteghe (da cui Botteghelle e Castello) al centro di una zona ricca di agrumeti. Deve il suo nome al fiume "Sumifriddu", noto per le sue acque gelide.

■■■ GIARRE
Itinerario n. 2 da pag. 144
info 095963259
Festa del patrono: Sant'Isidoro Agricola
10 maggio
Anticamente Giarre-Riposto, assunse l'attuale denominazione nel 1945, quando vennero divisi i due Comuni. Il toponimo deriva dal siciliano "giarra", vaso d'acqua, giara.

GRAMMICHELE
info 0933859009
Festa dei patroni: San Michele Arcangelo e Santa Caterina
8 maggio
Fondato ai primi del '700 da N. Branciforte, il toponimo deriva dal nome del patrono, l'arcangelo San Michele, da cui Grammichele poiché il santo era il più grande dei Micheli.

GRAVINA DI CATANIA
info 0957199111
Festa del patrono: Sant'Antonio
13 giugno

LICODIA EUBEA
info 0933963388
Festa del patrono: Santa Margherita Vergine e Martire d'Antiochia di Pisidia
20 luglio

■■ LINGUAGLOSSA
Itinerario n. 5 da pag. 204
info 0957777111
Festa di Sant'Egidio
1 settembre

■ MALETTO
Itinerario n. 5 da pag. 204
info 0957720600
Festa di Sant'Antonio di Padova
Seconda domenica di settembre

■ MANIACE
info 095690139
Festa del patrono: San Biagio
3 febbraio

■ MASCALI
info 0957709111
Festa del patrono: San Leonardo
5 - 8 novembre
Il toponimo deriva

probabilmente dal latino "maschala", ascella, ed è un plurale ("mascalarum") probabilmente perchè costituito da più centri.

MASCALUCIA
info 0957542111

Festa del patrono: San Vito
15 giugno e prima domenica di agosto
Anticamente Santa Lucia, divenne ducato nel 1651. Il toponimo è composto da Mascali, dal latino "maschala", ascella, e Lucia.

MAZZARRONE
info 093333111

Festa del patrono: San Giuseppe
19 marzo

MILITELLO IN VAL DI CATANIA
info 0957941111

Festa del patrono: Santa Maria della Stella
7 - 16 settembre

MILO
Itinerario n. 5 da pag. 204
info 095955423

Festa di Sant'Andrea Apostolo
Ultima domenica di luglio, 30 novembre

MINEO
info 0933981676

Festa del patrono: Sant'Agrippina
Seconda metà d'agosto

MIRABELLA IMBACCARI
info 0933991177

Festa del patrono: Maria Santissima delle Grazie
Ultima domenica di agosto
Fondato nel 1620 da Giuseppe Paternò su di un poggio tra Piazza e Caltagirone, il suo toponimo è composto da Mirabella, nome della moglie del fondatore, e da Imbaccari, il nome del poggio sul quale venne ricostruito nel 1635 per sfuggire alla malaria. Fu Mirabella fino al 1862.

San Vito
15 giugno e prima domenica d'agosto
Mascalucia

MISTERBIANCO
info 0957556202

Festa del patrono: Sant'Antonio Abate
17 gennaio
Deve il suo nome ad un monastero di Benedettini distrutto da un'eruzione nel 1669. Dal latino "Monasterium Album", in siciliano è "misterbianku-mustriànku, mustarbianku".

MOTTA SANT'ANASTASIA
info 095306281

Festa del patrono: Sant'Anastasia e Calata delle Quartine
23 - 25 agosto

NICOLOSI
info 0957917011

Festa del patrono: Sant'Antonio di Padova
13 giugno e seconda domenica di agosto

PALAGONIA
info 0957951537

Festa del patrono: Santa Febronia
25 giugno

PATERNÒ
Itinerario n. 5 da pag. 204
info 095841777

Festa del patrono: Santa Barbara
4 dicembre
Fondata probabilmente dai Normanni, deriva dal latino "Paternum praedium", podere, fondo, proprietà, passato attraverso il bizantino "Paternon".

PEDARA
info 0957028111

Festa del patrono: Maria Santissima Annunziata
25 marzo e seconda domenica di settembre
Sorge sugli antichi crateri di tre monti, Troina, Monte Rossi e Mompilleri. Nella pronuncia locale è pidara. Si ipotizza una derivazione dal latino "pirum", pero, e "aera", aria.

PIEDIMONTE ETNEO
info 095644430

Festa del patrono: San Sebastiano
20 gennaio

RADDUSA
info 095662060

Festa del patrono: San Giuseppe
19 settembre

RAGALNA
info 095620208

Festa del patrono: Maria Santissima del Carmelo
Fisso il 16 luglio e ultima domenica di settembre

RAMACCA
info 095653004

Festa del patrono: San Giuseppe
19 marzo

RANDAZZO
Itinerario n. 5 da pag. 204
info 095921028

Festa del patrono: Madonna dell'Assunta
15 agosto
Etimo non chiarito, ha diverse attestazioni. Potrebbe derivare dal greco "Pedakes" o più probabilmente dall'arabo "alrandahi", poi "al randagi", che significa di Randazzo, il nome di un generale granadino. Il paese ha origini antiche ed era celebre in epoca medievale per l'esportazione del legno.

RIPOSTO
info 095962111

Festa del patrono: San Pietro

GUIDA DEI COMUNI

Ultimo fine settimana di luglio

Il toponimo deriva dal latino "ripostorium", magazzino, la cui forma attuale è una riduzione. E' un importante centro commerciale.

SAN CONO
info 0933970100
Festa del patrono: San Cono
Seconda domenica di maggio

SAN GIOVANNI LA PUNTA
info 0957513311
Festa del patrono: San Giovanni Apostolo
27 dicembre e prima domenica di settembre
Paese che sorge alle pendici meridionali dell'Etna, deriva dal nome del patrono San Giovanni Battista, in latino S. Joannes de Puncta. Nel dialetto locale è "Sanguvanni a Punta".

■ SAN GREGORIO DI CATANIA
info 0957213269
Festa del patrono: San Gregorio Magno e Fiera di Pasqua
Lunedì di Pasqua
Deve il suo nome a San Gregorio, il santo a cui è consacrata la chiesa principale. Sorge sui colli sopra Catania.

SAN MICHELE DI GANZARIA
info 0933971011
Festa del patrono: San Michele Arcangelo
Prima domenica di settembre

SAN PIETRO CLARENZA
info 095529039
Festa del Patrono: Santa Caterina d'Alessandria
25 novembre

■ SANTA MARIA DI LICODIA
Itinerario n. 5 da pag. 204
info 0957980011
Festa del patrono: San Giuseppe
Ultima domenica e lunedì di agosto
In epoca normanna vi era un monastero benedettino dedicato a Santa Maria, da cui il nome. Licodia era un paese sorto in epoca più recente.

■ SANTA VENERINA
info 0957001111
Festa del patrono: Santa Venera
26 luglio, 14 novembre e prima domenica d'agosto

SANT'AGATA LI BATTIATI
info 0957501111
Festa di San Lorenzo
10 agosto
Il toponimo è composto da Sant'Agata e da Battiati, nome della contrada dei Batteati nella quale sorge il paese, di cui la chiesa e la parrocchia portano il nome. Fu un feudo appartenuto alla famiglia Massa dei Principi di Castelforte.

■ SANT'ALFIO
info 095968017
Festa patronale di Sant'Alfio, San Filadelfo e San Cirino
10 maggio e prima domenica del mese

SCORDIA
info 095651203
Festa del patrono: San Rocco
16 agosto
Fondata nel 1628 da Antonio Branciforte, fu paese ricco di aranceti. Il toponimo deriva dal greco "skordon", aglio. Scorda, Scordo e Scordà sono cognomi calabresi.

■ TRECASTAGNI
info 0957806421
Festa del patrono: San Nicola di Bari
6 dicembre

TREMESTIERI ETNEO
info 0957419111
Festa del patrono: Madonna della Pace
Lunedì dopo la domenica in Albis
Il toponimo deriva dal latino medievale Trimosterium Tremonasteri, probabilmente poiché vi sorgevano tre chiese. Si può confrontare anche con l'arabo "al kanais at-talat", tre chiese.

VALVERDE
info 095524065
Festa del patrono: Santa Maria di Valverde
Ultimo fine settimana d'agosto (dal giovedì)

■ ■ VIAGRANDE
info 0957923111
Festa del patrono: San Mauro Abate
15 gennaio

■ ■ VIZZINI
Itinerario n. 5 da pag. 204
info 0933965269
Festa del patrono: San Gregorio Magno
12 aprile

■ ■ ZAFFERANA ETNEA
Itinerario n. 5 da pag. 204
info 0957081975
Festa del patrono: Maria Santissima della Provvidenza
Seconda domenica d'agosto
Zafferana deriva dall'arabo "zafaran", zafferano e giallo, mentre Etnea è lo specifico del luogo.

Santa Caterina
25 novembre
S. Pietro Clarenza

PROVINCIA DI ENNA

AGIRA

info 0935961001
Festa del patrono:
San Filippo di Agira
10 - 12 maggio
In una iscrizione greca compare con il nome di "Agyrion", mentre in latino è attestata nelle forme "Agyrium" e "Agurium". Prima del 1861 era denominata "San Filippo d'Argirò", forse dal greco "arguros", che significa argento.

■ AIDONE
info 093586025
Festa del patrono:
San Lorenzo
10 agosto

ASSORO
info 0935610011
Festa del patrono:
Santa Petronilla
31 maggio
Dal greco "Assoros" o "Asseros", in latino "Assorus". In particolare per la vicinanza del fiume Dittaino, potrebbe significare fiume di fango, dal greco "asis", che vuole dire melma del fiume.

BARRAFRANCA
info 0934496051
Festa del patrono:
Sant'Alessandro
3 maggio
Il nome è stato interpretato come "barriera (sbarra) franca", ossia come un posto di blocco per i dazi.

CALASCIBETTA
info 0935569111
Festa del patrono:
San Pietro
4 - 5 agosto
Il toponimo è di origine araba: "cala-", infatti, sembra derivare dall'arabo "qal'a(t)", che significa castello, cittadella, mentre "-scibetta" potrebbe derivare dall'arabo "sabat", che significa punta.

CATENANUOVA
info 093575177
Festa del patrono:
San Prospero Martire
Ultima settimana di settembre

■ CENTURIPE
info 0935919411
Festa del patrono:
San Prospero
18 - 19 settembre
Il nome deriva dal latino "Centuripae", a sua volta derivato dal greco "Kentoripa" o "Kentoripes". La seconda parte del nome, proveniente dal verbo "eréipo", significa, invece, costa scoscesa.

■ CERAMI
Itinerario n. 5 da pag. 204
info 0935931101
Festa del patrono:
Sant'Ambrogio
7 dicembre
Il toponimo sembra derivare dal greco "keràmion", coccio, tegolino, mattone. La forma araba è però "g(a)rami". Anche in latino è attestato nella forma "Chirasmi", mentre nel siciliano antico è "Cirami".

■■ ENNA
Itinerario n. 5 da pag. 204
info 093540111
Festa del patrono:
Santa Maria della Visitazione
2 luglio
Il nome, di origine greca, era già "Enna" o "Henna", da cui il medievale "Castrum Hennae", tradotto dagli Arabi in "Qassr Yannah" o "Yanni". Quest'ultimo venne poi ritenuto equivalente a "Iohanni" e da qui il nome "Castrogiovanni". Dal 1927 riprende il nome antico.

GAGLIANO CASTELFERRATO
info 0935693218
Festa del Patrono:
San Cataldo
29 - 31 agosto

■■ LEONFORTE
info 0935665111
Festa del patrono:
Madonna del Carmelo
16 agosto
Forse ricorda nel nome la sua posizione, poiché si trova sul declivio di un colle, a più di 500 metri di altezza, sovrastando le due città vicine, Assoro ed Enna.

■■ NICOSIA
Itinerario n. 5 da pag. 204
info 09356721111
Festa del patrono:
San Nicola
6 dicembre
Il nome, in greco "Nicosiai", deriva da una corruzione del nome greco "Leucosia", probabilmente dal greco "leukòs", che significa bianco.

NISSORIA
info 0935669203
Festa del patrono:
San Giuseppe
3 - 5 agosto
Il toponimo, di difficile interpretazione, potrebbe essere derivato dal greco medievale "sùnoria", che significa contiguità, vicinato, oppure da "sìnori", termine del dialetto greco-bizantino di Bova che significa confine.

Sant'Ambrogio
7 dicembre
Cerami

■■ PIAZZA ARMERINA
Itinerario n. 5 da pag. 204
info 0935982111
Festa del patrono:
Maria Santissima delle Vittorie
12 - 15 agosto
Fino al 1862 è semplicemente "Piazza", per via del mercato molto frequentato. Per altri il nome deriva da "palatia", con riferimento alla celebre

villa romana. Armerina deriva da "*castrum armorum*", l'accampamento del conte Ruggero.

■ PIETRAPERZIA
info 0934461053
Festa del patrono:
San Rocco
16 agosto

REGALBUTO
info 093571099
Festa del patrono:
San Vito
8 - 11 agosto

SPERLINGA
Itinerario n. 5 da pag. 204
info 0935643025
Festa del patrono:
San Giovanni Battista
24 giugno
Il nome potrebbe derivare dal greco "spelunga", che significa antro, grotta, caverna, attraverso la forma, non attestata, "spelynga", da cui poi le due forme latine "Spirlingi" e "Spirlinga".

TROINA
Itinerario n. 5 da pag. 204
info 0935937214
Festa patronale di San Silvestro
2 gennaio
In siciliano "Truina", il toponimo è attestato nelle forme greche "Tragìnai" e "Traìnas". Potrebbe derivare da un antico "Tragena", forse avvicinabile a "Tragurium", oggi Traò, in Dalmazia. Diffuso il cognome derivato Traina.

San Francesco
4 ottobre
Basicò

VALGUARNERA CAROPEPE
info 0935956001
Festa del patrono:
San Cristoforo
25 agosto
Composto da due nomi propri. Infatti Caropepe deriva da Lamberto de Caropipi, signore della città fino al 1398, quando fu venduta a Simone Valguarnera. Prese il secondo nome nel 1626, quando diventò principato per merito di Francesco Valguarnera.

VILLAROSA
info 093532791
Festa del patrono:
San Giacomo Maggiore
7 - 10 agosto

PROVINCIA DI MESSINA

ACQUEDOLCI
Itinerario n. 1 da pag. 108
info 0941726110
Festa del patrono:
San Benedetto del Moro
Dall'inizio d'agosto alla prima domenica
La denominazione è in questo caso recente e trasparente: si riferisce alla posizione del centro, situato tra due corsi d'acqua.

■ ALCARA LI FUSI
info 0941793406
Festa del patrono:
San Nicolò Politi
17 - 18 agosto

■ ALÌ
info 0942700006
Festa del patrono:
Sant'Agata
5 febbraio

■ ALÌ TERME
info 0942715044
Festa del patrono:
San Rocco
Seconda quindicina di agosto

ANTILLO
info 0942723031
Festa del patrono:
Maria Santissima della Provvidenza
20 - 22 agosto

■■■ BARCELLONA POZZO DI GOTTO
Itinerario n. 1 da pag. 108
info 09097901
Festa del patrono:
San Sebastiano
20 gennaio
È un nome composto che riflette l'esistenza di due cittadine autonome, unite nel 1835 a formare un unico centro. La prima parte ripete il nome della catalana Barcellona, mentre "Pozzo di Gotto" è un omaggio a Filippo di Gotto, che secondo la tradizione scavò il pozzo da cui il paese trasse origine.

BASICÒ
info 094185000
Festa del patrono:
San Francesco
4 ottobre

■■ BROLO
Itinerario n. 1 da pag. 108
info 0941561228
Festa del patrono:
Madonna Annunziata
25 marzo
Antica rocca marittima detta Brolus, Voab o Voah, viene nominato per la prima volta in un documento del 1093. L'origine del nome è probabilmente gallo-italica, e infatti i toponimi derivati da "bro(g)ilos" (giardino, frutteto, luogo recintato) sono piuttosto frequenti in Italia settentrionale.

■ CAPIZZI
Itinerario n. 5 da pag. 204
info 0935933395
Festa del patrono:
San Giacomo Apostolo Maggiore
16 - 26 luglio
Prende nome da "capytium", che è da ricondurre a un'origine siculo-indoeuropea. In latino il centro era "Capitinius".

■■■ CAPO D'ORLANDO
Itinerario n. 1 da pag. 108

info 0941901762

**Festa del patrono:
Maria Santissima di
Capo d'Orlando**
22 ottobre

Sede dell'antica città di Agathyrnum, secondo la tradizione ricevette la denominazione corrente dal nome di uno dei capitani di Alessandro Magno.

CAPRI LEONE
info 0941958090

**Festa del patrono:
San Costantino**
Ultimo fine settimana di luglio

■■■ CARONIA
Itinerario n. 5 da pag. 204
info 0921332064

**Festa del patrono:
San Biagio**
3 febbraio

Nonostante le numerose ipotesi, l'origine del toponimo, di probabile provenienza araba, è ancora oscura.

CASALVECCHIO SICULO
info 0942761122

**Festa del patrono:
Sant'Onofrio**
Seconda domenica di settembre

CASTEL DI LUCIO
info 0921384182

**Festa del patrono:
San Placido**
20 agosto

■ CASTELL'UMBERTO
Itinerario n. 5 da pag. 204
info 0941438350

**Festa del patrono:
San Vincenzo**
26 - 28 agosto

CASTELMOLA
info 094228195

**Festa del patrono:
San Giorgio**
23 aprile

■ CASTROREALE
Itinerario n. 5 da pag. 204
info 0909746087

**Festa del patrono:
San Silvestro**
31 dicembre

*San Girgio
23 aprile
Castelmola*

■ CESARÒ
info 0957732064

**Festa del patrono:
San Calogero**
21 agosto

■ CONDRÒ
info 090937000

**Festa del patrono:
San Vito**
Seconda domenica di luglio

■ FALCONE
info 094134231

**Festa patronale:
Natività di San Giovanni Battista**
24 giugno

FICARRA
info 0941582666

**Festa patronale:
Annunciazione della Vergine Maria**
25 marzo

■ FIUMEDINISI
info 0942771001

**Festa del patrono:
Maria Santissima Annunziata**
24 - 25 marzo

■■ FLORESTA
Itinerario n. 5 da pag. 204
info 0941662036

**Festa del patrono:
Sant'Anna**
26 luglio

■ FONDACHELLI-FANTINA
info 0941651001

**Festa del patrono:
Santissimi Angeli Custodi**
Seconda domenica di luglio

■ FORZA D'AGRÒ
info 0942721016

**Festa del Patrono:
Santissimo Crocifisso**
14 settembre

FRANCAVILLA DI SICILIA
Itinerario n. 5 da pag. 204
info 0942982059

**Festa del patrono:
Sant'Euplio**
Ultima domenica di agosto

*Il toponimo è molto frequente in Italia; in questo caso l'aggettivo precedente il nome rivela l'origine di epoca normanna.
Franca è da interpretarsi come libero da gravami fiscali, mentre il sostantivo "villa" deriva dal latino dimora di campagna, da cui il significato medievale e dell'italiano antico di paese.*

FRAZZANÒ
info 0941959165

**Festa del patrono:
San Lorenzo**
9 - 10 agosto

■ FURCI SICULO
Itinerario n. 2 da pag. 144
info 0942794122

**Festa del patrono:
Madonna del Rosario**
7 ottobre

■ FURNARI
info 094181001

**Festa del patrono:
Sant'Antonio**
9 settembre

GAGGI
info 094247160

**Festa del patrono:
San Sebastiano**
Seconda domenica di agosto

■ GALATI MAMERTINO
info 0941434956

**Festa del patrono:
San Giacomo Apostolo**
25 luglio

GALLODORO
info 094236105

**Festa del patrono:
Madonna Assunta**
14 - 16 agosto

■ GIARDINI NAXOS
Itinerario n. 2 da pag. 144
info 0942578011

ME

**Festa del patrono:
Maria Santissima
Raccomandata**
8 settembre
Centro situato lungo la costa ai piedi del colle di Taormina, è anticamente menzionato con il nome latino medievale di Viridiaria (parco, giardino) e quello siculo di Jardini. Naxos è un'aggiunta recente ed è il nome di un'antichissima colonia greca, le cui rovine sorgono a sud del centro abitato.

■■ GIOIOSA MAREA
Itinerario n. 1 da pag. 108
info 09413633204
**Festa del patrono:
San Nicola**
6 dicembre
Dal latino medievale "jojusa", il nome è abbastanza comune in Sicilia e ha chiaramente un significato beneaugurante. Marea è un'aggiunta ottocentesca, quando gli abitanti della montana Gioiosa Guardia abbandonarono il paese per trasferirsi sulla costa.

GRANITI
info 094229005
**Festa del patrono:
San Sebastiano**
Prima domenica d'agosto

GUALTIERI SICAMINÒ
info 090936112
**Festa del patrono:
San Nicola di Bari**
Ultimo fine settimana d'agosto

*Santo Stefano
1 settembre
Milazzo*

■■ ITALA
info 090952155
**Festa del patrono:
Madonna della Lettera**
Prima domenica di agosto

■■■ LENI
info 0909809021
**Festa del patrono:
Maria Santissima del Terzino**
22 - 23 luglio

■ LETOJANNI
info 0942657304
**Festa del patrono:
San Giuseppe**
19 marzo

LIBRIZZI
info 094132281
**Festa del patrono:
Maria Santissima della Catena**
Domenica dopo il 15 agosto

LIMINA
info 0942726023
**Festa del patrono:
San Sebastiano Martire**
20 gennaio

■■■ LIPARI
Itinerario n. 1 da pag. 108
info 0909887244
**Festa del patrono:
San Bartolomeo**
21 - 24 agosto
Lipari è la maggiore delle Isole Eolie. Il toponimo trae origine chiaramente dal greco Liparaì, trasformato in seguito nel latino Liparae.

■ LONGI
info 0941485040
**Festa del patrono:
San Leone**
23 agosto

■■■ MALFA
info 0909844326
**Festa del patrono:
San Lorenzo**
10 agosto

■ MALVAGNA
info 0942964003
**Festa del patrono:
Sant'Anna**
21 - 28 luglio

MANDANICI
info 0942781010
**Festa del patrono:
Santa Domenica**
6 luglio

■ MAZZARRÀ SANT'ANDREA
Itinerario n. 5 da pag. 204
info 094183048
**Festa del patrono:
Santissima Maria delle Grazie**
Ultima domenica d'agosto

MERÌ
info 0909763777
**Festa del patrono:
Santissima Annunziata**
Prima domenica di luglio

■■ MESSINA
Itinerario n. 1 da pag. 108
info 0907721
**Festa del patrono:
Madonna della Lettera**
15 agosto
Fondata prima del VII secolo a.C., era Zancle, cioè falce, dalla forma dell'insenatura del porto; dopo la distruzione venne ripopolata grazie ai coloni della Messenia: da qui il toponimo latino Messana, la cui forma Messina è frutto di una mediazione bizantina.

■■■ MILAZZO
Itinerario n. 1 da pag. 108
info 09092311
**Festa del patrono:
Santo Stefano**
1 settembre
Ha origini greche, dall'accusativo plurale "tes Mulas", denominazione dell'antico castello di Zancle. Probabilmente il suffisso "-azzo" è frutto di una mediazione araba sulla forma latina Mylae.

■ MILITELLO ROSMARINO
info 0941728074
Festa patronale di San Biagio
3 febbraio

MIRTO

info 0941919193
Festa del patrono:
Santa Tecla
24 settembre

■ **MISTRETTA**
Itinerario n. 5 da pag. 204
info 0921381468
Festa del patrono:
San Sebastiano
18 agosto
Influssi arabi sono evidenti nel toponimo dell'antica "Amestratus".

*San Sebastiano
20 gennaio
Pagliara*

■ **MOJO ALCANTARA**
Itinerario n. 5 da pag. 204
info 0942963014
Festa del patrono:
San Giuseppe
Prima domenica di maggio

MONFORTE SAN GIORGIO
info 0909931000
Festa del patrono:
San Giorgio Martire
23 aprile

MONGIUFFI MELIA
info 094220006
Festa del patrono:
San Sebastiano
20 gennaio

MONTAGNAREALE
info 0941315017
Festa del patrono:
Sant'Antonio Abate
17 gennaio

MONTALBANO ELICONA
info 0941679012
Festa del patrono:
San Nicola
6 dicembre

MOTTA CAMASTRA
info 0942985007
Festa dei patroni:
Maria Santissima di Montalfio e San Michele Arcangelo
19 - 20 agosto

MOTTA D'AFFERMO
info 0921336086
Festa del patrono:
San Rocco
16 agosto

■ **NASO**
Itinerario n. 5 da pag. 204
info 0941961439
Festa del patrono:
San Cono
30 agosto - 1 settembre
Centro molto antico databile al periodo appena successivo alla Prima Guerra Punica, il suo toponimo è documentato per la prima volta nel 1082 nella forma Nasus. Deriva forse dal greco isola, o più probabilmente dal latino "nasus", naso, sporgenza, con riferimento alla forma della costa.

■ **NIZZA DI SICILIA**
Itinerario n. 2 da pag. 144
info 0942715025
Festa del patrono:
San Giuseppe
19 marzo

■ **NOVARA DI SICILIA**
Itinerario n. 5 da pag. 204
info 0941650954
Festa dei patroni:
Madonna Assunta e Sant'Ugo dei Cistercensi
16 agosto

■ **OLIVERI**
info 0941313201
Festa del patrono:
San Giuseppe
19 marzo e seconda domenica di ottobre

PACE DEL MELA
info 090933085
Festa del patrono:
Madonna della Visitazione
2 luglio
Rimanda a Mela, nome del fiume che scorre in questa zona e che deriva dal greco "mèlas", scuro, fosco, forse riferito all'oscurità delle acque. Pace invece è da ricollegarsi al latino "pax, -cis", da intendersi come luogo tranquillo.

PAGLIARA
info 0942737168
Festa del patrono:
San Sebastiano
20 gennaio

■■■ **PATTI**
Itinerario n. 1 da pag. 108
info 0941246111

Festa del patrono:
Santa Febronia
Ultima domenica di luglio
Il toponimo deriva dal latino medievale "pactae", cioè formato, stabilito.

PETTINEO
info 0921336080
Festa del patrono:
Sant'Oliva
3 - 5 maggio

PIRAINO
info 0941585349
Festa del patrono:
San Giuseppe
Martedì dopo Pasqua
Prende origine da "piru", pero, da cui il siciliano "pirainu", pero selvatico. Nella forma latina medievale suonava Pyragmium, che nelle favole era appellativo di uno dei Ciclopi.

RACCUJA
info 0941663049
Festa del patrono:
Madonna dell'Annunziata
21 settembre

REITANO
Itinerario n. 5 da pag. 204
info 0921338002
Festa del patrono:
Sant'Erasmo
2 giugno

ROCCAFIORITA
info 0942726039
Festa del patrono:
San Giuseppe
19 marzo

■ **ROCCALUMERA**
Itinerario n. 2 da pag.

144
info 0942744065

**Festa del patrono:
Sant'Antonio da
Padova**
13 giugno
Deriva dal latino medievale Rocca Allumera: Rocca viene dal nome della nobile famiglia, mentre Allumera fa riferimento alle vicine miniere di allume, lega di alluminio e importante risorsa della zona.

ROCCAVALDINA
info 0909977086

**Festa del patrono:
San Nicola di Bari**
6 dicembre

ROCCELLA VALDEMONE
info 0942965007

**Festa del patrono:
Madonna dell'Udienza**
14 - 16 agosto

RODÌ MILICI
info 0909741010

**Festa del patrono:
San Bartolomeo**
24 agosto

■ **ROMETTA**
info 0909925111

San Benedetto
17 settembre
San Fratello

**Festa del patrono:
San Leone**
1 maggio
Dal greco "(è)rumata", fortezza, il toponimo fa riferimento alla fama di fortezza difficilmente espugnabile, che il centro si conquistò difendendosi dagli Arabi nel 965. La forma prevalsa Rometta è di mediazione araba, da Rametta, poi Rometta, forse per influsso di Roma.

SAN FILIPPO DEL MELA
info 0909391811

**Festa del patrono:
San Filippo**
26 maggio
Nacque intorno all'abbazia omonima fondata dal conte Ruggero, distrutta poi durante un'incursione musulmana. L'appellativo Mela, comune nella zona, è da riferirsi al fiume Mela, e significa nero, fosco, dal greco "mèlas".

■ **SAN FRATELLO**
Itinerario n. 5 da pag. 204
info 0941794030

**Festa del patrono:
San Benedetto**
17 settembre
Nacque come colonia gallo-italica, condotta dalla moglie di Ruggero I, Adelaide di Monferrato, e prende nome dai tre fratelli martiri al tempo dell'imperatore Valeriano (i santi Filadelfio, Alfio e Cirillo). Probabilmente la forma originaria era S. Filadelfio et Fratellus, poi modificata nella forma attuale.

■ **SAN MARCO D'ALUNZIO**
info 0941797007

**Festa dei patroni:
San Marco Evangelista e San Nicola di Bari**
31 luglio - 2 agosto

■ **SAN PIER NICETO**
info 0909975382

**Festa del patrono:
San Pietro**
26 giugno

SAN PIERO PATTI
info 0941660273

**Festa del patrono:
San Biagio**
3 febbraio
In latino medievale S. Petrus Pactarum, dal nome della chiesa maggiore, venne poi denominato San Pietro sopra Patti, dalla posizione a sud della città di Patti.

SAN SALVATORE DI FITALIA
info 0941486027

**Festa del patrono:
San Calogero Eremita**
18 - 21 agosto

■ **SAN TEODORO**
Itinerario n. 5 da pag. 204
info 095696024

**Festa del patrono:
San Gaetano**
7 agosto

■ **SANTA DOMENICA VITTORIA**
Itinerario n. 5 da pag. 204
info 095925373

**Festa del patrono:
Sant'Antonio Abate**
2 settembre

SANTA LUCIA DEL MELA
info 090935806

**Festa del patrono:
Santa Lucia**
13 dicembre

■ **SANTA MARINA SALINA**
info 0909843128

**Festa del patrono:
Santa Marina Salina**
16 - 17 luglio

■ **SANTA TERESA DI RIVA**
Itinerario n. 2 da pag. 144
info 0942793110

**Festa del patrono:
Madonna del Carmine**
16 luglio

■ **SANT'AGATA DI MILITELLO**
Itinerario n. 1 da pag. 108
info 0941709241

**Festa del patrono:
San Giuseppe**
Seconda domenica d'agosto
Deriva chiaramente dalla santa a cui è dedicata la chiesa del paese. Militello è il nome di un centro vicino, il cui toponimo deriva dalla voce siciliana "meletu", campo di meli, con il suffisso diminutivo "-ellu".

GUIDA DEI COMUNI

SANT'ALESSIO SICULO
info 0942751036
Festa del patrono:
Madonna del Carmelo
15 - 16 luglio

SANT'ANGELO DI BROLO
info 0941560164
Festa del patrono:
San Michele Arcangelo e festa dell'emigrante
13 - 14 agosto
Deriva dall'antico monastero dedicato all'arcangelo Gabriele. L'aggiunta Brolo fa riferimento al famoso castello di Brolo.

SANTO STEFANO DI CAMASTRA
Itinerario n. 1 da pag. 108
info 0921331110
Festa del patrono:
Maria Santissima Addolorata
Terza domenica di settembre
Deriva dalla chiesa dedicata al santo, mentre l'appellativo "di Camastra" si riferisce a Giuseppe Lancia, duca di Camastra (dove "camastra" significa catena del focolare), benefattore della cittadina.

SAPONARA
info 090333024
Festa del patrono:
San Nicola
6 dicembre
È probabilmente legato al nome della pianta saponaria, abbondante nella zona. Può derivare anche dal latino "sapo, -onis", argilla, che somiglia a sapone, con l'aggiunta del suffisso "-aria"

Santa Lucia
13 agosto
Savoca

SAVOCA
info 0942761006
Festa del patrono:
Santa Lucia
13 agosto

SCALETTA ZANCLEA
info 090953134
Festa del patrono:
Maria Santissima del Carmelo
16 luglio

SINAGRA
info 0941594016
Festa del patrono:
San Leone
8 maggio

SPADAFORA
Itinerario n. 1 da pag. 108
info 0909945111
Festa del patrono:
San Giuseppe
Terza domenica di luglio
Il toponimo viene dal fondatore, Gualtieri di Spadafora, il cui cognome proviene dal greco "spadaforòs", colui che porta la spada.

TAORMINA
Itinerario n. 2 da pag. 144
info 09426101
Festa del patrono:
San Pancrazio
9 luglio
Riproduce il classico greco "tauromenion", poi "tauromenium" in latino. Probabilmente la radice di origine mediterranea si riferisce a un tema "tauro", cioè monte, da collegare alla posizione della cittadina, situata su un ripiano del Monte Tauro.

TERME VIGLIATORE
Itinerario n. 1 da pag. 108
info 0909700300
Festa del patrono:
Madonna delle Grazie
13 - 15 settembre

TORREGROTTA
info 0909981018
Festa del patrono:
San Paolino
Penultima domenica di agosto

TORRENOVA
Itinerario n. 1 da pag. 108
info 0941785060
Festa del patrono:
Madonna Addolorata
15 settembre

TORTORICI
Itinerario n. 5 da pag. 204
info 0941421008
Festa del patrono:
San Sebastiano Martire
20 gennaio
Deriva dal latino medievale Tortoricis, cioè Torre Orice.

TRIPI
info 094182014
Festa del patrono:
San Vincenzo Martire di Spagna
Prima domenica di settembre

TUSA
info 0921330405
Festa del patrono:
Madonna Assunta
13 - 15 agosto

UCRIA
info 0941664021
Festa patronale del Santissimo Crocifisso
14 settembre

VALDINA
info 0909977008
Festa del patrono:
Sant'Agata
5 febbraio

VENETICO
info 0909941975
Festa del patrono:
Madonna del Carmelo
16 luglio

VILLAFRANCA TIRRENA
Itinerario n. 1 da pag. 108
info 09033101
Festa del patrono:
San Nicola
5 - 6 dicembre
È un toponimo abbastanza comune in Italia; l'aggettivo

"franca" è da interpretare come libero da gravami fiscali. Il sostantivo "villa" deriva dal latino e significa dimora di campagna e, nel Medioevo, paese o centro del villaggio.

PROVINCIA DI RAGUSA

ACATE
info 0932990787
Festa di San Vincenzo
Terza domenica dopo Pasqua
Il paese è stato fondato nel 1478 da Guglielmo Raimondo Castelli e solo nel 1938 ha assunto il nome attuale. Il toponimo prende il nome da quello antico del fiume Dirillo, che scorre nelle vicinanze. Dirillo è il nome volgare del corso d'acqua che, in età antica, Plinio chiama fiume "Achates". L'etimo va probabilmente rintracciato nella voce greca "achates", che ha dato vita all'affine termine latino "achates", cioè agata.

CHIARAMONTE GULFI
Itinerario n. 5 da pag. 204
info 0932928049
Festa del patrono:
San Vito
25 agosto

COMISO
Itinerario n. 5 da pag. 204
info 0932748111
Festa del patrono:
San Biagio
14 luglio

San Giorgio domenica prima del 23 aprile Modica

GIARRATANA
info 0932976012
Festa del patrono:
San Bartolomeo
21 - 24 agosto

ISPICA
Itinerario n. 2 da pag. 144
info 0932701222
Festa del patrono:
Madonna del Carmelo
Terza domenica di luglio
Chiamata "Spaccaforno" fino al 1935, assunse il nome attuale in quell'anno. Nel 1169 è citata come "Ispicae furnus". Il toponimo ha probabilmente origine nella voce greca "gypsos", da cui deriva il latino "gypsum", cioè calce, gesso.

MODICA
Itinerario n. 2 da pag. 144
info 0932759111
Festa del patrono:
San Giorgio
Domenica precedente il 23 aprile
L'origine del toponimo è da rintracciare probabilmente nel termine classico "motouxa", in latino "mutyca, -ae", "mutyce, -es", attestato già in Cicerone e corrispondente al bizantino "moudix".

MONTEROSSO ALMO
Itinerario n. 5 da pag. 204
info 0932977936
Festa del patrono:
San Giovanni Battista
Ultima settimana di agosto

POZZALLO
Itinerario n. 2 da pag. 144
info 0932794111
Festa del patrono:
Beata Vergine del Rosario
7 ottobre
Il termine richiama il latino medievale "Alpusallus", corrispondente al siciliano "Puzzaddu". Secondo alcuni il toponimo deriva da un antico pozzo vicino al paese, mentre altri, mettendo in evidenza la variante "u pizzaddu", preferiscono ravvisarne l'origine in "petia", pezzo.

RAGUSA
Itinerario n. 2 da pag. 144
info 0932676111
Festa del patrono:
San Giovanni Battista
27 - 29 agosto
Il toponimo di Ragusa, capoluogo di provincia, è attestato sin dagli inizi del Medioevo come "R(a)gus", nel 1093 come "Ragusa" e nel 1171 come "Ragousias". Probabilmente risale al termine bizantino "pogous", accusativo di "pogoi", da "pogos", ovvero granaio.

SANTA CROCE CAMERINA
Itinerario n. 2 da pag. 144
info 0932911288
Festa del patrono:
Santa Croce Camerina
19 marzo

SCICLI
Itinerario n. 2 da pag. 144
info 0932839111
Festa del patrono:
Madonna delle Milizie
Sabato che precede la Settimana Santa
Il toponimo è una derivazione della voce etnica "Siculi", attestato nel 1093 come "Scicla", nel 1169 come "Siculi" e infine nel 1195 come "Syclis". Ha origine dalla voce greca "sitla", ossia secchia.

VITTORIA
Itinerario n. 5 da pag. 204
info 0932862606
Festa del patrono:
San Giovanni Battista
27 luglio - 1 agosto

GUIDA DEI COMUNI

La cittadina, nata nel 1667, è stata fondata e prende il nome da Vittoria Colonna, figlia del viceré Marcantonio Colonna e moglie di Luigi III Enriquez di Cabrera, conte di Modica.

San Domenico
24 maggio
Augusta

PROVINCIA DI SIRACUSA

AUGUSTA
Itinerario n. 2 da pag. 144
info 0931980111
Festa del patrono:
San Domenico
24 maggio
Antica colonia di Ottaviano Augusto e quindi "Augusta". Fu scelta, per la sua posizione strategica, da Federico II, che vi fece costruire un castello, un porto e una città.

AVOLA
Itinerario n. 2 da pag. 144
info 0931834411
Festa del patrono:
San Corrado
19 febbraio
Il toponimo deriva dal nome greco della città "Abolla", in latino "Abola".
Errate sono, invece, le ipotesi di una derivazione dall'antica "Ibla".

BUCCHERI
Itinerario n. 5 da pag. 204
info 0931873003
Festa del patrono:
Sant'Ambrogio
17 dicembre

BUSCEMI
info 0931878273
Festa del patrono:
Maria Santissima del Bosco
Ultimo fine settimana di agosto

CANICATTINI BAGNI
info 0931540111
Festa del patrono:
San Michele
29 settembre
Dal latino "Candicattinum", parola di origine araba che significa fossato di fango. La seconda parte del nome, Bagni, proviene dal feudo Bagni, in cui il marchese Mario Danieli ha fondato, nel 1678, il centro agricolo in un territorio già abitato in epoca preistorica.

CARLENTINI
info 0957858111
Festa del patrono:
Santa Lucia
Quarto sabato, domenica e lunedì di agosto
Ricorda Carlo V ed è formato dall'unione del nome del sovrano con quello di Lentini. Il borgo fu fondato nel 1551 per offrire rifugio agli abitanti della vicina Lentini, minacciati dalle incursioni turche e insidiati dall'insalubrità dell'aria.

CASSARO
info 0931877017
Festa del patrono:
San Giuseppe
Ultimo fine settimana di luglio
Attestato dal XIV secolo, deriva dall'arabo "gasr", rocca, castello, che, attraverso il bizantino, risale al latino "castrum".

FERLA
Itinerario n. 5 da pag. 204
info 0931870136
Festa del patrono:
San Sebastiano
20 luglio
Il nome proviene dal vicino fiume Ferla, così chiamato probabilmente per l'abbondante presenza di "ferulae", piante delle ombrellifere, da cui ferla.
In siciliano, la pronuncia di Ferla è "Fersa".

FLORIDIA
info 0931920111
Festa del patrono:
Santissima Immacolata Concezione
7 - 8 dicembre

FRANCOFONTE
info 0957887111
Festa del patrono:
Maria Santissima della neve
4 - 6 agosto
Il toponimo è di origine evidente, ed è di "stampo francese" con l'aggettivo qualificativo posto prima del nome.

LENTINI
Itinerario n. 2 da pag. 144
info 095900111
Festa del patrono:
Sant'Alfio
Prima decade di maggio

MELILLI
info 0931552111
Festa del patrono:
San Sebastiano
4 maggio
Il nome proviene dal siciliano "mili", melo, derivante del latino "malus".

NOTO
Itinerario n. 2 da pag. 144
info 0931896111
Festa patronale di San Corrado
19 febbraio

PACHINO
Itinerario n. 2 da pag. 144
info 0931803111
Festa del patrono:
Santa Maria Assunta
15 agosto
Il toponimo viene dal classico "Pachynus" ed è verosimilmente di origine greca.
Fu inizialmente popolato da famiglie provenienti dalla vicina Malta.

PALAZZOLO ACREIDE
Itinerario n. 5 da pag. 204

GUIDA DEI COMUNI

info 0931871111
Festa patronale di San Paolo
27 giugno - 7 luglio, 25 gennaio

■ PORTOPALO DI CAPO PASSERO
Itinerario n. 2 da pag. 144
info 0931842875
Festa del patrono: San Gaetano
7 agosto

■■ PRIOLO GARGALLO
Itinerario n. 2 da pag. 144
info 0931779111
Festa del patrono: Santissimi Angeli Custodi
1 ottobre

ROSOLINI
Itinerario n. 2 da pag. 144
info 0931500111
Festa del patrono: San Luigi Gonzaga
5 - 6 agosto

■■■■ SIRACUSA
Itinerario n. 2 da pag. 144
info 0931412841
Festa del patrono: Santa Lucia

S. Paolo Apostolo primo fine settimana d'agosto Solarino

13 dicembre

Il toponimo risale al nome della colonia greca "Syracousai", dall'appellativo della vicina palude "Syraka" ("sur-aku" significa acqua salata). Nell'VIII secolo a.C., un gruppo di Corinzi si sovrappose ad un precedente insediamento indigeno e fondò la città.

SOLARINO
info 0931921610
Festa del patrono: San Paolo Apostolo
Primo fine settimana d'agosto

■■ SORTINO
Itinerario n. 5 da pag. 204
info 0931952000
Festa del patrono: Santa Sofia
10 - 17 settembre

PROVINCIA DI TRAPANI

■■■■ ALCAMO
Itinerario n. 1 da pag. 108
info 0924590111
Festa del patrono: Maria Santissima dei Miracoli
19 - 21 giugno
Probabilmente il toponimo deriva dall'arabo "Alhhamy", difensore: il castello di Alcamo infatti, con quello di Calatafimi e di Salemi, costituiva il triangolo fortificato a difesa di Palermo. Per alcuni il toponimo deriva invece dal nome di un antico poeta arabo.

BUSETO PALIZZOLO
info 0923851071
Festa del patrono: Madonna del Carmelo
16 luglio

■ CALATAFIMI
Itinerario n. 3 da pag. 172
info 0924951534
Festa del patrono: Santissimo Crocifisso
1 - 3 maggio, quinquennale (l'ultima nel 2002)
Dall'arabo "qal-'at fimi", la rocca di Eufemio; deve il nome probabilmente al castello del XIII secolo. Eufemio è un nome tipicamente greco, per il quale non si trova spiegazione accettabile.

■■ CAMPOBELLO DI MAZARA
Itinerario n. 3 da pag. 172
info 0924933111
Festa del patrono: San Giuseppe
19 marzo

■■■■ CASTELLAMMARE DEL GOLFO
Itinerario n. 1 da pag. 108
info 0924592111
Festa del patrono: Maria Santissima del Soccorso
19 - 21 agosto
La cittadina occupa l'area dell'antico porto di Segesta. In latino medievale era "castellum maris", dal castello i cui resti si trovano tra Capo San Gallo e Capo San Vito.

■■■■ CASTELVETRANO
Itinerario n. 3 da pag. 172
info 0924909111
Festa del patrono: San Giovanni Battista
24 giugno
Il toponimo deriva dal latino "castellum veteranum" (castelvecchio). A nord-est del centro abitato sorgeva infatti un antico castello, di cui rimangono solo i resti di una torre.

■■ CUSTONACI
Itinerario n. 3 da pag. 172
info 0923971004
Festa del patrono: Maria Santissima
27 - 29 agosto

■■ ERICE
Itinerario n. 3 da pag. 172
info 0923860011
Festa del patrono: Maria Santissima di Custonaci
28 agosto
La pittoresca cittadina sorge sulla vetta del monte da cui trae nome, e fino al 1934 era chiamata San Giuliano. Successivamente ha ripreso il nome originario Erice, dall'antico Erux, Erix o Eryci, il cui etimo rimane però ancora oscuro.

■■■■ FAVIGNANA
Itinerario n. 3 da pag.

172
info 0923921111

Festa del patrono:
Santissimo Crocifisso
14 settembre

Era chiamata dagli antichi Egusa (Aègusa in greco, Aegusa in latino). Ha preso poi il nome latino di Favoniana, dal nome proprio Favonius.

■■ GIBELLINA

Itinerario n. 3 da pag. 172
info 092467567

Festa del patrono:
San Rocco
16 agosto

Il paese è sorto nella seconda metà del Trecento intorno a un castello per volontà di Enrico Ventimiglia. Il toponimo deriva dal plurale dell'arabo "gibal", monte.

■■■ MARSALA

Itinerario n. 3 da pag. 172
info 0923993111

Festa del patrono:
San Giovanni Battista
24 giugno

Il noto porto venne fondato nel V secolo, con il nome greco Lilubaion, poi Lilybaeum, in dialetto Capu Boéi, Boéu, tutte forme dall'origine sconosciuta.

■■■ MAZARA DEL VALLO

Itinerario n. 3 da pag. 172
info 0923671111

Festa del patrono:
San Vito
15 giugno e ultima settimana di agosto

Un'etimologia dall'arabo può spiegare il toponimo Mazara. L'attributo "del Vallo" venne aggiunto nel 1863 e deriva dal fatto che la città era capoluogo di uno dei tre valli in cui era suddivisa l'amministrazione della Sicilia.

■ PACECO

Itinerario n. 3 da pag. 172
info 0923401111

Festa del patrono:
Santa Caterina
25 novembre

■■■■ PANTELLERIA

Itinerario n. 3 da pag. 172
info 0923911077

Festa del patrono:
San Fortunato
16 ottobre

Prima della conquista saracena era chiamata dagli antichi Greci Cossyra e dagli Arabi Qus(i)rah, mentre il nome attuale deriva forse dal latino. Pontalaria, tettoia, o dal greco "pan" (tutto) più "thalassa" (marina).

■■ PARTANNA

Itinerario n. 3 da pag. 172
info 0924923111

Festa del patrono:
San Vito
Fine settimana più vicino al 15 giugno

In arabo Baritanna. Il toponimo viene associato al greco "parthenòs", fanciulla, vergine, o all'etnico Parthini.

San Giovanni Battista
24 giugno
Marsala

■ PETROSINO

info 0923985444

Festa del patrono:
Maria Santissima delle Grazie
31 maggio

Nel toponimo si riconosce la derivazione dal greco "petra", pietra, che rimanda a una particolare caratteristica geologica della zona.

■ POGGIOREALE

info 092475777

Festa del patrono:
Sant'Antonio da Padova
13 giugno

■ SALAPARUTA

Itinerario n. 3 da pag. 172
info 092471100

Festa del patrono:
San Giuseppe
19 marzo

■■ SALEMI

Itinerario n. 3 da pag. 172
info 0924991111

Festa del patrono:
San Nicola di Bari
6 dicembre

■■■■ SAN VITO LO CAPO

Itinerario n. 3 da pag. 172
info 0923972253

Festa del patrono:
San Vito
15 giugno

■ SANTA NINFA

info 0924992207

Festa del patrono:
Santa Ninfa
12 novembre

■■■■ TRAPANI

Itinerario n. 3 da pag. 172
info 0923590111

Festa del patrono:
Sant'Alberto
7 agosto

La città era conosciuta in epoca antica con i nomi di Drepanum, Drepana e Drepane (da cui Trapani), che potrebbero essere traduzioni greche dell'indigeno "zancle", falce (nome anche dell'antica Messina).

■ VALDERICE

Itinerario n. 3 da pag. 172
info 0923891774

Festa del patrono:
Madonna di Custonaci
29 agosto

VITA

info 0924955028

Festa del patrono:
San Vito
Terza domenica di giugno

Sicilia

VEDI, MAN

Vedi, mangi e dormi

I musei, grandi e piccoli.
Alla scoperta dei ristoranti con i
piatti della buona cucina, qualche
agriturismo e tanti buoni alberghi;
cantine e frantoi.

Musei, ristoranti, alberghi, cantine, agriturismi e frantoi

In questa sezione della guida sono raccolti, provincia per provincia e comune per comune, i musei, le gallerie e le pinacoteche, con relativi giorni e orari di apertura. Sono inoltre segnalati gli alberghi, suddivisi per categoria, i ristoranti che propongono la cucina tradizionale, le cantine produttrici di vino, gli agriturismi e i frantoi.

PROVINCIA DI PALERMO

ALTAVILLA MILICIA

ALBERGHI

Hotel Torre Normanna***
Piano San Michele
90010 - Altavilla Milicia (PA)
Tel. 091950800.

BAGHERIA

MUSEI

Galleria d'Arte Moderna e Contemporanea "Renato Guttuso"
Via Consolare, 9
(Strada Statale 113)
Orari: da maggio a settembre, 10-20 da martedì a domenica. Negli altri mesi, 9-18 da martedì a domenica. Chiuso il lunedì, a Natale, Capodanno, Pasqua, Primo Maggio e Ferragosto.
Tel. Comune: 091943111.
Info: 091905438 (Biglietteria) (091933315) Uffici.
Ingresso: 4,50 euro intero.
Il museo è nelle stanze della settecentesca Villa Cattolica ed è imperniato sull'opera di Renato Guttuso. Sono anche esposti dipinti di artisti suoi contemporanei, che si sono ispirati al maestro nato a Bagheria nel 1912 e che è sepolto proprio nei giardini di Villa Cattolica, in un monumento funebre ideato dal celebre scultore Giacomo Manzù.

Museum di Ezio Pagano
Via Cherubini, 12
Orari: 17-20.30 dal martedì al sabato. Chiuso la domenica, il lunedì e i festivi.
Tel. Comune: 091943111.
Info: 091968020.
Ingresso: 3,00 euro intero.
Il museo conserva circa 200 opere di artisti siciliani del XX secolo. Tra i tanti, spiccano Accardi, Guttuso e Scarpitta. Un significativo e affascinante viaggio nell'arte contemporanea di questa regione.

BALESTRATE

MUSEI

Civico Museo Antropologico
Via Madonna del Ponte, 31
Orari: 16 -19. Chiuso la domenica.
Tel. Comune: 0918980000.
Info: 0918987533.
Ingresso: libero.
Il museo conserva testimonianze di antichi mestieri locali. Tra questi, particolare importanza riveste quello degli antichi bottai.

BISACQUINO

MUSEI

Museo Civico
Via Orsini
Orari: 9-13 da lunedì a domenica (martedì e giovedì anche 15-18) in estate; 8-14 (martedì e giovedì anche 15-18) da lunedì a venerdì in inverno.
Tel. Comune: 0918308011.
Info: 0918308047.
Ingresso: libero.
Vengono riproposti gli arredi di vecchie botteghe artigiane e case contadine. Il museo conserva anche materiale archeologico, armi e vasellame.

Bisacquino in una foto d'epoca.

BOLOGNETTA

MUSEI

Museo della Casa Contadina
Via Diaz, 47
Orari: 9-13 martedì e giovedì (dal 16/9 al 14/6); 9-13 martedì, giovedì e domenica (dal 15/6 al 15/9). Per i gruppi, apre su richiesta.
Tel. Comune: 0918724037.
Info: 0918724239 biblioteca comunale.
Ingresso: libero.
Tipico esempio di casa contadina di inizio Novecento. Ambienti e attività d'epoca: olivicoltura, pastorizia e viticoltura.

CALTAVUTURO

RISTORANTI

L'Antico Ristorante di Lo Re
Contrada Purati
Tel. 0921540399.
Chiusura: lunedì.
Ristorante dal taglio rustico.

CAMPOFELICE DI ROCCELLA

ALBERGHI

Fiesta Garden Beach****
Litorale d'Imera
90010 - Campofelice di Roccella (PA)

Tel. 0921935044.
Park Hotel Plaia d'Himera***
Contrada Pistavecchia
90010 - Campofelice di Roccella (PA)
Tel. 0921933815.

CASTELBUONO

Cantina Abbazia Sant'Anastasia
Contrada Sant'Anastasia
90013 - Castelbuono (PA)
Tel. 0921671959.
Fax 091220199.
Vini prodotti: Baccante Sicilia Bianco, Chardonnay Gemelli, Litra, Montenero Rosso Sicilia, Passomaggio Rosso Sicilia, Inzolia Bianco, Nerello Mascalese, Nero d'Avola.

MUSEI

Museo Naturalistico "Francesco Minà Palumbo"
Via Roma, 52
Orari: 9-13 e 16-20 da martedì a domenica, 16-18 lunedì (estate); 9-13 e 15-19 da martedì a domenica, 15-17 lunedì (inverno).
Tel. Comune: 0921671162.
Info: 0921671895.
Ingresso: 1,00 euro intero.
Il museo conserva le collezioni storico-naturalistiche del medico Francesco Minà Palumbo (1813-1899), che studiò la zona delle Madonie. Sono raccolti: minerali, fossili e testi rari.

CASTELDACCIA

ALBERGHI

Hotel Solunto Mare***
Strada Statale 113, 6
90014 - Casteldaccia (PA)
Tel. 091942621.
Hotel Valle Corvo***
Contrada Corvo
90014 - Casteldaccia (PA)
Tel. 091946093.

CANTINE

Casa Vinicola Duca di Salaparuta
Strada Statale 113
90014 - Casteldaccia (PA)
Tel. 091945111.
Fax 091953227.
Vini prodotti: Bianca di Valguarnera, Corvo Bianco, Corvo Colomba Platino, Corvo Rosso, Duca Enrico, Terre d'Agala.

CEFALÀ DIANA

RISTORANTI

Le Pigne
Strada Statale 121, Km 228
Tel. 0918291600.
Chiusura: lunedì.
Ristorante accogliente e informale a poca distanza dal paese.

CEFALÙ

ALBERGHI

Hotel Baia del Capitano***
Contrada Mazzaforno (Km. 191.600)
90015 - Cefalù (PA)
Tel. 0921420003.
Hotel Carlton Riviera***

Un panorama della costa di Cefalù.

Contrada Capo Plaja
90015 - Cefalù (PA)
Tel. 0921420200.
Hotel Costa Verde****
Contrada Capo Plaja
90015 - Cefalù (PA)
Tel. 0921931133.
Hotel Kalura***
Contrada Caldura
90015 - Cefalù (PA)
Tel. 0921421354.
Hotel Santa Lucia e Le Sabbie d'Oro***
Contrada Santa Lucia
90015 - Cefalù (PA)
Tel. 0921421565.
Hotel Tourist***
Via Lungomare
90015 - Cefalù (PA)
Tel. 0921421750.

RISTORANTI

Ristorante Kentia
Via Nicola Botta, 15
Tel. e Fax 0921423801
Chiusura: lunedì dal 1 ottobre al 31 maggio.
Il ristorante, elegante e riservato, si trova in pieno centro, in un palazzo storico in cui soggiornò Garibaldi.
Vecchia Marina
Via Vittorio Emanuele, 73/75
Tel. 0921420388.
Chiusura: martedì inverno.
Il ristorante è stato costruito inglobando le antiche mura megalitiche di Cefalù, creando uno scenario suggestivo.

MUSEI

Museo della Fondazione "Mandralisca"
Via Mandralisca, 13
Orari: da fine marzo a fine ottobre, 9-12.30 e 15.30-19. Negli altri mesi, 9-12.30 e 15.30-18.
Tel. Comune: 0921924111.
Info: 0921421547.
Ingresso: 4,15 euro intero.
Il museo ospita alcune preziose collezioni del barone Mandralisca: tra tele, reperti archeologici, raccolte numismatiche e mineralogiche, da segnalare un dipinto di Antonello da Messina.
Museo "Frà Gianmaria da Tusa"
Località Gibilmanna - Santuario Maria Santissima
Orari: 10.30-12.30 e 15.30-18.30 .
Tel. Comune: 0921924111.
Info: 0921420883-0921421835.
Ingresso: 1,00 euro intero.
Il museo raccoglie testimonianze della vita dei Frati Cappuccini. Sono conservati dipinti, sculture, paramenti e arredi sacri. Notevoli un rosario in alabastro del XVI secolo e la "Pietà" di Jacopo Lo Duca (artista cinquecentesco nato a Cefalù),

realizzata in marmo bianco.

CIMINNA

🏛 MUSEI

Museo Civico "Mons. Filippo Meli"
Via Roma, 90
Orari: 8-13 da martedì a venerdì, 8-13 e 15-19 sabato, 9-13 domenica. Chiuso il lunedì.
Tel. Comune: 0918204220.
Info: 0918204847.
Ingresso: libero.
Il museo raccoglie oggetti, attrezzi e arredi: tutto materiale proveniente dal mondo contadino. Sono inoltre esposte monete puniche, romane e arabe nonché statuette lignee del '500.

CINISI

🏨 ALBERGHI

Albergo Lido Azzolini***
Via Ciucca
90045 - Cinisi (PA)
Tel. 0918682033.

GANGI

🐎 AGRITURISMI

Agriturismo Capuano
Contrada Capuano
90024 - Gangi (PA)
Tel. e Fax 0921641771.
Azienda agricola aperta tutto l'anno. Proposte escursioni nei paesi delle Madonie. Possibilità di soggiorno completo e ristorazione. Apprezzabile la varietà di antipasti e formaggi locali. Produzione di marmellate, conserve di pomodoro, olio e vino.

🏛 MUSEI

Museo Civico
Corso Vitale, 54
Orari: 9-13 e 15-19 da martedì a domenica (inverno); 9-13 e 16-20 da martedì a domenica (estate). Chiuso il lunedì.
Tel. Comune: 0921644076.
Info: 0921689907.
Ingresso: 0,52 euro intero.
Il museo conserva reperti archeologici ellenistici e romani, ritrovati negli scavi della zona del Monte Alburchia, dove anticamente era insediata la città di Engium.

GERACI SICULO

🏛 MUSEI

Civica Raccolta Etno-Antropologica
Ex Convento Padri Cappuccini - Via Don Orione
Orari: 8-14 da lunedì a venerdì, martedì anche 15-18, sabato e domenica 9.30-12.30 e 15.30-18.30.
Tel. Comune: 092143080.
Info: 0921643607.
Ingresso: libero.
Il museo documenta gli aspetti salienti della civiltà contadina della zona. Sono ricostruiti gli ambienti legati alla pastorizia e all'agricoltura e le attività delle botteghe artigiane.
Casa Museo "Piccione d'Avola"
Contrada S. Antonio Abate - Viale Europa, 15/17
Orari: il museo è privato e apre solo su prenotazione.
Tel. Comune: 092143080.
Info: 0921643114-3384151232.
Ingresso: offerta libera.
Il museo conserva presepi artistici, statuette in terracotta e dipinti.

Il Duomo di Monreale in una vecchia cartolina.

ISOLA DELLE FEMMINE

🏨 ALBERGHI

Hotel Eufemia***
Strada Statale 113
90040 - Isola delle Femmine (PA)
Tel. 0918677800.
Hotel Saracen***
Viale dei Saraceni, 1
90040 - Isola delle Femmine (PA)
Tel. 0918671423.
Hotel Sirenetta***
Via dei Saraceni, 2
90040 - Isola delle Femmine (PA)
Tel. 0918671538.

MARINEO

🍷 CANTINE

Buceci Vini
Contrada Favarotta
90035 - Marineo (PA)
Tel. e Fax 0918726367.
Azienda biologica certificata.
Vini prodotti: Buceci Bianco (Doc), Don Carmè Bianco (Igt), Don Carmè rosso (Igt), Buceci Rosso Sicilia.

MONREALE

🏨 ALBERGHI

Albergo Carrubella***
Via Umberto I
90046 - Monreale (PA)
Tel. 0916402188.

🍷 CANTINE

Aziende Agricole Pollara
Contrada Malvello
90046 - Monreale (PA)
Tel. 0918462922.
Vini prodotti: Bianco d'Alcamo (Doc), Principe di Corleone Rosso Sicilia, Principe di Corleone Chardonnay.

❋ FRANTOI

Azienda Agricola Disisa
Località Grisì
90040 - Monreale (PA)
Tel. 0918785251-0916255445.
Fax 0916255445.
Fiore all'occhiello della produzione di quest'azienda è l'Extravergine selezione Disisa. Telefonare per fissare un appuntamento.

🏛 MUSEI

Civica Galleria d'Arte "Giuseppe Sciortino"

Piazza Guglielmo II
Orari: 9-13 e 15-18.
Chiuso la domenica
pomeriggio.
Tel. Comune:
0916564111.
Info: 0916564311.
Ingresso: libero.
La Galleria espone più
di 200 opere d'arte di
assoluto pregio donate
alla municipalità di
Monreale da Eleonora
Posabella proprio in
onore del critico
Giuseppe Sciortino, cui è
intitolato oggi il museo.
Tra gli autori, Guttuso,
Pirandello, De Chirico e
De Pisis.

Tesoro del Duomo
Piazza Vittorio
Emanuele II
Orari: 9.30-12 e 15.30-
18.
Tel. Comune:
0916564111.
Info: 0916404413.
Ingresso: 2,00 euro
intero.
All'interno della
Cattedrale normanna,
edificata alla fine del
XII secolo (nella
sagrestia della Cappella
del Santissimo
Crocifisso), sono
custoditi paramenti,
arredi sacri, argenteria
e oreficeria.

PALERMO

ALBERGHI

**Albergo
Athenaeum*****
Via Luigi Giannettino, 4
90128 - Palermo (PA)
Tel. 0916523529.
**Albergo Bellevue Del
Golfo*****
Via Plauto, 40
90148 - Palermo (PA)
Tel. 091530083.
**Albergo Jolly
Hotel******
Foro Italico

Il Teatro Massimo
di Palermo in una
veduta d'epoca.

90100 - Palermo (PA)
Tel. 0916165090.
**Albergo
Mediterraneo*****
Via Rosolino Pilo, 43
90139 - Palermo (PA)
Tel. 091581133.
**Albergo Palace
Excelsior******
Via Ugo Marchese, 3
90141 - Palermo (PA)
Tel. 0916256176.
Hotel Bel 3***
Via Ruffo Di Calabria, 20
90137 - Palermo (PA)
Tel. 091223560.
Hotel Centrale****
Via Vittorio Emanuele,
327
90134 - Palermo (PA)
Tel. 091336666.
Hotel Europa***
Via Agrigento, 3
90141 - Palermo (PA)
Tel. 0916256323.
**Hotel Villa
d'Amato*****
Via Messina Marine,
178
90121 - Palermo (PA)
Tel. 0916212767.

RISTORANTI

Ai Normanni
Piazza Vittoria, 25
Tel. 0916517251.
Fax 0916376545.
Chiusura: domenica
sera e lunedì.
Raffinato ristorante, che
si sviluppa all'interno di
quelle che una volta
erano le stalle di
Palazzo Reale.
Al Genio
Piazza S. Carlo, 9
Tel. 0916166642
Chiusura: domenica in
estate, lunedì in
inverno.
Ristorante del centro a
conduzione familiare,
ubicato all'interno di un
bellissimo edificio del
Settecento.
Il Mirto e la Rosa
Via Principe Granatelli, 30
Tel. e Fax 091324353.
Chiusura: domenica.
Il ristorante si trova
all'interno di un palazzo
dell'Ottocento, arredato
con sobrietà in stile
liberty.
Kursaal
Via Belgio, 41
Tel. 091520126.
Chiusura: giovedì.
Ristorante di gusto
classico. In estate si
mangia sulla veranda.
La Locanda
Via Torre di Mondello, 26
Tel. 0916840127.
Fax 0916844056.
Chiusura: giovedì.
Incantevole ristorante,
affacciato sul Golfo di
Mondello.
La Mensa di Aladin
Via Amari Emerico, 59
Tel. 0916116574.
Chiusura: lunedì.
Ristorante del centro
che si trova all'interno
di un palazzo del
Seicento. L'arredamento
arabo fa da cornice a
cene a lume di candela
con musica dal vivo e
danze.
**Ristorante Lo
Scalino del
Cardinale**
Via Bottai, 18
Tel. 091331124.
Chiusura: domenica
sera, dal lunedì al
sabato a pranzo.
Cucina particolarmente
curata, ambiente
ricercato e abbellito da
splendidi arazzi.
Trattoria 'Ngrasciata
Via Tiro a Segno, 12
Tel. 0916161947.
Fax 091473694.
Chiusura: domenica
sera.
Situato in un edificio
dei primi del Novecento,
dietro l'Orto Botanico, il
ristorante si segnala per
l'ottima cucina tipica.

CANTINE

**Azienda Agricola
Spadafora**
Via Ausonia, 90
90144 - Palermo (PA)
Tel. 091514952.
Fax 0916703360.
Vini prodotti: Bianco
d'Alcamo, Schietto
Sicilia Rosso, Schietto
Chardonnay.
**Aziende Vinicole
Miceli**
Via Ammiraglio
Salvatore Denti di
Piraino, 9
90100 - Palermo (PA)
Tel. 0916396111.
Vini prodotti: Moscato
Ianiz, Moscato Passito
di Pantelleria Tanit.

MUSEI

**Catacombe dei
Cappuccini**
Piazza Cappuccini, 1

Orari: 9-12 e 15-17.
Tel. Comune:
0917401111.
Info: 091212633-
091212117.
Ingresso: 1,50 euro
intero.
Sono più di 8.000 gli
scheletri e i corpi
mummificati che sono
sepolti nei sotterranei
del seicentesco Convento
dei Cappuccini. Una
particolarità: gli
ecclesiastici e le donne
si trovano in corridoi
distinti.

Civica Galleria d'Arte Moderna "Empedocle Restivo"

Via Filippo Turati, 10
Orari: 9-20 da martedì
a sabato, 9-13
domenica e festivi.
Chiuso il lunedì.
Tel. Comune:
0917401111.
Info: 091588951-
0917402355.
Ingresso: 3,10 euro
intero.
La galleria espone opere
italiane e straniere
dall'800 ai primi del
'900. Ovviamente
grande spazio trovano
gli artisti siciliani.
Presenti opere di Carrà,
Casorati e Sironi.

Vaso conservato
al Museo Pitrè
di Palermo.

Galleria Regionale della Sicilia

Palazzo Abatellis - Via
Alloro, 4
Orari: 9-13.30 da
lunedì a sabato, martedì
e giovedì anche 15-
19.30, 9-13.30
domenica e festivi.
Tel. Comune:
0917401111.
Info: 0916230011.
Ingresso: 4,50 euro
intero.
Palazzo Abatellis
conserva opere d'arte
dall'XI al XVIII secolo.
Notevoli gli intagli
lignei di estrazione
araba, le ceramiche del
XIII-XIV secolo,
il busto di Eleonora
d'Aragona, opera di
Francesco Laurana e
l'"Annunziata"
di Antonello
da Messina (1473).

Museo Archeologico Regionale "Antonino Salinas"

Via Bara all'Olivella, 24
Orari: estivo, da lunedì
a venerdì, 9-18.30,
invernale 9-13.30 e 15-
19 in inverno. Tutto
l'anno, 9-13 sabato,
domenica e festivi.
Tel. Comune:
0917401111.
Info: 0916116805-6-7.
Ingresso: 4,50 euro
intero.
Il museo conserva, su
diversi piani, la
collezione egizia e la
collezione fenicio-
punica. Una grande
sala ospita, invece, il
complesso delle sculture
di Selinunte, magnifico
esempio della scultura
coloniale in Sicilia. La
sala della scultura
marmorea greca ospita
un frammento del lato
est del fregio del
Partenone.

Fondazione Banco di Sicilia - Museo "I. Mormino"

Villa Zito - Viale delle
Libertà, 52
Orari: 9-13 e 15-17.
Chiuso sabato
pomeriggio e domenica.
Tel. Comune:
0917401111.
Info: 0916259519.
Ingresso: 4,00 euro
intero.
Villa Zito, edificata nel
XVIII secolo, conserva le
collezioni della
Fondazione Mormino
composte da reperti
provenienti da necropoli
e ceramiche greche. Di
notevole interesse una
serie di francobolli
stampati durante il
Regno delle Due Sicilie.

Museo di Zoologia

Via Archirafi, 18
Orari: 9-13 da lunedì a
venerdì. Chiuso sabato e
domenica.
Tel. Comune:
0917401111.
Info: 0916230100.
Ingresso: libero.
Il museo ospita
collezioni di vertebrati e
invertebrati terrestri e
marini, una collezione
ornitologica e una
dedicata a rettili e
anfibi. Spicca una serie
di pesci imbalsamati:
oltre 700 esemplari.

Museo del Risorgimento "Vittorio Emanuele Orlando"

Piazza San Domenico, 1
Orari: 9-13 lunedì,
mercoledì e venerdì.
Chiuso gli altri giorni.
Preferibile prenotare per
gruppi e scuole.
Tel. Comune:
0917401111.
Info: 091582774.
Ingresso: libero.
Il museo conserva
quadri, medaglie,
sculture e cimeli del
periodo risorgimentale,
in particolare
dell'impresa dei Mille.
Una sala è poi dedicata
allo statista siciliano
Francesco Crispi (1818-
1901), sepolto proprio
nella chiesa di S.
Domenico.

Museo Etnografico "Giuseppe Pitrè"

Viale Duca degli
Abruzzi, 1
Orari: 8.30-19.30.
Chiuso il venerdì e i
festivi infrasettimanali.
Tel. Comune:
0917401111.
Info: 0917404890-4.
Ingresso: 3,10 euro
intero.
Il museo, fondato nel
1909 dall'etnologo
Giuseppe Pitrè, conserva
una ricca raccolta
etnografica sulla
Sicilia. Sono conservati
arredi della casa
contadina, manufatti e
strumenti artigianali.

Museo Internazionale delle Marionette "Antonio Pasqualino"

Via Butera, 1
Orari: 9-13 e 16-19 dal
lunedì a venerdì. Il
venerdì, ore 17.30,
spettacolo dell'"Opera
dei Pupi". Chiuso
sabato, domenica e
festivi.
Tel. Comune:

0917401111.
Info: 091328060.
Ingresso: 3,00 euro intero. 5,00 spettacolo del venerdì. 6,50 euro cumulativo museo e spettacolo.
Ricchissima raccolta di pupi siciliani, burattini e marionette di diversi paesi, anche provenienti dall'Estremo Oriente. Oltre 3.000 pezzi, tra cui spiccano alcune marionette del Vietnam. Annessa al museo si trova una biblioteca circa 3.000 volumi sul teatro e sulle tradizioni popolari.

Museo del Giocattolo "Piraino"
Via Bandiera, 99
Orari: 10-13 martedì, giovedì e sabato. Gli altri giorni apre a richiesta per gruppi.
Tel. Comune: 0917401111.
Info: 091580008-3356651025-091333531.
Ingresso: 4,50 euro intero.
Un settecentesco palazzo nobiliare ospita questo particolare museo che racchiude all'incirca 600 giocattoli in porcellana, in cera e in cartapesta. Non mancano poi animali in stoffa, dondoli e automobili a pedali. Per scoprire come si divertivano, da bambini, i nostri avi.

La Zisa
Piazza Guglielmo il Buono
Orari: 9-19 da lunedì a sabato; 9-13 domenica e festivi.
Tel. Comune: 0917401111.
Info: 0916520269.
Ingresso: 2,50 euro intero. 8,00 euro intero cumulativo (validità 2 giorni), con la "Cupa", San Giovanni degli Eremiti e il Chiostro di Monreale.
Edificio del XII secolo risalente ai tempi della dominazione normanna in Sicilia, portato a termine dal sovrano Guglielmo II, che lo volle come residenza estiva. Opera architettonica realizzata con evidentissimi richiami arabi. Il palazzo ospita ancora oggi alcuni interessantissimi reperti proprio di origine islamica.

Orto Botanico
Via Lincoln 2/B
Orari: da lunedì al venerdì 9-18 sino al 15 ottobre (9-17 orario invernale); sabato e domenica 9-13.
Tel. Comune: 0917401111.
Info: 0916238241.
Ingresso: 3,50 euro intero.
Uno degli orti botanici più importanti, più belli e più suggestivi d'Italia. Istituzione accademica inaugurata nel 1795, attira continuamente l'attenzione di studiosi e di semplici visitatori. Tra i tanti personaggi illustri, hanno visitato l'orto botanico palermitano: il musicista Richard Wagner, la Regina Margherita e il Presidente della Repubblica Sandro Pertini.

PARTINICO

CANTINE

Cantina Cusumano
Contrada S. Carlo
90047 - Partinico (PA)
Tel. 0918903456.
Vini prodotti: Angimbé Bianco Sicilia, Benuara Rosso Sicilia, Noà Rosso Sicilia, Sagana Rosso Sicilia.

Scorcio di Partinico.

PETRALIA SOTTANA

AGRITURISMI

Azienda Agrituristica Monaco di Mezzo
Contrada Monaco Di Mezzo
93010 - Petralia Sottana (PA)
Tel. 0934673949.
Cell. 3476574066.
Fax 0934676114.
L'agriturismo si trova al centro di quello che fu il feudo di Monaco. Aperto tutto l'anno, con prenotazione necessaria e dotato di appartamenti e camere, con possibilità di scegliere tra pensione completa e mezza pensione. Vendita diretta di olio extravergine biologico, formaggi, verdura, marmellate e miele. Al ristorante, da non perdere il cosciotto di maiale alla contadina. Piscina, tennis, maneggio e parco giochi per bambini.

PRIZZI

RISTORANTI

Ristorante Tre Torri
Contrada Santa Barbara
Tel. 0918346086.
Chiusura: lunedì.
Situato in aperta campagna, il ristorante offre ogni fine settimana musica dal vivo.

ROCCAMENA

CANTINE

Azienda Agricola Tamburello
Contrada Pietra Agnella
90040 - Roccamena (PA)
Tel. 0918465272.
Vini prodotti: Dagala Bianco, Dagala Rosso.

SAN CIPIRELLO

CANTINE

Cantina Sociale dell'Alto Belice
Via Enrico Berlinguer, 2
90040 - San Cipirello (PA)
Tel. 0918573558.
Fax 0918579905.
Vini prodotti: Sole del Belice Rosso e Rosato, Tre Feudi Nero d'Avola.
Casa Vinicola

Calatrasi
Contrada Piano Piraino
90040 - San Cipirello (PA)
Tel. 0918576767.
Fax 0918576041.
Vini prodotti: Allora Primitivo, D'Istinto Catarratto, D'Istinto Magnifico Rosso, D'Istinto Syrah, Terre di Ginestra Bianco, Terre di Ginestra Rosso.

MUSEI

Antiquarium Jetino
Via Roma, 320
Orari: mattino 9-13 (domenica 9-12); pomeriggio, martedì, mercoledì, giovedì e sabato 15-19 (16-20 orario estivo).
Tel. Comune: 0918572104.
Info: 0918573083.
Ingresso: libero.
Il museo conserva reperti archeologici del VI-II secolo a.C. rinvenuti durante gli scavi sul monte Jato. Da segnalare statue in calcare, vasellame, lucerne e monete greco-romane. L'area archeologica del monte Jato è una delle più belle e misteriose della regione. Splendido è il Tempio di Afrodite.

SANTA FLAVIA

ALBERGHI

Hotel Zagarella Sea Palace*
Strada Statale 113, 77
90017 - Santa Flavia (PA)
Tel. 091903077.

RISTORANTI

Ristorante La Grotta
Via Duca delle Grazie, 11
Tel. 091903213.
Chiusura: giovedì.
Rinomato ristorante dall'ambiente classico.

MUSEI

Antiquarium di Solunto
Via Collegio Romano
Orari: 9-16.30 da lunedì a sabato, 9-13 domenica e festivi (inverno); 9-19.30 da lunedì a sabato, 9-14 domenica (estate).
Tel. Comune: 091904042.
Info: 091904557.
Ingresso: 2,00 euro intero.
Nell'Antiquarium sono conservati i reperti provenienti dagli scavi effettuati nell'insediamento che risale al IV secolo a.C.

TERMINI IMERESE

ALBERGHI

Hotel Polis Himera**
Strada Statale 113
90018 - Termini Imerese (PA)
Tel. 0918140566.

MUSEI

Antiquarium di Himera
Località Buonfornello - Strada Statale 113
Orari: 9-19 da lunedì a sabato, 9-13 domenica.
Tel. Comune: 0918128258.
Info: 0918140128.
Ingresso: 2,00 euro intero.
L'Antiquarium si trova all'interno dell'area archeologica di Himera. Sono esposti reperti provenienti anche da altre zone. Ad Himera, di particolare importanza è il Tempio della Vittoria, in ricordo di una battaglia combattuta contro i cartaginesi nel 480 a.C.

TERRASINI

ALBERGHI

Hotel Cala Rossa*
Contrada Calarossa
90049 - Terrasini (PA)
Tel. 0918685153.
Hotel Perla Del Golfo*
Contrada Paterna Km. 300
90049 - Terrasini (PA)
Tel. 0918695058.
Hotel Villaggio Città del Mare*
Strada Statale 113, Km. 301.100
90049 - Terrasini (PA)
Tel. 0918687111.

TRABIA

ALBERGHI

Albergo Hotel Torre Artale*
Contrada Sant' Onofrio, 1
90019 - Trabia (PA)
Tel. 0918100111.
Tonnara di Trabia*
Contrada Tonnara
90019 - Trabia (PA)
Tel. 0918147976.

USTICA

ALBERGHI

Hotel Grotta Azzurra**
Via Cristoforo Colombo
90010 - Ustica (PA)
Tel. 0918449048.
Hotel Villaggio Punta Spalmatore*
Contrada Spalmatore
90010 - Ustica (PA)
Tel. 0918449388.

VALLEDOLMO

CANTINE

Conte Tasca d'Almerita
Contrada Regaleali
90029 - Valledolmo (PA)
Tel. 0921544011.
Fax 0921542783.
Vini prodotti: Cabernet Sauvignon di Sicilia, Chardonnay di Sicilia, Nozze d'Oro Bianco di Sicilia, Regaleali Bianco di Sicilia, Regaleali Rosato di Sicilia, Regaleali Rosso di Sicilia, Rosso del Conte di Sicilia, Spumante Almerita Brut Millesimato.

PROVINCIA DI AGRIGENTO

AGRIGENTO

ALBERGHI

Scorcio di Termini Imerese.

VEDI MANGI E DORMI

Albergo Foresteria Baglio Della Luna****
Contrada Maddalusa
92100 - Agrigento (AG)
Tel. 0922511061.

Albergo Hotel Akrabello***
Via Parco Degli Angeli
92100 - Agrigento (AG)
Tel. 0922606277.

Albergo Hotel Costazzurra***
Via delle Viole, 4
92100 - Agrigento (AG)
Tel. 0922414040.

Albergo Hotel Del Viale***
Piazza Cavour
92100 - Agrigento (AG)
Tel. 092220063.

Albergo Hotel Della Valle****
Via dei Templi
92100 - Agrigento (AG)
Tel. 092226966.

Hotel Kaos****
(Località Villaseta)
Villaggio Pirandello, 21
92100 - Agrigento (AG)
Tel. 0922598622.

Albergo Villa Athena****
Via dei Templi, 33
92100 - Agrigento (AG)
Tel. 0922596288.

Colleverde Park Hotel****
Via dei Templi, 21
92100 - Agrigento (AG)
Tel. 092229555.

Grand Hotel Dei Templi****
Via Parco Degli Angeli, 1
92100 - Agrigento (AG)
Tel. 0922606144.

Grand Hotel Mosè Albergo***
Viale Leonardo Sciascia, 2
92100 - Agrigento (AG)
Tel. 0922608388.

Hotel Pirandello***
Via Giovanni XXIII, 3

Agrigento, la Valle dei Templi.

92100 - Agrigento (AG)
Tel. 0922595666.

Hotel Pirandello Mare***
Via Giorgio De Chirico, 17
92100 - Agrigento (AG)
Tel. 0922412333.

Hotel Tre Torri***
Villaggio Mosè - Viale Cannatello, 7
92100 - Agrigento (AG)
Tel. 0922606733.

Hotel Villa Eos***
(Località Villaseta)
Villaggio Pirandello, 87
92100 - Agrigento (AG)
Tel. 0922597170.

RISTORANTI

Ristorante Il Rustichello
Contrada Pezzino
Tel. e Fax 0922595255.
Chiusura: lunedì.
Ristorante che si sviluppa all'interno di un vecchio casale di campagna, nei pressi della Valle dei Templi.

Ristorante Vulcano
Contrada Sant'Anna, Strada Statale 115
Tel. 0922597592.
Chiusura: lunedì.
Ristorante dal taglio rustico, con forti richiami alla tradizione siciliana, immerso nel verde, nelle vicinanze del Tempio di Vulcano.

MUSEI

Casa Museo "Luigi Pirandello"
Località Villaseta - Contrada Caos, Strada Statale 115
Orari: 9-13 e 14-19.30.
Tel. Comune: 0922590111.
Info: 092221837.
Ingresso: 2,00 euro intero per la Casa Museo, libero per la biblioteca.
Si tratta della casa natale di Luigi Pirandello. Conserva fotografie, le prime edizioni dei libri dell'autore e le locandine delle rappresentazioni delle sue opere. Possibilità anche di effettuare la Passeggiata al Pino, sotto il quale il drammaturgo cercava ispirazione. In una diversa sede (Via Imera, 50), è possibile visitare la Biblioteca.

Museo Archeologico Regionale
Contrada S. Nicola
Orari: da ottobre a luglio, 9-13 lunedì e domenica, 9-13 e 14-17.30 da martedì a sabato. Agosto e settembre, 9-19.
Tel. Comune: 0922590111.
Info: 0922401565.
Ingresso: 4,50 euro intero. 6,00 euro cumulativo con la Valle dei Templi.
Dalla Contrada S. Nicola si può avere una splendida vista panoramica sulla Collina dei Templi. Il museo, la cui idea nasce nel 1864 per iniziativa dell'erudito agrigentino Giuseppe Picone, racconta per sezioni la storia antica della città e del territorio circostante.

Museo Civico di Santo Spirito (sezione demo-etno-antropologica)
Via Santo Spirito
Orari: 9-13 e 15-18 dal lunedì al venerdì, 9-13 sabato. Chiuso la domenica.
Tel. Comune: 0922590111.
Info: 0922590371.
Ingresso: 1,60 euro intero.
Il museo raccoglie oggetti di vita contadina e una serie di dipinti del pittore palermitano Francesco Lojacono, molti dei quali rappresentano vedute della Valle dei Templi.

Antiquarium di Agrigento Paleocristiana "Casa Pace"
Valle dei Templi - Via Sacra
Orari: 8.30-17.30 inverno, 8.30-19 estate.
Tel. Comune: 0922590111.
Info: 0922497111-092226436.
Ingresso: 2,00 euro intero, cumulativo con Villa Aurea. 5,00 euro cumulativo con la Collina dei Templi. 6,00 euro cumulativo con il Museo Archeologico. Frammenti architettonici e anche un sarcofago. Presso

"Casa Pace" trovano posto testimonianze paleocristiane, provenienti da scavi effettuati in Agrigento e nel territorio circostante.

Antiquarium Multimediale della Valle dei Templi
Valle dei Templi
Orari: 8.30-19 estate, 8.30-17.30 inverno.
Tel. Comune: 0922590111.
Info: 0922497111-092226436.
Ingresso: 2,00 euro intero, cumulativo con Villa Aurea. 5,00 euro cumulativo con la Collina dei Templi. 6,00 euro cumulativo con il Museo Archeologico.
Villa Aurea si trova all'interno del percorso della Collina dei Templi. Ospita un antiquarium multimediale con testimonianze dell'antica Agrigento.

Collina dei Templi e Quartiere ellenistico-romano
Valle dei Templi
Orari: 8.30-19 estate, 8.30-17.30 inverno.
Tel. Comune: 0922590111.
Info: 0922497111-092226436.
Ingresso: 4,50 euro intero. 5,00 euro cumulativo con Casa Pace e Villa Aurea. 6,00 euro cumulativo con il Museo Archeologico. Tempio della Concordia, Tempio di Ercole, Tempio di Giunone, Tempio di Giove, Tempio dei Dioscuri e molto altro. Emozioni irripetibili, in uno degli angoli più suggestivi del mondo. Da visitare anche il Quartiere ellenistico-romano, con abitazioni dal IV secolo a.C. al V secolo d.C.

CALTABELLOTTA

🍽 RISTORANTI

Ristorante Villa Venere
Contrada Cristarella
Tel. 0925951915.
Chiusura: martedì.
Ristorante a conduzione familiare che, in estate, offre la possibilità di mangiare tra gli ulivi da cui è ricavato l'olio che viene servito.

CAMMARATA

🍽 RISTORANTI

Ristorante La Rustica
Contrada S. Onofrio
Tel. 0922900148.
Chiusura: giovedì.
Ristorante con annessa pizzeria, immerso nel verde della campagna.

CAMPOBELLO DI LICATA

🍷 CANTINE

Azienda Agricola Giuseppe Milazzo
Strada Statale 123, Km 12.700
92023 - Campobello di Licata (AG)
Tel. 0922878207.
Fax 0922879796.
La cantina è aperta solo per la degustazione, ma non per la vendita ai privati.
Vini prodotti: Bianco di Nera, Duca di Montalbo, Maria Costanza Bianco, Maria Costanza Rosso, Maria Costanza Selezione di Famiglia, Terre della Baronia Bianco, Terre della Baronia Rosso.

CANICATTÌ

🏨 ALBERGHI

Hotel Collina del Faro***
Via Lamarmora, 34
92024 - Canicattì (AG)
Tel. 0922853062.

🍽 RISTORANTI

Ristorante Manila
Contrada Madonna dell'Aiuto
Tel. e Fax 0922859815.
Chiusura: no.
Ristorante di collina immerso nel verde. Il sabato si cena con la musica dal vivo.

Ristorante Stella d'Oro
Via Ippolito Capitano, 5
Tel. 0922853483.
Chiusura: sabato.
Il ristorante si trova all'interno di un palazzo dell'inizio del Novecento, arredato con pezzi d'antiquariato.

CATTOLICA ERACLEA

🏛 MUSEI

Zona archeologica e Antiquarium
Frazione Eraclea Minoa
Orari: 9-17 inverno, 9-19 estate.
Tel. Comune: 0922840111.
Info: 0922846005.
Ingresso: 2,00 euro intero.
Splendida zona archeologica, all'interno della quale si trova un piccolo Antiquarium con vasi e utensili e frammenti vari.

CIANCIANA

🍷 CANTINE

Cantina Carubia
Via Mascagni, 6
92012 - Cianciana (AG)
Tel. 0922987649.
Fax 0922987144.
Vini prodotti: Platani Bianco e Platani Rosso.

GROTTE

🍷 CANTINE

Cantine Morgante
Contrada Racalmare
92020 - Grotte (AG)
Tel. e Fax 0922945579.
Vini prodotti: Don Antonio Rosso Sicilia, Morgante Rosso Sicilia.

LAMPEDUSA E LINOSA

🏨 ALBERGHI

Albergo Alba d'Amore***
Contrada Guitgia
92010 - Lampedusa e Linosa (AG)
Tel. 0922970272.
Grand Hotel del

Le rovine del Teatro Romano a Cattolica Eraclea.

Sole***
Contrada Guitgia
92010 - Lampedusa e Linosa (AG)
Tel. 0922971910.

Hotel Baia Turchese***
Via Baia Turchese
92010 - Lampedusa e Linosa (AG)
Tel. 0922970455.

Hotel Guitgia Tommasino***
Via Lido Azzurro, 13
92010 - Lampedusa e Linosa (AG)
Tel. 0922970879.

Hotel Le Pelagie***
Via Bonfiglio, 9
92010 - Lampedusa e Linosa (AG)
Tel. 0922970211.

Hotel Martello***
Contrada Guitgia
92010 - Lampedusa e Linosa (AG)
Tel. 0922970025.

Hotel Medusa***
Via Rialto Medusa, 8
92010 - Lampedusa e Linosa (AG)
Tel. 0922970126.

Hotel Royal***
Via Maccaferri
92010 - Lampedusa e Linosa (AG)
Tel. 0922970123.

Hotel Sirio***
Via A. Da Messina, 5
92010 - Lampedusa e Linosa (AG)
Tel. 0922970401.

LICATA

🏨 ALBERGHI

Hotel Al Faro***
Via Dogana, 6
92027 - Licata (AG)
Tel. 0922775503.

Hotel Piccadilly***
Contrada Cannavecchia
92027 - Licata (AG)
Tel. 0922893626.

🍴 RISTORANTI

Ristorante La Pergola
Via Palma, 171
Tel. 0922893991.
Chiusura: martedì.
Ristorante che propone una cucina curata in un ambiente caldo e accogliente.

🏛 MUSEI

Museo Archeologico della Badia
Via Dante
Orari: 9-13.30 e 16-19.30 dal lunedì al sabato. Chiuso la domenica e i festivi.
Tel. Comune: 0922868111.
Info: 0922772602.
Ingresso: libero.
I più antichi reperti archeologici di questo museo risalgono addirittura al V millennio a.C. Si possono inoltre ammirare alcune tele, tra cui una Madonna del Soccorso firmata da Domenico Gagini (1470).

LUCCA SICULA

🌿 FRANTOI

Frantoio Olea
Via Buonconsiglio, 6
92010 - Lucca Sicula (AG)
Tel. 092560716.
Fax 0925556006.
Giovanissima quest'azienda, nata per la valorizzazione dei prodotti tipici di Lucca Sicula e dell'Agrigentino. L'olio extravergine occupa un

Una suggestiva veduta di Linosa.

posto importante, con la produzione della selezione Colli Sicani. L'azienda è aperta sempre il mattino dalle 9 alle 13. Nel pomeriggio, 15-20 in inverno, 17-20 in estate. Telefonare comunque in precedenza per concordare la visita.

MENFI

🍷 CANTINE

Azienda Agricola Baglio San Vincenzo
Contrada San Vincenzo
92013 - Menfi (AG)
Cell. 3392426103.
Vini prodotti: Don Neli Bianco, Don Neli Rosso, Terre dell'Istrice Rosso.

Cantine Settesoli
Strada Statale 115
92013 - Menfi (AG)
Tel. 092577111.
Fax 092577142.
Vini prodotti: Mandrarossa Cabernet Sauvignon Sicilia, Mandrarossa Chardonnay Sicilia, Mandrarossa Grecanico Sicilia, Mandrarossa Merlot Sicilia, Mandrarossa Nero d'Avola Sicilia, Mandrarossa Rosso Bendicò, Mandrarossa Vendemmia Tardiva.

NARO

🌿 FRANTOI

Frantoio Val Paradiso
Frazione Camastra - Strada Statale 410, km 19
92028 - Naro (AG)
Tel. 0922419555.
Fax 0922421114.
In questa azienda, situata a 320 metri, si coltivano olive di varietà nocellara del Belice, biancolilla e cerasuola. Si produce l'Extravergine Val Paradiso (da agricoltura biologica), conservato e imbottigliato in azienda, con metodi moderni, ma sempre rispettosi della tradizione. Telefonare per fissare un appuntamento.

PORTO EMPEDOCLE

🏨 ALBERGHI

Hotel dei Pini***
Contrada S. Calogero (Strada Statale)
92014 - Porto Empedocle (AG)
Tel. 0922634844.

Hotel Tiziana Residence***
Contrada Durrueli (Strada Statale 115)
92014 - Porto Empedocle (AG)
Tel. 0922637202.

🍴 RISTORANTI

Ristorante Gambero Rosso
Via XXIV Maggio, 1
Tel. 0922636617.
Chiusura: martedì.

Storico ristorante della città, il primo nato nel dopoguerra a Porto Empedocle.

RACALMUTO

RISTORANTI

Ristorante Alla Vecchia Maniera
Contrada Bovo
Tel. 0922941450.
Chiusura: martedì.
Accogliente ristorante che propone il meglio della cucina tradizionale siciliana.

Ristorante Vecchia Nina
Contrada Vecchia Nina
Tel. 0922945481.
Chiusura: no.
Immerso nel verde della campagna, il ristorante propone anche serate danzanti, con musica dal vivo.

RIBERA

ALBERGHI

Hotel Miravalle***
Via Circonvallazione, 2
92016 - Ribera (AG)
Tel. 092561383.

RISTORANTI

Ristorante La Fattoria
Contrada Camemi

Il celebre carnevale di Sciacca.

Superiore, 1
Tel. 092569111.
Chiusura: lunedì.
Elegante ristorante, con annessa pizzeria.

SAMBUCA DI SICILIA

CANTINE

Cantina Monte Olimpo
Via Fratelli Cervi, 10
92017 - Sambuca di Sicilia (AG)
Tel. e Fax 0925942552.
Vini prodotti: Monte Olimpo Bianco, Monte Olimpo Rosso.

Cantina Sociale Cellaro
Strada Statale 188
92017 - Sambuca di Sicilia (AG)
Tel. 0925941230.
Fax 0925942944.
Vini prodotti: Cellaro Bianco, Cellaro Rosato, Cellaro Rosso (vino da tavola).

MUSEI

Zona Archeologica di Monte Adranone
Località Monte Adranone
Orari: 9-19.
Tel. Comune: 0925940202.
Info: 0925946083.
Ingresso: libero.
Importante zona archeologica situata a circa 7 km da Sambuca di Sicilia. Gli scavi hanno fatto riemergere i resti di una città greca fondata da coloni selinuntini attorno al VI a.C., e poi distrutta, probabilmente durante la Prima Guerra Punica (250 a.C. circa).

Suggestiva anche l'adiacente necropoli.

SANTA MARGHERITA DI BELICE

AGRITURISMI

Agriturismo La Montagnola
Contrada Gorghi-Montagnola
92018 - Santa Margherita di Belice (AG)
Tel. 092532021-091306766.
Fax 0916260454.
L'agriturismo si trova a 50 km da Segesta, a 35 km da Selinunte e a 18 km dal mare, all'interno di un bosco di ulivi. In più, a poca distanza, è possibile visitare gli scavi archeologici di Monte Adranone (con l'adiacente necropoli). Aperto tutto l'anno su prenotazione. Tra i piatti tipici, caratteristico è il "casatiello", pane farcito con olive, affettati e formaggio, secondo un'antica ricetta di origine borbonica. Vengono allevati cinghiali, cavalli, mucche e maiali, mentre, all'interno di una zona recintata, si possono trovare daini, capre girgentane, pavoni e altri animali da cortile. Vendita diretta di olio e marmellate.

SCIACCA

ALBERGHI

Grand Hotel delle Terme****

Viale delle Terme, 1
92019 - Sciacca (AG)
Tel. 092523133.

Hotel Alicudi***
Contrada Sovareto
92019 - Sciacca (AG)
Tel. 0925994000.

Hotel Cala Regina***
Contrada Sovareto
92019 - Sciacca (AG)
Tel. 0925992161.

Hotel Lipari***
Contrada Sovareto
92019 - Sciacca (AG)
Tel. 0925994024.

Hotel Torre Del Barone***
Contrada Sovareto
92019 - Sciacca (AG)
Tel. 0925992159.

Hotel Villa Palocla ****
Contrada Raganella
92019 - Sciacca (AG)
Tel. 0925902812.

RISTORANTI

Ristorante Pantagruel
Via Basilicata, 5
Tel. 0925994033.
Chiusura: lunedì.
Ristorante a conduzione familiare che si propone con una cucina che attinge sapientemente dalla tradizione locale.

Ristorante Vecchia Bussola
Via dei Coralli, 2
Tel. 0925991014.
Chiusura: mercoledì.
Ristorante dal taglio moderno e dalla cucina ricercata.

FRANTOI

Cooperativa Agricola La Madre Terra
Via Lioni
92019 - Sciacca (AG)
Tel. 092525701-

092582830.
Fax 092525701.
Cooperativa
(attualmente conta circa
1.000 soci) nata nel
1944 con l'acquisizione
di terreni incolti del
latifondo siciliano. Oggi
è il tempio
dell'Extravergine Madre
Terra, veramente ottimo,
sia crudo sia cotto, su
un'infinita varietà di
pietanze. Orari: 9-13 e
16-19.30, con chiusura
il sabato pomeriggio e
la domenica.

🏛 MUSEI

Antiquarium di Monte Kronio
Località Monte Kronio
(Krone)
Orari: 9-13.30 e 14.30-19.30 dal lunedì al sabato, 9-13.30 domenica. Nel periodo estivo chiuso nelle ore pomeridiane.
Tel. Comune: 092520111.
Info: 092528989.
Ingresso: libero.
L'Antiquarium di Monte Kronio conserva reperti archeologici dal neolitico al periodo greco. Il tutto spiegato tramite pannelli didattici.

Casa Museo "F. Scaglione"
Piazza Don Minzoni, 1
Orari: 9-13 e 15-19.
Tel. Comune: 092520111.
Info: 092583089.
Ingresso: libero.
Il museo, collocato presso Palazzo Scaglione, conserva dipinti, sculture, ceramiche, materiale archeologico e numismatico. Da segnalare una croce in avorio risalente al Settecento.

SICULIANA

🏨 ALBERGHI

Hotel Villa Sikania Park*
Strada Statale 115, Km 169.300
92010 - Siculiana (AG)
Tel. 0922817818.

PROVINCIA DI CALTANISSETTA

ACQUAVIVA PLATANI

🍽 RISTORANTI

Ristorante Casa Bianca
Contrada Immacolata
Tel. 0934953074.
Chiusura: martedì.
Ristorante dal taglio rustico, che propone una cucina tradizionale curata nei dettagli.

BUTERA

🏨 ALBERGHI

Hotel Stella del Mediterraneo*
Strada Statale 115
Falconara Sicula
93011 - Butera (CL)
Tel. 0934349004.

🍷 CANTINE

Cantina Feudo Principi di Butera
Contrada Deliella
93011 - Butera (CL)
Tel. 0934347726.
Vini prodotti: Cabernet Sauvignon, Chardonnay, Merlot, Deliella Nero d'Avola Sicilia.

CALTANISSETTA

🍽 RISTORANTI

Ristorante L'Archetto
Via Nicolò Palmieri, 10
Tel. 093422582.
Chiusura: martedì.
Il ristorante è all'interno di un rustico e propone una cucina tradizionale.

Ristorante Vicolo Duomo
Piazza G. Garibaldi, 3
Tel. 0934582331.
Chiusura: domenica, lunedì a pranzo.
Il ristorante si trova nei pressi della Cattedrale, ed è ricavato in una vecchia costruzione.

🐎 AGRITURISMI

Azienda Agrituristica Fagaria
Contrada Fagaria
93018 - Caltanissetta (CL)
Tel. 0934672628.
Agriturismo che non offre servizio di pernottamento, ma che può essere considerato una piccola culla della cucina locale e dei prodotti della terra sicula. Si possono acquistare pane casereccio, vino, olio, conserve, marmellate, miele e, a seconda delle stagioni, mele, pere e uva.
Il ristorante (obbligatorio prenotare, costo medio, bevande incluse, 18 euro), offre, tra le altre specialità, pasta alla crema di peperoni e pasta con la zucca. L'azienda è chiusa nel mese di ottobre.

Acquaviva Platani, la chiesa della Madonna delle Grazie.

🍷 CANTINE

Di Caro Giuseppe
Contrada Pagliara
93100 - Caltanissetta (CL)
Tel. e Fax 0934560075.
La cantina produce vini da tavola.

✳ FRANTOI

Frantoio Michela Polizzi
Via Salvatore Averna (zona industriale)
93100 - Caltanissetta (CL)
Tel. e Fax 093422400.
La passione per l'olivicoltura accompagna da decenni il lavoro dei componenti della famiglia Polizzi. Si segnala la produzione dell'Extravergine Polizzi, ottenuto da olive nocellara di varietà nostrana, etnea e del Belice. Orari: 9-13 e 16-20, con chiusura domenicale.
Telefonare per fissare un appuntamento.

🏛 MUSEI

Museo Archeologico
Via Napoleone Colajanni, 1
Orari: 9-13 e 15.30-19.

Chiuso l'ultimo lunedì del mese.
Tel. Comune: 093474111.
Info: 093425936.
Ingresso: 2,00 euro intero.
Il museo ricostruisce la storia di alcuni siti antichi del territorio di Caltanissetta e zone limitrofe. Da segnalare il sito di Dessueri, nel territorio di Mazzarino, con i resti di un complesso abitativo risalente al XI-X secolo a.C. e con la sua necropoli (oltre 3.000 sono le tombe). Si tratta inoltre dei siti indigeni di Gibil Gabib e Sabucina, posti su alture a controllo del fiume Salso.

Museo d'Arte Sacra
Viale Regina Margherita, 29
Orari: 9-12 e 16-19. Chiuso il mercoledì.
Tel. Comune: 093474111.
Info: 093423014.
Ingresso: libero.
Il museo conserva opere sacre: quadri del XVII-XVIII secolo, argenterie, vasi sacri e paramenti. Da segnalare una copia dello Spasimo di Raffaello.

Museo Mineralogico e Paleontologico della Zolfara
Viale della Regione, 71
Orari: 9-13 e 16-20 dal lunedì al sabato. Domenica e festivi apre su richiesta.
Tel. Comune: 093474111.
Info: 0934591280.
Ingresso: 1,00 euro intero.
Il museo espone minerali, fossili, nonché varie attrezzature utilizzate nelle miniere. Di rilievo una collezione di zolfi e una raccolta di carte geologiche della Sicilia.

Antiquarium Iconografico di Sabucina
Località Sabucina
Orari: 9-13 e 15.30-19.
Tel. Comune: 093474111.
Info: 0934566982.
Ingresso: 2,00 euro intero.
Vengono conservate e spiegate le planimetrie relative ai vari settori dell'antico abitato di Sabucina, lungo un periodo che va dall'età del bronzo al V secolo a.C.
Il tutto arricchito da un gran numero di reperti archeologici rinvenuti sul territorio.

GELA

CANTINE

Società Vinicola Siciliana
Contrada Brucazzi
93012 - Gela (CL)
Tel. 0933914249.

MUSEI

Antiquarium Iconografico e Mura Timoleontee di Capo Soprano
Località Capo Soprano - Viale Indipendenza
Orari: 9-18.30.
Tel. Comune: 0933906211.
Info: 0933930975.
Ingresso: 3,00 euro intero, cumulativo con il museo archeologico.
Sono esposte piante topografiche e fotografie delle mura risalenti al IV secolo a.C.; sono custodite anche immagini di reperti provenienti da scavi effettuati nelle aree circostanti.

Museo Archeologico Regionale
Corso Vittorio Emanuele, 1
Orari: inverno, 9-13 e 15-18.30, chiuso l'ultimo lunedì del mese. Estate, 9-13.30 e 14-19.
Tel. Comune: 0933906211.
Info: 0933912626.
Ingresso: 3,00 euro intero, cumulativo con i siti archeologici di Bosco Littorio, Castelluccio e Capo Soprano.
Il museo sorge nei pressi dell'Acropoli e "racconta" la storia di Gela e del suo territorio nell'antichità. Tra i vari reperti, è sicuramente molto interessante la collezione "Navarra", con materiale archeologico proveniente dalle vicine necropoli.

MARIANOPOLI

MUSEI

Museo Archeologico
Piazza Garibaldi, 1
Orari: 9-13 e 15.30-19.
Tel. Comune: 0934674702.
Info: 0934674357.
Ingresso: 2,00 euro intero.
Nel museo sono conservati vari reperti rinvenuti nei siti di Balate-Valle Oscura e di Monte Castellazzo. Esposto, tra le altre cose, un corredo funebre.

Museo Etnografico della Civiltà Contadina
Viale della Regione
Orari: 9-13 e 15-19 dal martedì al sabato, 9-13 la domenica. Chiuso il lunedì.
Tel. Comune: 0934674702.
Info: 0934674036.
Ingresso: libero.
Cerealicoltura, panificazione, pastorizia, caseificazione, olivicoltura e viticoltura. In questo museo sono esposti attrezzi e utensili vari e illustrati i più tradizionali cicli produttivi.

MUSSOMELI

RISTORANTI

Ristorante al Castello Spoto
Viale del Castello, 81
Tel. 0934951058.
Chiusura: lunedì.
Il ristorante si trova all'interno del Castello

Piazza Umberto I a Gela.

Manfredonico ed è gestito dalla stessa famiglia dal 1911.

NISCEMI

RISTORANTI

Amato La Posada
Via Giuseppe Garibaldi, 90
Tel. 0933951228.
Chiusura: venerdì.
Ambiente rustico, piccolo, familiare, dove si assaggia una cucina che esalta i sapori locali.

MUSEI

Museo della Civiltà Contadina "A. Marsiano"
Via Mazzini, 78
Orari: 9-13 e 16-18.
Chiuso il lunedì.
Tel. Comune: 0933881111.
Info: 0933951722.
Ingresso: libero.
Questo museo, privato e gestito dai Lions di Niscemi, propone l'antico mondo contadino e le sue attività tramite l'esposizione di attrezzi, dipinti e la ricostruzione di ambienti domestici e artigianali.

RESUTTANO

AGRITURISMI

Agriturismo Feudo Tudia
Contrada Tudia
93010 - Resuttano (CL)
Tel. 0934673029.
"Feudo Tudia" è una bellissima oasi verde nel cuore della Sicilia. Gli appartamenti dove soggiornare uniscono stile e tranquillità.
Produzione e vendita di vino e olio biologico. Il ristorante è specializzato in antipasti rustici e carne alla brace. Nel parco circostante è possibile effettuare escursioni a piedi o in bicicletta, oppure rilassarsi con un tuffo in piscina.

RIESI

CANTINE

Cantina Sociale La Vite
Contrada Le Schette
93016 - Riesi (CL)
Tel. 0934929308.

SAN CATALDO

RISTORANTI

Ristorante La Roccia
Contrada Raffondo Decano
Tel. 0934586900.
Chiusura: lunedì.
Il ristorante propone, sabato e domenica, musica dal vivo.

SANTA CATERINA VILLARMOSA

AGRITURISMI

Azienda Agrituristica al Castello del Piraino
Contrada Piraino
93018 - Santa Caterina Villarmosa (CL)
Tel. 0934671699.
Cell. 3338521255.
L'azienda è a 500 metri dal centro abitato di Santa Caterina Villarmosa, vicino ad un bosco, ideale per passeggiare nel verde.

San Cataldo in un'antica cartolina.

Produzione e vendita di olio, miele e ortaggi. Il ristorante offre piatti tipici siciliani tra cui il cinghiale alle olive e la pasta con il "macco" (impasto di fave). Necessaria la prenotazione.

SERRADIFALCO

RISTORANTI

Osteria 2000
Vicolo Crinò, 15
Tel. 0934930938.
Chiusura: lunedì.
Tipica osteria dal taglio rustico, che propone una cucina semplice e verace.

CANTINE

Aziende Agricole Le Botti di Antistene
Contrada Grottarossa
93010 - Serradifalco (CL)
Tel. 0934939007.
Fax 0934939000.
Vini prodotti: Sympòsio Bianco Sicilia, Sympòsio Rosso Sicilia.

SOMMATINO

RISTORANTI

La Pirrera
Via Venezia, 30
Tel. 0922872082.
Chiusura: lunedì.
Il ristorante è incastonato nello splendido scenario delle miniere di zolfo locali.

PROVINCIA DI CATANIA

ACI CASTELLO

ALBERGHI

Albergo I Faraglioni***
Lungomare Aci Trezza
95021 - Aci Castello (CT)
Tel. 095276744.

Albergo I Malavoglia***
Via Provinciale (Aci Trezza), 1/A
95021 - Aci Castello (CT)
Tel. 095276711.

Grand Hotel Baia Verde****
Cannizzaro - Via Angelo Musco, 8/10
95021 - Aci Castello (CT)
Tel. 095491522.

Hotel Eden Riviera***
Via Litteri, 57
95021 - Aci Castello (CT)
Tel. 095277760.

Hotel Lachea***
Aci Trezza - Via Dusmet, 4
95021 - Aci Castello (CT)
Tel. 095276784.

Hotel Sheraton****
Cannizzaro - Via Antonello Da Messina, 45
95021 - Aci Castello (CT)
Tel. 095271557.

President Park Hotel****
Via Litteri, 88
95021 - Aci Castello

(CT)
Tel. 0957116111.

🍴 RISTORANTI

Ristorante Alioto
Via Mollica, 24/26
Tel. 095494444.
Fax 095492209.
Chiusura: martedì.
Il ristorante si affaccia
sul mare e offre la
possibilità di mangiare
in veranda.

**Ristorante La
Scogliera**
Via Musco Angelo, 13
Tel. 095494634.
Fax 095491695.
Chiusura: lunedì.
A 7 km da Catania, il
ristorante si presenta
con una splendida
terrazza che si affaccia
sul mare a cui si accede
attraversando l'ala
interna, elegantemente
arredata con pezzi
d'antiquariato siciliano.

**Trattoria Giovanni
Verga**
Aci Trezza - Via
Provinciale, 119
Tel. 095276342.
Chiusura: giovedì.
Nel locale è stato girato,
nel 1948, il film "La
terra trema" di Visconti,
tratto dal romanzo di
Verga. È frequentato da
personaggi di spicco del
mondo dello spettacolo.

Il castello
della Solicchiata
ad Adrano.

🏛 MUSEI

Museo Civico
Piazza Castello
Orari: 9-13 e 15-17
(inverno); 9-13 e 16-20
(estate).
Tel. Comune:
0957371111.
Info: 0957373415-
095271026.
Ingresso: 1,00 euro
intero.
Il museo, con sezioni
archeologica,
mineralogica e
paleontologica, è
ospitato all'interno del
Castello Normanno,
costruito nel 1076.
Molto bello anche
l'importante orto
botanico.

ACIREALE

🛏 ALBERGHI

**Albergo
Maugeri****
Piazza Garibaldi, 27
95024 - Acireale (CT)
Tel. 095608666.

**Hotel Aloha
D'Oro****
Viale A. De Gasperi, 10
95024 - Acireale (CT)
Tel. 0957687001.

**Hotel Delle
Terme*****
Viale A. De Gasperi, 29
95024 - Acireale (CT)
Tel. 095604480.

**Hotel La Perla
Ionica*****
Via Gurne, 10
95024 - Acireale (CT)
Tel. 0957661111.

**Hotel Palace Santa
Tecla*****
Via Balestrate, 7
95024 - Acireale (CT)
Tel. 0957634015.

**Hotel Palace
Terme*****
Via delle Terme, 103
95024 - Acireale (CT)
Tel. 095604444.

🍴 RISTORANTI

**La Bettola dei
Marinai**
Santa Tecla - Via
Canale Torto, 34
Tel. 095876352.
Chiusura: martedì.
Ristorante a conduzione
familiare che, già nel
1960, era il punto di
riferimento dei marinai.

L'Oste Scuro
Piazza Vigo Leonardo, 5
Tel. 0957634001.
Chiusura: mercoledì.
Elegante ristorante dal
taglio classico,
frequentato da
personaggi di spicco
della politica e del
mondo dello spettacolo.

ADRANO

🏛 MUSEI

Museo Archeologico
Piazza Umberto I
Orari: 9-13 e 16-19
(estate), 9-13 e 15-18
(inverno). Chiuso la
domenica pomeriggio e
il lunedì.
Tel. Comune:
0957606111.
Info: 0957692660.
Ingresso: libero.
Il Museo di Adrano è
ospitato nel locale
Castello Normanno,
fortezza medievale
situata nella piazza
principale del paese. Le
collezioni archeologiche
comprendono materiali
dall'età neolitica al
periodo
arabo-normanno,
oggetti provenienti sia
da scavi regolari sia
da recuperi occasionali.
Un cenno infine
alle collezioni non
archeologiche (archivio
storico, pinacoteca,
galleria d'arte moderna
e contemporanea,
sezione dedicata
all'artigianato locale).
Di gran pregio alcune
tele attribuibili a pittori
siciliani del Seicento e
del Settecento.

BELPASSO

🍴 RISTORANTI

La Nuova Quercia
Contrada Piano Bottaro
Tel. 095911277.
Chiusura: lunedì.
Il ristorante prende
il nome da una
quercia secolare
che cresceva accanto
alla vecchia baita
sede del ristorante.
Si gustano i piatti
della tradizione
siciliana.

BRONTE

🍴 RISTORANTI

La Cascina
Contrada Cuntarati
Tel. 0957721991.
Chiusura: no.
Ristorante di
campagna, a 3 km da
Bronte, che offre la
possibilità di alloggiare
nell'albergo annesso.

🏛 MUSEI

**Museo dell'Antica
Civiltà Locale**
Contrada Piana
Cuntarati - Via
Schelerò, 31
Orari: 8.30-13 e 15-17.

Necessario, però, telefonare in precedenza.
Tel. Comune: 0957747111.
Info: 095691635.
Ingresso: 2,00 euro intero.
Il museo, presso la Masseria Lombardo, in Contrada Piana Cuntarati, ha sede in una antica cartiera araba, trasformata poi in conceria. Sono esposte testimonianze della civiltà contadina locale.

CALTAGIRONE

ALBERGHI

Grand Hotel Villa San Mauro****
Contrada Portosalvo, 14
95041 - Caltagirone (CT)
Tel. 093326500.

CANTINE

Antica Tenuta del Nanfro Viticoltori Biologici
Contrada Nanfro
95041 - Caltagirone (CT)
Tel. e Fax 093360744.
È un'azienda che produce esclusivamente vini biologici certificati. Vini prodotti: Cerasuolo di Vittoria Nanfro, Cerasuolo di Vittoria Tenuta Nanfro, Nanfro Sicilia Bianco, Tenuta Nanfro Sicilia Bianco, Nero d'Avola Sicilia Igt.

MUSEI

Museo Civico e Pinacoteca "Luigi Sturzo"
Via Roma, 10
Orari: da martedì a sabato 9.30-13.30, domenica 9.30-12.30.
Chiuso il lunedì.
Tel. Comune: 093327811.
Info: 093353809.
Ingresso: 2,00 euro intero.
La pinacoteca raccoglie soprattutto tele di autori siciliani, dal XVI al XX secolo. Espone, infine, una ricca collezione di ceramiche, vanto dell'arte artigiana locale.

Museo Regionale della Ceramica
Via Roma
Orari: 9-18.30.
Tel. Comune: 093327811.
Info: 093321680-093350783.
Ingresso: 2.50 euro intero.
Il museo espone manufatti che ripercorrono l'intera storia di Caltagirone e della Sicilia.

Galleria Civica d'Arte Contemporanea
Via Luigi Sturzo, 167
Orari: 9.30-13.30 dal martedì al sabato, 16-19 martedì, venerdì e sabato, 9.30-12.30 e 16-19 domenica. Chiuso il lunedì.
Tel. Comune: 093327811.
Info: 093321083.
Ingresso: libero.
La galleria ospita opere dell'artista di Caltagirone Gianni Ballarò (ceramiche, disegni, olii). Conserva inoltre una raccolta di ceramiche italiane.

Mostra dei Pupi

Il complesso del Sacro Cuore a Bronte.

Siciliani
Discesa Verdunai, 4
Orari: 10-13 e 15-19.
Chiuso il lunedì.
Tel. Comune: 093327811.
Info: 093354085.
Ingresso: 1,50 euro intero.
Sono esposti circa 70 pupi, testi storici ideati e utilizzati per le rappresentazioni e chiavi di carretto.

CATANIA

ALBERGHI

Albergo Gelso Bianco***
Strada Statale 192, KM 3,800
95100 - Catania (CT)
Tel. 0957181159.

Albergo Jolly Centralino****
Piazza Trento, 1
95129 - Catania (CT)
Tel. 095316933.

Albergo Moderno***
Via Alessi, 9
95124 - Catania (CT)
Tel. 095326250.

Albergo Nettuno***
Viale Ruggero Di Lauria, 121/123
95127 - Catania (CT)
Tel. 0957125252.

Albergo Sigonella***
Motta Sant'Anastasia - Contrada Fontanazza
95040 - Catania (CT)
Tel. 0957130002.

Jolly Hotel Ognina***
Via Messina, 626
95126 - Catania (CT)
Tel. 0957122300.

Palace Hotel Centrale****
Via Etnea, 218
95131 - Catania (CT)
Tel. 095325344.

Villaggio Turistico La Plaia***
Lungomare Kennedy, 47
95121 - Catania (CT)
Tel. 095340880.

RISTORANTI

Al Gabbiano
Via Giordano Bruno, 128
Tel. 095537842.
Chiusura: domenica.
Ristorante a conduzione familiare dal taglio rustico, dove in estate si mangia su un terrazzo gradevolmente abbellito.

Nuovo K2
Via Aci Castello, 2
Tel. 0957121673.
Fax 0957127852.
Chiusura: venerdì.
Il ristorante si trova alla periferia della città, e offre la possibilità di mangiare all'aperto in un ambiente gradevole.

Ristorante Poggio Ducale
Via Paolo Garifami, 5
Tel. 095330016.
Fax 095580103.
Chiusura: domenica sera, lunedì a pranzo.
Semplice e curato, questo ristorante si distingue per la cucina raffinata.

Ristorante Don Saro

Viale della Libertà, 129
Tel. 095539836.
Chiusura: domenica
sera.
Ristorante a conduzione
familiare, che propone
una cucina
genuinamente siciliana.

Ristorante La Siciliana
Viale Marco Polo, 52/A
Tel. 095376400.
Fax 0957221300.
Chiusura: domenica
sera, lunedì.
Ristorante a conduzione
familiare, che dal 1930
propone una cucina
curata nei dettagli.

Trattoria Da Rinaldo
Via Giuseppe Simili, 59
Tel. 095532312.
Chiusura: due settimane
in agosto.
Ristorante a conduzione
familiare da due
generazioni.

MUSEI

Museo Diocesano
Piazza Duomo - Via
Etnea 8
Orari: 9-12.30 e 16-
19.30. Chiuso il lunedì.
Tel. Comune:
0957421111.
Info: 095281635.
Ingresso: 4,20 euro
intero.
Il museo è diviso in due
sezioni: la prima include
gli arredi liturgici della
Cattedrale, la seconda
riguarda altre chiese
della diocesi. Nella
pinacoteca, bellissimi
una "Madonna col
Bambino e
Crocifissione", risalente
al XIV secolo, e la
"Sacra Famiglia"
(1790) di Antonio
Cavallucci.

Casa Museo "Giovanni Verga"
Via Sant'Anna, 8
Orari: 9-14 da martedì
a domenica, 9-14 e 15-
17;45 mercoledì
(inverno); 8.30-14 da
martedì a sabato,
mercoledì anche 14.30-
17 (estate). Chiuso il
lunedì.
Tel. Comune:
0957421111.
Info: 0957150598.
Ingresso: 2,00 euro
intero.
Qui Giovanni Verga
trascorse gli ultimi 20
anni della sua esistenza.
Si possono ancora
ammirare oggetti
appartenuti allo
scrittore. Interessante la
biblioteca con oltre
2.600 volumi.

Museo "Emilio Greco"
Piazza San Francesco
d'Assisi, 3
Orari: 9-13 da lunedì a
domenica, martedì e
giovedì anche 15-18.
Tel. Comune:
0957421111.
Info: 095317654.
Ingresso: libero.
Il museo offre circa 150
incisioni di Emilio
Greco (1913-1995).
Rilevanti i "Commiati".

La chiesa
di San Nicolò
a Catania.

Museo di Sculture in Pietra Lavica "Valenziano Santangelo"
Via Santangelo Fulci,
55/A-B-C
Orari: apre su richiesta.
Tel. Comune:
0957421111.
Info: 0957221642.
Ingresso: libero.
Veramente suggestive le
sculture in pietra lavica
realizzate da Nino
Valenziano Santangelo,
artista catanese,
maestro nel far "vivere"
l'Etna e trasformarlo in
capolavori figurativi.

Museo Civico Belliniano
Piazza San Francesco
d'Assisi, 3
Orari: 9-13 dal lunedì
alla domenica, martedì
e giovedì anche 15-18.
Tel. Comune:
0957421111.
Info: 0957150535.
Ingresso: libero.
Sono conservati, in
questa casa-museo,
spartiti di musicisti
italiani e stranieri dal
Settecento al Novecento,
nonché testimonianze
sulla vita di Vincenzo
Bellini.

Museo Civico di Castello Ursino
Piazza Federico di
Svevia
Orari: 9-13 e 15-18 da
martedì a sabato, 9-13
domenica. Chiuso il
lunedì.
Tel. Comune:
0957421111.
Info: 095345830.
Ingresso: libero.
Il museo espone sculture
risalenti dal periodo
greco a quello barocco.
Si può visitare anche la
pinacoteca, con opere di
Pietro Novelli e del
Beato Angelico.

Museo di Paleontologia
Corso Italia, 55
Orari: 9-13 da lunedì a
venerdì.
Tel. Comune:
0957421111.
Info: 0957195762.
Ingresso: libero.
Il museo, fondato agli
inizi del 1800, espone
fossili rinvenuti sul
territorio siciliano.
Interessante un Elephas
Falconeri (elefante
nano).

GRAVINA DI CATANIA

ALBERGHI

Hotel Sport Rasula Alta★★★
Via Fratelli Bandiera,
81
95030 - Gravina di
Catania (CT)
Tel. 095417023.

LINGUAGLOSSA

CANTINE

Tenuta Scilio di Valle Galfina
Strada Prov. che va da
Linguaglossa a
Zafferana
95014 - Linguaglossa
(CT)
Tel. 095933694.
Vini prodotti: Etna
Bianco Tenuta Scilio,
Etna Rosso Orpheus,
Etna Rosso Tenuta
Scilio.

MUSEI

Museo Etnografico dell'Etna

Piazza Annunziata, 5
Orari: 9-12.30 e 16-19.30 (estate), 9-12.30 e 15.30-19 (inverno), 9.30-12.30 domenica.
Tel. Comune: 0957777111.
Info: 095643094.
Ingresso: 0,60 euro intero per gruppi.
Il museo mette in mostra la flora e la fauna dell'Etna. Da vedere anche una collezione micologica, con i funghi presenti sulle pendici del vulcano catanese.

MASCALI

ALBERGHI

Hotel Atlantis***
Via Spiaggia, 257
95016 - Mascali (CT)
Tel. 0957799844.

MASCALUCIA

FRANTOI

Frantoio Scalia
Via Pulei, 35
95030 - Mascalucia (CT)
Tel. 0957279001.
Fax 095551440.
Posta alle pendici dell'Etna, quest'azienda, vanto dell'intera zona, coltiva esclusivamente olive di varietà nocellara etnea, che vengono molite nel frantoio interno all'azienda stessa per la produzione di due esclusive selezioni di Extravergine: il Primo Fiore e il Borgo San Rocco (biologico). Telefonare per fissare un appuntamento.

MILITELLO IN VAL DI CATANIA

MUSEI

Museo di San Nicolò
Via Umberto I, 67
Orari: 9-13 e 16-19 (inverno); 9-13 e 17-20 (estate). Chiuso il martedì.
Tel. Comune: 0957941111.
Info: 095811251.
Ingresso: 2,07 euro intero.
Il museo mostra opere di arte sacra dei secoli XVII-XIX con qualche "excursus" nei secoli precedenti. Si trova nei sotterranei della chiesa di San Nicolò e San Salvatore.

Tesoro di Santa Maria La Stella
Piazza Santa Maria La Stella
Orari: apre su richiesta.
Tel. Comune: 0957941111.
Info: 095655329.
Ingresso: offerta libera.
Il tesoro è composto per lo più da argenterie del XVI-XVIII secolo e da paramenti sacri. Importanti un dipinto raffigurante San Pietro e le opere di Francesco Laurana.

MILO

CANTINE

Azienda Vitivinicola Barone di Villagrande
Via Del Bosco
95010 - Milo (CT)
Tel. 0957894339.
Cell. 3394497506.
Vini prodotti: Etna

Uno scorcio di Milo.

Bianco Superiore, Etna Grande Superiore Fiore di Villagrande, Etna Rosato, Etna Rosso.

MISTERBIANCO

AGRITURISMI

Agriturismo Alcalà
Contrada Terrebianche - Strada Statale 192, Km 78
95045 - Misterbianco (CT)
Tel. 0957130029.
Cell. 3683469206.
L'azienda si trova 12 km a sud dell'abitato di Misterbianco. Aperta tutto l'anno, tranne da metà luglio a metà agosto. Disponibili alloggi autonomi, attorno ai quali domina il silenzio. Si possono raggiungere Siracusa, Taormina, Piazza Armerina e l'Etna per escursioni naturalistiche e storico-culturali. Per quel che concerne la cucina, assolutamente da gustare la schiacciata con verdure selvatiche e i dolci a base di agrumi.

NICOLOSI

ALBERGHI

Hotel Biancaneve***
Via Nazionale per L'Etna, Km. 16
95030 - Nicolosi (CT)
Tel. 095911176.

Hotel Gemmellaro***
Strada provinciale Nicolosi
95030 - Nicolosi (CT)
Tel. 095911373.

RISTORANTI

Antico Orto dei Limoni
Via Grotte, 4
Tel. 095910808.
Cell. 3470394521.
Fax 09579168324.
Chiusura: martedì.
Il ristorante si trova all'interno di un vecchio edificio, dove una volta si producevano olio e vino. Cucina con forti riferimenti alle tradizioni gastronomiche locali.

Grotta Del Gallo
Via Madonna Delle Grazie, 40
Tel. 095911301.
Chiusura: no.
Ristorante dalla architettura eclettica, che si propone con una sala di stile rustico e un'altra di stile liberty.

PATERNÒ

MUSEI

Castello Normanno
Località Castello
Orari: da martedì a domenica 9.15-12.30; da martedì a venerdì anche 16-18.30.
Tel. Comune: 095841777.
Info: 095621109
Castello-0957970354

Ufficio Turistico.
Ingresso: libero.
Il castello, edificato da
Ruggero di Hauteville
nel 1072, è
splendidamente
conservato e domina la
città di Paternò, da
un'altezza di 34 metri.

RAMACCA

RISTORANTI

**Ristorante Paradiso
Della Zagara**
Piazza Sottotenente Di
Fazio, 8
Tel. e Fax 095653279.
Chiusura: venerdì.
All'ingresso giardino di
agrumi coi quali viene
prodotto, in loco,
Arancello, Limoncello e
Mandarinetto. Annesso
piccolo albergo.

MUSEI

**Museo Civico
Archeologico**
Via Guglielmo Marconi, 2
Orari: aperto 9-12 e 15-
19 inverno; 9-12 e 16-
20 estate.
Tel. Comune:
095653004.
Info: 0957930110.
Ingresso: libero.
Il museo conserva
reperti provenienti dagli
scavi effettuati nella
zona. Presenta inoltre
una raccolta
archeologica.

RANDAZZO

MUSEI

**Museo Archeologico
"Paolo Vagliasindi"**
Via Castello
Orari: estate 9-13 e 15-
19.30, inverno 9-13 e
16-19.
Tel. Comune:
095921028.
Info: 0957990064.
Ingresso: 1,60 euro
intero; 2,60 euro
cumulativo con il Museo
di Scienze Naturali.
Il museo mette in
mostra la collezione
archeologica messa
insieme da Paolo
Vagliasindi, attorno al
1850. Esposto materiale
dal VI al III secolo a.C;
interessanti, tra le altre
cose, sono i reperti
ceramici greci. Di
notevole pregio, infine,
una piccola collezione
di pupi siciliani.

**Museo Civico di
Scienze Naturali**
Via Cesare Beccaria, 1
Orari: estate 9-13 e 15-
19.30, inverno 9-13 e
16-19.
Tel. Comune:
095921028.
Info: 0957990064.
Ingresso: 1,60 euro
intero; 2,60 euro
cumulativo con il museo
Archeologico
"Vagliasindi".
Il museo comprende
sezioni mineralogica
paleontologica e
ornitologica. In mostra
2.500 esemplari di
uccelli, oltre a
conchiglie e minerali.

SAN GIOVANNI LA PUNTA

ALBERGHI

Ares Hotel***
Trappeto - Contrada
Savoca
95030 - San Giovanni
la Punta (CT)
Tel. 0957177373.
Garden Hotel****
Trappeto - Via Madonna
Delle Lacrime, 12/B
95037 - San Giovanni
la Punta (CT)
Tel. 0957177767.
**Hotel Villa Paradiso
dell'Etna******
Via per Viagrande, 37/A
95037 - San Giovanni
la Punta (CT)
Tel. 0957512409.

SANTA VENERINA

CANTINE

**Azienda Scammacca
del Murgo**
Via S. Michele, 13
95010 - Santa Venerina
(CT)
Tel. 095954713.
Vini prodotti: Etna
Bianco Murgo, Etna
Rosso Murgo.

TRECASTAGNI

RISTORANTI

Villa Taverna
Corso Cristoforo
Colombo, 42
Tel. 0957806458.
Chiusura: domenica e
lunedì in estate
Taverna rustica dalla
cucina molto curata,
con riproduzioni dei
vecchi quartieri catanesi
in ogni saletta.

VIAGRANDE

CANTINE

**Azienda Agricola
Benanti**
Via Giuseppe Garibaldi,
475
95029 - Viagrande (CT)
Tel. 0957893533.
Fax 0957893436.
È prevista anche la
degustazione.
Vini prodotti: Edèlmio
Bianco Sicilia, Etna
Bianco di Caselle, Etna
Bianco Superiore
Pietramarina, Etna
Rosso di Verzella, Etna
Rosso Rovittello,
Lamorèmio Rosso
Sicilia.

ZAFFERANA ETNEA

ALBERGHI

Albergo Airone***
Via Cassone, 67
95019 - Zafferana
Etnea (CT)
Tel. 0957081819.
**Hotel Primavera
Dell'Etna*****
Via Cassone, 86
95019 - Zafferana
Etnea (CT)
Tel. 0957082348.

RISTORANTI

Passopomo
Via Passopomo, 47
Tel. 095950297.
Fax 095950298.
Chiusura: no.
Il ristorante si trova
sull'Etna all'interno di
un locale dal taglio
marcatamente rustico e
propone una cucina di
tradizione siciliana.
**Ristorante Parco dei
Principi**

*La Chiesa
di S. Maria
a Randazzo*

Via delle Ginestre, 1
Tel. 0957082335.
Fax 0957081990.
Chiusura: martedì.
Ristorante molto
elegante che si trova
all'interno di una villa
dell'Ottocento immersa
nel verde.

Cantine

Cantina Etna Rocca d'Api
Via Rocca d'Api, 72
95019 - Zafferana
Etnea (CT)
Tel. e Fax 0957082594.
Vini prodotti: Etna
Bianco Castorina, Etna
Rosato Castorina, Etna
Rosso Castorina.

PROVINCIA DI ENNA

AIDONE

Musei

Museo Archeologico
Largo Torres Trupia
Orari: 8-18.30.
Tel. Comune:
093586025.
Info: 093587307.
Ingresso: 3,00 euro
intero.
Il museo è collocato nel
Convento dei
Cappuccini (XVII
secolo). Conserva reperti
archeologici provenienti
da Morgantina.

CALASCIBETTA

Cantine

Vini E Affini
Contrada S. Matteo
(Strada Statale 290)
94010 - Calascibetta
(EN)
Tel. 093533268.
Piccoli produttori di
vino con marchio
Aragonese e Tucano.

CENTURIPE

Ristoranti

Ristorante Tre Archi
Via C. Battisti, 13
Tel. 093574393.
Chiusura: lunedì.
Elegante ristorante a
conduzione familiare,
che propone piatti della
tradizione locale.

Musei

Museo Civico
Via del Santo Crocifisso, 2
Orari: 9-19. Chiuso il
lunedì.
Tel. Comune:
0935919411.
Info: 093573079.
Ingresso: 2,60 euro
intero.
Il museo raccoglie
materiale archeologico
che ricostruire la storia
di Centuripe. Belle le
grandi statue in marmo
ritrovate nell'edificio
degli Augustali.

ENNA

Agriturismi

Azienda Agrituristica Gerace
Contrada Gerace - Via
San Girolamo
94100 - Enna (EN)
Tel. e Fax 0935541666.
Cell. 339571014.
Agriturismo aperto da
maggio a ottobre e la
settimana di Pasqua,
situato al centro della
Sicilia, ottima base per
raggiungere molti
luoghi di grande
attrazione turistica. Il
ristorante (prenotazione
obbligatoria) offre, come
piatto tipico del luogo,
il "capriccio di verdure
piacentino", fatto con
un formaggio di pecora
speciale, insaporito con
pepe nero e zafferano.
Produzione e vendita di
mandorle, olio e
marmellate. C'è un
maneggio, a 200 metri,
per chi ama le
escursioni a cavallo. Per
pernottare, un
appartamento più varie
piazzole per il
campeggio. L'azienda è
dotata di servizi agibili
per i portatori di
handicap.

Musei

Museo "G. Alessi"
Via Roma, 465
Orari: 8-20.
Tel. Comune:
093540111.
Info: 0935503165.
Ingresso: 2,60 euro
intero.
Il museo espone
paramenti sacri, dipinti
del Settecento e
dell'Ottocento, argenti,
ori, circa 4.500 monete
e una piccola serie di
idoli egizi.

Museo Archeologico di Palazzo Varisano
Piazza Mazzini, 1
Orari: 8-18.30.
Tel. Comune:
093540111.
Info: 0935528127.
Ingresso: 2,00 euro
intero.
Il museo raccoglie
reperti archeologici
provenienti dal territorio
circostante. Il materiale
copre un vasto arco di
tempo che va dalla
preistoria all'età
rinascimentale.

La torre di Federico II a Enna.

NICOSIA

Alberghi

Albergo La Pineta*
Via S. Giovanni, 35/A
94014 - Nicosia (EN)
Tel. 0935647002.

Cantine

Gagliano Ingrosso Vini Ignazio
Contrada Albereto
94014 - Nicosia (EN)
Tel. 0935646817.

PIAZZA ARMERINA

Agriturismi

Agriturismo "Agricasale"
Contrada Ciavarini, 1
94015 - Piazza
Armerina (EN)
Tel. e Fax 0935686034.
Inserito in un contesto
di bosco e macchia
mediterranea, questo
agriturismo è aperto
tutto l'anno (gradita la
prenotazione) ed è
dotato di un ampio
parcheggio per autobus.
Ottimo luogo per unire
relax, sport, escursioni
culturali (è a 5 minuti
dal centro storico di
Piazza Armerina) e

buona cucina siciliana. Inoltre c'è la possibilità di acquistare olio, fichidindia e ortaggi.

Musei

Raccolta d'Arte e Archeologia
Via Vittorio Emanuele, 20
Orari: 8-14 dal lunedì al venerdì, martedì e giovedì anche 15-18.
Chiuso il sabato e la domenica.
Tel. Comune: 0935982111.
Info: 0935686177-0935982257.
Ingresso: libero.
Presso la Biblioteca Comunale si può visitare una raccolta archeologica che comprende reperti databili dal VII secolo a.C. all'età bizantina. Particolare, poi, una serie di armi, che vanno dall'epoca normanna sino alla Seconda Guerra Mondiale.

PIETRAPERZIA

Alberghi

Albergo Hotel Residence Marconi
Via Marconi, 55
94016 - Pietraperzia

Un particolare dei mosaici di Piazza Armerina.

(EN)
Tel. 0934461983.

PROVINCIA DI MESSINA

BARCELLONA POZZO DI GOTTO

Alberghi

Hotel George*
Via Operai, 177
98051 - Barcellona Pozzo di Gotto (ME)
Tel. 0909701393.

Ristoranti

Ristorante All'Antico Pozzo
Via Milite Ignoto, 67
Tel. 0909797290.
Fax 09097051199.
Chiusura: martedì in inverno.
Il ristorante prende il nome dal pozzo antico ancora esistente nel cortile.

Ristorante La Conca d'Oro
Strettoia Spine Sante, 18
Tel. 0909710128.
Fax 0909710618.
Chiusura: lunedì.
Elegante ristorante a soli 100 metri dalla spiaggia, dove poter gustare una cucina tradizionale in un ambiente allegro e accogliente.

Ristorante La Ruota
Via Cairoli Centineo, 298
Tel. 0909701338.
Fax 0909796776.
Chiusura: martedì.
Elegante ristorante di fuori porta che propone una cucina curata in un ambiente raffinato.

Ristorante La Tavernetta
Via Roma, 23/B
Tel. 0909701375.
Fax 09097961320.
Chiusura: sabato tutto l'anno tranne in agosto.
Il ristorante, posto in centro, offre una cucina tradizionale in un ambiente rustico e tranquillo.

BROLO

Alberghi

Gattopardo Sea Palace Hotel*
Via Marina, 69
98061 - Brolo (ME)
Tel. 0941561412.

Ricciardello Cono*
Via Marina, 72
98061 - Brolo (ME)
Tel. 0941561223.

CAPO D'ORLANDO

Alberghi

Albergo Ristorante La Meridiana*
Via Trassari
98071 - Capo d'Orlando (ME)
Tel. 0941957713.

Amato Hotel*
Via Consolare Antica, 150
98071 - Capo d'Orlando (ME)
Tel. 0941911476.

Hotel Il Mulino*
Via Doria A., 46
98071 - Capo d'Orlando (ME)
Tel. 0941902431.

Ristoranti

Ristorante La Tartaruga
Contrada S. Gregorio, 70
Tel. 0941955012.
Fax 0941955056.
Chiusura: lunedì.
Il ristorante è tra i più rinomati della costa tirrenica e propone una cucina essenzialmente a base di pesce.

Ristorante L'Artista
Contrada Marmoro
Tel. 0941912209.
Chiusura: mercoledì.
Ristorante dal taglio classico, dove si cena al fresco della terrazza che offre una splendida vista sul mare.

Musei

Museo Fondazione "Famiglia Piccolo" di Calanovella
Strada Statale 113, km 109
Orari: 9-12 e 17-19.30 dal 22 giugno al 22 settembre, 9-12 e 16-18.30 il resto dell'anno.
Tel. Comune: 0941901762.
Info: 0941957029.
Ingresso: 3,00 euro intero.
Il museo espone una pregiata raccolta di oggetti d'arte. Da segnalare alcuni vasi e piatti cinesi, nonché una serie di lettere autografe di Giuseppe Tomasi di Lampedusa, l'autore de "Il Gattopardo".

CAPRI LEONE

Ristoranti

La Caverna Del Diavolo
Piazza Faranda Rocca
Tel. 0941950303.
Chiusura: lunedì in

inverno.
Ristorante dal taglio classico che si sviluppa all'interno di un'interessante costruzione della metà del Novecento.

CASTROREALE

🏛 MUSEI

Pinacoteca Parrocchiale
Via Siracusa
Orari: apre su richiesta.
Tel. Comune: 0909746087.
Info: 0909746514.
Ingresso: libero.
Nello stupendo scenario della chiesa di Santa Maria degli Angeli si possono ammirare opere sacre del Quattrocento, Cinquecento e inizio Seicento. Di rilievo, una statua in marmo della "Vergine Accomandata" di Antonello Freri (1510).

Museo Civico
Via Siracusa, 31
Orari: 9-13 e 15-18 (da settembre a giugno), 16-20 (luglio e agosto). Chiuso il mercoledì pomeriggio.
Tel. Comune: 0909746087.
Info: 0909746444.
Ingresso: gratuito.
Il museo raccoglie quadri, argenterie, oggetti liturgici e vari paramenti provenienti dalle numerose chiese della zona rase al suolo dal terremoto del 1978. Di questi edifici di culto, ben pochi sono stati poi restaurati. L'esposizione è ospitata nell'ex convento dei Padri Filippini ed è assai importante per la conservazione di un patrimonio di arte sacra che rischiava di andare perduto.

FORZA D'AGRÒ

🏨 ALBERGHI

Crystalsea*
Via Nazionale, Km 39
98030 - Forza d'Agrò (ME)
Tel. 0942756946.

Hotel Baia Taormina**
Via Nazionale, Km 39
98030 - Forza d'Agrò (ME)
Tel. 0942756292.

FRANCAVILLA DI SICILIA

🏨 ALBERGHI

Albergo D'Orange*
Via dei Mulini, 14
98034 - Francavilla di Sicilia (ME)
Tel. 0942981374.

FURCI SICULO

🏨 ALBERGHI

Hotel Foti*
Via Milano, 34
98023 - Furci Siculo (ME)
Tel. 0942791815.

🏛 MUSEI

Museo del Mare
Strada Panoramica
Orari: 9-12 e 16-18. Chiuso il sabato e la domenica.
Tel. Comune: 0942794122.
Info: 0942798335.
Ingresso: libero.
Il museo espone una

Panorama di Giardini Naxos.

vasta panoramica sulle attività legate alla pesca, fondamentali per la storia e la società e l'economia di Furci Siculo e delle zone circostanti. Reti, fiocine, carte nautiche, una lampara e arnesi per costruire e riparare le barche.

GIARDINI NAXOS

🏨 ALBERGHI

Albergo Hellenia Yachting**
Via Iannuzzi (Naxos Schisò)
98030 - Giardini Naxos (ME)
Tel. 094251737.

Albergo Sporting Baia Hotel*
Via Naxos
98030 - Giardini Naxos (ME)
Tel. 094251733.

Albergo Touring*
Via C. Colombo
98030 - Giardini Naxos (ME)
Tel. 094251069.

Holiday Club Naxos*
Contrada Recanati
98030 - Giardini Naxos (ME)
Tel. 094252652.

Hotel Arathena

Rocks*
Via Calcide Eubea, 55
98030 - Giardini Naxos (ME)
Tel. 094251348.

Hotel Kalos*
Via Calcide Eubea, 29
98030 - Giardini Naxos (ME)
Tel. 094252116.

Hotel Panoramic*
Via Schisò, 22
98030 - Giardini Naxos (ME)
Tel. 094253466.

Hotel Ramada**
Via Naxos
98030 - Giardini Naxos (ME)
Tel. 094251931.

Hotel Sabbie d'Oro*
Via Naxos
98030 - Giardini Naxos (ME)
Tel. 094251227.

Hotel Sant Alphio Garden**
Via Recanati
98030 - Giardini Naxos (ME)
Tel. 094251383.

Hotel Tritone*
Via Tysandros, 22
98030 - Giardini Naxos (ME)
Tel. 094251468.

🍴 RISTORANTI

Ristorante Golden Blue
Via Calcide Eubea, 10
Tel. 094252169.
Fax 09456034.
Chiusura: no.
Moderno ristorante con piano bar, che organizza feste a tema. Annessa una discoteca che apre dopo la mezzanotte.

Ristorante Lido La Romantica
Via Naxos

Tel. 094253077.
Chiusura: no.
Ristorante dal taglio classico che si propone con una cucina semplice e genuina.
Ristorante Orpheus
Via Calcide Eubea, 3
Tel. e Fax 094251778.
Chiusura: no.
Ristorante che si trova in cima a una scogliera, da cui si può godere di un suggestivo panorama.

Musei

Museo Archeologico di Naxos
Via Lungomare Schisò
Orari: dalle 9 fino ad un'ora prima del tramonto.
Tel. Comune: 0942578011.
Info: 094251001.
Ingresso: 2,00 euro intero.
In prossimità dell'area archeologica della città di Naxos, fondata nel 734 a.C., questo museo raccoglie reperti dell'VIII-VI secolo a.C.; numerosi manufatti testimoniano le diverse epoche che la città ha attraversato.

GIOIOSA

Panorama di Lipari.

MAREA

Alberghi

Capo Skino Park Hotel***
Contrada Skino
98063 - Gioiosa Marea (ME)
Tel. 0941301167.
Hotel St. George Club Palace***
Contrada Monaci
98063 - Gioiosa Marea (ME)
Tel. 094139643.
Villaggio Capo Alaua***
Contrada Capo Calavà
98063 - Gioiosa Marea (ME)
Tel. 0941301565.
Villaggio Capo Calavà***
Via Capo Calavà
98063 - Gioiosa Marea (ME)
Tel. 0941301173.

Agriturismi

Agriturismo Santa Margherita
Contrada Santa Margherita, 72
98063 - Gioiosa Marea (ME)
Tel. 094139703.
Fax 1782223223.
L'agriturismo è aperto tutto l'anno, su prenotazione. Il mare è nelle vicinanze, così come il Teatro Greco di Tindari e il Parco dei Nebrodi. L'azienda è a sua volta immersa in un aranceto e in un oliveto, che si possono visitare. Produzione e vendita di olio, arance, limoni, marmellate, vino bianco e rosso e miele. Il ristorante (anch'esso su prenotazione) offre, tra le specialità tipiche, la ricotta fritta, la caponata e i maccheroni alla Norma.

LETOJANNI

Alberghi

Hotel Albatros***
Via Vittorio Emanuele
98037 - Letojanni (ME)
Tel. 094237092.
Hotel delle Palme***
Via dei Vespri, 60
98037 - Letojanni (ME)
Tel. 094236354.
Hotel S. Pietro***
Via Luigi Rizzo
98037 - Letojanni (ME)
Tel. 094236081.
Park Hotel Silemi****
Contrada Sillemi
98037 - Letojanni (ME)
Tel. 094236228.
Pensione Ristorante Da Peppe***
Via Nazionale, 315
98037 - Letojanni (ME)
Tel. 094236159.

LIPARI

Alberghi

Albergo Arcipelago***
Vulcano - Vulcanello
98050 - Lipari (ME)
Tel. 0909852002.
Albergo Eolian***
Vulcano - Via Porto Ponente
98050 - Lipari (ME)
Tel. 0909852151.
Albergo La Piazza***
Panarea - Contrada S. Pietro
98050 - Lipari (ME)
Tel. 090983154.
Albergo Lisca Bianca***
Panarea - Via S. Pietro
98050 - Lipari (ME)
Tel. 090983004.
Casajanca Hotel***
Via Marina Garibaldi, 109
98055 - Lipari (ME)
Tel. 0909880222.
Hotel Carasco***
Via Porto Delle Genti
98055 - Lipari (ME)
Tel. 0909811605.
Hotel Cincotta***
Panarea - Via S. Pietro, 1
98050 - Lipari (ME)
Tel. 090983014.
Hotel Conti***
Vulcano - Via Porto Ponente, 17
98050 - Lipari (ME)
Tel. 0909852012.
Gattopardo Park Hotel***
Vico Diana
98055 - Lipari (ME)
Tel. 0909811035.
Hotel Giardino Sul Mare***
Via Maddalena, 61
98055 - Lipari (ME)
Tel. 0909811004.
Hotel La Filadelfia***
Via Filippo Mancuso
98055 - Lipari (ME)
Tel. 0909812795.
Hotel La Sciara***
Via Domenico Cincotta, 1
98055 - Lipari (ME)
Tel. 090986121.
Hotel La Sirenetta***
Stromboli - Via Marina, 33
98050 - Lipari (ME)
Tel. 090986025.
Hotel Les Sables Noirs****
Via Porto Ponente
98055 - Lipari (ME)
Tel. 0909850.
Hotel Meligunis****
Vico Marte, 1

98055 - Lipari (ME)
Tel. 0909812426.
Hotel Orsa Maggiore***
Via Ponente
98055 - Lipari (ME)
Tel. 0909852018.
Hotel Phenicusa***
Filicudi - Via Porto
98050 - Lipari (ME)
Tel. 0909889946.
Hotel Poseidon***
Vicolo Ausonia, 7
98055 - Lipari (ME)
Tel. 0909812876.
Hotel Rocce Azzurre***
Via Maddalena, 69
98055 - Lipari (ME)
Tel. 0909813248.
Hotel Villa Augustus***
Vicolo Ausonia, 16
98055 - Lipari (ME)
Tel. 0909811232.
Hotel Villaggio Stromboli***
Stromboli - Via Regina Elena, 38
98050 - Lipari (ME)
Tel. 090986018.

RISTORANTI

Ristorante E Pulera
Via Isabella Vinicher
Tel. 0909811158.
Fax 0909812878.
Chiusura: no.
In questo ristorante dalla spiccata personalità si mangia su tavoli rotondi in maiolica eoliana, con incisioni di mappe delle isole.
Ristorante Grotta Del Saraceno
Via Maddalena, 69
Tel. 0909811744.
Chiusura: mercoledì.
Il ristorante si trova arroccato su una scogliera a picco sul mare, da cui si può godere di un'incantevole veduta.

MUSEI

Museo Archeologico Regionale Eoliano
Via del Castello
Orari: 9-13.30 e 15-19.
Tel. Comune: 0909887244.
Info: 0909880174-0909880594.
Ingresso: 4,50 euro intero.
Il museo, fondato nel 1948, si compone di varie sezioni: preistorica, archeologica, paleontologica e vulcanologica. Da menzionare un padiglione con cippi funerari provenienti dalla necropoli di Contrada Diana, nonché una interessante collezione di terrecotte e modellini di maschere dell'antica commedia greca.

MALFA

ALBERGHI

Hotel Signum***
Via Scalo, 11
98050 - Malfa (ME)
Tel. 0909844222.

MESSINA

ALBERGHI

Albergo Excelsior***
Via Maddalena, 32
98123 - Messina (ME)
Tel. 0902931431.
Albergo Hotel Paradis***
Via Consolare Pompea Paradiso, 441
98100 - Messina (ME)

Campanile del Duomo di Messina.

Tel. 090310682.
Albergo Villa Sonia****
Castel Mola - Via Rotabile, 172
98030 - Messina (ME)
Tel. 094228082.
Europa Palace Hotel***
Strada Statale 114 Tremestieri, Km 5.400
98100 - Messina (ME)
Tel. 090621601.
Grand Hotel Liberty****
Via Primo Settembre, 1
98122 - Messina (ME)
Tel. 0906409436.
Hotel Palace Royal****
Via Tommaso Cannizzaro (Isolato 224)
98100 - Messina (ME)
Tel. 0906503.
Jolly Hotel****
Corso Garibaldi, 126
98100 - Messina (ME)
Tel. 090363860.
Villa Morgana Residence***
Via Consolare Pompea, 237
98168 - Messina (ME)
Tel. 090325575.

RISTORANTI

Ristorante Al Tramonto Rosso
Contrada Sardi Salice
Tel. 090845149.
Chiusura: lunedì.
Ristorante di periferia che si propone con una cucina ricercata, da gustarsi in un ambiente elegante, accogliente ed intimo.
Ristorante La Macina
Ganzirri - Via Consolare Pompea Ganzirri, 225
Tel. e Fax 090391890.
Chiusura: lunedì.
Il ristorante, che si trova all'interno di un edificio del Settecento, propone una cucina gustosa e tradizionale.
Ristorante La Risacca Dei Due Mari
Via Circuito Torre Faro
Tel. 090325272.
Fax 090321484.
Chiusura: mercoledì.
Questo elegante ristorante offre una spettacolare vista sul punto d'incontro tra Tirreno e Ionio.
Ristorante Situr
Strada Statale 113 Mortelle
Tel. e Fax 090326730.
Chiusura: lunedì.
La musica dal vivo caratterizza questo ristorante che offre una cucina curata nei dettagli.

CANTINE

Azienda Vinicola Geraci
Santo Stefano Briga
98137 - Messina (ME)
Tel. 090694281.
Vini prodotti: Faro Palari, Rosso del Soprano.
Cantine Colosi
Via Militare (Ritiro),

123
98149 - Messina (ME)
Tel. 09053852.
Fax 09047553.
Vini prodotti: Malvasia delle Lipari Naturale, Salina Bianco, Salina Rosso.

🏛 MUSEI

Museo Regionale
Viale della Libertà, 465
Orari: 9-13.30 da martedì a sabato; martedì, giovedì e sabato anche 16-18.30; 9-13 la domenica. Chiuso il lunedì.
Tel. Comune: 0907721.
Info: 090361292-3.
Ingresso: 4,50 euro intero.
Il cammino storico ed espositivo del Museo Regionale messinese si dipana in dodici sale, a partire da importanti testimonianze delle culture bizantina e normanna.

Tesoro del Duomo
Via S. Giacomo
Orari: 9-13 e 16-18.30 da aprile a ottobre, 9-13 da lunedì a sabato da novembre a marzo. Il sabato pomeriggio, la domenica e i festivi apre su prenotazione.
Tel. Comune: 0907721.

Il palazzo comunale di Milazzo.

Info: 090675175.
Ingresso: 3,00 euro intero.
Il Tesoro, conservato all'interno della Cattedrale, è composto da preziosi pezzi di arte sacra, databili dal XII secolo agli inizi del Novecento. Il fiore all'occhiello è la seicentesca Manta d'oro della Madonna della Lettera, veneratissima patrona di Messina.

Museo "Cultura e Musica Popolare dei Peloritani"
Villaggio Gesso
Orari: domenica 10-12.30 e 16.30-19.30. In settimana apre su prenotazione.
Tel. Comune: 0907721.
Info: 09053045-3388565063.
Ingresso: gratuito.
Il museo propone al visitatore una suggestiva collezione di strumenti musicali popolari della tradizione peloritana. Un percorso affascinante e corredato da pannelli informativi.

MILAZZO

🏨 ALBERGHI

Albergo Eolian Inn***
Via Cappuccini
98057 - Milazzo (ME)
Tel. 0909286133.

Albergo Ristorante Riviera Lido***
Via Panoramica
98057 - Milazzo (ME)
Tel. 0909283456.

Hotel Silvanetta Palace***
Via Acquaviole
98057 - Milazzo (ME)
Tel. 0909281633.

🍴 RISTORANTI

Ristorante Il Covo del Pirata
Via San Francesco, 1
Tel. 0909284437.
Chiusura: mercoledì non festivi.
Il ristorante si contraddistingue per la maestria con cui si preparano i piatti tipici della cucina siciliana.

🍷 CANTINE

Casa Vinicola Grasso
Via Albero, 5
98057 - Milazzo (ME)
Tel. 0909281082.
Fax 0909224001.
Vini prodotti: Capobianco, Caporosso, Mamertino Rosso, Salina Bianco, Salina Rosso (Igt).

🏛 MUSEI

Museo Enologico "Grasso"
Via Albero, 5
Orari: 8-13 e 15.30-19.30 dal lunedì al venerdì, 8-13 il sabato. Chiuso la domenica.
Tel. Comune: 09092311.
Info: 0909281082.
Ingresso: libero.
Esposizione di attrezzi agricoli ed enologici d'epoca. Un museo che testimonia l'importanza della famiglia Grasso sul piano della tradizione vitivinicola.

MISTRETTA

🏛 MUSEI

Museo Civico Polivalente
Via Salita Monte

Orari: 9-14 da martedì a sabato; martedì e giovedì anche 15-19. La domenica apre su richiesta. Chiuso il lunedì.
Tel. Comune: 0921381468.
Info: 0921382499-0921382053.
Ingresso: libero.
Il museo raccoglie interessanti reperti archeologici e dipinti provenienti dalla chiesa di San Francesco.

NOVARA DI SICILIA

🏛 MUSEI

Museo Etnografico
Piazza Michele Bertolani, 2
Orari: 9-12.30 su richiesta (da marzo a ottobre); 9-13 e pomeriggio su richiesta (da aprile a settembre).
Tel. Comune: 0941650954.
Info: 0941650954-5 chiedere dell'ufficio beni culturali e attività turistiche.
Ingresso: libero.
Tutti i tradizionali mestieri della zona sono analizzati in questa esposizione. Dal contadino, al calzolaio, al tessitore, si conservano arnesi, attrezzi e splendide testimonianze fotografiche.

PATTI

🏨 ALBERGHI

Hotel La Plaia***
Contrada Plaia

98066 - Patti (ME)
Tel. 0941361398.
Marinvest***
Via Monastero, 9
98066 - Patti (ME)
Tel. 0941241622.
Park Philip Hotel***
Via Zuccarello Capitano
98066 - Patti (ME)
Tel. 0941361332.

MUSEI

Antiquarium
Frazione Tindari - Via del Teatro Greco
Orari: apre alle 9 con orario continuato. L'orario di chiusura pomeridiano varia a seconda dei mesi. Da maggio ad agosto, per esempio, chiude alle 19.
Tel. Comune: 0941246111.
Info: 0941369023.
Ingresso: 2,00 euro intero.
Nella zona archeologica di Patti, questo Antiquarium conserva i ritrovamenti riguardanti l'antica città di Tyndaris. Conserva reperti greco-romani, tra cui statue, ceramiche e terrecotte.
Museo della Ceramica
Località Marina di Patti - Villa Pisani
Orari: 9-13 e 15-19 (estate), 9-13 e 14-18 (inverno). Chiuso la domenica.
Tel. Comune: 0941246111.
Info: 0941361663.
Ingresso: libero.
L'ottocentesca Villa Pisani raccoglie, in un'apposita sala, una collezione di ceramiche risalenti all'Ottocento e all'inizio del Novecento. Vasi, piatti, pentole ed altro: il tutto rigorosamente realizzato secondo metodi e tecniche della tradizione locale, che possono così rivivere in questo museo.

PIRAINO

ALBERGHI

Villaggio Calanovellamare***
Contrada Calanovella
98060 - Piraino (ME)
Tel. 0941585301.

ROCCALUMERA

ALBERGHI

Albergo La Piramide***
Via Torrente Pagliara
98027 - Roccalumera (ME)
Tel. 0942744596.

ROCCAVALDINA

MUSEI

Raccolta di Vasi da Farmacia
Via Umberto I
Orari: apre su richiesta. Chiuso la domenica.
Tel. Comune: 0909977086.
Info: 0909978111.
Ingresso: 2,58 euro intero.
Breve viaggio nelle tecniche farmaceutiche d'epoca. Esposti oltre 250 pezzi, nell'ambiente di una suggestiva farmacia del 1500.

SAN MARCO D'ALUNZIO

MUSEI

Una veduta del golfo di Patti.

Museo Parrocchiale
Via S. Giuseppe
Orari: 10-13 e 16-19 sabato e domenica, gli altri giorni a richiesta (inverno); 10-13 e 16-19 (estate).
Tel. Comune: 0941797007.
Info: 0941797045.
Ingresso: 2,60 euro intero.
Nella chiesa di San Giuseppe sono conservati vari oggetti di arte sacra, provenienti da altri edifici liturgici del paese.

SANTA LUCIA DEL MELA

MUSEI

Museo Diocesano
Piazza Duomo
Orari: 9-12. Il pomeriggio apre su prenotazione. Chiuso la domenica.
Tel. Comune: 090935806.
Info: 090935004-090935000.
Ingresso: 2,00 euro intero.
L'esposizione, sita all'interno del palazzo Vescovile, offre un interessante miscellanea tra arte sacra (dal XVI al XIX secolo) e testimonianze della locale cultura popolare.

SANTA MARINA SALINA

ALBERGHI

Hotel Bellavista***
Via Pozzo d'Agnello, 8
98050 - Santa Marina Salina (ME)
Tel. 0909843009.

SANT'AGATA DI MILITELLO

ALBERGHI

Hotel Roma Palace***
Via Nazionale
98076 - Sant'Agata di Militello (ME)
Tel. 0941703516.

MUSEI

Museo dei Nebrodi
Via Cosenz
Orari: 9-12 dal lunedì al venerdì, martedì e giovedì anche 15-18. Chiuso il sabato e la domenica.
Tel. Comune: 0941709241.
Info: 0941722308-0941701000.
Ingresso: libero.
Museo etno-antropologico sugli usi della zona del parco dei Nebrodi, con sezioni dedicate ai costumi tradizionali, alla civiltà contadina e al folclore.

SANT'ALESSIO SICULO

ALBERGHI

Albergo Elihotel***
Via Lungomare, 274
98030 - Sant'Alessio Siculo (ME)

Tel. 0942756110.
Albergo Kennedy***
Via Nazionale, 87
98030 - Sant'Alessio
Siculo (ME)
Tel. 0942756060.
Solemar***
Via Lungomare, 1
98030 - Sant'Alessio
Siculo (ME)
Tel. 0942756141.

SANTO STEFANO DI CAMASTRA

MUSEI

Museo Civico delle Ceramiche
Via Palazzo
Orari: 9-13 e 16-20 (estate); 9-13 e 15-19 (inverno).
Info: 0921331110 (Comune).
Ingresso: 3,10 euro intero.
Il museo, ospitato nel Palazzo Trabia, comprende oggetti tradizionali in ceramica di uso quotidiano. Caratteristica una serie di mattonelle maiolicate: le più antiche risalgono all'incirca al 1600.

SCALETTA ZANCLEA

Veduta panoramica di Taormina.

MUSEI

Museo Etno-Antropologico
Località Scaletta Superiore - Castello Normanno
Orari: da fine marzo a fine ottobre, 9-13 e 15-19 dal lunedì al venerdì, 9-13 sabato, chiuso la domenica. Negli altri mesi apre su prenotazione.
Tel. Comune: 090953134.
Info: 090951494.
Ingresso: libero.
Il Castello Normanno di Rufo-Ruffo (XI-XII secolo) raccoglie documenti, stampe ma anche divise e armi. Il tutto, per capire meglio le vicende storiche del luogo.

TAORMINA

ALBERGHI

Albergo Baia Azzurra***
Contada Mazzarò - Via Nazionale, 1
98039 - Taormina (ME)
Tel. 094223249.
Albergo Belsoggiorno***
Via Luigi Pirandello, 60
98039 - Taormina (ME)
Tel. 094223342.
Albergo Belvedere***
Via Bagnoli Croce
98039 - Taormina (ME)
Tel. 094223791.
Albergo Continental***
Via Dionisio I, 2/A
98039 - Taormina (ME)
Tel. 094223805.
Albergo Isola

Bella***
Contrada Mazzarò - Via Nazionale, 196
98030 - Taormina (ME)
Tel. 094224289.
Albergo Lido Méditerranée****
Via Taormina Mare
98039 - Taormina (ME)
Tel. 094224422.
Albergo Sea Palace*****
Via Nazionale , 147
98039 - Taormina (ME)
Tel. 0942612111.
Albergo Méditerranée****
Via Circonvallazione, 61
98039 - Taormina (ME)
Tel. 094223901.
Albergo Miramare****
Via Luigi Pirandello
98039 - Taormina (ME)
Tel. 094223401.
Albergo S. Michele***
Via Rosso Damiano, 11/BIS
98039 - Taormina (ME)
Tel. 094224327.
Albergo Villa Cristina***
Via Rotabile Castelmola
98039 - Taormina (ME)
Tel. 094228366.
Albergo Villa Fabbiano****
Via Luigi Pirandello, 81
98039 - Taormina (ME)
Tel. 0942626058.
Albergo Villa Fiorita***
Via Luigi Pirandello, 39/41
98039 - Taormina (ME)
Tel. 094224122.
Albergo Villa Rüs***
Via Pietro Rizzo
98039 - Taormina (ME)
Tel. 094224874.
Andromaco Palace

Hotel***
Contrada Zappulla
98039 - Taormina (ME)
Tel. 094223834.
Bay Palace Hotel***
Contrada Spisone - Via Nazionale
98039 - Taormina (ME)
Tel. 0942626200.
Gelatomania***
Corso Umberto, 7
98039 - Taormina (ME)
Tel. 094223900.
Grande Albergo Capotaormina****
Via Nazionale, 105
98039 - Taormina (ME)
Tel. 0942572111.
Hotel Baia delle Sirene***
Contrada Spisone - Via Nazionale, 163
98039 - Taormina (ME)
Tel. 0942628843.
Hotel Corallo****
Via Madonna Delle Grazie, 9
98039 - Taormina (ME)
Tel. 094251510.
Hotel Cundari***
Via Francavilla, 6
98039 - Taormina (ME)
Tel. 0942578238.
Hotel Isabella***
Corso Umberto, 62
98039 - Taormina (ME)
Tel. 094223153.
Hotel La Plage****
Località Isola Bella - Via Nazionale 107/A
98039 - Taormina (ME)
Tel. 0942626095.
Hotel Lido Caparena****
Taormina Mare - Via Nazionale, 189
98039 - Taormina (ME)
Tel. 0942652033.
Hotel Monte Tauro****
Via Madonna delle Grazie, 3

98039 - Taormina (ME)
Tel. 094224402.
Hotel San Domenico*****
Piazza San Domenico, 5
98039 - Taormina (ME)
Tel. 0942613111.
Hotel Sirius***
Via Guardiola Vecchia
98039 - Taormina (ME)
Tel. 094223477.
Hotel Sole Castello***
Via Madonna Della Rocca
98039 - Taormina (ME)
Tel. 094228881.
Hotel Timeo*****
Via Teatro Greco, 59
98039 - Taormina (ME)
Tel. 094223801.
Hotel Vello d'Oro***
Via Fazzello, 2
98039 - Taormina (ME)
Tel. 094223788.
Hotel Villa Bianca***
Contrada Pagliara Mazzarò
98039 - Taormina (ME)
Tel. 094224488.
Hotel Villa Diodoro****
Via Bagnoli Croce, 75
98039 - Taormina (ME)
Tel. 094223312.
Hotel Villa Esperia***
Contrada Mazzarò - Via Nazionale, 246
98039 - Taormina (ME)
Tel. 094223377.
Hotel Villa Sirina***
Via Sirina
98039 - Taormina (ME)
Tel. 094251776.
Palace Hotel Excelsior****
Via Toselli, 6
98039 - Taormina (ME)
Tel. 094223975.
Park Hotel

Bristol****
Via Bagnoli Croce
98039 - Taormina (ME)
Tel. 094223006.

RISTORANTI

Ristorante Massaria
Via Arancio, 6
Tel. 094250243.
Chiusura: lunedì.
Il ristorante è rinomato per la sua gustosa pasta fatta in casa, da assaporare in un ambiente elegante e rustico allo stesso tempo.
Trattoria Mamma Rosa
Via Naumachia, 10
Tel. e Fax 094224361.
Chiusura: martedì in inverno.
Ristorante sito in posizione suggestiva, proprio davanti agli scavi archeologici del periodo grecoromano.

MUSEI

Teatro Greco-Romano
Via del Teatro Greco, 40
Orari: dalle 9 sino a un'ora prima del tramonto.
Tel. Comune: 09426101.
Info: 094223220.
Ingresso: 4,50 euro intero.
Gioiello della Sicilia antica, ma anche luogo dal quale si può godere di uno dei panorami più suggestivi dell'intera isola. Il teatro è stato probabilmente costruito in epoca greca e ampliato in epoca romana. Sulle origini dell'opera è ancora aperto il dibattito tra gli esperti.

Il Teatro Greco a Taormina.

TERME VIGLIATORE

ALBERGHI

Grand Hotel Terme***
Viale delle Terme
98050 - Terme Vigliatore (ME)
Tel. 0909781078.
Hotel Il Gabbiano***
Via Marchesana, 4
98050 - Terme Vigliatore (ME)
Tel. 0909782343.

TORREGROTTA

CANTINE

Azienda Vinicola Mimmo Paone
Corso Sicilia, 61
98040 - Torregrotta (ME)
Tel. e Fax 0909981101.
Vini prodotti: Malvasia delle Lipari, Passito di Salina, Funnari Nero d'Avola (Igt), Fiordiluna Chardonnay, Val di Rocca Bianco e Rosso.

TRIPI

ALBERGHI

Albergo La Rosa dei Venti***
Campogrande - Via

Garibaldi, 1
98060 - Tripi (ME)
Tel. 0941801020.

TUSA

RISTORANTI

Ristorante La Campagnola
Via Nazionale, 118
Tel. 0921334426.
Chiusura: lunedì inverno.
Ristorante dal taglio rustico arredato con particolare gusto. Piatti della cucina siciliana.

VILLAFRANCA TIRRENA

RISTORANTI

Ristorante Vecchia Variante
Via Antonello da Messina, 90
Tel. 090334042.
Fax 090336607.
Chiusura: lunedì.
Elegante ristorante dal taglio classico, che propone una cucina che attinge alla tradizione locale.

PROVINCIA DI RAGUSA

ACATE

AGRITURISMI

Azienda Agricola Agrituristica Il Carrubo
Contrada Bosco Grande-Canalotti
97011 - Acate (RG)
Tel. 0932989038-095552291.
Fax 0932989038.
Agriturismo aperto tutto l'anno (necessaria la prenotazione), immerso

nel verde, fra pinete, aranceti, e mandorleti. La cucina offre specialità ragusane come le scacce (focaccine ripiene) e la pasta alla chitarra con sugo alla contadina. Produzione e vendita diretta di marmellate e olio extravergine. Possibilità di gite culturali ed escursioni in bici o a cavallo. Il mare è a soli venti minuti.

Cantine

Cantina Sociale Valle dell'Acate
Contrada Biddini
97011 - Acate (RG)
Tel. 0932874166.
Vini prodotti: Cerasuolo di Vittoria, Nero d'Avola (Igt), Frattao Rosso (Igt), Inzolia (Igt), Bidis Bianco (Igt).

CHIARAMONTE GULFI

Frantoi

Frantoio Cutrera
Contrada Piano dell'Acqua
97012 - Chiaramonte Gulfi (RG)
Tel. e Fax 0932926187.
In poco più di vent'anni, l'azienda della famiglia Cutrera ha saputo espandersi notevolmente. Prodotte tre selezioni di Extravergine: Cuor d'Ulivo, Donna Vona e Primo (Dop Monti Iblei). Telefonare per fissare un appuntamento.

Musei

Museo di Cimeli Storico-Militari
Piazza Duomo
Orari: 18-20 sabato e domenica. Gli altri giorni su richiesta.
Tel. Comune: 0932928049.
Info: 0932711218-0932711234-0932928049.
Ingresso: 4,00 euro intero, valido per tutti gli 8 musei cittadini.
Il museo illustra tutti gli accessori e le armi del soldato, fino alla guerra delle Isole Falkland (o Malvinas), combattuta nel 1982 da Argentina e Gran Bretagna: copricapi, caschi, uniformi, distintivi, armi e gagliardetti. Un'ampia rassegna di tutto questo materiale riguarda, inevitabilmente, i due conflitti mondiali.

Musei di Palazzo Montesano
Via Montesano
Orari: 18-20 sabato e domenica. Gli altri giorni su richiesta.
Tel. Comune: 0932928049.
Info: 0932711218-093211234-0932928049.
Ingresso: 4,00 euro intero, valido per tutti gli otto musei cittadini.
Il settecentesco Palazzo Montesano ospita cinque degli otto musei di Chiaramonte Gulfi: il Museo dell'Olio (illustra le varie tecniche per la spremitura delle olive, con arredi e attrezzi vari), il Museo Ornitologico (con oltre 500 esemplari dell'avifauna locale), la Pinacoteca dedicata al grande maestro chiaramontano De Vita, il Museo Etno-Musicale e il Museo Liberty.

Museo del Ricamo e dello Sfilato Siciliano
Via Blanca
Orari: 18-20 sabato e domenica. Gli altri giorni su richiesta.
Tel. Comune: 0932928049.
Info: 0932711218-0932711234-0932928049.
Ingresso: 4,00 euro intero, valido per tutti gli otto musei cittadini.
L'antichissima tecnica dello sfilato siciliano viene testimoniata e resa immortale da questa esposizione di merletti e pregiati ricami.

Museo d'Arte Sacra
Via Santa Caterina
Orari: 18-20 sabato e domenica. Gli altri giorni su richiesta.
Tel. Comune: 0932928049.
Info: 0932711218-0932711234-0932928049.
Ingresso: 4,00 euro intero, valido per tutti gli otto musei cittadini.
Raccolta che riunisce oggetti sacri provenienti dalle chiese di Chiaramonte Gulfi e del territorio circostante.

COMISO

Alberghi

Hotel Cordial*
Comiso Vittoria - Strada Statale 115, Km 1
97013 - Comiso (RG)
Tel. 0932967866.

Hotel Orchidea*
Contrada Boscorotondo
97013 - Comiso (RG)
Tel. 0932879108.

Ristoranti

Ristorante La Carrozza
Via San Biagio, 58
Tel. 0932722911.
Chiusura: lunedì.
Ristorante dal taglio rustico che propone una cucina elegante in un'atmosfera accogliente.

Cantine

Azienda Agricola Cos
Pedalino - Strada Prov. 4 Comiso Caltagirone, Km 8.500
97010 - Comiso (RG)
Tel. 0932864042.
Fax 0932869700.
Vini prodotti: Cerasuolo di Vittoria, Cerasuolo di Vittoria Vigne di Bastonaca, Cos Rosso Cabernet, Nero d'Avola Pojo di Lupo.

Azienda Vitivinicola Avide
Contrada Mastrella, 346 – Strada Prov. 7 Comiso Chiaramonte
97013 - Comiso (RG)
Tel. 0932967456.

Scorcio della città di Chiaramonte Gulfi.

Vini prodotti:
Cerasuolo di Vittoria
Barocco, Cerasuolo di
Vittoria Etichetta Nera.

GIARRATANA

🌸 FRANTOI

**Azienda
Agrobiologica
Angelica**
Contrada Calaforno
97010 - Giarratana
(RG)
Tel. e Fax 0932976815.
Cell. 3339207091.
Azienda da quasi un
decennio specializzata
in agricoltura biologica
e nella coltivazione di
olive varietà "tonda
iblea". Di spicco la
produzione
dell'Extravergine Feudo
di Calaforno, capace di
esaltare sia piatti di
pesce sia di carne.
Telefonare per fissare un
appuntamento.

ISPICA

🏛 MUSEI

**Parco della Forza,
Antiquarium e Cava
Ispica Nord**
Località Cava d'Ispica
Orari: Parco Forza e
Antiquarium, 9-13 e
15.18.45. Cava Ispica
Nord, 9-18.30 da aprile
a ottobre, 9-13.30 da
novembre a marzo.
Tel. Comune:
0932701222.
Info: 0932771667-
0932951133.
Ingresso: libero per
antiquarium e Parco
Forza. 2,00 euro intero
per Cava Ispica Nord.
Cava Ispica è una
grande area

archeologica, tra i
comuni di Ispica,
Modica e Rosolini. Si
può entrare dalla zona
del Parco archeologico
della Forza (che si trova
nel luogo dove sorgeva
l'antica città di
Spaccaforno) e visitare
l'Antiquarium, dove
sono esposti reperti,
monete e anfore databili
dall'età del bronzo fino
al XVII secolo. Oppure
visitare la zona di Cava
Ispica Nord, gestita
dalla Regione.

MODICA

🏨 ALBERGHI

**Hotel Conte di
Cabrera*****
Contrada Maganuco
97015 - Modica (RG)
Tel. 0932777070.
Motel Di Modica***
Corso Umberto I
97015 - Modica (RG)
Tel. 0932941022.

🍽 RISTORANTI

**Regia Taverna Del
Duca**
Via Pozzo Barone, 30
Tel. e Fax 0932941040.
Chiusura: mercoledì.
Ristorante dalla cucina
curata, che si gusta in
un ambiente allegro e
accogliente.
Trattoria Fidone
Frigintini - Via
Gianforma Margione, 10
Tel. 0932901135.
Chiusura: lunedì.
Ristorante a conduzione
familiare a soli 8 Km
dal centro, dove si può
godere di una calda
atmosfera e gustare
una cucina genuina
preparata con cura.

*Piazza
Matteotti
a Modica.*

🌸 FRANTOI

**Azienda
Agrobiologica Avola**
Località Frigintini - Via
Calanchi, 127
97015 - Modica (RG)
Tel.e fax 0932901027.
L'azienda è sita nel
cuore dei Monti Iblei, in
una delle zone dalla più
antica tradizione
olivicola nella regione.
Da olive di varietà
moresca e verdese nasce
l'Extravergine
Furgentini, da
agricoltura biologica.
Un olio che vanta
svariati premi e
riconoscimenti per la
sua qualità. Telefonare
per fissare un
appuntamento.

🏛 MUSEI

**Casa Museo
Quasimodo e Stanza
della Poesia**
Via Posterla e via
Castello
Orari: da novembre a
marzo, 10-13 e 15.30-
18.30. Da aprile a
ottobre 10-13 e 16.30-
19.30 (17-20 in
agosto). Chiuso il
lunedì.
Tel. Comune:
0932759111.
Info: 0932752747.

Ingresso: Casa Museo
1,50 euro intero; Stanza
della Poesia 2 euro
intero. 7 euro
cumulativo con Museo
Guastella e chiesetta
bizantina di S. Nicolò
Inferiore.
Piccolo itinerario
culturale nel nome di
Salvatore Quasimodo.
La sua casa natale, in
via Posterla, contiene
arredi originali e, in
più, vi sono stati
trasportati il suo ufficio
milanese e parte
dell'Archivio. A poca
distanza, in Via
Castello, la Stanza della
Poesia offre la
possibilità di sentir
recitare, dalla stessa
voce dell'autore, alcune
delle sue composizioni,
in particolare quelle di
ambientazione siciliana.
La Stanza, infine, si
trova sopra la
suggestiva chiesetta
bizantina di S. Nicolò
Inferiore (ingresso intero
1,50 euro).
**Museo Civico "F. L.
Belgiorno"**
Palazzo dei Mercedari -
Via Mercé
Orari: 7.45-13.45 da
lunedì a sabato, il
martedì e il giovedì
anche 15-18. Chiuso la
domenica.
Tel. Comune:
0932759111.
Info: 0932945081.
Ingresso: libero.
Il Palazzo ex Convento
dei Mercedari (XVIII
secolo) ospita reperti
archeologici (dal
neolitico al Medioevo),
armi, utensili, vasellame
e monete.

Museo Ibleo delle Arti e Tradizioni Popolari "S. A. Guastella"
Palazzo dei Mercedari - Via Mercé
Orari: da novembre a marzo, 10-13 e 15.30-18.30. Da aprile a ottobre 10-13 e 16.30-19.30 (17-20 in agosto). Chiuso il lunedì.
Tel. Comune: 0932759111.
Info: 0932752747.
Ingresso: 2,50 euro intero. 7 euro cumulativo con Casa Museo Quasimodo, Stanza della Poesia e chiesetta bizantina di S. Nicolò Inferiore.
Il museo offre una vastissima raccolta sulla locale civiltà Iblea.
Sono riproposti gli ambienti di ben quindici tipi di botteghe artigiane, nonché una grande masseria.
Un'intera sezione è poi dedicata a testimonianze di religiosità popolare.

POZZALLO

ALBERGHI

La Torre Cabrera a Pozzallo.

Albergo Villa Ada***
Corso Vittorio Veneto, 3
97016 - Pozzallo (RG)
Tel. 0932954022.

RISTORANTI

Ristorante Armenia
Via Vivaldi, 18
Tel. 0932957190.
Chiusura: lunedì.
Ristorante a conduzione familiare arredato seguendo lo stile marinaresco.

RAGUSA

ALBERGHI

Albergo Baia Del Sole***
Marina Di Ragusa - Via Andrea Doria
97010 - Ragusa (RG)
Tel. 0932230344.
Hotel Ionio***
Via Risorgimento, 49
97100 - Ragusa (RG)
Tel. 0932624322.
Hotel Mediterraneo Palace****
Via Roma, 189
97100 - Ragusa (RG)
Tel. 0932621944.
Hotel Montreal***
Via S. Giuseppe, 14
97100 - Ragusa (RG)
Tel. 0932621133.
Hotel Rafael****
Corso Italia, 40
97100 - Ragusa (RG)
Tel. 0932654080.
Hotel S. Giovanni***
Via Traspontino, 2
97100 - Ragusa (RG)
Tel. 0932621013.
Hotel Terraqua***
Marina Di Ragusa - Via delle Sirene
97010 - Ragusa (RG)
Tel. 0932615600.

RISTORANTI

Al Castello
Castello Di Donnafugata
Tel. 0932619260.
Chiusura: lunedì.
Il ristorante si trova all'interno di quelle che erano le stalle di un castello del Trecento.
Baglio La Pergola
Contrada Selvaggio
Tel. 0932686430.
Fax 0932667857.
Chiusura: martedì.
Elegante ristorante dalla cucina molto curata.
La Bella Otero
Via Cesare Battisti, 28
Tel. 0932654342.
Fax 0932928698.
Chiusura: domenica.
Dalla ristrutturazione di un antico caseggiato rurale è stato ricavato un elegante ristorante dalla cucina ricercata.
Ristorante Il Barocco
Via Orfanotrofio, 29
Tel. e Fax 0932652397.
Chiusura: mercoledì.
Ristorante che accoglie i suoi avventori all'interno di un palazzo d'epoca barocca.
Ristorante Mediterraneo
Via Roma, 191
Tel. e Fax 0932651403.
Chiusura: no.
Si domina la città da questo ristorante, che si sviluppa sopra il Museo Archeologico di Ragusa.
Ristorante U Saracinu
Via Convento, 9
Tel. 0932246976.
Chiusura: mercoledì.
Il ristorante, che si sviluppa all'interno di un palazzo in stile barocco, propone una cucina che prende spunto dalle tradizioni locali.
Ristorante Villa Fortugno
Contrada Fortugno, Strada Prov., km 4, Marina di Ragusa
Tel.e fax 0932667134.
Chiusura: lunedì.
Il ristorante si trova in una villa settecentesca immersa in un parco. La cucina è curata nei dettagli.

MUSEI

Castello di Donnafugata
Località Donnafugata
Orari: 9-12 e 15.30-18.30. Chiuso il lunedì.
Tel. Comune: 0932676111.
Info: 0932619333-0932619308.
Ingresso: 5,00 euro intero.
Nell'antico Castello di Donnafugata sono conservati arredi, dipinti e decorazioni, risalenti a epoche che vanno dal Seicento fino ai primi decenni del Novecento.
Museo Regionale di Camarina
Contrada Camarina – Strada Prov. Santa Croce Scoglitti
Orari: 9-14 e 15-19.
Tel. Comune: 0932676111.
Info: 0932826004.
Ingresso: 2,50 euro intero.
Sono esposti reperti archeologici provenienti dalla città e dalla necropoli di Camarina e

dal territorio limitrofo. Di particolare valore i ritrovamenti frutto di ricerche subacquee. Il museo si trova all'interno del rinomato parco archeologico di Camarina, a 33 km da Ragusa.

Museo Archeologico Ibleo
Vico Natalelli, 11
Orari: 9-13.30 (la domenica anche 16-19.30).
Tel. Comune: 0932676111.
Info: 0932622963.
Ingresso: 2,00 euro intero.
Il museo, all'interno di Palazzo Mediterraneo, è suddiviso in cinque sezioni e raccoglie i reperti archeologici provenienti dagli scavi sul territorio di Hybla Heraria e della necropoli di Camarina. Vengono testimoniati gli insediamenti, in questa zona del ragusano, dalla preistoria sino all'età tardo-romana.

SCICLI

ALBERGHI

Hotel Baia Samuele***
Contrada Samuele
97010 - Scicli (RG)
Tel. 0932848111.

RISTORANTI

Ristorante Al Molo
Donnalucata - Via Perello, 90
Tel. 0932937710.
Chiusura: lunedì.
Il ristorante si trova tra le vie di questo incantevole borgo

Scicli, Chiesa Madre di Sant'Ignazio

siciliano e si propone con una cucina curata nei particolari.

VITTORIA

ALBERGHI

Agathae Hotel***
Scoglitti - Via Eugenio Montale, 10
97019 - Vittoria (RG)
Tel. 0932980730.

Grand Hotel Vittoria***
Vico Carlo Pisacane, 53/B
97019 - Vittoria (RG)
Tel. 0932863888.

MUSEI

Museo Storico Italo-Ungherese
Via Garibaldi (Capannone 16)
Orari: 8.30-13 da lunedì a sabato. Chiuso la domenica.
Tel. Comune: 0932862606.
Info: 0932865994.
Ingresso: libero.
Il museo espone una interessante sezione dedicata alla storia dei rapporti tra l'Italia e l'Ungheria a partire dal 1916, anno in cui Vittoria divenne campo di prigionia per oltre ventimila soldati dell'esercito austro-ungarico. Sono testimoniati i contatti diplomatici tra i due paesi in epoca risorgimentale e durante la Seconda Guerra Mondiale.

PROVINCIA DI SIRACUSA

AUGUSTA

ALBERGHI

Brucoli Village***
Contrada Gisira
96011 - Augusta (SR)
Tel. 0931994401.

Hotel Venus Sea Garden****
Brucoli - Contrada Monte Amara
96011 - Augusta (SR)
Tel. 0931998946.

RISTORANTI

Ristorante Chateau D'Or
Agnone - Contrada San Leonardo
Tel. e Fax 095996118.
Chiusura: venerdì.
Ristorante dal taglio rustico. Particolarmente caratteristico il forno a legna in cui viene cotto il pane.

Ristorante I Siciliani
Via Roma, 16
Tel. 0931976855.
Chiusura: venerdì.
Ristorante in pieno centro, in prossimità del Duomo, con pizzeria annessa.

MUSEI

Scavi di Megara Hyblaea
Contrada Megara Giannalena
Orari: estate 8-19, inverno 8-17.30.
Tel. Comune: 0931980111.
Info: 0931481111.
Ingresso: libero.
Particolarmente suggestiva questa zona archeologica, che si trova tra il mare e le raffinerie di Augusta. Gli scavi riguardano l'antica colonia greca di Megara Hyblaea, fondata nel 728 a.C.

AVOLA

CANTINE

Cantina Sociale Elorina
Via Alcide De Gasperi, 53
96012 - Avola (SR)
Tel. 0931821829.
Vini prodotti: Bianco Sicilia, Eloro Rosato, Eloro Rosso, Eloro Rosso Pachino, Moscato di Noto Liquoroso, Moscato di Noto Naturale, Tellaro Bianco, Tellaro Rosato, Tellaro Rosso.

BUCCHERI

ALBERGHI

Hotel Montelauro***
Via Natale Cappello, 62
96010 - Buccheri (SR)
Tel. 0931873174.

RISTORANTI

Ristorante Il Camino
Via Piave, 24
Tel. e Fax 0931880054.
Chiusura: lunedì.
Ristorante di collina dal taglio rustico immerso nel verde. La sala è abbellita da un suggestivo camino.

BUSCEMI

🏛 MUSEI

Museo "I Luoghi del Lavoro Contadino"
Corso Vittorio Emanuele, 25
Orari: 9-12.30.
Tel. Comune: 0931878273.
Info: 0931881499.
Ingresso: 4,13 euro intero. Mulino ad acqua S. Lucia: 2,57 euro intero.
La struttura comprende otto unità museali: il palmento, il frantoio, la casa del bracciante, la bottega del fabbro, la bottega del falegname, la bottega del calzolaio e del conciabrocche, la casa del massaro e il mulino ad acqua S. Lucia, situato a Palazzolo Acreide.

CANICATTINI BAGNI

🍽 RISTORANTI

Ristorante La Grotta
Via Seminario, 3
Tel. 0931947334.
Chiusura: lunedì.
Elegante ristorante dalla cucina molto curata. Una delle due sale del locale è ricavata dalla roccia.

CARLENTINI

🐎 AGRITURISMI

Azienda Agrituristica Tenuta Di Roccadia
Contrada Roccadia
96013 - Carlentini (SR)
Tel.e fax 095990362.
Agriturismo immerso nel verde dell'antico feudo di Roccadia, a 9 km dal mare e a soli 2 km dagli scavi archeologici di Leontini, visitabili gratuitamente tutto il giorno. Necessaria la prenotazione, sia per pernottare sia per il ristorante, che propone, tra le altre specialità, la pasta fatta in casa condita con il pesto siciliano, nonché il "cudduruni" (schiacciata di pane variamente ripiena). Vendita diretta di liquori di agrumi, olio extravergine, marmellate e ortaggi. Possibilità di usufruire di giochi per bambini e di praticare nuoto, calcetto, equitazione e tiro con l'arco.

CASSARO

🌿 FRANTOI

Azienda Agricola Michele Costanzo
Piazza Matrice, 1
96010 - Cassaro (SR)
Tel. e Fax 0931877012.
Nel cuore dei Monti Iblei, a 600 metri, quest'azienda (con frantoio interno) imbottiglia dal 1993, in quantità limitate, la selezione Extravergine Hyblon, olio di pregio che può vantare notevoli riconoscimenti di qualità. Telefonare per fissare un appuntamento.

MELILLI

🏨 ALBERGHI

Hotel Sicilfuel***
Villasmundo - Bivio Augusta Villasmunda
96010 - Melilli (SR)
Tel. 0931914006.

NOTO

🏨 ALBERGHI

Hotel Club Elios***
Viale Lido Di Noto
96017 - Noto (SR)
Tel. 0931812366.

Hotel Club Eloro***
Calabernardo - Contrada Noto Marina
96017 - Noto (SR)
Tel. 0931812244.

Hotel President***
Viale Lido Di Noto, 1
96017 - Noto (SR)
Tel. 0931812543.

🍽 RISTORANTI

Ristorante Il Barocco
Ronco Sgadari, 8
Tel. 0931835999.
Chiusura: no.
Il ristorante si trova all'interno di un edificio del XVII secolo, originariamente adibito a scuderia del Palazzo Astuto. Cucina curata nei dettagli.

Ristorante La Trota
Contrada Pianette
Tel. 0931883433.
Chiusura: lunedì.
Ristorante di campagna, a 7 km dal paese, che propone una cucina da gustare in veranda.

Ristorante Villa Bruna
Contrada S. Corrado Fuori Le Mura, 1
Tel. 0931813076.
Chiusura: lunedì.
Ristorante dal taglio classico; la cucina, curata, si può gustare in un accogliente terrazzo.

🏛 MUSEI

Scavi di Eloro e Villa Romana del Tellaro
Località Eloro
Orari: dalla mattina sino a un'ora prima del tramonto.
Tel. Comune: 0931896111.
Info: 0931573779-0931573883.
Ingresso: libero.
Assai interessante il sito archeologico di Eloro, cittadina fondata dai Siracusani attorno al VII secolo a.C., suggestivo anche sul piano paesaggistico. Si trova su un piccolo promontorio, nei pressi della foce del fiume Tellaro. Nelle vicinanze si può trovare anche l'omonima Villa Romana, risalente al IV secolo a.C.

PACHINO

🍷 CANTINE

Vini Nobile
Via Fiume, 39
96018 - Pachino (SR)
Tel. 0931846167.
Vini prodotti: Rosso di Pachino, Nero d'Avola, Cerasuolo.

Il Duomo di Noto.

PALAZZOLO ACREIDE

ALBERGHI

Albergo Senatore***
Largo Senatore Italia, 1
96010 - Palazzolo Acreide (SR)
Tel. 0931883443.

MUSEI

Casa Museo "Antonino Uccello"
Via Niccolò Machiavelli, 19
Orari: 9-13 e 15-19.
Tel. Comune: 0931871111.
Info: 0931881499-0931881286-0931871280.
Ingresso: libero.
Il museo, dedicato al poeta e antropologo Antonino Uccello, ricostruisce gli ambienti popolari dell'Ottocento palazzolese, con particolare attenzione agli oggetti della casa contadina.

ROSOLINI

CANTINE

Cooperativa Interprovinciale Elorina
Contrada Belliscala, Strada Prov. Rosolini-Pachino Km 7
96019 - Rosolini (SR)
Tel. 0931857068.
Vini prodotti: Eloro Rosato, Eloro Rosso, Eloro Rosso Pachino, Eloro Rosso Villa Dorata, Moscato di Noto Liquoroso, Moscato di Noto Naturale.

FRANTOI

Azienda Agricola Giorgio Nobile
Via Immacolata, 113
96019 - Rosolini (SR)
Tel. e Fax 0931856369.
Da diverse generazioni, l'azienda eccelle a 360 gradi nel campo dell'olivicoltura, in particolare con la produzione dell'Extravergine Nobile (da agricoltura biologica).
Delizioso anche il paté e le olive preparate farcite sott'olio e in salamoia.
All'interno dell'azienda è situata una basilica rupestre paleocristiana (IV-V secolo d.C.), di notevole interesse storico.
Telefonare per fissare un appuntamento.

SIRACUSA

ALBERGHI

Albergo Como***
Piazzale Stazione, 10
96100 - Siracusa (SR)
Tel. 0931464055.

Albergo Fontane Bianche***
Via Mazzarò (Cassibile - Fontane Bianche), 1
96100 - Siracusa (SR)
Tel. 0931790611.

Albergo Gutkowski***
Lungomare Elio Vittorini, 26
96100 - Siracusa (SR)
Tel. 0931465861.

Albergo Relax***
Via Monte Rosa, 11
96100 - Siracusa (SR)
Tel. 0931740122.

Albergo Scala Greca***
Via Avola, 7
96100 - Siracusa (SR)

La tomba di Archimede a Siracusa.

Tel. 0931753922.

Grand Hotel****
Viale Giuseppe Mazzini, 12
96100 - Siracusa (SR)
Tel. 0931464600.

Grand Hotel Villa Politi****
Via Politi Laudien, 2
96100 - Siracusa (SR)
Tel. 0931412121.

Hotel Bellavista***
Via Diodoro Siculo, 4
96100 - Siracusa (SR)
Tel. 0931411355.

Hotel Domus Mariae***
Via Vittorio Veneto, 76
96100 - Siracusa (SR)
Tel. 093124854.

Hotel Holiday Inn****
Viale Teracati, 30
96100 - Siracusa (SR)
Tel. 0931463232.

Hotel Palace****
Viale Scala Greca, 201
96100 - Siracusa (SR)
Tel. 0931491566.

Hotel Panorama***
Via Necropoli Grotticelle, 33
96100 - Siracusa (SR)
Tel. 0931412188.

Hotel Roma****
Via Roma, 11
96100 - Siracusa (SR)
Tel. 0931465626.

Jolly Hotels****
Corso Gelone, 43
96100 - Siracusa (SR)
Tel. 0931461111.

Park Hotel***
Via Filisto, 80
96100 - Siracusa (SR)
Tel. 0931412233.

RISTORANTI

Ristorante I Sapori Di Sicilia
Contrada Dammusi
Tel. e Fax 093166570.
Chiusura: lunedì.
Il ristorante è circondato da un bellissimo agrumeto dove si possono gustare i piatti tipici della radizione siciliana.

Ristorante Il Teatro
Via Agnello Canonico Nunzio, 8
Tel. e Fax 093121321.
Chiusura: lunedì sera, in inverno.
Il ristorante è completamente immerso nel verde. La cucina è caratterizzata da piatti cucinati secondo la più verace tradizione siciliana.

Ristorante La Tavernetta Al Papiro
Via Tripoli, 6
Tel. 0931461066.
Chiusura: domenica e mese di agosto.
Il ristorante è in funzione sin dai primi del Novecento e propone una cucina basata sui prodotti locali.

Ristorante Minosse
Via Mirabella, 6
Tel. 093166366.
Chiusura: lunedì.
Elegante ristorante ricavato da un'abitazione del Settecento.

AGRITURISMI

Agriturismo La Perciata
Strada Spinagallo, 77
96100 - Siracusa (SR)
Tel. 0931717366.
Cell. 336756110.
Fax 093162301.
Azienda aperta tutto l'anno, a circa 10 km dall'abitato di Siracusa. In estate il ristorante apre anche ad avventori occasionali. Notevole è la dotazione di impianti sportivi, con tennis, maneggio, piscina e possibilità di escursioni in mountain-bike. Produzione e vendita di marmellate, olio e verdure sott'olio.

🏛 MUSEI

Parco Archeologico della Neàpolis
Viale Rizzo
Orari: dalle 9 sino a due ore prima del tramonto.
Tel. Comune: 0931412841.
Info: 093166206.
Ingresso: 4,50 euro intero.
Il Parco Archeologico della Neàpolis (dal greco "nuova città") racchiude la maggior parte dei monumenti della Siracusa greca e

La Chiesa della Madonna dei Miracoli ad Alcamo

romana: Teatro Greco, Orecchio di Dionisio, Anfiteatro Romano, Latomie, Grotta dei Cordari. Indubbiamente ci troviamo al cospetto di uno degli angoli più suggestivi dell'intera Sicilia.

Galleria Regionale Palazzo Bellomo
Via Capodieci, 14-16
Orari: 9-13.30 da martedì a sabato. Agosto e settembre, 9-18.30 da martedì a sabato, 9-13.30 domenica e festivi, chiuso il lunedì.
Tel. Comune: 0931412841.
Info: 093169617.
Ingresso: 2,50 euro intero.
Il museo comprende una sezione di scultura, con opere dall'età tardo antica al Rinascimento; una pinacoteca con dipinti dal '300 al '700 (da non perdere l'Annunciazione di Antonello da Messina) e una sezione con ceramiche, argenti e presepi.

Museo Archeologico Regionale "Paolo Orsi"
Villa Landolina - Viale Teocrito, 66
Orari: 9-13 dal martedì a sabato. Agosto e settembre: 9-18 da martedì a sabato, 9-13 domenica e festivi, lunedì chiuso.
Tel. Comune: 0931412841.
Info: 0931464022.
Ingresso: 4,50 euro intero.
Il museo si trova nel Parco di Villa Landolina, luogo di notevole interesse archeologico tra le Catacombe di San Giovanni e quelle di Vigna Cassia. Il complesso è dedicato a Paolo Orsi (1859-1933), studioso di fama internazionale e direttore del museo stesso per più di un trentennio. Forse è il museo archeologico più importante dell'intera Sicilia, con i suoi 9000 metri quadrati, i suoi circa 18000 reperti.

Museo del Papiro
Viale Teocrito, 66
Orari: 9-13.30. Chiuso il lunedì.
Tel. Comune: 0931412841.
Info: 093161616-093122100.
Ingresso: libero.
Il visitatore può ammirare papiri antichissimi, che risalgono addirittura al XV secolo a.C. Notevole, inoltre, una raccolta con materiale utilizzato da scribi egizi. Papiri "d'importazione", ma anche papiri di Siracusa.

Antiquarium del Castello Eurialo
Frazione Belvedere - Piazza Eurialo, 1
Orari: periodo estivo 9-18.30; periodo invernale 9-17.30.
Tel. Comune: 0931412841.
Info: 0931711773.
Ingresso: libero.
Il Castello Eurialo, costruito attorno al 400 a.C. per difendere Siracusa dai Cartaginesi, è la più grande testimonianza di opera militare del periodo greco.

Acquario
Isola di Ortigia - Largo Marina (Fonte Aretusa)
Orari: 10-20.30 in inverno. In estate può chiudere anche all'una di notte.
Tel. Comune: 0931412841.
Info: 0931449105.
Ingresso: 2,60 euro intero.
L'acquario di Siracusa offre un interessante percorso didattico, diviso in più sezioni. Di particolare interesse quelle dedicate alle specie e all'habitat del Mediterraneo e dei mari tropicali.

PROVINCIA DI TRAPANI

ALCAMO

 CANTINE

Azienda Agricola Ceuso
Via Enea, 18
91011 - Alcamo (TP)
Tel. 0924507860-092422836.
Vini prodotti: Ceuso Custera Rosso, Fantasia Rosso Nero d'Avola Merlot (Igt).

Cantina Fiumefreddo
Contrada Coda Di Volpe
91011 - Alcamo (TP)
Tel. 092424547.
Vini prodotti: Bianco d'Alcamo, Bonifatum Rosso, Coda di Volpe Bianco, Coda di Volpe Rosso.

MUSEI

Castello e Museo Etno-Antropologico
Piazza Castello
Orari: 9-13 e 16-20.
Tel. Comune: 0924590111.
Info: 0924590316.
Ingresso: libero.
Perla della Alcamo antica è il Castello dei Conti di Modica, risalente alla fine del XIV secolo. Caratteristiche le sue quattro torri, due a forma cilindrica e due a forma di parallelepipedo. In un'ala dell'edificio è situato il museo etno-antropologico cittadino.

BUSETO PALIZZOLO

AGRITURISMI

Agriturismo Pianoneve
Località Pianoneve -
Via Agrigento, 112
Tel. 0923851227.
Questo agriturismo è uno dei più vecchi dell'intera Sicilia. L'azienda è formata da alcuni rustici e offre la possibilità di fare escursioni alla ricerca di fossili e minerali di cui la zona è ricca. In vendita alcuni prodotti di qualità, tra cui vino e olio. Tra le altre cose, l'azienda alleva anche ovini, pollame, conigli e api, da cui si produce un ottimo miele.

MUSEI

Museo della Civiltà Locale
Vicolo Maranzano
Orari: 9-12 sabato e domenica, gli altri giorni su richiesta.
Tel. Comune: 0923851071.
Info: 0923852200-0923851064.
Ingresso: libero.
In un antico "baglio" (termine che deriva da quelli che erano gli insediamenti che sorgevano intorno al castello del feudatario) sono raccolti attrezzi da lavoro, costumi e corredi, per richiamare la bellezza e il valore della tradizione locale.

CALATAFIMI

MUSEI

Tempio, Teatro e scavi archeologici di Segesta
Segesta
Orari: dalle 9 sino a mezz'ora prima del tramonto.
Tel. Comune: 0924951534.
Info: 0924954619-0924956241.
Ingresso: 4,00 euro intero.
Tra le splendide testimonianze della Sicilia antica non può mancare Segesta, con la visita al parco archeologico. Imperdibile il Tempio dorico-siculo, edificato alla fine del V secolo a.C. e ancora perfettamente conservato. Assai suggestivo è il paesaggio che fa da sfondo al meraviglioso Teatro del II secolo a.C.

Il tempio C a Selinunte presso Castelvetrano

CASTELVETRANO

ALBERGHI

Hotel Garzia***
Via Pigafetta, 2
91022 - Castelvetrano (TP)
Tel. 092446024.

Hotel Paradise Beach***
Contrada Belice
91022 - Castelvetrano (TP)
Tel. 092446333.

CANTINE

Cantina Sociale Zangara
Contrada Zangara
91022 - Castelvetrano (TP)
Tel. e Fax 092487187.
Vini prodotti: Cabernet Sauvignon, Nero d'Avola, Chardonnay, Inzolia (Igt).

FRANTOI

Azienda Agricola d'Alì
Contrada Zangara
91022 - Castelvetrano (TP)
Tel. e Fax 092328890.
L'azienda appartiene alla famiglia d'Alì sin dal 1856 e oggi riesce a coniugare antica tradizione e moderno spirito imprenditoriale, tanto che è alle porte l'apertura di un vero e proprio agriturismo. Spicca la produzione dell'Extravergine Tenuta Zangara, ottenuto da olive "Nocellara del Belice" in purezza. Da assaggiare anche le olive verdi condite secondo una peculiare ricetta locale. Telefonare per fissare un appuntamento.

MUSEI

Parco Archeologico di Selinunte
Località Selinunte
Orari: dalle 9 sino a un'ora prima del tramonto.
Tel. Comune: 0924909111.
Info: 092446251.
Ingresso: 4,50 euro intero.
Lo splendido e vastissimo (270 ettari) parco archeologico di Selinunte si affaccia sul Mediterraneo e si trova a 70 km da Trapani, immerso nella riserva naturale del fiume Belice. I templi risalgono al VII-IV secolo a.C. circa. Maestoso è, tra i tanti, il Tempio G, probabilmente dedicato al dio Apollo. All'interno dell'area è possibile visitare il piccolo Antiquarium. Una curiosità: a pochi chilometri, nel comune di Campobello di Mazara, si trovano le Cave di Cusa, dalle quali provengono i materiali usati dai greci per costruire i Templi di

Selinunte.
Enoagrimuseum
Contrada Santa Teresa
Latomie – Strada
Statale 115, Km 104
Orari: 9.30-13 e 14-19
a richiesta per gruppi.
Chiuso a gennaio e fino
al 15 febbraio.
Tel. Comune:
0924909111.
Info: 092444060.
Ingresso: libero.
Il museo ricostruisce gli
ambienti della cucina
contadina ed espone
attrezzi agricoli
utilizzati per la
produzione dell'olio e
del vino, nonché alcuni
tipici e tradizionali carri
siciliani.
Museo Civico
Via Garibaldi, 50
Orari: 9.30-13.30 e
14.30-18.30.
Tel. Comune:
0924909111.
Info: 0924904932.
Ingresso: 2,50 euro
intero.
Il museo ospita quasi
mille pezzi e conserva
reperti di ceramica
corinzia, vasi attici,
vasellame di creta,
terrecotte, marmi e
statuette. Tutto
materiale rinvenuto nel
territorio di Selinunte.

*Il Castello
di Venere
a Erice.*

ERICE

🏨 ALBERGHI

**Albergo La
Pineta*****
Via Nasi (La Pineta)
91016 - Erice (TP)
Tel. 0923869783.
**Albergo
L'Approdo*****
Pizzolungo - Via Enea, 3
91016 - Erice (TP)
Tel. 0923571555.
Hotel Elimo***
Via Vittorio Emanuele, 73
91016 - Erice (TP)
Tel. 0923869377.
Hotel Moderno***
Via Vittorio Emanuele,
67
91016 - Erice (TP)
Tel. 0923869300.
Hotel Tirreno***
Pizzolungo - Via Enea,
37
91016 - Erice (TP)
Tel. 0923571078.
**Park Hotel
Astoria*****
Lungomare Dante
Alighieri
91016 - Erice (TP)
Tel. 0923584111.

🏛 MUSEI

**Museo Civico
"Antonio Cordici"**
Piazza Umberto I
Orari: 8.30-13.30 da
lunedì a venerdì, lunedì
e giovedì anche 14.30-
17.30. Chiuso sabato e
domenica.
Tel. Comune:
0923860011.
Info: 0923869172.
Ingresso: libero.
Il museo conserva
statuine del VI secolo
a.C., lucerne
ellenistiche, alcune
anfore romane e altri
reperti archeologici. Di
rilievo l'Annunciazione,
scolpita da Antonello
Gagini (1525), una
delle più preziose
testimonianze del
Rinascimento siciliano.

FAVIGNANA

🏨 ALBERGHI

**Club Vacanze
Approdo
D'Ulisse*****
Contrada Calagrande
91023 - Favignana
(TP)
Tel. 0923922525.

GIBELLINA

🏛 MUSEI

**Museo delle Trame
Mediterranee**
Località Baglio di
Stefano
Orari: 10-13 e 15-
19.30. Chiuso il lunedì.
Tel. Comune:
092467567.
Info: 092467844.
Ingresso: 2,00 euro
intero.
Il museo conserva varie
testimonianze inerenti le
civiltà del Mediterraneo
nella storia, con raccolte
di gioielli e ceramiche.
Museo Civico
Viale Segesta
Orari: 9-13 e 16-19 da
martedì a sabato, 10-13
e 16-19 domenica.
Chiuso il lunedì.
Tel. Comune:
092467567.
Info: 092467428.
Ingresso: 1,29 euro
intero.
Il museo si compone di
tre sezioni: arte
contemporanea,
etnoantropologica e
storica. La vicenda della
cittadina di Gibellina
raccontata con plastici,
fotografie e documenti.
**Museo Etno-
Antropologico della
Valle del Belice**
Via Vespri Siciliani
Orari: 9-13 e 16-19 da
martedì a sabato, 10-13
e 16-19 domenica.
Chiuso il lunedì.
Tel. Comune:
092467567.
Info: 092467428.
Ingresso: libero.
Le visite partono dal
Museo Civico di viale
Segesta.
Antica casa contadina
con arredamenti
d'epoca.
Particolare attenzione
per gli attrezzi
dei lavori femminili
domestici e per quelli
di alcune botteghe
artigiane tra cui
il gessaio, il
maniscalco, il cordaio e
il conciatore.

MARSALA

🏨 ALBERGHI

Hotel Acos***
Via Mazara, 14
91025 - Marsala (TP)
Tel. 0923999166.
Hotel Cap 3000***
Via Erice, 23
91025 - Marsala (TP)
Tel. 0923989055.
Hotel President***
Via Nino Bixio, 1
91025 - Marsala (TP)
Tel. 0923999333.
**New Hotel
Palace******
Lungomare
Mediterraneo, 57
91025 - Marsala (TP)
Tel. 0923719492.

🍷 Cantine

Azienda Agricola Frazzitta
Via Sirtori, 4
91025 - Marsala (TP)
Tel. 0923999046.
Vini prodotti: Marsala Superiore Secco, Marsala Vergine Riserva Punta Ettare, Marsala Vergine Soleras.

Azienda Agricola Vecchio Samperi
Contrada Fornara (Samperi), 292
91025 - Marsala (TP)
Tel. 0923962093.
Vini prodotti: Moscato Passito di Pantelleria Bukkuram, Vecchio Samperi.

Cantina Pellegrino
Via del Fante, 39
91025 - Marsala (TP)
Tel. 0923719911.
Fax 0923953542.
Vini prodotti: Alcamo bianco, Marsala Vergine Soleras, Marsala Vintage Riserva.

Cantina Rallo
Via Vincenzo Florio, 2
91025 - Marsala (TP)
Tel. 0923721633.
Fax 0923721535.
Vini prodotti: Marsala Vergine Soleras Riserva, Vesco Bianco, Vesco Rosso.

Cantina Sociale Birgi
Contrada Birgi Nivaloro
91025 - Marsala (TP)
Tel. 0923966933.
Fax 0923966564.
Vini prodotti: Bianco Birgi Sicilia, Rosato Birgi Sicilia, Rosso Birgi Sicilia, Inzolia, Grillo.

Cantine Montalto
Contrada Berbaro, 388
91025 - Marsala (TP)
Tel. 0923969667.
Vini prodotti: Don Nicola Bianco, Don Nicola Rosso, Gran Marsala Secco Stravecchio Riserva.

Cantine Vinci
Contrada S. Venera - Via Trapani, 7
91025 - Marsala (TP)
Tel. 0923989300.
Fax 0923737303.
Vini prodotti: Marsala Vergine Soleras, Vigna Moresca Sicilia.

Florio Vinicola Italiana
Via Vincenzo Florio, 1
91025 - Marsala (TP)
Tel. 0923781111.
Fax 0923982380.
Vini prodotti: Marsala Superiore Secco Ambra Vecchioflorio, Marsala Vergine Oro Baglio Florio.

Tenuta di Donnafugata
Via Sebastiano Lipari, 18
91025 - Marsala (TP)
Tel. 0923999555.
Fax 0923721130.
Vini prodotti: Contessa Entellina Bianco Vigna di Gabri, Contessa Entellina Chardonnay La Fuga, Contessa Entellina Rosso Tancredi, Mille e Una Notte Sicilia, Moscato Passito di Pantelleria Ben Ryè.

🌸 Frantoi

Oleificio Michele Colicchia
Contrada Ciancio - Via Tunisi, 615
91025 - Marsala (TP)
Tel.e fax 0923713686.
Cell. 3337601251.
La valorizzazione di

Peschereccio nel porto di Marsala.

prodotti e sapori tipici siciliani è il credo di quest'azienda, che offre in particolare (in degustazione e in vendita) la selezione Extravergine Se.Vi., ottenuta da olive di varietà cerasuola in purezza. Vengono però prodotte altre etichette assai apprezzabili. Telefonare per fissare un appuntamento.

🏛 Musei

Mostra Nazionale di Pittura Contemporanea "Città di Marsala"
Piazza del Carmine
Orari: 10-13 e 17-19 (inverno); 10-13 e 18-20 (estate). Chiuso il lunedì.
Tel. Comune: 0923993111.
Info: 0923713822.
Ingresso: libero.
Esposte circa 700 opere di artisti contemporanei italiani e stranieri.

Museo Archeologico "Baglio Anselmi"
Via Capo Lilibeo, 34
Orari: 9-13.30 da lunedì a domenica, 16-18.30 mercoledì e da venerdì a domenica.
Tel. Comune: 0923993111.
Info: 0923952535.
Ingresso: 2,07 euro intero.
Il museo, vicino a Capo Boeo, raccoglie reperti archeologici rinvenuti nella zona di Lilibeo, antico nome di Marsala.

Museo degli Arazzi
Via G. Garaffa, 57
Orari: 9-13 e 16-18. Chiuso il lunedì.
Tel. Comune: 0923993111.
Info: 0923712903.
Ingresso: 1,03 euro intero.
Si può ammirare una serie composta da otto arazzi fiamminghi cinquecenteschi, che Filippo II di Spagna offrì in dono all'arcivescovo Lombardo.

Museo "Giuseppe Whitaker"
Isola di Mozia
Orari: dalle 9 alle 13 e dalle 15 ad un'ora prima del tramonto.
Tel. Comune: 0923993111.
Info: 0923712598.
Ingresso: 6,00 euro intero.
Il museo è sorto grazie alla collezione di Giuseppe Whitaker, inglese trapiantato in Sicilia, di professione produttore di Marsala, ma con un'immensa passione per l'arte.

MAZARA DEL VALLO

🏨 Alberghi

Hopps Hotel*
Via Giacomo Hopps, 29
91026 - Mazara del Vallo (TP)

Tel. 0923946133.

🍴 RISTORANTI

Ristorante Baby Luna
Via Punica, 1
Tel. 0923948622.
Chiusura: lunedì.
Mentre si gusta la piacevole cucina di questo ristorante, è anche possibile ammirare lo splendido mare di Mazara del Vallo.

🏛 MUSEI

Museo Civico
Piazza Plebiscito, 2
Orari: 8-14 dal lunedì al sabato, martedì e giovedì anche 15-18.
Chiuso la domenica.
Tel. Comune: 0923671111.
Info: 0923671111.
Ingresso: libero.
Il museo conserva reperti archeologici rinvenuti nel territorio di Mazara.
Particolarmente interessante il materiale di origine araba.

Museo Diocesano
Via dell'Orologio, 3
Orari: 8.30-13.30 da lunedì a sabato. Chiuso domenica e festivi.
Tel. Comune:
0923671111.
Info: 0923909431-0923941665.
Ingresso: libero.
Preziosa raccolta di arte sacra seconda metà del Quattrocento alla seconda metà dell'Ottocento.

PACECO

🍷 CANTINE

Azienda Agricola Firriato
Via Trapani, 4
91027 - Paceco (TP)
Tel. 0923882755.
Vini prodotti: Bianco d'Alcamo.

🏛 MUSEI

Museo del Sale
Via delle Saline
Orari: 9-13.30 e 15.30-19.30.
Tel. Comune: 0923401111.
Info: 0923867442.
Ingresso: 2,00 euro intero.
Istituito nel 1983, si trova nella Salina Culcasi e documenta, con materiale fotografico e attrezzi, i metodi di produzione del sale.

Museo Preistorico
Via Nunzio Agate, 46
Orari: 8-14 (estate); 14-20 (inverno). Chiuso sabato e domenica.
Tel. Comune: 0923401111.
Info: 0923881991 Biblioteca Comunale.
Ingresso: libero.
La Biblioteca Comunale cittadina ospita un museo con reperti databili al paleolitico superiore.

Il Castello Normanno a Mazara del Vallo.

🐴 AGRITURISMI

Agriturismo Costa di Mandorle
Via Verderame 37, tel. 0923409100.
Soggiornare in questo agriturismo significa soggiornare in un posto incantevole con vista sulle saline di Trapani, con l'arcipelago delle Egadi a portata di mano, e il monte Erice come se fosse ancora abitato dagli Dei. Un luogo fuori dal tempo, con una costruzione adibita ad agriturismo sapientemente ristrutturata. Il soggiorno È reso gradevole dalle passeggiate proposte e dalle visite dei luoghi circostanti. In vendita anche alcuni prodotti come marmellate e olii extravergini.

PANTELLERIA

🏨 ALBERGHI

Club Vacanze Punta Fram***
Contrada Cimillia
91017 - Pantelleria (TP)
Tel. 0923918075.

Hotel Cossyra Club***
Contrada Mursia
91017 - Pantelleria (TP)
Tel. 0923911154.

Hotel Di Fresco***
Contrada Mursia
91017 - Pantelleria (TP)
Tel. 0923911217.

Hotel Khamma***
Via Borgo Italia, 24
91017 - Pantelleria (TP)
Tel. 0923912680.

Port Hotel***
Via Borgo Italia, 43
91017 - Pantelleria (TP)
Tel. 0923911299.

🍷 CANTINE

Azienda Agricola Bukkuram
Contrada Bukkuram, 9
91017 - Pantelleria (TP)
Tel. e Fax 0923918344.
Vini prodotti: Moscato Passito di Pantelleria Bukkuram.

Azienda Agricola D'Ancona
Contrada Kaddiuggia
91017 - Pantelleria (TP)
Tel. 0923913016.
Vini prodotti: Moscato di Pantelleria, Passito di Pantelleria.

Cooperativa Nuova Agricoltura
Strada Ghirlanda Sopra Camere Barone
91017 - Pantelleria (TP)
Tel. 0923915712.
È prevista anche la degustazione.
Vini prodotti: Moscato di Pantelleria Malika, Passito di Pantelleria Kouros.

Vini Salvatore Murana
Contrada Kamma, 276
91017 - Pantelleria (TP)
Tel. 0923915231.
Cell. 3687862545.
Vini prodotti: Moscato di Pantelleria Mueggen, Moscato Passito di Pantelleria Khamma, Moscato Passito di Pantelleria Martingala.

PETROSINO

CANTINE

Cantina Sociale Petrosino
Contrada Gazzarella, 87
91020 - Petrosino (TP)
Tel. 0923985319.
Fax 0923986655.
Vini prodotti: Grecanico, Grillo.

SALEMI

AGRITURISMI

Azienda Agrituristica Settesoldi
Contrada Settesoldi, 111
91018 - Salemi (TP)
Tel. 0924982011.
Agriturismo che ha, nei suoi dintorni, meraviglie storiche come i siti di Segesta e Selinunte, nonché splendidi parchi naturali come la Riserva dello Zingaro. La prenotazione è obbligatoria: l'azienda dispone di otto camere climatizzate, con telefono, tv e frigo. Tra i piatti tipici del ristorante, da segnalare le busiate (pasta simile alle tagliatelle) con salsiccia e peperoni.

MUSEI

Museo Civico
Via F. D'Aguirre
Orari: 9-13 e 16-18.40.
Chiuso lunedì e festivi.
Tel. Comune: 0924991111.
Info: 0924982376-0924982248.
Ingresso: libero.
Il museo è sito nell'ex Collegio dei Gesuiti: conserva soprattutto dipinti e sculture (databili dal XV al XVIII secolo) provenienti dalle chiese del territorio rase al suolo dal terremoto del 1968.

SAN VITO LO CAPO

ALBERGHI

Hotel Capo San Vito*
Via Principe Tommaso, 1
91010 - San Vito lo Capo (TP)
Tel. 0923972122.

RISTORANTI

Ristorante Alfredo
Contrada Valanga
Tel. e Fax 0923972366.
Chiusura: lunedì in inverno.
Ristorante di collina che si trova all'interno di una casa contadina dei primi del Novecento.

Ristorante Sicilia in Bocca
Via Savoia, 24
Tel. e Fax 0923972622.
Chiusura: martedì in inverno.
Ristorante del centro dal taglio rustico che propone una cucina da gustare anche in veranda.

SANTA NINFA

FRANTOI

Azienda Agricola Carbona
Strada Statale 119 km 42.350, n° 2
91029 - Santa Ninfa (TP)
Tel. 092462611.
Fax 092462112.
L'Extravergine

Veduta di Salemi.

Incoronati (olio "nobile", si legge sulle etichette), è il fiore all'occhiello di quest'azienda, posta nella zona di Castelvetrano. Orari: 8-13 e 15-18 con chiusura domenicale, ma è comunque preferibile telefonare prima per concordare la visita.

TRAPANI

RISTORANTI

Ristorante Dell'Arco
Via Nino Bixio, 112
Tel. 092327796.
Chiusura: no.
La specialità di questo ristorante è la pizza di ricotta, offerta ai clienti come dessert.

Ristorante La Perla
Marausa - Viale Mozia, 1
Tel. e Fax 0923841577.
Chiusura: lunedì.
Ristorante del centro a conduzione familiare, con veranda panoramica sul mare.

AGRITURISMI

Azienda Agrituristica Duca di Castelmonte
Località Xitta - Via Salvatore Motisi, 3
91100 - Trapani (TP)
Tel. 0923526139-0923883140.
Fax 0923883140.
In posizione strategica (a 3 km da Trapani, nei pressi della montagna di Erice e a 40 minuti da San Vito lo Capo), questo agriturismo offre ospitalità in 12 appartamenti bene attrezzati. Si producono ortaggi, frutta e marmellate. Il ristorante riserva la cucina tipica del luogo con qualche incursione nell'esotico: delizioso il cous cous di pesce.

CANTINE

Cantina Sociale Di Trapani
Contrada Ospedaletto
91100 - Trapani (TP)
Tel. 0923539349.
Fax 0923531007.
Vini prodotti: Drepanum Bianco Sicilia, Drepanum Rosé Sicilia, Drepanum Rosso Sicilia, Forti Terre di Sicilia Bianco, Forti Terre di Sicilia Cabernet Sauvignon, Forti Terre di Sicilia Nero d'Avola.

Cantine Fazio Wines
Fulgatore - Via Cap. Rizzo, 39
91016 - Trapani (TP)
Tel. 0923811700.
Vini prodotti: Cabernet Torre dei Venti, Insolia Chardonnay Torre dei Venti, Insolia Torre dei Venti, Nero d'Avola Torre dei Venti, Pietrasacra Rosso Sicilia, Sauvignon Fazio.

FRANTOI

Azienda Agricola Case Sparse

Contrada Guarrato
91100 - Trapani (TP)
Telefono: 0923865323
Fax: 0923865383
Azienda agricola che si distingue per la produzione vinicola (Ispirazione Bianco e Selvaggio Rosso), ma anche per il "gioiello" Extravergine "U Trappitu" (è il nome siciliano del frantoio), un olio assaporabile nelle varietà Delicato e Intenso. Telefonare per fissare un appuntamento.

MUSEI

Museo della Preistoria
Torre di Ligny
Orari: 9.30-12.30 e 16.30-19.
Tel. Comune: 0923590111.
Info: 092322300.
Ingresso: 1,03 euro intero.
La seicentesca Torre di Ligny, che un tempo ospitava il Collegio dei Gesuiti, fa da cornice a questo museo, che conserva significativi reperti archeologici di epoca preistorica.
Museo Regionale "Conte Agostino Pepoli"

La torre Ligny a Trapani.

Via Conte A. Pepoli, 196
Orari: 9-13.30 da lunedì e sabato, 9-12.30 domenica e festivi.
Tel. Comune: 0923590111.
Info: 0923553269.
Ingresso: 2,50 euro intero.
Il museo, situato nella cornice dell'ex convento dell'Annunziata, conserva reperti di età preistorica, greca e romana e raccolte numismatiche. Da segnalare nella sezione dedicata all'arte rinascimentale, una statua del Gagini (1522) raffigurante San Giacomo e il "San Francesco Stigmatizzato" del Tiziano.

VALDERICE

ALBERGHI

Albergo Ericevalle***
Via del Cipresso, 4
91019 - Valderice (TP)
Tel. 0923891133.
Albergo Saverino***
Bonagia - Via Lungomare
91019 - Valderice (TP)
Tel. 0923592727.
Hotel Tonnara Di Bonagia****
Largo Tonnara, 1
91019 - Valderice (TP)
Tel. 0923431111.

RISTORANTI

Ristorante Saverino
Via Lungomare
Tel. 0923573070.
Fax 0923592388.
Chiusura: lunedì.
Il ristorante si trova sul lungomare e propone una cucina genuina,.

CARTOGRAFIA

Carta stradale della Regione e mappa del Capoluogo

Complete di grandi arterie, autostrade, ferrovie, porti e aeroporti, e luoghi di particolare interesse turistico.

LEGENDA

Confine di stato	Aeroporto
Confine di regione	Porto turistico
Confine di provincia	Traghetti — Palermo
Autostrada — A10 E80	Santuario, abbazia, monastero — Santuario di Oropa
Autostrada in costruzione	Castello — Castello di Fénis
Superstrada	Torre — Torre Astura
Superstrada in costruzione	Rifugio montano — Rifugio Margherita
Strada statale — 548	Emergenza turistica — Villa di Plinio
Strada statale in costruzione	Rovine, necropoli — Necropoli di Banditaccia
Altre strade	Terme — Terme di Montecatini
Funivia	Grotta — Grotta di Nettuno
Casello autostradale — ALBENGA	Città con numero di abitanti:
Barriera autostradale — ROMA NORD	superiore a 50 000 — LUCCA
Area di servizio	da 25 000 a 50 000 — ANZIO
Distanze autostradali — 58	da 10 000 a 25 000 — Albenga
Distanze stradali — 24	da 3 000 a 10 000 — Bordighera
Passo o valico — Passo di Guardia	da 1 000 a 3 000 — Fregene
Boschi	Capoluogo di regione — GENOVA
Parco o riserva naturale	Capoluogo di provincia — IMPERIA

Scala 1 : 500 000

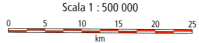

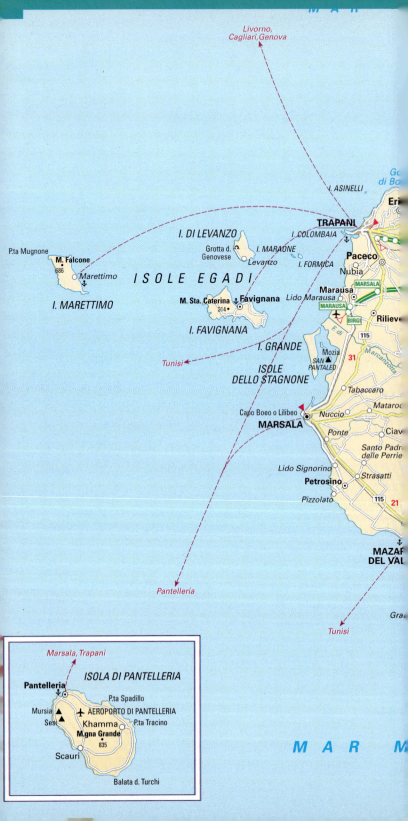

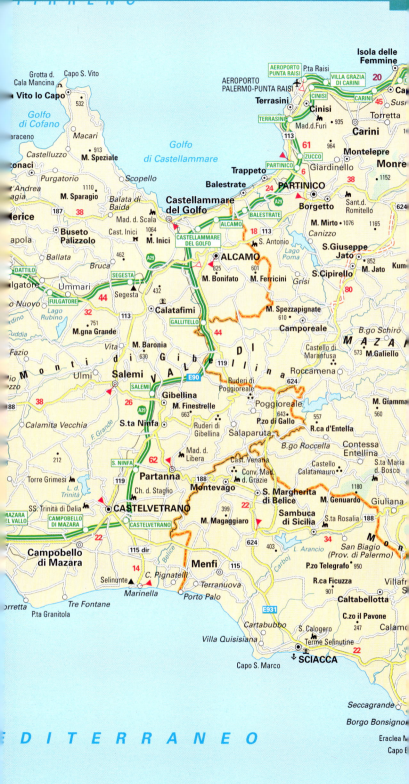

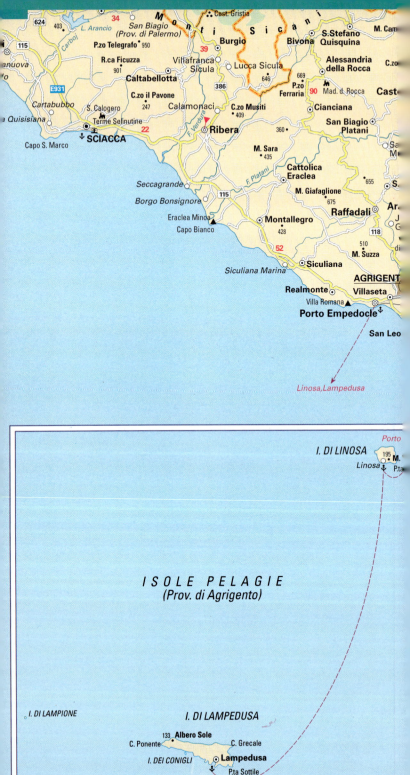